／教育治理与领导力丛书／　　王定华 总主编

[美]
托马斯·H.埃斯蒂斯
Thomas H. Estes

苏珊·L.明茨
Susan L. Mintz
著

盛群力　徐海英　冯建超　等
译

十大教学模式

Instruction:
A Models Approach

(Seventh Edition)

华东师范大学出版社
全国百佳图书出版单位

图书在版编目(CIP)数据

十大教学模式：第7版／（美）托马斯·H.埃斯蒂斯，
（美）苏珊·L.明茨著；盛群力等译．
—上海：华东师范大学出版社，2019
（教育治理与领导力丛书）
ISBN 978-7-5675-9688-7

Ⅰ.①十… Ⅱ.①托… ②苏… ③盛…
Ⅲ.①教学模式—研究 Ⅳ.①G42

中国版本图书馆 CIP 数据核字(2019)第 236739 号

十大教学模式（第7版）

总 主 编	王定华
著　　者	［美］托马斯·H.埃斯蒂斯　［美］苏珊·L.明茨
译　　者	盛群力　徐海英　冯建超 等
策划编辑	王　焰
责任编辑	曾　睿
审读编辑	李潇潇
责任校对	时东明
封面设计	膏泽文化
出版发行	华东师范大学出版社
社　　址	上海市中山北路3663号 邮编 200062
网　　址	www.ecnupress.com.cn
电　　话	021-60821666 行政传真 021-62572105
客服电话	021-62865537
门市(邮购)电话	021-62869887
地　　址	上海市中山北路3663号华东师范大学校内先锋路口
网　　店	http://hdsdcbs.tmall.com
印 刷 者	青岛双星华信印刷有限公司
开　　本	170mm×240mm　16开
印　　张	27
字　　数	450千字
版　　次	2020年9月第1版
印　　次	2023年11月第3次
书　　号	ISBN 978-7-5675-9688-7
定　　价	98.00元

出 版 人　王　焰

（如发现本版图书有印订质量问题，请寄回本社客服中心调换或电话021-62865537联系）

Authorized translation from the English language edition, entitled INSTRUCTION: A MODELS APPROACH, LOOSE – LEAF VERSION, 7th Edition by ESTES, THOMAS H.; MINTZ, SUSAN L.; GUNTER, MARY ALICE, published by Pearson Education, Inc., Copyright © 2016.

All rights reserved. No part of this book may be reproduced or transmitted in any form or by any means, electronic or mechanical, including photocopying, recording or by any information storage retrieval system, without permission from Pearson Education, Inc.

CHINESE SIMPLIFIED language edition published by EAST CHINA NORMAL UNIVERSITY PRESS LTD., Copyright © 2020.

本书译自 Pearson Education, Inc. 2016 年出版的 INSTRUCTION: A MODELS APPROACH, LOOSE – LEAF VERSION, 7th Edition by ESTES, THOMAS H.; MINTZ, SUSAN L.; GUNTER, MARY ALICE。

版权所有。未经 Pearson Education, Inc. 许可,不得通过任何途径以任何形式复制、传播本书的任何部分。

简体中文版 © 华东师范大学出版社有限公司,2020。
上海市版权局著作权合同登记　图字:09 – 2018 – 201 号

中央高校基本科研业务费专项资助
——浙江大学 2016 年重大基础理论专项课题
"面向意义学习的现代教学设计模式研究"
（16ZDJC004）

总　　序

王定华

人类社会进入21世纪第3个十年后,国际政治巨变不已,科技革命加深加广,人工智能扑面而来,工业4.0时代渐成现实,各种思想思潮交流交融交锋,人们的学习方式、工作方式和生活方式发生很大变化。中国正在日益走进世界舞台中央,华夏儿女应该放眼世界,胸怀全局,不忘本来,吸收外来,继往开来,创造未来。只是,2020年在全球蔓延的新冠肺炎疫情,波及范围之广、影响领域之深,历史罕见,给人类生命安全和身体健康带来巨大威胁,给我国和各国的经济社会发展带来巨大挑战,对世界经济与全球治理造成重大干扰。教育作为其中的重要领域,也受到剧烈冲击。这是一次危机,也是一次大考。教育部门、各类学校、出版行业必须化危为机,抓住机遇,迎接挑战,与各国同行、国际组织良性互动,把教育治理及各项工作做得更好。

一切生命都需要新陈代谢,否则必然灭亡;任何文明都应当交流互鉴,否则就会僵化。一种文明只有同其他文明取长补短,才能保持旺盛活力。[①]习近平总书记深刻指出:"改革开放已走过千山万水,但仍需跋山涉水,摆在全党全国各族人民面前的使命更光荣、任务更艰巨、挑战更严峻、工作更伟大。……必须坚持扩大开放,不断推动共建人类命运共同体。……我们必须高举和平、发展、合作、共赢的旗帜,……维护国际公平正义。"[②]这些重要

[①] 习近平:《深化文明交流互鉴 共建亚洲命运共同体——在亚洲文明对话开幕式上的主旨演讲》,光明日报,2019年5月16日。

[②] 习近平:《在庆祝改革开放40周年大会上的讲话》,新华网,2018年12月18日。

指示为新时代各行各业改革发展、砥砺前行、建功立业指明方向、提供遵循。

在我国深化教育改革和改进学校治理过程中,必须立足中国、自力更生、锐意进取、创新实践,同时也应当放眼世界、知己知彼、相互学习、实现超越。我国教育治理的优势和不足有哪些?我国中小学校长如何提升办学治校能力、打造高品质学校?① 美国等西方国家的教育是如何治理的?其管理部门、督导机构、各类学校的权利与义务情况如何?西方国家的中小学校长、社区、家长是如何相互配合的?其教师、教材、教法、学生、学习是怎样协调统一的?诸如此类的问题,值得以广阔的国际视野,全面观察、逐步聚焦、深入研究;值得用中华民族的情怀,去粗取精、厚德载物、悦己达人;值得用现代法治精神,正视剖析、见微知著、发现规律。

现代法治精神与传统法治精神、西方法治精神既有相通之处,又有不同之点。现代法治精神是传统法治精神的现代化,同时也是西方法治精神的中国化。在新时代,现代法治精神包括丰富内涵:第一,全面依法治国。就是各行各业都要树立法治精神,严格依法办事;就是无论官民都要守法,官要带头,民要自觉,人人敬畏法律、了解法律、遵守法律,全体人民都成为法治的忠实崇尚者、自觉遵守者、坚定捍卫者,人民权益靠法律保障,法律权威靠人民维护;就要做到有法可依、有法必依、违法必究、执法必严,自觉守法,遇事找法,解决问题靠法。第二,彰显宪法价值。宪法是全国人民共同意志的体现,也是执政党治国理政的基本制度依托和最高行为准则,具有至高法律效力。严格遵循宪法是建设社会主义法治国家的首要任务和基础性工作。第三,体现人文品质。法律是治国之重器,良法是善治之前提。法治依据的法律应是良法,维护大多数人利益,照顾弱势群体权益,符合社会发展方向;执法的行为应当连贯,注重依法行政的全局性、整体性和系统性;法律、法规、政策的关系应当妥处,既严格依法办事,又适当顾及基本国情。第四,具有中国特色。坚定不移地走中国特色社会主义法治道路,坚持党的领

---

① 2018年1月《中共中央国务院关于全面深化新时代教师队伍建设改革的意见》提出"提升校长办学治校能力,打造高品质学校"。

导、人民当家作主、依法治国有机统一，不断促进国家治理体系和治理能力现代化，为实现"两个一百年"奋斗目标、实现中华民族伟大复兴的中国梦提供有力法治保障。第五，做到与时俱进。顺应时代潮流，根据现代化建设需要，总结我国历史上和新中国成立后法治的经验教训，参照其他国家法治的有益做法，及时提出立、改、废、释的意见建议，促进物质、精神、政治、社会、生态等五个文明建设，调整公共权力与公民权利的关系结构，约束、规范公共权力，维护、保障公民权利。

树立现代法治精神，必须切实用法治精神推进社会治理创新。过去人们强调管理（Management），现在更提倡治理（Governance）。强调管理时，一般体现为自上而下用权，发指示，提要求；而强调治理，则主要期冀调动方方面面积极性，讲协同，重引领。治理是各种公共的或私人的机构，或者个人管理其共同事务的许多方式的总和，是使相互冲突的或不同的利益得以调和并且采取联合行动的持续过程。① 治理的实质是建立在市场原则、公共利益和认同之上的合作。它所拥有的管理机制不单是依靠政府的权威，还依赖合作网络的权威，其权力是多元的、相互的，而非单一或自上而下。② 治理是公共利益最大化的社会管理过程，其最终目的是实现善治，本质是政府和公民对社会公共生活的合作管理，体现政府、社会组织与公民的新型关系。

政府部门改作风、转职能，实质上都是完善治理体系、提高治理能力。在完善治理体系中，应优先完善公共服务的治理体系；在提高治理能力时，须着力提升公共事务的治理能力。教育是重要的公共事物，基础教育又是其重中之重。基础教育作为法定的基本国民教育，面向全体适龄儿童少年，关乎国民素质提升，关乎中华民族伟大复兴，是国家亟须以现代法治精神引领的最重要的公共服务，是政府亟待致力于治理创新的最基本的公共事务。

---

① 李阳春：《治理创新视阈下政府与社会的新型关系》，中共中央党校学报，2014 年第 5 期。

② Anthony R. T. et al. *Governance as a trialogue: government-society-science in transition.* Berlin: The Springer Press, 2007:29.

创新社会治理的体系方式、实现基础教育的科学治理，就是要实行基础教育的善治，其特点是合法性、透明性、责任性、适切性和稳定性，实现基础教育治理体系和治理能力现代化。实行善治有一些基本要求，每项要求均可对改善基础教育治理以一定启迪。一是形成正确社会治理理念，解决治理为了谁的问题。基础教育为的是全体适龄儿童少年的现在和未来，让他们享受到公平而有质量的教育，实现全面发展和健康成长。二是强化政府主导服务功能，解决过与不及的问题。基础教育阶段要处理好政府、教育部门、学校之间的关系，各级政府依法提供充分保障，教育部门依法制定有效政策，学校依法开展自主办学，各方履职应恰如其分、相得益彰，过与不及都会欲速不达、事倍功半。三是建好社区公共服务平台，解决部分时段或部分群体无人照料的问题。可依托城乡社区构建课后教育与看护机制，关心进城随迁子女，照顾农村留守儿童。还可运用信息技术、人工智能，助力少年儿童安全保护。四是培育相关社会支撑组织，解决社会治理缺乏资源的问题。根据情况采取政府委托、购买、补贴方式，发挥社会组织对中小学校的支撑作用或辅助配合和拾遗补阙作用，也可让其参与民办学校发展，为家长和学生提供一定教育选择。五是吸纳各方相关人士参加，解决不能形成合力的问题。中小学校在外部应普遍建立家长委员会，发挥其参谋、监督、助手作用；在内部应调动教师、学生的参加，听其意见，为其服务。总之，要加快实现从等级制管理向网络化治理的转变，从把人当作资源和工具向把人作为参与者的转变，从命令式信号发布向协商合作转变，在加快推进教育现代化进程中形成我国基础教育治理的可喜局面。

2019年初，中共中央、国务院印发了《中国教育现代化2035》。作为亲身参与这个重要文献起草的教育工作者，我十分欣慰，深受鼓舞。《中国教育现代化2035》提出推进教育现代化的指导思想：以习近平新时代中国特色社会主义思想为指导，全面贯彻党的十九大和十九届二中、三中全会精神，坚定实施科教兴国战略、人才强国战略，紧紧围绕统筹推进"五位一体"总体布局和协调推进"四个全面"战略布局，坚定"四个自信"，在党的坚强领导下,全面贯彻党的教育方针,坚持马克思主义指导地位,坚持中国特色社会主义教育发展道路,坚持社会主义办学方向,立足基本国情,遵循教育规律,坚持改革创新,以凝聚人心、完善人格、开发人力、培育人才、造福人民为工作目标,培养德、智、体、美、劳全面发展的社会主义建设者和接班人,加快推进教育现代化、建设教育强国、办好人民满意的教育。将服务中华民族伟大复兴作为教育的重要使命,坚持教育为人民服务、为中国共产党治国理政服务、为巩固和发展中国特色社会主义制度服务、为改革开放和社会主义现代化建设服务,优先发展教育,大力推进教育理念、体系、制度、内容、方法、治理现代化,着力提高教育质量,促进教育公平,优化教育结构,为决胜全面建成小康社会、实现新时代中国特色社会主义发展的奋斗目标提供有力支撑。

《中国教育现代化2035》提出了推进教育现代化的八大基本理念:更加注重以德为先,更加注重全面发展,更加注重面向人人,更加注重终身学习,更加注重因材施教,更加注重知行合一,更加注重融合发展,更加注重共建共享。明确了推进教育现代化的基本原则:坚持党的领导、坚持中国特色、坚持优先发展、坚持服务人民、坚持改革创新、坚持依法治教、坚持统筹推进。

《中国教育现代化2035》提出,到2035年,我国将总体实现教育现代化,迈入教育强国,推动我国成为学习大国、人力资源强国和人才强国,为到本世纪中叶建成富强、民主、文明、和谐、美丽的社会主义现代化强国奠定坚实基础。建成服务全民终身学习的现代教育体系、普及有质量的学前教育、实现优质均衡的义务教育、全面普及高中阶段教育、职业教育服务能力显著提升、高等教育竞争力明显提升、残疾儿童少年享有适合的教育、形成全社会共同参与的教育治理新格局。

立足新时代、推进教育治理体系和治理能力现代化,应当积极推进教育治理方式变革,加快形成现代化的教育管理与监测体系,推进管理精准化和决策科学化。提高教育法治化水平,构建完备的教育法律法规体系,健全学校办学法律支持体系。健全教育法律实施和监管机制。提升政府综合运用法律、标准、信息服务等现代治理手段的能力和水平。健全教育督导体制机制，提高教育督导的权威性和实效性。提高学校自主管理能力，完善学校治理结构。鼓励民办学校按照非营利性和营利性两种组织属性开展现代学校制度改革创新。推动社会参与教育治理常态化，建立健全社会参与学校管理和教育评价监管机制。要开创教育对外开放新格局。全面提升国际交流合作水平，推动我国同其他国家学历学位互认、标准互通、经验互鉴。扎实推进"一带一路"教育行动，加强与联合国教科文组织等国际组织和多边组织的合作，提升中外合作办学质量。完善教育质量标准体系，制定覆盖全学段、体现世界先进水平、符合不同层次类型教育特点的教育质量标准，明确学生发展核心素养要求。优化出国留学服务。实施留学中国计划，建立并完善来华留学教育质量保障机制，全面提升来华留学质量。推进中外高级别人文交流机制建设，拓展人文交流领域，促进中外民心相通和文明交流互鉴，鼓励大胆探索、积极改革创新，形成充满活力、富有效率、更加开放、有利于高质量发展的教育体制机制。

立足新时代、推进教育治理体系和治理能力现代化，应当全面落实立德树人根本任务。广泛开展理想信念教育，厚植爱国主义情怀，加强品德修养，增长知识见识，培养奋斗精神，不断提高学生思想水平、政治觉悟、道德品质、文化素养。树立健康第一理念，防范新冠病毒和各种传染病；强化学校体育，增强学生体质；加强学校美育，提高审美素养；确立劳动教育地位，凝练劳动教育方略，强化学生劳动精神陶冶和动手实践能力培养。① 建立健全中小学各学科学业质量标准和体质健康标准。加强课程教材体系建设，科学规划大中小学课程，分类制定课程标准，充分利用现代信息技术，丰富创新课程形式。创新人才培养方式，推行启发式、探究式、参与式、合作式等教学方式，培养学生创新精神与实践能力。建设新型智能校园，提炼网络教学经验，统筹建设一体化智能化教学、管理与服务平台。利用现代技术加快

---

① 王定华：《试论新时代劳动教育的意蕴与方略》，课程·教材·教法，2020年第5期。

推动人才培养模式改革,实现规模化教育与个性化培养的有机结合。创新教育服务业态,建立数字教育资源共建共享机制,完善利益分配机制、知识产权保护制度和新型教育服务监管制度。

　　立足新时代、推进教育治理体系和治理能力现代化,应当特别关注广大教师的成长诉求。百年大计,教育为本;教育大计,教师为本。教师是人类灵魂的工程师,是时代进步的先行者,承担着传播知识、传播思想、传播真理的历史使命,肩负着塑造灵魂、塑造生命、塑造新人的时代重任,是教育改革发展的第一资源,是实现中华民族伟大复兴的重要基石。当前,工业化、信息化、新型城镇化、农业现代化迅速发展,国际竞争日趋激烈,国家经济社会发展对高素质人才的渴求愈发迫切,人民群众对"上好学"的需求更加旺盛,教育发展、国家繁荣、民族振兴,亟须一批又一批的好教师。所以,必须从战略高度充分认识教师工作的极端重要性,优先规划,优先投入,优先保障,创新教师治理体系,解决编制、职称、待遇的制约,真正加强教师队伍建设,造就师德高尚、业务精湛、结构合理、充满活力的高素质专业化创新型教师队伍。广大教师和教育工作者需要学习了解西方教育发达国家的新的教育理念和教育思想,并应当在此基础上敢于超越、善于创新。校长是教师中的关键少数。各方应加强统筹,加强中小学校长队伍建设,努力造就一支政治过硬、品德高尚、业务精湛、治校有方的校长队伍。

　　"教育治理与领导力丛书"是华东师范大学出版社为适应中国教育改革和创新的要求、推动中国教育现代化进程,而重点打造的旨在提高教师必备职业素养的精品图书。为了做好丛书的引进、翻译、编辑、付梓,华东师大出版社相关同志做了大量扎实有效的工作。首先,精心论证选题。会同培生教育出版集团(Pearson Education)共同邀约中外专家,精心论证选题。所精选的教育学、心理学原著均为培生教育出版集团和国内外学术机构推荐图书,享有较高学术声誉,被200多所国际知名大学广泛采用,曾被译为十多种语言。丛书每一本皆为权威著作,引进都是原作最新版次。其次,认真组织翻译。好的版权书,加上好的翻译,方可珠联璧合。参加丛书翻译的同志主要来自北京大学、北京外国语大学、北京师范大学、华东师范大学、浙江大学、南京大学等"双一流"高校，他们均对教育理论或实践有一定研究，具备深厚学术造诣，这为图书翻译质量提供了切实保障。再次，诚聘核稿专家。聘请国内相关专业的专家学者组建丛书审定委员会，囊括了部分学术界名家、出版界编审、一线教研员，以保证这套丛书的学术水准和编校质量。"教育治理与领导力丛书"起始于翻译，又不止于翻译，这套丛书是开放式的。西方优秀教育译作诚然助力我国教育治理改进，而本国优秀教育创作亦将推动我国学校领导力增强。

华东师范大学出版社王焰社长、曾睿编辑邀请我担任丛书主编，而我因学识有限、工作又忙，故而一度犹豫，最终好意难却、接受邀约。在丛书翻译、统校过程中，我和相关同志主观上尽心尽力、不辱使命，客观上可能仍未避免书稿瑕疵。如读者发现错误，请不吝赐教，我们当虚心接受，仔细订正。同时，我们深信，这套丛书力求以其现代化教育思维、前瞻性学术理念、创新性研究视角和多样化表述方式，展示教育治理与领导力的理论和实践，是教育现代化进程中广大教师、校长和教育工作者所需要的，值得大家参阅。

王定华
2020 年夏于北京

（王定华，北京外国语大学党委书记，国际教育学院教授、博士生导师，国家督学、国家教师教育专家咨询委员会副主任委员，曾任教育部基础教育一司司长、教育部教师工作司司长、中国驻纽约总领事馆教育领事。）

目 录

总　序 …………………………………………………………… 1
导　论 …………………………………………………………… 1

第一部分　教学规划 ………………………………… 7

导　语 …………………………………………………………… 9

第一章　学校标准与内容 …………………………………… 11
本章目标 ………………………………………………………… 11
教学规划的重要性 ……………………………………………… 12
学习如何发生 …………………………………………………… 14
影响学习的学生特征 …………………………………………… 17
标准与学习内容 ………………………………………………… 18
分析教学内容 …………………………………………………… 19
为教学内容排序 ………………………………………………… 20
教学计划的要素 ………………………………………………… 22
本章小结 ………………………………………………………… 26
拓展学习 ………………………………………………………… 27

第二章　目标、评估与教学 ………………………………… 29
本章目标 ………………………………………………………… 29
教学目标的效用 ………………………………………………… 30
教学目标的 KUD 模式 ………………………………………… 35

从标准到目标 …………………………………………………… 45
教学一致性 …………………………………………………… 46
评估教学目标 ………………………………………………… 48
本章小结 ……………………………………………………… 50
拓展学习 ……………………………………………………… 50
第一部分小结 ………………………………………………… 51

第二部分　基本教学模式　53

导　语 ………………………………………………………… 55

第三章　直接教学模式　59

本章目标 ……………………………………………………… 59
直接教学模式的基础 ………………………………………… 62
直接教学模式的步骤 ………………………………………… 63
直接教学模式的学习评估 …………………………………… 73
直接教学模式与满足个人需求 ……………………………… 75
直接教学模式的优势 ………………………………………… 76
本章小结 ……………………………………………………… 79
拓展学习 ……………………………………………………… 79

第四章　概念获得模式　81

本章目标 ……………………………………………………… 81
概念获得模式的基础 ………………………………………… 85
概念获得模式的步骤 ………………………………………… 86
概念获得模式的变式 ………………………………………… 92
概念获得模式的学习评估 …………………………………… 94
概念获得模式与满足个人需求 ……………………………… 94

概念获得模式的优势 ········· 95
本章小结 ············· 99
拓展学习 ············· 101

第五章 概念发展模式ꞏꞏꞏꞏꞏꞏꞏꞏꞏꞏ 103
本章目标 ············· 103
概念发展模式的基础 ········· 108
概念发展模式的步骤 ········· 112
概念发展模式的学习评估 ········· 118
概念发展模式与满足个人需求 ······· 118
概念发展模式的优势 ········· 119
本章小结 ············· 121
拓展学习 ············· 122

第六章 因果关系模式ꞏꞏꞏꞏꞏꞏꞏꞏꞏꞏ 124
本章目标 ············· 124
因果关系模式的基础 ········· 128
因果关系模式的步骤 ········· 129
因果关系模式的学习评估 ········· 134
因果关系模式与满足个人需求 ······· 134
因果关系模式的优势 ········· 136
本章小结 ············· 138
拓展学习 ············· 140

第七章 词汇习得模式ꞏꞏꞏꞏꞏꞏꞏꞏꞏꞏ 142
本章目标 ············· 142
词汇习得模式的基础 ········· 147

词汇习得模式的原则 ·················· 148

如何习得词汇 ······················ 151

词汇习得模式的步骤 ·················· 151

词汇习得模式的学习评估 ··············· 160

词汇习得模式与满足个人需求 ············· 160

词汇习得模式的优势 ·················· 162

本章小结 ························ 164

拓展学习 ························ 166

第二部分小结 ····················· 168

第三部分　高级教学模式 ·············· 169

导　语 ·························· 171

第八章　整合教学模式 ················ 173

本章目标 ························ 173

整合教学模式的基础 ·················· 178

整合教学模式的步骤 ·················· 180

整合教学模式的学习评估 ··············· 187

整合教学模式与满足个人需求 ············· 189

整合教学模式的优势 ·················· 190

本章小结 ························ 194

拓展学习 ························ 194

第九章　苏氏研讨模式 ················ 196

本章目标 ························ 196

苏氏研讨模式的基础 ·················· 200

苏氏研讨模式的变式 ·················· 201

苏氏研讨模式的步骤 ··· 205

苏氏研讨模式的学习评估 ··································· 213

苏氏研讨模式与满足个人需求 ······························· 215

苏氏研讨模式的优势 ······································· 216

本章小结 ··· 219

拓展学习 ··· 220

第十章 合作学习模式 ····································· 221

本章目标 ··· 221

合作学习模式的基础 ······································· 224

合作学习模式的通用模板 ··································· 227

若干具体的合作模式 ······································· 229

合作学习模式的学习评估 ··································· 246

合作学习模式与满足个人需求 ······························· 246

合作学习模式的优势 ······································· 247

本章小结 ··· 250

拓展学习 ··· 250

第十一章 探究教学模式 ··································· 252

本章目标 ··· 252

探究教学模式的基础 ······································· 256

探究教学模式一：萨奇曼探究教学模式 ······················· 260

探究教学模式二：网络探究教学模式 ························· 266

探究教学模式三：基于问题的探究教学模式 ··················· 270

探究教学模式的学习评估 ··································· 277

探究教学模式与满足个人需求 ······························· 278

探究教学模式的优势 …………………………………… 278

模式之间的联系 ………………………………………… 279

本章小结 ………………………………………………… 282

拓展学习 ………………………………………………… 282

第十二章　共同研讨模式 …………………………… 284

本章目标 ………………………………………………… 284

共同研讨模式的基础 …………………………………… 289

熟悉的事物陌生化 ……………………………………… 291

陌生的事物熟悉化 ……………………………………… 297

共同研讨模式漂移 ……………………………………… 301

共同研讨模式的学习评估 ……………………………… 306

共同研讨模式与满足个人需求 ………………………… 307

共同研讨模式的优势 …………………………………… 308

本章小结 ………………………………………………… 311

拓展学习 ………………………………………………… 311

第三部分小结 …………………………………………… 312

第四部分　统筹应用 …………………………… 315

导　语 …………………………………………………… 317

第十三章　小学课例研究 …………………………… 320

本章目标 ………………………………………………… 320

埃文斯女士的教学计划 ………………………………… 321

第一课:角的词汇 ……………………………………… 322

第二课:探索角 ………………………………………… 325

第三课:测量角 ………………………………………… 327

结语	328
本章小结	329
拓展学习	329

第十四章　初中课例研究　331

本章目标	331
牟福德中学教师的教学计划	336
单元：视角——一切取决于你在什么时候在哪里看到了什么	338
结语	342
本章小结	343
拓展学习	343

第十五章　高中课例研究　345

本章目标	345
塞缪尔斯先生的教学计划	347
单元：麦克白——从雄心勃勃走向贪得无厌	353
结语	356
本章小结	358
拓展学习	358

第十六章　实践出智慧　360

本章目标	360
好教师是课堂的领导者	362
好教师是有效学习环境的创设者	363
好教师能有效管理人际环境	365
好教师鼓励学生积极参与学习	366
好教师能催人奋进	367

好教师是好的学习者 …………………………………………… 370
好教师能与学生一同提出教学目标 …………………………… 372
好教师会查明教学计划行不通的原因 ………………………… 373
好教师努力提高课堂参与度 …………………………………… 374
好教师提供信息和练习的机会 ………………………………… 374
好教师教授两类知识 …………………………………………… 375
本章小结 ………………………………………………………… 376
拓展学习 ………………………………………………………… 376
第四部分小结 …………………………………………………… 377

术语表 ……………………………………………………………… 378

参考文献 …………………………………………………………… 384

索引 ………………………………………………………………… 394

《十大教学模式》曾经的作者和版本 …………………………… 403

《十大教学模式》不同版本中教学模式与作者英文对照表 …… 404

《十大教学模式》不同版本中教学模式与作者中文对照表 …… 406

《教学模式》(第9版)简目 ……………………………………… 407

译后记 ……………………………………………………………… 409

导 论

　　今天的教师会受到来自各方的压力,似乎每个人都是教学方法和教学内容方面的专家。建议、命令和法律规范作为权威性的言论,指导教师在教室里要做什么。从某种意义上说,每个人都是教学专家。毕竟,不是每个人都上了很多年学,离开学校时都充分了解学校应该是怎样的。不同的是,嘈杂的声音变得越来越大,越来越分散教师的注意力。

　　过去的几年中,学校的确发生了变化。学生更加多元,课程更加规范,更强调教师与学校的责任,学习中所需的知识储备与经验显得越来越重要;与此同时,地方和州一级的财政预算不断紧缩,资源投入也略显不足。针对这些变化,第7版做出了相应的调整,比如提供了关于学生学习的最新研究案例,为所有基础与高级教学模式都进行了解释并编写了专业词汇表,以方便教师在运用教学模式时更容易理解。自第1版以来,无论是经验丰富的教师还是处于培训阶段的教师,都认为《十大教学模式》十分有用。事实上,有许多教师告诉我们,《十大教学模式》已经成为他们永久收藏的专业书籍之一。我们有意识地针对新教师与经验丰富的教师的不同需要,把教学模式分为基础模式与高级模式两个部分。读者可以根据自己的需要、自己的进度与次序来掌握本书中所论述的教学模式。在本版编辑过程中,我们收到了很多日常使用这些教学模式的教师提出的绝妙建议以及极有价值的修订意见,在可能的情况下,我们都尽可能地予以采纳。本版更新内容中的变化与细节,都为我们建立新的教学概念与教学原则带来更多的机遇。

本版更新内容

第7版中有以下一系列值得关注的变化:

◇加入了关于学生学习与教师行为研究的近期文献。

◇补充了教师行为与学生响应的详细说明表。

◇增加了一个新的小学案例研究,该案例呈现了教学模式在数学教学单元中的运用。

◇详细解释了教学策略与教学模式之间的联系。

◇补充了国家通用核心标准的统计数据。

◇在第十一章基于问题的探究教学模式中附加了5E循环式学习方法。

◇更新了全书参考文献,并在书末增加了一个综合文献列表,呈现了最新的相关研究和文献。

◇主要针对教学规划的内容就第一章进行了修订。

◇从标准化目标转向,更强烈地聚焦于各班级个性化目标,并对如何完成这些目标指明了努力方向。

教学的含义

从某种意义上来说,每个人都是教师。"教"(teach)这个字的根本意思是"展示、讲解、指点"(to show, to tell, to point out)。每个人都可以教其他人,所以在一定意义上,每个人都是教师。但是,这并不意味着每个人都能成为有影响力的教师。如果我们以专业的角度来看"教"这个字,并把它与"教学"(instruction)这个词联系起来,那么更为复杂的框架就显现出来了。"教学"这个词是从"建立"(to build)或者"构建"(to structure)中衍生出来的。专业的教师不仅教通常意义上的词汇,还指导学习。他们要安排课堂环境,给不同类型的学生建立学习体验。父母、医生和其他人常常通过很自然的方式讲解、指点或展示来教,但专业的教育者必须谨慎地设计和规划自己的教学。事实上,在我们看来,除非你的"教学"是帮助学生学习的,不然就算不上是"教"。教学过程与基于建筑环境的建造过程十分相似。而教师,作为一个教学指导者,在以下三个方面与建筑师类似:

1. 为特定的受众制订计划。 建筑师和教师首先都必须弄清楚客户或学生的需求。一位收藏有大量汽车的单身人士所需要的房子,应该与一户养着四条狗、三只猫、两只仓鼠和一只兔子的六口之家不同。同样,为大一新生制订的概念物理学课的教学设计肯定与高中先修(AP)物理课的教学设计不同。基础性知识和富有挑战性的学习内容需要不同的教学方法。建筑师和教师都必须考虑其服务对象,并且需要了解如何制订一个明智合理、与众不同而又实用的计划。

一个好的教学设计基于对学习者需求和教育目标的清楚理解。每位专业教师的每个教学设计都是独一无二的,因为不同类型的学习者有着不同的个性化需求,同时不同类型的学习也需要特定的指导方法。

2. 制订目标和评估过程。建筑师和教师都要尽可能清晰地描述其工作的预期结果。在没有一张清晰的图纸可以看到最终作品是什么样的情况下,没有哪个建筑师愿意开工实施一个建筑项目。真这样做的话,也许工程实施到一半就会发现:建造出来的根本不是客户所希望或需要的样子,那就必然遭遇技术上的困境,并为此付出高昂的代价。一个工作上缺少规划、心存侥幸的教师,是不可能为学生学习提供很好帮助的。作为一个专家,教师必须规划如何获得特定的、有目的的学习效果。不然的话,有价值的教学时间就会被白白浪费,学生也不可能得到适当的学习体验,更不可能在必须参与的评估中获得成功。

设置目标必不可少,它决定了有效评估的进程,可以确保所设想的目标如期实现。就像建筑师必须不断地勘察所造建筑一样,教师必须确定学生的学习是否正在接近预期结果。等建筑完工后再去检查工程质量,再去确定所有工作是否都如期开展的做法实在不明智。同样,一个教师必须使用有效的形成性评估和总结性评估,评估的过程应该贯穿整个教学过程。

评估应是持续的,评估形成了接下来每一个步骤的决策基础,如确定需求、制订目标、设计校准评估和教学方式,以及选择材料。评估也是不断提出问题的过程:我们要去哪里?我们怎么到那儿?我们距那儿多远?教师必须不断地收集从学生那儿反馈的信息,以确定教学是否合适且有效。所以,呈现中间和最终教学效果的评估(形成性评估和总结性评估)必须用于改良教学过程。而持续的评估使之成为可能。

3. 选择材料和步骤。建筑师可以获得不同的材料,也拥有挑选材料的技能，他们必须决定选择哪种组合会产生与预期最相近的效果。每一个项目都必须经过分析才能确定合适的组合方式。举例来说，并不是所有的房屋都是由木头或砖块建造的。同样，每个学生都是一个有着各自需要、长处和兴趣的个体。更进一步来说，每个课堂就某一特定群体的动态而言都是独一无二的，所以教师需要运用所掌握的方法和技能来完成特定的教学目标，并在问题出现时设法解决。令人遗憾的是，有些课堂中缺少教学多样性，因而导致了千篇一律和枯燥乏味。使用相同教学技能的教师就像是只建造一种类型房屋的建筑师。这样的建筑师可能在房屋建筑方面能成为专家，但是这样的房子不可能满足客户多样化的需求。掌握一套具备全部技能的教学和管理策略是必要的，它可以满足学习者的多样化需求。

模式化方法

我们认为教学的过程能联合所有作为专业教育者的教师。我们的目标受众包含所有学科的教师，这些教师教或预备教任何年龄的学习者。教是极具挑战性和复杂性的。各种教学的模式（models of instruction）可以帮助教师解决课堂环境的需求。

本书并不是一本给出一种规则或处方的书，而是供专业教育者做决策时借鉴的书籍。向专业教学的不断进步是一个持续的学习与采用、模仿与改变的过程。对于不同类型的学生，教师必须做出不同的教学决策、解决不同的问题、满足不同的需求。我们提供信息帮助教师在他们计划和实施教学时，做出更加合适和有效的选择。

本书共分四个部分。第一部分是教学规划。主要阐述把标准整合进已有的目标、评估和教学的过程。在思考如何通过教学呈现材料之前，教师首先要决定课堂中学生要学习什么。这一部分对从标准转向焦点目标进行了全面探讨。一旦确定和比对了目标，就可以考虑各种教学模式了。

第二部分是基本教学模式。这一部分介绍一个选定的基本教学模式群组，并附设计过程中如何运用的说明。这些基本教学模式与各种类型的目标和评估相一致，而这种目标和评估在课堂上频繁使用，并被大量证据证明是有效的。直接教学、概念获得、概念发展、因果关系和词汇习得满足了所有课堂内容和技能的需要,为教师提供这些基本教学技能,让教师得以建立和整合大量的教学模式。

第三部分是高级教学模式。这一部分是模式化方法的拓展。这些模式(整合教学模式、苏氏研讨模式、合作学习模式、探究教学模式和共同研讨模式)提供了学生学习的框架,同时帮助教师达到很多内容和技能上的目标,但教师仍需要更熟练地了解课堂进程。这些教学模式一旦实施,就会在课堂上激起更大的涟漪——涉及更多的衍生后果和可能的困难,所以需要教师付出更多的实践,给予更多的关注。

第四部分是统筹应用。这一部分包含了四个章节。前三章是研究案例,说明教师如何在设计过程中匹配目标、评估和教学,并且使用多种模式服务于一个教学单元。最后一章是总结,对教师在课堂上创建积极学习环境提供一些可借鉴的方法。

本书的内容通过"实践"(doing)来反映学习过程。所以,必须有更多的机会进行实践和反馈。理想情况下,也应该包括同伴互评的实践视频录像。没有人能通过简单的阅读或熟记这些步骤就学会这些模式,就像没有人能够通过阅读用户手册就轻易学会驾驶一样。

我们每个人都有机会与职前教师和有经验的教师进行交流,他们正在通过使用教学模式发现专业成长的可能性。我们已经看到了模式方法如何为专业决策提供工具,这些工具可以通过一个共同的知识体系在专业讲师之间共享。

本书的特色

以下是本书历久弥新所体现的特色:

◇采用综合方法组织内容和技能,并且在规划中构建相应的教学。

◇特定的教学,有源自州立标准构建课堂目标。

◇深入探讨超过 10 种以上不同教学模式的步骤和优点。

◇关注如何运用模式满足个体的需要。

◇提供关于如何运用模式评估学生学习的建议。
◇介绍能应用于一种教学模式或跨教学模式的相关教学策略。

致谢

我们在此感谢许多教师和学生与我们分享教学模式的相关经验,帮助我们理解采用这些教学模式面临的机遇和挑战。感谢弗吉尼亚大学教师教育项目(the University of Virginia Teacher Education Program)和课程与教学计划(the Curriculum and Instruction Program)的学生(含在校生和毕业生),对本书的撰写提供了极大帮助。同样,我们也要向提供第7版指导性意见的评论者致以感谢,他们是坎伯兰大学的安德森博士(Dr. Marjorie S. Anderson,Cumberland University)、佛罗里达海湾海岸大学的芬利博士(Dr. Penny Finley,Florida Gulf Coast University)和北卡罗来纳大学威尔明顿校区的安吉利亚(Angelia Reid – Griffin,UNC Wilmington)。

再次感谢埃斯蒂斯博士(Dr. Julie Estes),没有她的帮助,本版书稿是无法完成的,她的知识、技能和幽默是无价的。

第一部分

教学规划

导　语

有一位老农被问及他们一家人怎么会定居在阿肯色州那么偏远的地方时答道："嗯，当时我们正在前往加利福尼亚的路上，马车突然在密西西比河拐错了一个弯。"

可怜的跋涉者对目的地只有一个模糊的概念，因为没有地图，他们穿越了一个大州。同样，课堂上许多学生和教师在跨越不熟悉的知识领域时也会走向错误的拐点。很多时候，学生和教师在没有具体的规划图，也不清楚旅行目的地的情况下，就进行教与学了。一个缺少规划的课程或单元，学生通常会在结束时感到很失望，因为他们没有获得必要的帮助，没有达到教师预期的目标。如果学生希望在课堂上享受一次成功的知识和技能学习之旅，那么周密的教学规划就必不可少了。

在接下来的章节，我们将描述教学规划过程，它可以指导教师和学生的行为，帮助学生在课堂上获得成功。协调的目标、评估和教学能给予学生运用新信息和新技能的机会，并且能将它们与先前的知识联系起来。协调的教学也要求教师设计多种多样的教学和提供评估的机会。尽管好的教学没有固定的精确准则或秘诀，但好的教学取决于优质的规划是毋庸置疑的。

基于对学生学习的了解，我们建议用以下方法开展教学规划：

1. 研究国家和本地区的教学标准。

2. 收集和思考学生个体和集体的需要。

3. 根据你想要学生理解什么、知道什么、能够做什么的形式确定目标。

4. 构建评估，让学生展示所达到的规定目标，并且在课程结束后能够完成重要的知识迁移任务。

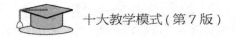

5. 创建课程和单元,以帮助学生学习必要的知识和技能,在评估中取得成功。

6. 在课堂上使用多种教学模式来满足学习者多样化的需求。

这些步骤会在接下来的两章中全面论述。我们研究了广泛的教育目标、教学组织,以及在教学规划中如何统一目标、评估和教学。教学规划是一个连续的过程,而规划的步骤基于两个方面的叠加——教师的教学经验和知识背景,学生的需求和已有知识。第一部分就涵盖了有助于进行教学规划的一些教学设计过程。每位读者必须根据自己的方式决定如何实施这些设计过程。

第一章　学校标准与内容

本章目标

你将知道：

◇教学规划的重要性；

◇学习如何发生；

◇学生特征会影响学习；

◇标准与教学内容的关系；

◇如何分析学习内容；

◇如何组织学习内容；

◇教学规划的要素。

你将理解：

◇标准是为促进学生学习而做出教学决策的基础；

◇教学规划增加了学生学习的可能性。

你将能够：

◇解释标准在学校制订学习内容中的作用；

◇根据我们所知，描述学习者是如何学习的；

◇讨论单元计划与课时计划的关系，以及保持教学一致性的必要性。

教学是一项困难且富有挑战性的工作。同一间教室的每个学生都有自己独特的知识背景、生活经验、个人兴趣与学习偏好，这让每个班级都与众不同；同时也为不同班级的学生选择并制订合适的学习计划，增加了教学的难度和复杂性。所有来到学校的学生都应得到学习的机会并取得成功，为此本章希望能够提供相关知识，为设计优秀的教学方法夯实基础。

教学规划的重要性

让我们用安娜的故事开始本章内容。安娜是一个高中二年级学生,她的父母很关心其学业成绩。美国家庭生活的重要标志就是在晚饭时间随意探讨一些大家感兴趣的话题,但是安娜并不经常参与这些讨论。她对当下热门的事件或任何稍微有点学术味的话题都不感兴趣,这让安娜感觉自己在家里像个外人一样。为了弥补这一缺憾,她在学校交了很多的朋友,实际上她上学就是为了和他人建立亲密的联系。这种情况并不是个案,"学生对学校的喜爱与社会交往以及情感因素密切相关,情感因素包括个性,社会交往因素包括学生在学校这个特殊的场所所拥有的朋友数量等"(Hattie & Yates, 2014, p. 4)。学校对于学生的意义可能远远不止学业收获。加德纳曾提出"人际交往智力"(interpersonal intelligence)(Gardner, 2006)这一概念,而安娜在这一点上表现尤为突出。但是这一特质对掌握学校课程有帮助吗?教师在教学时如何才能够发挥她的这一长处呢?这个问题值得深思。

为此,安娜的父母来到学校,向教学咨询顾问寻求帮助。他们抱怨了安娜的一些坏习惯,比如总是要用自己的智能手机、喜欢长时间地整理自己的头发。他们怀疑,这些社会交往技能能否帮助她取得成功。但是咨询顾问的反馈给安娜的父母带来了惊喜。顾问提出,首先他们可能低估了安娜所沉迷的这些技能,例如对于一个美容师来说,这些技能是十分重要的。如果安娜愿意并最终选择成为一个美容师,她也许能够经营好一家美容店,而且肯定会生意兴隆。

几年后,安娜从大学顺利毕业。她并没有明确的职业规划,只是在一家大型房屋抵押贷款公司找到了一份工作。房屋抵押贷款发放工作对于安娜来说完全陌生,这项工作需要向陌生人介绍如何在买房时省钱,利用再融资的方法获取更低利率的贷款。而且要取得抵押贷款行业的从业许可证也并非易事,需要进行大量的

第一部分 教学规划

学习与测试,但这两个问题都未对安娜形成障碍。她工作十分努力,认真学习并通过了每一项测试。几年后,她决定开一家抵押贷款公司,自己当老板从事抵押贷款事业。发放抵押贷款这件事对她来说十分简单:她所需要做的就是通过公共记录找到潜在客户,填写一些表格文件,和他们交上朋友,承诺客户并真正地帮他们省下一大笔钱。两年之后她终于开始了自己的抵押贷款经纪人业务。她被公认为是业内最优秀的人才,她通过做自己喜欢的事情"交朋友",最终挣到了一大笔钱。

那么这个普通的学生是如何取得如此巨大的成功的呢?我们也许应该注意到这样一种可能性:学校教学通常倾向于关注狭隘的书本知识之迁移,这种书本知识只是在教学中使用而没有明显的实用目标;这种情况下,由于学生通常不知道学习的意义到底是什么,只能掌握孤立的知识,肤浅地理解知识,几乎无法达到学校教学的目标——在课堂外运用知识。对于安娜这一案例来说,当安娜树立明确的学习动机后,她能够主动将研究与学习内容置于现实背景之中并能获取更深刻的理解。其他无数的学生则可能无法与安娜一样幸运,当他们无法理解教师所要教的内容有什么意义时,学习这一行为就变得看不见摸不着,只能存在于抽象概念之中。如果他们无法理解学习的意义,学习对他们来说就是被要求完成的负担,不可能自己积极主动地投入;他们可能会失去学习的信心,甚至连尝试一下都觉得没有必要。相反,如果教师能够与学生共同讨论,形象地告诉他们将要学习的知识是什么,学生会一起积极参与思考,反思认真学习会产生什么样的影响或后果,这样学生也许更有可能取得好的学习成绩。(Hattie,2012)当安娜最终发现要求学习的知识有什么意义时,她的学习问题自然地就解决了。这种情况也许不是对所有的学生都有效,但我们发现的确对许多学习不投入甚至抵制学习的学生而言,及时告知其学习的意义,有助于提高其学习成绩;而对于其他更多的普通学生来说,告知学习意义的做法能够为他们形成学习策略提供经验支撑,帮助其在学校取得更大的成功。(Hattie & Yates,2014)

我们下面所描述的教学规划主要用于指导教师与学生的教学行为,为学生取得学业的成功打下基础。当教师与学生持续不断地合作,使教学目标、教学评估与教学行为保持一致,学生就有可能将新的知识技能与先前掌握的知识联系起来,并向完成学习目标的方向努力。一致性教学同样也给教师预留了实施不同教学与评估方法的时机。尽管优质教学并没有固定的公式、秘诀,但是做好教学计划、确保学生认识到教学对自身的意义、保证学生了解教学全过程是其必要条件。所谓了解教学,就是让学生懂得他们为什么要学习、所学与所知之间如何联系、所学知识会发挥什么作用。如果学生不了解教学,学生在学校中取得成功的可能性微乎其微。

为了在宏观教育与社会背景下务实地开展研究,本章主要概要性地讨论以下内容:宏观教育目标、来自不同收入阶层的学生对素质教育的需求、教学组织、教学计划中如何保证教学目标、教学评估与教学行为的一致性等。设计教学计划是一个连续的过程,计划的每一步骤都是前后重叠的。读者可以根据自己的方式决定如何实施这些设计步骤。同时我们应该牢记,每一个班级中都有许多像安娜一样尚未了解学习意义的学生,教师必须以促进学生投入学习为核心目标,组合运用一系列教学计划设计教学步骤。同时一个班级中的学生状况也不尽相同,他们可能在知识储备、身体状况、饮食条件上存在巨大差异,许多学生甚至可能不是以英语为母语或者来自经济困难家庭。所有学生不同的智力、技能、兴趣以及需求都将影响甚至决定其学习效果。而让这些学生成功的关键在于,促进学生投入学习、树立学业成功的决心。要做到这些必须要依靠细致的、目的性强的和有效的教学计划。

学习如何发生

对于人们如何学习、人类大脑如何组织个人经验,我们已经有了很多研究成果。想要设计有效的教学计划,所有教师都必须首先理解以下几点如何学习的原则。

1. 学习能够改变人的智力结构。无论何种级别的学校,无论学生在口语表达与计算能力上处于什么层次,学习都能对提高学生思维水平有所帮助。但是学生的能力并不限于口语表达与计算。对此,神经系统科学家进一步解开了学生如何学习,以及教师如何才能帮助学生提高学习水平的谜团。这些研究成果让我们确信,所有人都有学习能力,并且在学习后大脑会发生变化。由于大脑会随着学习新知识而发生结构变化,只要我们为之提供学习的机会,所有学生的学习效果都能够提升。(Wilson & Conyers, 2013)有许多学生的家庭条件十分艰苦,图赫(Tough, 2012)通过研究,认为生活中的一些品质对于学生的学习行为也会产生影响,这些品质包括持续力、自我控制力、好奇心、责任心、意志力以及自信心等。与很多成功者一样,安娜在其培训与职业生涯中展现出了这些性格特征。有趣的是,很多学者认为这些非认知能力也可以通过教学使学生掌握。

2. 学习者的大脑需要持续不断地予以组织、重组。学习提高了思维能力,这又

第一部分 教学规划

使未来的学习更为轻松。而这是如何发生的呢？从根本上说,这是由于新的知识被理解后编织进入了原有知识体系之中,使得认知模式发生了改变。戴维·奥苏贝尔等(Ausubel, Novak, & Hanesian, 1968, p. 168)明确提出:"如果我们必须要把所有教育心理学的内容压缩为一条原则,那么这条原则就应该是:影响学生学习新内容最重要的因素是他们已经掌握的内容;要根据已知教新知。"教师应该能够熟练地帮助学生,让他们从已有知识出发,从逻辑上找到通往新知识的道路。(Donovan & Bransford, 2005)帮助学生找到新旧知识之间的联系可以说是教师最艰巨的任务,但是如果教学计划设计缜密、教学模式选取得当,新旧知识之间的鸿沟应该可以被填平。

3. 大脑发育的典型模式包括开始发育与延迟发育。当大脑神经突触处理来自不同经验的信息时,神经突触关联的生长速度也是不同的。一个学生可能拥有非常丰富的文学神经突触关联,而他的数学神经关联可能极其缺乏。教学就必须要考虑到学生学习使用大脑的部位不同、能力不同,都会导致神经突触生长速度的不同,而其中必然会有一方面比其他方面发展得更好。这种神经发展的不同就必然导致这样的结果:学生可能擅长部分课程而学习其他课程却遇到困难。如果遇到困难的这部分课程相关神经突触,像锻炼肌肉一样反复练习并变得强壮后,这种困难可能就会迎刃而解了。因此,教师需要对某些教学内容、针对某些学生给予更多的帮助与指导。

4. 记忆具有不同的功能。感觉记忆是临时性的,主要为工作记忆传递信息。感觉记忆可能转瞬即逝,甚至不被感知,而工作记忆却需要得到经常的关注。学习者正是利用工作记忆来处理信息的。进一步来说,如果学习过程包括重复背诵、细节描述、引申与详细阐述等环节,信息将进一步转移到永久记忆中。教师需要时刻牢记,想要学生更加熟悉技能、掌握更多信息,就需要让他们经常重复运用技能与信息,而且这些信息必须是细节的、相互关联的。(Willingham, 2009)

5. 想要知识发挥作用,就必须让学生的视野超越狭隘的书本,在生活中运用知识促进知识迁移。我们之所以开设学校,是希望帮助学生能够在现实世界中运用所学的知识。(Bransford, Brown, & Cocking, 2000)在课堂环境中表现出色的学生,课后户外实践或真实环境中,通常无法证明并运用这些知识;而另外一些学生,只有在实践中看到如何运用,才能真正地理解所学到的知识。为了防止这样的差异,教学内容必须清晰明确,技能必须经过实践练习,技能的使用必须专心致志,并且学生的理解要应用于实践。最重要的是,学生必须理解哪些技能需要反复练习,而且必须在多种情境中反复运用熟悉新知。学习迁移必须基于对知识的深度理解,仅能够记忆、检索知识是无法实现知识迁移的。教师需要设置与教学情境相类似的问题,并帮助学生发现运用新知与技能解决这些问题的方法。如果发现知识无法运用,学生很快就会忘记。(Marzano,2003)这些关于"如何做"的知识将在本书第二章中详细论述。掌握知识的关键在于运用,运用知识的重要性无论怎么强调都不过分,特别是程序性知识更是如此。

6. 概念性知识的学习要基于事实,它能够帮助学习者迁移信息与技能。想要成为任一学科的学者,概念与一般理论组织而成的知识基础尤为重要,学生必须要首先掌握。他们必须在分析事实与案例时,用合适的概念框架进行理解;他们还必须组织并记好这些知识,在运用时随时调用。(Willingham,2009)个别的事实很容易被忘记,但是一般理论一旦被记忆则具有更强的持久力。想要实现知识迁移,完成一定量的知识积累是最基础的门槛。想要理解复杂的专业事件则需要花费较长时间的积累与实践,而要成功地实现知识与技能迁移,其基础是必须对事件基本元素的理解达到相当的水平。(Bransford,Brown, & Cocking,2000)

7. 能够进行自我监控,掌握学习过程并自主学习的学生,在学术生涯中取得更大成功的可能性更大。学习可以通过元认知得到加强。元认知是一个用于描述思维的重要词汇,是思维之思维,是对自己作为信息处理与学习者进行自我剖析的一种思维。元认知策略能帮助学生对学习行为负责,帮助他们开展深度学习,而不仅仅是知识的记忆与检索。元认知策略(使用助记法、回顾总结等)可以在课堂中进行直接教学,让学生学习掌握。从元认知的角度看,学生需要知道他们学习的目标是什么,在完成这些目标的过程中需要接收到对学习方法、方案与过程的反馈。这种反馈通常来源于诊断性评估和形成性评估。形成性评估应该包含在教学过程中,主要设计用于监控教学过程,确保学生与教师时刻关注并了解课程的进展情况,确认学生是否在向教学目标努力。这些评估能帮助学生了解自己的优点和缺点,了解学习中需要发挥哪方面的能力;这些评估能帮助教师了解哪些内容让学生困惑难解,并立即解决问题。通过形成性评估信息的积累,学生能够逐渐认识到,哪些行为能够帮助其获得学业成功,哪些行为是无效的。

8. 挑战促进学习,威胁抑制学习。尽管挑战总是伴随着伤害自尊或无法成功的风险,学习者还是可以在凯恩夫妇(Caine & Caine,1994)所谓的"放松性警觉"状态下不断成长。学生在学习时应该不会感受到威胁,尽管在学习的早期阶段他们

会经常犯错,但不必为犯错而感到不适。哈蒂对此中肯地总结道:

> 专家型教师能够在师生之间、学生之间发展信任,最终创造允许犯错、欢迎承认错误的教学环境。在这样的环境中,学生会认为"学习是很棒的事",学习值得投入时间精力;包括教师与学生在内,每个人都全面投入到学习过程中。在这样的环境中,师生们都会意识到,学习会遇到挫折,不是一帆风顺线性前进的,学习需要承担责任、投入努力;在已知的知识、未知的知识、掌握知识的自信心上都会遇到许多波折起伏。在这样的环境中,犯错会受到欢迎,学生会经常提问,大家愿意投入学习,学有成效的学生能够获取赞赏。(Hattie,2012,p. 26)

9. 每一个大脑都是独一无二的。事实上每一个孩子都天生具备学习的能力,尽管如此,后天的经验和遭遇的经历会形成并改变他们的大脑,影响他们的学习。(Bransford,Brown,& Cocking,2000)"近25年关于大脑的各项研究,形成的最有力的结论是:如同我们的外表和他人有明显不同一样,我们的大脑内部与他人也是完全不同的。"(Fulghum,1989,p. 39)教师需要尽可能地开发学习者的无限潜能,这意味着,他们应该期望学生对同样的知识理解各不相同,甚至差异巨大。我们有理由质疑要求每个学生回答出统一答案的计划或者认为只有一个答案值得记忆的观点。教学与学习活动应该各式各样、各有特色,学习者应该拥有各种机会去学习任何教学内容。本书第二部分将提供很多教学选择以完成这些目标。

总的来说,以上这些原则再次重申了这一点:没有最好的教学方法,但优秀的教学必须遵循一定的学习原则。关于学习我们知道的最重要的一点是:教师必须运用专业知识和适合的教学方法去满足学生的需要。

影响学习的学生特征

每位一线教师都应该知道个别化教育计划(IEP)的必要组成部分。

一个班级中,每个学生的情况各不相同,可能有生理、心理与情感等有待发展的学生,有需要学习英语的学生,也有家境贫困的学生以及天资卓绝的学生。他们的有些需求还有可能不断变化,甚至每天都在发生改变。面对每一个不同的学生,教师都必须应对有方,运用自己的学识善待学生,为他们打开通向成功的大门。本书的目标就是要提供各类通用教学模式,帮助教师合理运用各类模式,适应不同个性学生发展的需要。

由于班级中每个学生面对的困难与挑战各不相同,你也许需要与协作教师合作,共同培养学生。这时为每个学生制订个性化的个别化教育计划(IEP)可以保证各项教育决策顺利推行。

此外,来自不同国家的英语语言学习生(ELLs)数量也在不断增长,并且他们的成长环境也各不相同,比如农村、郊区、城市等。在美国,尽管英语是主要交流语言,依然有12%的人口以西班牙语为母语。(Gonzalez-Barrera & Hugo,2013)这一比例在美国不同地区会有所差异。英语语言学习生还有可能来自不同的种族,他们的生活经历与文化背景也各不相同。然而,不管学生组成如何,学校的教师们都需要为他们传授同样的语言技能与科学知识。

所有的教学都能够帮助学生发展,只要师生之间建立起相互尊敬、相互关心的关系;只要教学目标和教学指导清晰明确;只要合理运用各种教学策略与教学模式;只要教师合理运用学生的先备经验、文化背景,例如对于英语语言学习生来说,语言就是学习新知识和新技能的基础。教师需要清晰地说出关键词,并引起学生的注意;为繁杂的教学内容合理划分学习模块,并提供教学支架;同时还需要注意到学生的文化传统。

贫困同样可能影响教学。贫困学生通常缺乏好的学习经验,在学校学习新知识时缺乏新旧知识的对照参考。我们学得越多,学习能力就会越强,因而强化贫困学生的学习经验对他们的学习来说尤为重要。贫困的童年通常是混乱不安的,因此贫困学生进入学校时可能充满了对未知的恐惧,这种心理状态让学习更加困难重重。贫困学生还有可能缺乏食物、身体状况不佳,这样增加了学校教育的难度和潜在风险。只有合作、安全的班级环境与学校氛围才能舒缓由于缺乏物质条件给贫困学生带来的压力,才能开展有益的教学活动。

此外,相同年龄的男孩和女孩的成长节奏也完全不同。在六年级班级中,大多数男孩看起来还像是"小屁孩",但是有一半的女孩看起来已经是妙龄女郎了。在11~15岁,女孩通常比男孩更高、更壮,也更擅长语言交流。总之,在教师设置教学与学习目标时,需要多方面考虑学生个体的巨大差异。

标准与学习内容

在美国,标准已经成为教育的重要组成部分。所有的教师都必须学习如何运用标准设计教学,以满足不同学生的学习需求。大多数州已经接受了共同核心州

第一部分 教学规划

立标准(Common Core State Standards,简称CCSS),并开发了(或正在开发)与标准一致的课程框架。本书撰写期间,相关部门根据共同核心州立标准正在开展新一轮的教学评估。对于教师来说,熟悉本地区的学业标准或共同核心州立标准尤为重要。

当你学习这些课程标准时,请问问你自己以下问题:

1. 在学生完成这些标准时,他们的学习行为看起来是什么样的?
2. 在实践这些标准时,教师的行为与行动应该是什么?
3. 每一项标准所对应的知识与技能是什么?
4. 在达到这些标准之前,学生应该具备怎样的知识与技能?
5. 在达到这些标准之后,学生应该具备哪些知识与技能?

标准为制订科学的教学决策提供了基础。为了让标准能够为你所用,你需要仔细阅读学科标准描述中的每一个关键动词。你可能不会注意到一些常见动词,例如"记住"或是"回忆";相反,你很有可能会重点关注一些特殊动词,如"阐述"、"解释"、"运用"、"询问"、"描述"、"辨别"、"评估"以及"比较"和"对比"。在测试中,尤其是与共同核心州立标准一致的新评估中,通常会包括以下类型的问题:"如果……会发生什么呢?"、"其中哪一项因素最为重要?"、"根据前文所述,下面哪些情况最有可能发生?"

为了保证学生熟悉这套提问方式,教师需要在教学中重点教授并强调此类论证推理方法。如果你所在地区的教育管理部门使用这种测试或类似的测试项目,你首先必须明确学生完成此类测试需要具备怎样的知识或技能。将这些测试项目看成一个个独立的任务,每一项任务都是可以进行练习并让学生掌握的。再用你所在学区提供的总课程指南与测试项目进行对比。教学必须根据测试要求开展足够的练习、让学生掌握相关知识,只有这样学生才能在测试中理解他们需要干什么,才能最终取得好成绩。这并不是要求教师完全根据测试的方式进行教学,为应试而开展教学并没有吸引力。真正有吸引力的是学生掌握的知识能用于测试,"教学设计不能脱离测试"。当然,测试并非教学的终点,学区与学校还有其他的教学目标,这都在继续指引着你的计划和教学。

分析教学内容

连接标准和教学设计之间的步骤并不总是清晰明确的,但有一点必须明确,课堂教学必须与国家标准、地区总课程保持一致，必须与关系学生命运的高风险测试（high-stakes test）紧密联系，只有这样才能让教育帮助学生走向成功。同时，教学中也不能过度强调测试，不能让教学决策只着眼于训练学生的应试能力，不能让教学跟着考试转。本书所提出的各种教学模式都是帮助学生了解他们已知的与将要学习掌握的知识技能，并在已知与未知之间建立联系。我们可以把学生理解的知识看作是一个复杂的由各种概念构成的网络，而教学就是持续不断地建设、强化这个网络。例如，青少年可以通过观察班级、学校的组织情况，对比并初步理解城市（市）、州（省）和国家政府的概念。但是，他们还需要有机会反思自己、所在班级、学校的角色地位，只有这样才能进一步理解各级政府概念之间的关系。因此，教学必须总是由已知或最显而易见的事物开始，随后逐步增加内容向着新知识前进。

威林厄姆（Willingham,2009）曾经设计教学案例，让学生首先阅读并记忆事实性知识，而不教授并发展学生阅读记忆相关技能（也被称为"程序性知识"）。然而，让学生记忆毫无关联的事实性知识，期望他们凭此通过高风险测试，这并非理性的决策。毫无关联的知识难以记忆，它们需要用概括（关系状态）、原理等编织在一起，织成一张丰富而有意义的概念之网，这样才能提高学生的学业成绩。例如，记住元素周期表里面各元素的名称，很难帮助学生深入理解元素表的排列逻辑，也不能让学生理解化学反应发生的机制。这张著名的元素表的知识必须建立在各化学元素特征等知识的基础之上。了解各化学元素之间的关系才能帮助学生加深理解周期表，比如这张表从行上看各元素呈现周期变化，从列上看各元素呈现同一元素族特征。本书所有的教学模式都是在各学科、各年级的教学中概括总结得来的，关于教学内容应该如何分析将在下一节中进行更为详细的论述。

为教学内容排序

先备知识是学生理解的关键。

上文我们已经提到过，奥苏贝尔为教育心理学奠定了基础，教育者从他那里受益良多。当代教学思想中，关于教学内容排序和展现的部分大多基于奥苏贝尔的相关理论。他的研究基于两个基本的学习心理学原则：(1) 影响学生学习新内容的最重要的因素是已经掌握的内容；(2) 任何概念都可以用不同程度的概括性进行解释，其中最高概括性的解释最容易理解，最低概括性的解释最难理解。（Ausubel,

第一部分 教学规划

1968）这两个原则已经在当代课程开发和教学实践上产生了重大影响（Marzano, 2001；Wiggins & McTighe, 2005），并应该作为重要指标应用于教学计划中。

堂娜·奥格尔（Donna Ogle）——国家路易斯大学的阅读学教授，首次提出并命名了KWL（已学—想学—学会）教学策略。

学生先前的学习情况是所有教学的基础。每一位孩子来到学校，都带着自己已有的知识与经验，教师必须了解并尊重这一点，以此作为教导学生理解知识、掌握信息并培养技能的基础。因此，确认并运用学生具备的知识就成为所有教师教学中必须开展的一项步骤。有时，学生的先备知识是具有学术内容的；而其他时候，学生仅具备一定的文化背景知识，此时教师需要有意识地将新知识与学生熟悉的文化知识联系起来。学生有时缺乏学术知识的基本概念，这并不意味着学生缺乏学习新知识的先备知识基础。此时教师可以运用KWL教学策略，帮助学生针对学习主题或阅读内容组织思维。具体方式详见以下策略提示（Strategy Alert）。

KWL（已学—想学—学会）的策略提示

KWL（已学—想学—学会），是一项阅读理解教学设计策略（Ogle, 1986），可以用于阅读课程，也可作为一项教学策略用于教学的开始单元，促进学生参与学习。课堂针对相关主题或技能，首先可以要求学生总结他们已掌握（K）内容，随后要求学生提出希望学到哪些（W）相关内容，最后在教学结束阶段，要求学生汇报他们学到了（L）哪些内容。教学内容可以比较精练，如一篇节选短文；也可以比较宽泛，如一整篇文章。教学过程可以让学生单独完成，也可以分组完成或是整个班级共同进行。该策略的效果是基于其灵活性基础之上的。KWL教学策略以学生为中心，鼓励学生投入、进行元认知分析。学生对教学定义了自己的目标，并自我监控教学。教师根据相关信息制订教学策略。教学策略灵活，可以扩展到课本其他内容，可以进行小组分享或班级展示。

奥苏贝尔的第二项教育心理学原则，从更一般的意义上再次重申，任何学习策略或学生理解都应该建立在原有知识之上。"新旧知识"（given－new）成功交流策略，用这个专业术语重新审视教学也许更有启发（Haviland & Clark, 1974）；在口头表达与文字书写中,人们必须要设想自己的听众或读者应该知道某些信息(即"旧知"),同时要设想他或者她与自己的交流(即"新知")逻辑上应该附着于已有信息之上。这一策略的基本逻辑同样可以运用在教学、学习之上。任何成功的教学都应该在学习者的已知、教师传授的新知之间保持恰当的平衡。

教学计划的要素

教学计划按照教学时间长短、教学内容多少可分为不同类型,其中课时计划(lesson planning)和单元计划(unit planning)两个术语专门用于描述教师或课程开发中必不可少的切块或分组过程。由于一个年级或一门科目的教学内容十分繁多,必须要把这些内容的相关信息与数据组织形成易于把握的单位(pieces),因此切块通常发生在教学开始之前。切块还会继续把含有大量信息的单位切分为学生易于理解的组块(chunks)———一种更小的富含教学信息的项目。小型教学组块或片段可以便于学生理解,也便于学生回忆相关内容。教师根据教学内容与学生的情况决定每节课的信息量。课堂中信息如何组织、每部分内容要学习多长时间,这些重要的决策都要基于教学的不同情况,这些情况才是教学决策的关键。即使不同组的学生学习同一项内容,切块工作通常也应该根据各组不同情况有所区分。

切块工作发生在教学工作阶段,一节课应该学习多久并没有绝对的规则。尽管学校通常会把学习时间分为固定周期,但是一节课时的教学时间不应该受到周期的限制。众所周知,教学计划与学生学业成绩相关,但是你计划的教学时间应该根据课时、单元的内容多少而定,通常需要制订数周内的每日计划。威金斯和麦克泰(Wiggins & McTighe,2005)提出了单元与课时设计中几项重要的决策内容,可以用以下几个问题表示:

1. 所教的内容有何价值?
2. 学生如何展示或证明自己已经掌握了所教内容?
3. 为了展示自己所学内容,学生应该经历怎样的教学过程?

由此,教学计划应该包括教学范围、教学重点和教学顺序等内容。教学范围指的是哪些知识应该展现给学生;教学重点考虑的是所学内容应该如何展示;教学顺序讨论教学步骤应该怎样组织。

教学范围

每一个科目中涵盖的信息如此丰富,教师们不得不有所取舍,决定教学内容涉及的宽度与深度。教学标准也会决定教学内容。肯德尔和马扎诺(Kendall & Marzano,1997)曾经整理了美国联邦和各州的教学内容标准,通过计算发现要达到教学标准的基本要求,至少需要15000小时的教学工作量,这是一项不可能完成的任务。当然,标准和基本要求不是总课程设计,教师不一定需要针对每一项标准单独教授学生。但是教师终究要决定教学的范围,应该基于以下两点进行决策:

1. 考虑事实、概念、程序和元认知四类知识的相对重要性,并在总体课程范围内教授相关内容。

2. 基于每一个学生的年龄、兴趣和能力,考虑教学内容的相对重要性。

> **定步指导**
>
> 浏览任意学区网站,查找你所教科目和学生年级的定步指导,认真阅读,列出教学中运用这些指导时可能出现的问题,并与你的指导教师共同讨论这些问题。

教学重点

每一门课程都会根据某一观念或一个概念划分为不同的教学单元,这些概念与观念就是教学单元的重点。有时教学单元的重点是某一概念,如移民、兑换或营养。此时教学单元设计的重点就在于解释这些概念。通常情况下,设置一个或一系列问题作为教学单元的重点内容。这些基础问题要求是开放性、难以回答并且答案难以统一的。问题没有统一答案的根源在于学生对于观念思考的角度立场不同。是什么让国家强大?如果国家石油匮乏会发生什么?这些问题用于教学单元中,可以鼓励并促进学生深入学习并进行反思。其他一些教学单元问题可能更加明确、更加聚焦,可基于阅读材料或班级讨论,通常会有一个正确的答案。比如,哪些措施可以纠正美国国民的肥胖问题?爵士乐和摇滚乐之间有哪些不同?表1-1总结了宽泛的、基本的问题与基于课时的问题之间的差异。基于课时的问题,其答案可以在课堂或课本中找到。由问题或概念构成的教学单元基本框架,能够帮助学生理解所谓知识就是由各种答案组成的。而通常情况下,到学生毕业,他们也无法意识到,知识是源于他人先前提出的问题并由这些问题的答案组成的,是通过对答案的疑惑、探究、测试、论证和修正而不断产生提炼出来的。总之,知识源于好奇。

教学单元的范围和重点,至少部分决定因素源于教学标准以及这些标准对应的评估。教师必须极其熟悉这些标准以及相关评估,这样才能在单元教学中帮助学生建立起坚固的神经元网络,为新的学习做好准备。

表1-1 基础性问题与基于课时的问题

基础性问题	基于课时的问题
为什么会爆发革命?	美国独立战争的导火索是什么?
是什么让人成为革命者?	美国独立战争中涌现了哪些英雄?
勇敢意味着什么?	美国独立战争的领袖有什么信仰?
新的观念来自哪里?	哪些因素支持了独立战争?

除了学区总课程、通用基准以及高风险测试这些关系学生成功的因素之外,教师设计课时和单元还应该考虑其他因素,其中最为重要的就是学生已经掌握了哪些知识。近20年来,学界对于学习这一概念的理解发生了巨大的变化,这些变化要求教师工作也必须做出相应的变革,要求单元与课时设计必须以新的方式开展。课堂设计必须全方位考究各种因素:将学生视为学习者,需要教授内容与学业标准,学习是如何传播、展示和评估的。我们都知道,只有学生的神经元变得更为复杂,建立更多连接时,新的学习才得以发生,由此单元教学设计就必须考虑到学生的先备知识。例如,墨西哥湾沿岸地区气候情况的教学单元需要从卡特里娜飓风这种众所周知的现象开始,或是某些地理课教学单元需要从学校所在地区或是学生曾经去过的地方的地理信息开始。

教学顺序

年代/主题

教学决策需要考虑的第三项是课时主要内容的编排顺序。课时内容可以按照出现年代依次讲述,也可以按照主题逐个讲授。例如,在美国独立战争教学单元中,重要事件讲述的顺序需要按照发生年代顺序,从最早发生的"波士顿倾茶事件"到帕特里克·亨利(Patrick Henry)的《不自由,毋宁死》,从1775年3月讲到1775年4

第一部分 教学规划

月战争爆发。分享每一个历史事件故事都应该按照事件发生的顺序。另一方面,同样内容的课时可以以"勇敢"为主题,从不同的概念透镜中审视美国独立战争这一历史事件。有关"勇敢"主题有很多故事,学生各有熟悉与不熟悉的,同学之间可以相互分享。例如,"保罗·列维尔(Paul Revere)骑马来"的故事十分著名,而杰克·朱厄特(Jack Jouett)深夜骑马拯救托马斯·杰弗逊(Thomas Jefferson)以及其他弗吉尼亚州议员的故事则不那么为人熟知,但是两则故事都发生在独立战争期间,并且都是英雄骑马救人的故事,可以让学生结合学习理解"勇敢"的含义。

复杂程度

如基础阅读与计算能力等基本技能,通常需要学生由简入繁依照一定的顺序进行训练。学习轨迹由地区学业标准和国家通用核心标准共同决定,而最新的课程规定了这些能力培训的等级要求。学区的定步指导可能会指出能力训练的顺序,但教师需要根据学生的兴趣重新编排确定教学主题和教学内容的顺序。还是以美国独立战争这一单元为例,教学信息的展现顺序需要依照历史能力培养的顺序。例如,在该单元的开始阶段需要解读历史思考的第一原则——根据证据开展历史讨论,随后继续分析与评估独立战争编年史研究中的基本模式。接着,教师需要准备一些活动,提供一些信息,让学生从多角度比较并评估独立战争中某一特定的事件。本单元的结束阶段,在教师帮助下,可以让学生对本单元展现的所有信息和观点进行综合与解释。

先备知识

由于新的学习总是建立在原有学习基础之上,因此帮助学习者确定新旧知识、新旧学习如何融为一体就显得尤为重要。简而言之,教学模块之间需要逻辑严密,新旧知识之间需要关系明确。教学内容的宽度与深度、教学内容的重点与顺序是教学决策中最重要的部分,直接影响并决定了教学计划。

组块教学:单元与课时

单元是课时的集合,同一单元中各课时目标相近,共同指向同一宽泛的教学目标。教学单元能帮助教师科学规划大量的教学内容与技能训练,能帮助学生在一个个独立的教学片段之间建立关联。教学单元把各个课时整合起来,形成统一整体。单元与课时都包含同样的目标,解决学生应该理解什么、知道什么和可以完成什么(见本书第二章)的问题。单元的目标更为综合、普遍,课时的目标更为具体、明确。每一个具体的课时组成了单元，最终帮助学生达成单元中每一项细节目标。

编写课时计划

课时计划是单元教学设计的组成部分。就像一个课程需要分为几个单元，一个单元也要分为几个课时。一个课时可以几天分步实施，也可以一天之内就完成。课时教学时间并不是由学校的上下课铃声决定的。决定课时时间的最佳方式，是针对学生不同类型特点，把教学信息分为各个模块。

完成单元教学目标的具体课时量，需要灵活机动，甚至一旦发现单元教学目标过于不切实际或是过于狭隘，还可以重新思考修订单元教学目标。教学设计过程是不断循环迭代的，前一项教学决策会在教学过程中不断被修订。每一个课时都是单元教学计划的逻辑组成部分，一旦教学的事实性、概念性、程序性以及元认知知识图表研究明确，课时设计问题就会迎刃而解。

以下是开发有效课时的四条指导原则：

1. 控制概念与内容的数量，让学生有时间回顾、练习所学知识，并得到相应的反馈。在教学中设置形成性评估，允许师生在课时中间及时修正方向，确保学习目标实现。

2. 确保新的学习材料与学生先前所学紧密联系，这种联系需要清晰明确。

3. 反复检查，确保学生掌握知识、明确态度以及训练技能。持续收集形成性评估信息，一旦发现学生学习没有效果，或是学生无法投入学习，时刻做好更改教学计划的准备或是重新开始。

4. 永远不要把学生的失败认为是必然或是不可避免的。时刻牢记，学习中学生产生错误是不可避免的，但是这错误能够为教学指明正确的方向。

请记住，好的课时计划都有共同点，那就是有适当的目标，有机会练习，能及时反馈和灵活调整。

本章小结

我们需要理解，学业标准决定了期望学生掌握哪些内容，同样重要的是，我们需要从教学结果出发，紧紧把握学生学习的方式。学生与教师必须对完成具体学习目标有着共同的承诺，对教学内容为什么能够让学生发生变化有明确的认识。

教学艺术的部分内容就是要确保学习与学生密切相关,让学生清晰发现自己的成长变化。教师必须要了解学生,更要了解学生是否能够理解将要学习的内容。

拓展学习

活动

1. 美国许多州都在其教育部门网站上发布了教育标准。查找你所在州的教育部门网站,分析这些教育标准以及你能查到的相关支撑材料。

2. 如果你需要在教学中运用教科书,对比教科书与教学标准,它们有什么共同与不同之处?

3. 关于学校中应该教授什么内容,针对不同人群开展调查。探究究竟由谁来决定学校中教授知识的价值。思考你调查得来的答案。其中有答案能够解决你的疑问吗?

4. 审视你不久的未来将用到的教材。确定一些基础问题,为教材其中某一单元教学设计做准备。

5. 认真阅读美国某州你所任教学科的学业标准,标准中有哪些通用基本观念?这些基本观念如何与其他学科相关联?当你阅读这些标准,反思自己的思维,是否有揭示自己认识中的某些误区?教学标准是否与这些常见的误区联系?你准备如何帮助学生,让他们对标准中涉及的教学内容更有兴趣,更感到兴奋?

6. 在网上查看形成性评估的各种案例,可以在网上搜索关键词:形成性评估案例、形成性评估或者教学评估。

7. 可以浏览 readingquest. org 网站,进一步查阅 KWL 的详尽内容,同时也可以从该网站下载相关资料。

反思问题

1. 本章中所提出的观点有哪些你不认同?为什么?

2. 一些错误的观点如何影响作为学生或作为教师的你?

3. 你所教科目中有哪些内容是你最不熟悉的?你是如何克服困难,更加熟悉掌握这些内容的?缺乏部分知识如何影响你的教学?

4. 本章中所讨论的学习原则,是否改变了你对自己教育经历的认识?你认为本章中哪一项原则最难应用于你的课堂中？

5. 你对智力影响学生学习方式的观念有何看法？对于智力理论，你还想知道哪些内容？

6. 思考你正在教或将要教的教学内容，你可以采取哪些措施，帮助学生减少学习这些内容的障碍？

7. 为了最大可能促进学生学习，你应该如何组织班级？你心目中理想的班级是怎么样的？

第二章 目标、评估与教学

本章目标

你将知道：

◇ 教学目标的用途；

◇ 教学目标的 KUD 模式；

◇ 如何从标准到目标；

◇ 教学一致性的重要性；

◇ 如何评估教学目标。

你将理解：

◇ 有效教学决策需要有意识、有计划。

你将能够：

◇ 解释标准在决定学校教学内容中的角色；

◇ 描述保持一致性的教学计划过程；

◇ 区分学校知识的类型；

◇ 设计一致性 KUD 教学目标；

◇ 丰富多项应用能力目标的认知影响；

◇ 讨论课时计划与单元计划之间的关系，以及如何保持教学一致性。

让我们首先介绍一下埃米莉(Emily)和杰里米(Jeremy)。杰里米是一位小学三年级教师，其任教学校位于城区；埃米莉是一位十年级英语教师，其任教学校位于乡村。两位教师都在任教的第一年就通过了教师资格认定。当时两位教师还都是新手，与其他新手教师一样，他们也不知道如何开始制订教学计划。他们是应该仅仅遵从课本内容、严格按照定步指导，还是应该运用教师培训课程中训练过的方法呢？埃米莉还记得她的指导老师说过，看教学目标就是浪费时间，不用管它。她当时已经彻底混乱了,完全不知道为什么要制订教学计划,也不知道怎么进行。杰里米情况也差不多。对于他们这样的新手教师,我们有一些建议可供参考。

本章内容主要围绕教学目标(instructional objectives)展开,讨论教学目标的用途以及如何设计教学目标。对于好的教学与学生学习来说,教学目标是一个让人振奋的前进方向。如果没有清晰明确的目标,教师与学生的学习道路必定荆棘密布。教学目标必须展现教师教学的过程,这一过程还应该包括优先考虑学科的相关内容与技能。好的教学目标是不能被硬性规定的,尽管教学目标应该源自并适应地方以及学区总课程标准,但是教学目标还应该认真考虑其他因素:学科内容、学生先备知识、人类如何学习的理论,以及能够获取的资源与素材。好的教学目标能够体现教师对教育学的理解;好的教学目标倡导教师自觉遵守优秀教学必须遵守的原则。

教学目标的效用

教学目标是教学过程中的关键性决策点,教学过程的每一步都应该与教学目标相吻合,并一以贯之。有意识地清晰定义教学目标,可以聚焦课程内容且使之具有挑战性,而不会让教学过程松散、内容浅显。教师和学生同样都需要目标,并为之努力。为什么我们要学习独立战争?我可以只学习自己感兴趣的内容吗?独立战争里有没有什么思想可以帮助我理解其他战争冲突?我的老师希望我学习什么?关于独立战争,历史学家掌握了哪些内容?他们是如何理解的?考试会考什么内容?类似这种问题,无论学生是否提出,都应该在教学目标中反映出来。

教学目标可以用如下方式表述:学生将会知道(know)什么、理解(understand)什么,能够做(do)什么,统称为KUD模式。该模式是课程、教学和评估做出决策的基础。用该方法设计教学目标,可以帮助我们确保教学目标、教学评估、教学策略的一致性。我们能够清晰评估教学是否明确符合教学目标，教学目标为单元或课程教学划定了明确的界限。这意味着，教学目标确定了课堂中应该发生什么。教学目标列表，同样为后续的教学与评估提供了一种预览，这两项工作的内容直接紧扣教学目标，这种课程教学方法叫作"逆向教学设计"（backward design，Wiggins & McTighe，2005）。逆向教学设计，帮助我们以结果为导向，开始思考教学，首先明确教学目标的细节，即我们希望完成所有教学步骤后学生将会知道什么、理解什么、能够做什么。

研究表明，学生所需的学习经验应该精心设计，紧扣先备知识并聚焦评估。由于教学目标能够指导教师与学生的行为，教师可以在呈现知识的同时兼顾学生需求以及州课程标准（state curriculum standards）。（Hattie，2012；Hattie & Yates，2014）图2-1展示了教学目标或学习目标的三种不同形式之间的关系。学生理解目标内容宽泛，且最为抽象，学生能够做什么的目标最为具体。图2-2与图2-3展示了两个不同教学内容中三种教学目标的关系。

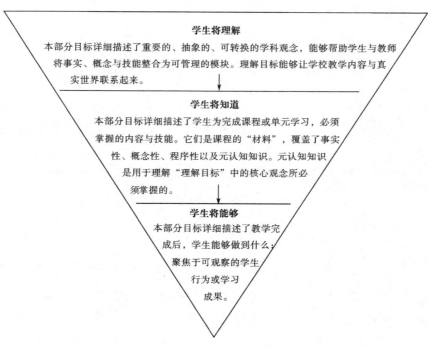

图2-1　教学目标示意图

学生将理解文化运动的影响，包括不同学科如何看待世界以及如何完成任务。

↕

学生将知道早期绘画的混合技术以及文艺复兴后期的艺术家，蛋彩画和油画之间的区别，蛋彩画、油画、不透明、颜料和透明等术语的含义。

↕

学生将能够再现蛋彩画，区分特定文艺复兴绘画作品中的蛋彩画和油画。

图 2-2　文艺复兴时期绘画变革课程的 KUD 教学目标

学生将理解体育活动是健康与成功的生活方式的必要组成部分。

↕

学生将知道体育活动在合作、压力控制、情绪控制、体重控制、耐力、身体构成、健康与认知能力中的作用。

↕

学生将能够评估个人体育活动目标的成本与收益，修改体育活动计划，提升收益，降低成本。

图 2-3　体育活动成本收益课的 KUD 教学目标

第一部分 教学规划

"逆向设计"(backward design)并不是一个新概念。早在1962年,吉尔伯特(Gilbert)就曾经提出,我们应该时刻记住,教学应该从结果开始。(Cohen,1987)20世纪70年代盛行的"掌握学习"(mastery learning)教学改革,在近期又再次兴盛,同样支持教学应该逆向设计,即在教学开始前就要设计教学评估。这种方法能够促进教师与学生聚焦于既定目标,而不是面向测试或测验的不确定性。该教学方法的重要性得到了近期关于学习的研究支持,同样当前的问责制运动要求开展学业高风险测试(high-stakes testing),也是对本方法的一种支持。(Bloom,1983;Bransford, Brown, & Cocking, 2000; Hattie, 2012)图2-4展示了逆向教学设计的步骤,以及与KUD教学目标的关系。

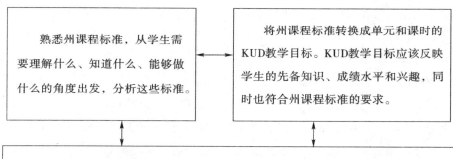

图2-4 逆向教学设计

教学工作需要在复杂、多维、快节奏的教室环境中做出许多决策。教师也许无法自觉地意识到,所有这些决策都基于并影响了教师教学与学生学习。我们需要仔细计划,为无法预料的情况留出余地,例如下雪天、消防演习,以及各种打断教学进程的事情,所有这些情况都需要纳入"常规"教学计划中。

成功的教学蕴含着学生的学习。教学与学习研究表明,成功的教学有明确的路径——一条促进学生学习的道路。因此,并不是所有的教学决策都是等效的。只有那些基于学生如何学习以及如何组织教学以促进学生学习的决策,才能够更大幅度地提升学生的学业成就。制订好的教学目标,让教学和评估与教学目标保持一致,这样才能提升学生学习成功的可能性。知道如何鼓励学生学习,就是知道如何教学。这就是埃米莉和杰里米两位新教师需要理解的关键内容。

如果教师是有目的地建构教学目标,那他们就应该针对学习者的需求设计教学。例如,如果想促进学生有意义地参与学习,教师就应该针对特殊学生群体,提出对他们有价值、有激励作用的知识、重要观点和技能。有意识的计划能够帮助教师按照学生学习的合理轨迹安排他们的学习体验。了解学生在教学结束后将会知道什么、理解什么、能够做到什么,意味着教师能够时刻监控学生,了解他们向着特定教学目标发展的情况。

清晰的教学目标,同样能够为支架教学提供目标。图2-5展示了哪些教师活动可以为学生学习提供支架。在学生学习新知识或挑战性材料时,支架教学能够为他们提供支持。但是如果没有明确的教学目标,教师就无法开展支架教学,因为支架教学必须针对学生达到某项具体目标才能设置。清晰的教学目标同样能够为补救学生学习提供框架。教学目标能帮助教师在教学时选择不同的教学模式。如果没有教学目标这一确定的结果,教师就无法确认、解释并支持学生的进步,最终

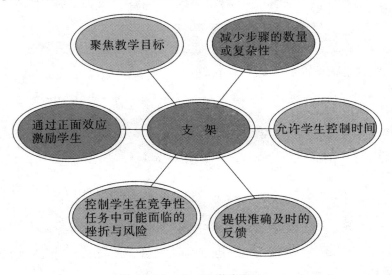

图 2-5 教学支架

第一部分 教学规划

只是在浪费教学机会。请牢记,教学目标为教学与学习提供了焦点,同样确定了后续的教学评估与教学策略。保持教学目标、教学评估与教学活动一致性,能够提高学生学习成功的可能性。对于埃米莉和杰里米两位新教师来说,开展一致性教学,需要他们首先提出明确的教学目标——学生将会知道什么、理解什么和能够做到什么。

教学目标的 KUD 模式

K——"知道"目标

教学目标可以用多种方式展现。(Gronlund & Brookhart,2008;Marzano,2009)本书中提出运用 KUD 模式——学生将知道什么、学生将理解什么、学生能够做什么,这种模式能够清楚地表达学生特定的理解、知识、技能和行为表现,可以帮助指导教师行为,让教学行为透明公平。本书中每一章所列出的学习目标,同样运用了 KUD 模式。

决定从哪儿着手设计教学,一定程度上说是比较随意的。"知道"目标——定义教师希望学生知道(将会知道)什么的教学目标,同其他目标一样都是一个好的着手点。然而,在其他情况下,从"理解"目标以及"能够"目标开始,通常都会有特定的原因,主要由教师、环境、标准以及作为教学对象的学生决定。撰写学习目标并不是一个线性过程,它可以从任何地方开始,围绕着一个单元或一节课阐述,让教学目标逐渐明确。

"知道"目标详细描述教学内容与技能,是学生在完成课程或单元时必须成功掌握的。教学目标中列出的课程"材料",主要由教师根据标准、教学进度指导、课程蓝图、学生学习经验和知识储备等情况决定。由于课程材料中可获得的知识数量庞大,教师必须首先认真组织并对需要教授的内容进行排序。教师合理运用排序和切块的方法,学生才有机会学习重要的知识与技能。之后,他们才有可能在学校内外的新环境中迁移运用这些知识。"知道"目标,要求教师在教学中选择并聚焦特定类型的知识。此外,学生需要知道的知识技能必须与州课程标准吻合,对它们的一一分析能让教师了解应该传递给学生哪些特定的教学内容。分析各种标准,最重要的工作是理解其中提出的不同种类的知识内容与技能。

"知道"目标时刻提醒教师什么是最值得教授的学科基础知识,并且这些教学目标能够确保教学内容不会离题,并有助于建立健康的课堂对话。例如,如果教学目标要求学生记忆每个地质年代的特征,这个课程就应该聚焦该部分知识而不是电影"侏罗纪公园"。

事实性知识(Factual Knowledge)

事实是分散的知识小块,但却能够为概念和概括归纳提供基础模块。事实既可以是一个定义,也可以是可证实的观察结果,通常为单一事件。这里就有一个学生可以确定的事实案例:"上周三,降雨量为半英寸。"(其他事实案例可参见图2-6)事实同样也可以定义为一个学生必须在学科学习中领会掌握的要素,用以理解概念或解决问题。例如,学生学习读乐谱,就必须首先能够认识音符;学生研究当前事件,就必须知道政治人物的名称、历史政治事件与世界各地的地理特征等。安德森与克拉斯沃(Anderson & Krathwohl,2001)提出,事实性知识包含了词汇知识与特定细节性知识。这种事实对一线教师尤为有用,我们也是基于这种事实的定义开展对十大教学模式的讨论。本书中所有的教学模式都依赖于学业内容,而学业内容的基础恰恰就是事实。许多事实紧密相连构成了对概念的理解,许多概念紧密相连便形成了概括。

事实(facts)	◇19世纪中叶,摄影技术开始流行,浪漫主义运动逐渐退潮 ◇莫奈、雷诺阿、西斯莱、巴齐耶、塞尚、毕沙罗与基约曼成为朋友,并经常相约共同作画 ◇他们以及其他一些画家使用的绘画技能,与当时巴黎官方沙龙画展(Salon de Paris)中的绘画大不相同 ◇他们的绘画作品多为户外风光,采用短笔触点描的绘画技能,重视光线及其在物体上的反射色彩,同时部分作品也经常聚焦于运动物体 ◇1863年,巴黎官方沙龙画展拒绝了莫奈的画作参展 ◇这些艺术家利用这些新技能作画,并组织了自己的画展
概念(concepts)	印象主义 自发性艺术 集体性 绘画技能
概括(generalizations)	印象主义是对更正式化艺术技能的反叛。 艺术受环境影响,也影响环境。

图2-6 事实、概念与概括的案例:印象主义

第一部分 教学规划

教师可以选择特定的事实,以支持明确的概念和概括。这种选择源于教师对标准、学生以及资料的理解,同样源于教师的教学经验。面向班级中的学生教授某一课程时,教师可选择的事实有很多。在埃米莉的课堂中,她所教授的许多技能都需要运用事实来构建各个模块。例如,如果她希望学生知道学习词源有助于读出不熟悉的单词,那么就需要明确可以运用哪些案例支持学生理解这一观点,这些案例必须是准确的、学生熟悉的,来源于学生之前的学习经验或前序知识中的内容。于是,她运用的事实案例可以是来自学生熟悉语言中特定的外来语借词(loan words),如 taco,kayak,liberty,也可以是混合词(blended words),如 brunch,smog,simulcast。

概念性知识(Conceptual Knowledge)

概念是对事实数据分类后形成的类别的名称。为了理解刺激世界发展的因素,各年龄的学习者都需要形成概念并为之命名。想象一下,如果世界上所有的事物都被视为独立的、与整体无关的,这种情况下人类的认知负荷必定超载。为了形成概念,学习者必须关注事物的相似点,忽略不同点,并将相似的事物归于一类。在火炉旁的小猫咪与丛林中的老虎有很多不同点,但是如果关注它们的共同点,忽略不同,青少年就可以形成猫科动物的概念。

将两个或多个概念联系在一起的陈述就是"概括"。与事实不同,概括有预见性。思考以下案例:"帕特刚看完两本小说,都是当前最畅销的小说。他的哥哥欧文,刚读完一本有关第一次世界大战的长篇纪实文学。这个傍晚,兄弟俩与父母一起在客厅阅读。"这些基于观察得出的都是事实性陈述。这些句子没有告诉我们这些书是否有趣,也没告诉我们帕特与欧文是否会推荐自己的图书。他们只是陈述了能够观察到的事实。"史密斯一家买了很多图书。"这就是一个概括,不仅给予观察到的事实,更是基于我们对概念的理解,例如图书、小说、纪实文学和客厅。我们通过观察能够推论史密斯一家读了很多书,我们也可以预测他们会买很多书去读。当然这个陈述并不一定是真实的。这一家人可能是从公共图书馆中免费借阅的书,也可以是从图书分享合作团队中借到的书,或者可能是在网上借阅电子书。不管怎样,基于观察,我们提出了一个概括并进行了预测。只有后续进行更多的观察得出数据资料,才能确定概括是否准确。概念性知识把碎片化的信息包容进来,并基于这些碎片知识的相互关联和共同功能将它们组织起来。对于概念性知识来说,学生必须首先掌握这些事实性知识小块,并将它们归类。在本书第二部分和第三部分,我们将深入探究概念问题,以及概念与事实、概括的关系。图2-6所示的就是一个学术事实、概念与概括的例子。

程序性知识(Procedural Knowledge)

除了事实性知识、概念性知识之外,还有一种知识是程序性知识,一种关于如何、何时开展行动的知识,我们需要运用这种知识指导我们完成各种任务。学习如何开展行动需要我们知道:(1)完成任务所需步骤(知道是什么);(2)如何完成这些步骤(知道如何做);(3)何时开展这些步骤程序(知道什么时候)。例如,杰里米老师班上有一位学生,正在学习以不发音字母E结尾的单音节词汇。他知道此类单词在发音时通常发元音的长音,因此他需要进一步学习如何让单词发长元音。他首先要剔除不符合该规则的特殊单词,例如 circle,since,house 等;随后他进一步学习何时遵循这个原则,何时不遵循这个原则。总之,杰里米的单音节单词课需要有一个程序性"知道"目标。

程序性知识包括探究方法和特定学科的技能运用条件,这些内容都需要教师在课堂上教授其定义、展示其运用方法。通过定义、展示技能及其重要性,学生可以学会判断运用该技能的恰当时机。类似总结(summarizing)、区分异同(identifying similarities and differences)与头脑风暴(brainstorming)等技能,我们都会在后文中深入讨论。这些教学策略是通用的程序性知识的代表,同时也是类似通过检查前后缀、词根找出词源等特定学科技能的补充。

元认知知识(Metacognitive Knowledge)

元认知知识是学生分析、反思与理解自己认知加工与学习过程的能力。学生之所以能够针对特定的学习内容找到合适的学习策略,就在于运用了元认知知识。例如,一名学生知道她自己可能无法从一篇阅读段落中找出主题思想,如果她学习过如何运用"图示组织者"(graphic organizer)找出主题思想,她就能够自己选择网络,勾画出该段落内容,随后她就能够运用元认知知识完成这项任务了。程序性知识是一种积累性知识,用以掌握如何开展行动、何时运用特定策略和程序。而元认知知识,广义来说包含了关于学习的信息,狭义来说是个人对自己学习行为的自我意识。

第一部分 教学规划

以上四种知识类型,对于学习每种学科都至关重要,每种类型的知识都是教学所需的"材料"——聚焦于学生"知道"教学目标提供具体的教学内容。表 2-1 展示了科学课堂[课堂内容依据州通用核心标准及英语语言艺术 RST6-8.1(corestandards.org)]中四种不同类型的知识样例,它同样也是学生"知道"教学目标的样例。

表 2-1 地质年代知识样例

知识类型	"学生将知道"之教学目标样例
事实性知识: 地质年代是根据岩层情况判断得出的地球不同年龄	学生将知道"地质年代"的定义
概念性知识: 地质学家根据当时生物的一般特征将地球历史划分为不同年代——不同的时间段,这些地质时期是相对的,不是绝对的	学生将知道化石的关键属性
程序性知识: 地质学家可以根据岩石中化学成分的自然放射性判断它属于哪个地质年代	学生将知道用于确定岩石年代的程序
元认知知识: 学生学习地质年代必须要按照时间先后,记忆相对地质时期的不同划分	学生将知道相对地质时期的各种记忆方法

U——"理解"目标

"学生将知道"教学目标可以被视为课程或单元教学内容的基石,而"学生将理解"教学目标则超越了"材料"本身。"理解"目标是学校中所有知识与任务所指向的顶点,是需要学生长期掌握的、抽象的基本观念。

"学生将理解"教学目标,帮助师生理解该课程背后的基本知识,形成基本观念或归纳一般意义以统摄"知道"目标。这些基本观念对于理解"学生知道教学目标"中分散的知识片段具有重要意义。同时,由于教学内容中有大量的、简单的材料块需要教授,"理解"目标同样也能够帮助教师组织事实、概念、技能,将其分为易于掌握的知识模块。学生的发展水平、可用资料、教师的学术背景影响了课堂教学内容的特征水平,同时也决定了教学目标。仅仅知道学科中零散的事实"材料",是远远不够的。这些"材料"需要相互编织成抽象、可迁移的观念。世界各国的教学目标都对学校提出,要将教学内容转化为真实世界的观念与技能。威金斯和麦克泰(Wiggins & McTighe,2005)将这些可迁移观念称为"大观念"(big ideas)。大观念是一个学科中关键、核心的凝聚性元素,是理解某领域知识的基础,因而可以帮助学生优先考虑并架构重要知识。大观念能够回答某研究领域的重要问题。埃里克森(Lynn Erickson,2007)将大观念定义为一种宽泛、抽象并能普遍适用的陈述,它代表了具有相同特征的不同案例。这些大观念是我们教学的主要方向。由于知识是不断积累变化的,大观念也必须通过当代的实际案例不断地验证。一个大观念就是一个概括,新的知识可能会改变一个强有力的概括的重点。因此,"知道"目标与"理解"目标之间的关系就具有相当的重要性。如果没有利用广泛而抽象的理解去界定,教师与课程开发者就可能选择非重要,甚至无关紧要的知识小块去支持基本观念;如果没有相互联系的事实性知识、概念性知识、程序性知识以及元认知知识,学生就很难理解教师教授的抽象概念。埃米莉和杰里米两位新教师,必须思考这些可迁移的基本观念,在单元教学中针对性地运用合适的教学策略和评估方法。

表 2-2　关键概括(大观念)的特征

◇联合各个概念形成整体
◇组织不同的事实,形成更广泛的理解
◇观念并不总是显而易见的,需要进行教授
◇在学科或实际生活中,展现持续的挑战
◇可以帮助我们理解未来的新观点
◇可以迁移至不同环境、时间和文化传统中
◇见解深刻,超越了学生熟悉的含糊概念

我们知道,大观念是一种重要的概括,需要通过教师的指导性教学才能让学生掌握。表2-2提出了理解目标的关键特征。无论这些目标被称为"大观念"(Erickson & Lan-ning,2014;Wiggins & McTighe,2005),还是被称为"主要观念"(main ideas)(Taba,1962),或是"主要概括",基本观念的关键特征就是它具有"教育力"(pedagogical power)。这种教育力,帮助学生通过掌握学科实践中重要的、分散的事实与技能,进而理解学科的核心基础知识。学生需要超越知识片段,去理解学科中重要的观点。学科内容知识仅仅是达到目的的一种方法,深度理解学科才

是目标,而理解基本观念能帮助学生完成这一目标。深入理解了学科知识,学生才更有可能运用知识解决新问题、新情况。学生在新环境、不同时代或不同文化背景下,迁移运用知识同样需要概念性理解。(Erickson & Lanning,2014)大观念甚至可以超越特定学科进行扩展。

"学生将理解"教学目标是十分宽泛和抽象的,这些目标共同作用,在概念上把大量的课程联系起来形成整体。思考类似下面的教学目标:"学生将理解许多会对健康生活有益的个人决定和行为。"教师可能需要花几节课的时间,运用该"理解"目标帮助学生获取相关知识技能,进而能够展现对基本观念的理解。例如,本单元中某一节课可能聚焦于如何确定健康饮食,而另一节课可能需要提供解决矛盾的步骤。每一种技能都需要由事实支撑(包括卡路里计算、情绪管理等),每一种技能都与本单元中的基本观念相联系。

当教师与课程设计者说出他们希望学生"理解"什么时,"理解"教学目标能够帮助他们表达心中所指。理解意味着什么呢?威金斯和麦克泰(Wiggins & McTighe,2005)相信,当学生理解后,他们能够解释、说明、应用、洞察并能感同身受。更一般地说,"学生将理解"教学目标,同样表明学生能够通过教学构建意义,即思考概念与普遍性,这对他们的学科学习尤为重要。在所有研究中,"理解"目标都是通过学生行为表现进行评估的,这些表现需要知识与技能。因此,"学生将理解"教学目标明确地与"知道"教学目标("理解"教学目标是"知道"教学目标的抽象)以及"能够"教学目标(行为表现方面)相联系。

表2-3 "学生将知道"与"学生将理解"之教学目标样例

学生将知道	学生将理解
一个故事开头、过程与结尾的定义	阅读有助于写出优秀作品
如何计划并撰写一个故事	
英语是由拉丁语派生来的	语言随着时间进化发展
"视角"的定义	多视角能够深度理解一个故事
如何找出故事中的多视角	
一个圆可用一个方程描述	曲线图形可以描述物体与事件
主要观点与支持性细节的定义	文字传达重要观点

知道、理解和能够三大教学目标之间的关系尤为关键。三者紧密相连,其中一个发生变化就会影响其他一个甚至两个目标的重点。这种联系能使教师为不同的

班级组织有针对性的教学,同时依然能够传授每个学科中重要的、可迁移的观念。KUD教学目标提供了清晰的、稳固的、特定的教学目标,它们为教师的课程计划提供了设计边界。

表2-3提供了"学生将理解"的教学目标样例,同时列出了与之相关的"学生将知道"教学目标。请注意,"理解"教学目标是用"学生将理解"这一形式书写的。跟随着该句干的,应该是一个概括性句子而不是一个主题。对于一两个单词来说,一句话更能够指明目标。例如,在教师设计教学计划时(在学生学习时),"学生将理解所有的生物体都需要能量用于生存与生长"这个教学目标能够为教师提供更多的指导,而"学生将理解生命科学的基本准则"这一教学目标则明显逊色。多年以后,学生记忆中的事实和技能会逐渐淡忘,而依然留在其记忆中的内容就构成了"理解"教学目标。"学生将理解"教学目标帮助学生掌握与之紧密连接的"知道"目标中的相关内容。这个理解陈述,能够打开事实与技能的文件柜,帮助掌握基本观念。

D——"能够"目标

"学生将能够"教学目标是教师完成教学后,学生所呈现的学习状态。我们的两位新教师,埃米莉和杰里米觉得自己对该种类型的教学目标有一定的把握。尽管如此,我们后面将会提到,他们通常还是会犯下常见错误,将学生的学习活动作为目标而不是聚焦于学生行为明确写下教学目标。聚焦于学生行为的目标是可观察、可测量的,是涵盖了认知、情感与技能的教学目标。(Airasian,2005;Anderson & Krathwohl,2001)本书作者基于当前对人类如何学习的认识,致力于认知教学策略与模式研究,才使得教材能够聚焦认知技能,成为班级教学活动的基础。除了认知之外,教学目标还有其他类型,如情感(感受、态度与情绪)与技能(身体与操作技能),这些都是教学中需要考虑的重要因素。对情感(社会性与情绪性)与技能目标之间关系的研究与学术成果可以在其他资料中找到。(Elias,2005)

"学生将能够"教学策略聚焦于学生行为,因此同样可以称为"行为目标"(behavioral objectives),而有些教学目标仅仅使用了"学生能应用……"这一形式。在过去的50年里,对教学目标的关注已经发生多次反复,而对清晰明确的学生学习目标的关注却始终没变。(Anderson & Krathwohl,2001)

"学生将能够"教学目标,可以表述为不同的特定等级。一门科目的教学目标,相比某一学习单元的教学目标,可以用更为概括的术语表述;某一单元的教学目

第一部分 教学规划

标,相比某一节课的教学目标,同样可以用更为概括的方式表述。但是无论运用哪种等级的概括,"学生将能够"教学目标都必须与"知道"目标、"理解"目标保持统一,这三种目标都要求在目标、评估与教学活动中保持一致性。

布卢姆教育目标分类学通常用于确定教师课堂教学行为。(Bloom,1956)该分类法是对认知、情感与技能等领域的系统分类。认知领域的目标类别通常用于设计课堂学习目标。《学习、教学与评估的分类学》[也被称为"布卢姆教育目标分类学修订版"(Anderson & Krathwohl,2001)]一书,针对特定学生思考行为,特别提出了特定的步骤帮助教师认真构建教学目标。教学目标不可以与学生活动相混淆,这是新教师经常犯的常见错误。教学目标并不是学生活动,教学目标不能直接描述学生应该如何花时间学习。教学目标需要明确教师成功开展教学后学生应该能够清晰展现出的行为,但这种行为不应该与教学过程中学生开展的行动混为一谈。由于教学目标详细描述了教学结束后期望的学生行为,因此构建"学生将能够"目标,对区分学生活动与教学目标极为重要。教学目标定义了教学的目的,帮助限制评估与教学策略的种类,这对帮助学生达成既定教学结果具有重要作用。

布卢姆教育目标分类学修订版(Anderson & Krathwohl,2001)提供了六种学生行为类型,用以完整描述学生学习。这些不同种类的认知加工形成了开发"学生将能够"教学目标的基础:

◇ 记忆;

◇ 理解;

◇ 应用;

◇ 分析;

◇ 评价;

◇ 创造。

请注意,以上列出的"理解"指的是领会、弄懂,而不是"理解"大观念。

韦伯的知识深度(DOK)(Webb,2011)也是一种教学工具,可以帮助教师设计"能应用……"教学目标。DOK 主要用于测量教学成果是否达到教学标准,DOK 框架经常与共同核心州立标准紧密联系在一起。DOK 的终极目标是确保教学达到学业标准期望的要求。与布卢姆教育目标分类不同,DOK 在教学目标设计中并不使用动词,它主要检查标准与相关教学评估中所描述任务的认知要求。例如,二级 DOK 要求学生能够总结、评价、组织、分类并且推理。然而,重点并非在于这些动词,而是在于要求学生完成复杂任务过程中,展示其理解知识的深度。二级知识深度,可能会要求学生将一系列操作步骤分类,解释概念的含义或解释如何完成任务,或是要求绘制地图。而期望的教学结果决定了任务的复杂程度。

学生只有在课堂中进行背诵并详细阐述,知识才能牢固存储在长时记忆中。"学生将能够"教学目标,让教师有可能在教学中纳入所有必要的知识与技能,同时也详细阐述如何为学生发展并锻炼各类型认知能力提供特定的机会。如果把认知类型与学术概念和归纳联系起来,我们就能够清楚发现我们的教学目标应该是什么。例如"学生将能够确定有理数的特征"是一个学生能够完成的目标。我们知道该认知行为位于布卢姆教育目标分类类修订版的较低级层次。随后,我们可以设计教学以达到该目标。根据安德森和克拉斯沃的修订分类目标(Anderson & Krathwohl,2001)的定义,我们对其进行了改编,同时描述了学生能够展现的各类认知行为(如表2-4所示)。该表格同样包含了各种行为的定义,提供了用以表述该行为的对应动词。

表2-4 学生可能的认知行为

行为	定义	相关动词
记忆	从长时记忆中检索取出相关知识	确认、识别、回忆、提取
理解	对教学材料进行意义构建	说明、释义、举例说明、分类、归类、总结、归纳、推论、推断、预测、比较、解释
应用	在新情况下实施或运用程序	执行、实施
分析	将材料分成多个部分,明确每部分如何与其他部分以及整体联系	辨别、选择、组织、综合、概述、建构、归属
评价	基于条件或标准做出判断	检查、评判、判断
创造	将不同元素组合形成一个一致的整体或是新的结构	假设、设计、贯彻

"学生将能够"教学目标应该吸收并体现学科核心任务(还包括表2-4所指出的学科认知过程),学科核心任务是某一学科领域需要完成的实际任务,如科学实验、用社会学方法对历史文献进行分析、在语言艺术领域评论同行作品,或是其他类似工作。对于学习的结果,即教学目标来说,重要的是体现并掌握学科中重要的知识与技能。学生在学校学习的时间是短暂的,我们必须善用这段时间。

第一部分 教学规划

从标准到目标

标准不同,其撰写的针对性与清晰性也各有差异。一旦熟悉了州标准,你就有责任重塑标准使之与教学目标一致。标准是强制执行的课程框架,但是标准并不是教学内容,它们是开发法定性课程的基础。标准无法直接在课堂中运用实施,教材的教学目标同样也不能在课堂中机械执行。教师的专业职责就是有针对性地重新设计教学目标,这一目标既要基于州标准又要适合不同的班级。每个不同的班级,都会有不同的背景知识、学业水平、教学资源和学习兴趣,都会对标准产生影响。

优秀的教师在开发 KUD 模式教学目标时,能够把所有这些职责都纳入考虑因素中。从标准中设计优秀的教学目标需要两种技能。第一,你需要能够通过仔细地阅读标准、解构分析标准,从给定的标准中,建构知道、理解和能够做到的教学目标。有时这些标准使用了"理解"目标的形式,知识更为抽象宽泛。在这样的标准中,你还需要找出与之一致的"知道"和"能够"目标。如果标准用学生行为(即"能够")的形式撰写,你就需要建构一系列对应的"理解"与"知道"目标,完全满足标准的要求。第二,你需要能够用学生理解的语言重写标准,这种语言需要能够反映你所教授学生的发展水平。通过这一重写过程,学生才有机会承担自己的责任,并向着你设定的目标前进。表 2-5 展示了一个由标准衍生出的统一的"知道、理解和能够做到"教学目标。有一些标准在制定时,其形式更偏向于三种教学目标中的一种,对于这些标准,教师必须能够把标准从一种形式改写为其他形式,为提供优质教学做好准备。

表 2-5 统一的"理解、知道与能够做到"之教学目标样例

标准	学生将知道	学生将理解	学生将能够
共同核心州立标准,英语/语言艺术(CCSS ELA)W.1.3:复述两个或更多适当的连续事件,用具体细节描述发生了什么;使用现代词汇表述事件发生顺序,并说明事件如何结束	开始、中间、结束的定义;如何计划并撰写一个故事	阅读有助于写出优秀作品	计划并撰写一个关于大象的故事

(续表)

标准	学生将知道	学生将理解	学生将能够
学生能够自己组织词汇,比较学习中遇到的不同国家的语言	英语是由拉丁语派生出来的	语言随着时间进化发展	用自己的词汇分析拉丁语派生出的语言
共同核心州立标准,英语/语言艺术 RL 6.6:解释作者如何在文中提出叙述者或演讲者的观点	视角的定义;如何找出故事中的多视角	多视角能够深度理解一个故事	描述并提供儿童读物中关于视角的案例
共同核心州立标准,数学 HSG.GPE.B.4:用代数方法证明简单的几何定理	一个圆可用一个方程描述	曲线图形可以描述物体与事件	重新整理方程,判断其是否是一个圆的方程
共同核心州立标准,英语/语言艺术 RL 5.2:找出文章中两个或多个主要观点,并解释关键细节如何支撑这些观点;总结文章内容	主要观点与支持性细节的定义	文字传达重要观点	找出某篇演讲稿中的主要观点与支撑细节

教学一致性

教学一致性不仅仅指三种教学目标之间的一致,还反映了课程或单元教学目标、学业评估与教学活动之间的一致,这种一致性保障了学生有效并高效地学习。

教学是建构知识和教授技能。教师在教室中指导学生,意味着他在教学。但是教师针对教学内容与教学方法做出决策,这也是教学的一部分。不仅如此,更复杂的是,教学通常与"课程(curriculum)"这一单词相联系。课程是教师的教学内容,并且与标准化测验相联系。如果高风险测验与课程紧密相关,那么,测验就应该是测试学生通过学习掌握了哪些内容。针对这种测试,教师需要让学生有机会学习课本以外更多的相关知识。这种学习还需要为学生提供教学支架和拓展资料,用以加工课本外获取的知识与技能。这一过程与直接教授知识有很大的不同。学生必须要有充分的准备应对高风险测验,因此仅仅告诉他们必须掌握的内容是远远不够的。总之,你应该理解,有效教学是一项复杂工作,需要教师倾尽全力。

第一部分 教学规划

课堂中保持教学一致性,与课程一致性类似,但是课堂教学决策并不以高风险测验为基础。相反,课堂教学决策重点在于每天都要为学生提供学习的机会。课堂层面的教学决策,聚焦于如何将国家标准转化为课堂教学目标,换句话说,就是描述学生需要知道、理解并能够做什么。这种目标、评估与教学策略三元素的一致性能够促进学生的学习。如果教学活动无法体现既定教学目标、无法对接目标相关的教学评估,学生学业成功的可能性就会变小。这就要求埃米莉和杰里米两位新教师,必须确保他们的"理解"目标在教学与评估中得到一致性体现,"能够"目标在评估中得以反映。

让我们看一下两个世界史学业标准:"理解爱琴海周边文明,及其是如何产生的","青铜时代不同地理区域之间如何建立联系"。这两个标准为教学提供了指南,相应地,明确了教学应该包括什么知识与技能以支持标准。该课程需要用到以下知识提供支撑:

1. 爱琴海、近东与埃及等文明之间,存在着吸收、征服、迁徙与贸易等活动,但是每一种文明都保持了自己的文化特征。

2. 武力征服支撑着文化利益,同时也要付出一定的代价。

3. 不同地域之间的文化融合与交流是十分广泛的。

与标准相关的"理解"目标可以这样书写:"学生将理解文化传播是吸收、征服、迁徙与贸易活动的结果。"其支持性"将知道"目标需要提供对应的事实细节,例如征服活动(尤其是亚历山大大帝的战争)对其他文化的影响,以及后续的影响。进一步考虑学生的兴趣、学业水平以及前序知识,"将能够"目标可以针对每个班级进行定制。对于该标准来说,"将能够"目标有很多选择,例如"学生将能够画出亚历山大大帝征服地区地图,并标出后续开拓的贸易路线","学生将能够作为当时一名迁移至希腊的埃及人,撰写一篇日记"。教学目标是从课程(州标准)出发,走向正确教学活动的十字路口。

从标准出发到真实教室的教学活动过程中,教师需要解构或分解知识、理解与技能共同糅合在一起的强制性标准,需要了解学生的前序学习经验,需要知道人类学习的方式以及学校与社区中可用的教学资源。这些内容知识、教育知识、学习知识混在一起,共同决定了课堂教学目标与教学评估,决定了如何设计教学。总之,教学一致性的基本观念即知识目标、评估与教学之间的一致性,这一策略提升了学生的学习效率与有效性。

评估教学目标

如图2-4所示,逆向教学设计过程中,一旦教学目标确定,在确定教学过程之前,教学评估就需要设计好。教学评估能够提供信息,让教师了解学生是否达成了教学目标,这是逆向教学设计的关键核心。确保教学目标与教学评估一致,能够帮助教师在学生的形成性评估与总结性评估之间找到平衡。教学评估不是在教学过程中或是教学结束后确定的,评估应该在教学目标确定后就进行计划,这样才能做好教学设计,为学生提供支持,展现其是否达到教学目标的要求。了解教学目标、了解如何评估目标,帮助教师与学生在教学中聚焦方向,为教学提供了一条更为平坦、成功的清晰道路。

评估是做出判断的基础。教室中教师做出的大多数决策都基于自己的判断,而许多判断都基于教学评估。有一些评估帮助教师用学业等级的形式判断学生,而有一些评估为师生提供信息,了解学生已经学习了什么,还有哪些知识与技能需要处理与练习,最终完成学习目标。

形成性评估

评估设计与教师、课程开发者、学区与/或国家预先设定的教学目标相关。教学评估包括形成性评估与总结性评估,两种类型都可以用于支持学生的学习。形成性评估为师生提供信息,反映学生向着既定目标前进的情况,但这种信息并不用于为学生学业评级。形成性评估主要用于教学过程中,让师生有机会在课堂或单元教学中途纠正错误,更好地完成教学目标。形成性评估针对教学目标通过实践练习反馈,反馈信息清晰、准确,并能够告知学生其进展情况。布莱克和威廉(Black & Wiliam, 2009, p.9)提出:

> 课堂练习可以针对学生学习成果形成某种程度上的证据,这些证据经过教师、学生与学习同伴的引出、解释与运用,可以帮助接下来的教学活动做出科学决策。这种决策比缺乏证据情况下做出的决策更为合理科学。

因此,形成性评估有助于教师做出教学决策,有助于学生调整学习行为向着明确的学习目标前进。

学生经过形成性评估获得的反馈,可以帮助师生共同弥补差距,让学生展现出

第一部分 教学规划

的理解与表现达到教学目标的要求。布莱克、哈里森等人(Black, Harrison, Lee, Marshall, & Wiliam, 2003)研究发现,形成性评估提供的信息能够提高所有学生的学业成绩,对有学习障碍以及学习成绩较差的学生来说,形成性评估能够发挥最大作用。如果师生能够运用反馈信息调整教学与学习,帮助学生逐步靠近教学目标,形成性评估能够发挥最佳效果。形成性评估测试必须紧密联系教学目标,测试必须能够清晰及时反馈学生表现,师生必须有机会共同改变教学与学习因素,评估行为才能够有效帮助学生,确保达到教学目标,未来取得学业成功。实践中,形成性评估展现了对学生学习动机与效果的提升作用,对学生学习有积极的推动作用。(Stiggins, 2005)埃米莉和杰里米还需要认真思考何时运用形成性评估,并且还需要确认形成性评估是否与教学目标一致。

总结性评估

总结性评估总是设计运用在教学活动的最后一个环节,在实施之前需要让学生先有机会获得形成性评估反馈。总结性评估为学生学习提供的信息,通常转化为评分等级形式。形成性评估与总结性评估两者之间必须明确匹配,如果给学生布置的练习任务与即将到来的总结性评估基本不同,对学生来说这显然不公平。所有的学生都需要有机会开展练习获得反馈(即形成性评估),然后才能进行测试与评分(即总结性评估)。这并不意味着总结性评估与之前相应的教学活动必须完全一致,但是,之前的教学活动的确应该与总结性评估类似,并且需要包含所有重要的评估元素。评估与教学的相似程度取决于教学目标。如果教学目标要求学生识别并确认特定的知识内容小块,评估就必须是学生非常熟悉的教学内容;如果评估设计用于了解学生的理解程度,评估任务中就必须增加一些新的材料,确保学生能够进行知识迁移。

本书第二部分提供了一些教学模式,第三部分则包含了评估策略,每一种教学模式都有与之对应的教学目标与评估策略,三者之间相互一致,形成整体。例如,建构性反应评估(constructed response assessments,包括简答题、论述题)与要求学生应用、分析和评估知识的教学目标极为契合,教学模式上最适合运用因果关系模式(the cause-and-effect instructional model)。第二部分和第三部分将描述的几种教学模式主要运用以下术语:目标(objectives)、程序(procedures)、评估(assessments)与个性化教学(personalize instruction)方法。

本章小结

本章主要讨论了教学目标与教学一致性。优质教学应该建立在清晰的教学目标之上,为学生成功学习指明道路。形成性评估在教学过程中为学生与教师提供反馈信息,让教师有时间调整教学策略、为学生学习补充教学支架。总结性评估在一个教学阶段后评估学生的学习情况,其结果通常以评分等级形式呈现。教学目标与评估决定了教学策略的类型,教师只有选择了合适的策略才能帮助学生达到学习目标。

拓展学习

活动

1. 认真阅读以下健康标准,以及相应的基准;使用下列表格,尽可能列出事实性知识、概念性知识、程序性知识与元认知知识等四种知识。

学生知道什么是健康的个人习惯。

基准:学生

◇理解健康习惯对个人幸福的影响,理解没有形成健康习惯对个人的危害。

◇知道常见健康问题的信号,理解主动性问题与被动性问题的不同。

◇设置个人健康目标,能够绘制目标完成进度表。

◇知道人类身体系统的结构与功能。

标准与基准中所列出的知识有哪些种类?在下表每种知识类型中举出两个样例。

事实性知识	
概念性知识	
程序性知识	
元认知知识	

第一部分 教学规划

2. 为下列"知道"与"理解"目标写出相应的"能够做到"目标。

◇学生理解政治、经济与宗教信仰对殖民地人们抵抗英国统治的作用。

◇学生知道第一次、第二次大陆会议的重要意义。

◇学生知道大觉醒基督教复兴运动的道德与政治信仰,知道这些信仰与美国独立战争的联系。

◇学生知道美国独立战争时期关键人物的主要观点与影响。

3. 阅读下列简短案例,判断教学目标、教学评估与教学策略是否一致。

案例:琼斯女士(Mrs. Jones)是一位六年级世界史女教师,她刚完成了一个关于古代美索不达米亚、埃及与库什的单元教学设计,教学目标如下:

◇学生将理解:特定地区文明发展需要满足当地社会的特定物质需求;古代埃及与美索不达米亚地区,宗教信仰、社会与政治秩序之间具有强烈联系。

◇学生将知道:近东与非洲地区的早期文明地理、《汉谟拉比法典》、古埃及艺术与建筑特征、古埃及贸易线路,以及古埃及与库什之间的政治、商业与文化联系。

◇学生将能够:分析美索不达米亚、埃及与库什这些早期文明的地理、政治、经济、宗教与社会结构情况。

琼斯老师运用了合作学习、讲授与讨论,作为基本教学策略。

她的形成性评估采用了个别学生会议的形式,让学生回答一个两段式问题:"要是让你选择,你愿意生活在哪种文明之中?为什么?"

她的总结性评估是要求学生为这三种文明制作立体透视模型。

琼斯老师的教学保持了一致性吗?阐述你的理由。

反思问题

1. 有人希望成为一名教师,你如何向他解释教学目标的作用?

2. 事实性知识、概念性知识、程序性知识与元认知知识,在构建与应用教学目标过程中分别扮演哪种角色?

3. 在教学中进行形成性评估有什么困难?

第一部分小结

第一部分有两章内容,概略地介绍了学生学习、标准与教学的含义。第一章

"学校标准与内容"主要讨论了我们所了解的学生学习,以及标准在组织学校教学内容中发挥的作用。本章还概括了标准在组织思考课堂教学中的角色。第一章后半部分内容聚焦于单元与课堂教学计划的关系,同时讨论了为促使学生学习保持教学一致性的必要性。

第二章"目标、评估与教学"剖析了教学计划与教学组织在实施课堂教学中的作用。(Hattie,2012)接着介绍了KUD模式教学目标的用途,以及如何运用标准开发教学目标,并保持一致性。这些技能对学生的课堂学习尤为重要。调整教学,制订强有力和要求严格的学习目标,并有意识地与学生的学习计划相结合,有助于你准备好学习下文提出的教学模式。只有深入理解教学的作用,你才能针对不同的学生培养知识与技能,满足他们的个性化需求。

第二部分

基本教学模式

导　语

　　记得你第一次按照一个模型做出某种东西么？比如一架模型飞机或一块蛋糕。这个任务看上去有些困难，但也并非不可能完成。开始的时候你会出错，你需要得到一些有经验的人的建议和训练。慢慢地，你就会掌握制作很多模型飞机和蛋糕的必备技术和技能，甚至可以不用模型。事实上，你甚至还可能设计出一些新的模型或者自己独创技能，让其他人借鉴。

　　教学模式也是一种模型，本书将提供一系列教学模式，可以在规划教学时供你使用。教学模式呈现出必要的和非常具体的步骤，就像处方或蓝图一样，旨在达到预期的学生学习结果。选择采用哪一种教学模式取决于学习目标，也就是期望学生达到的，即教学结果。

　　在计划做巧克力蛋糕时，有必要选择一个制作巧克力蛋糕的方法，而不是卤汁面或玉米煎饼的方法。一个鸟巢的设计图不可能用来制作一个飞机模型。同样，一套为帮助学生定义概念的教学模式也不可能提升学生的读图技能。与教会学生如何驾车相比而言，教会学生如何归纳总结更需要不同的教学方法。一套教学模式是指向特定学习结果的一个循序渐进的过程。最好的模式是基于我们对学生的了解，以及对人类学习方式的了解，并且已经得到广泛运用，以及实践检验的。本书探索了几种最好的教学模式，这些模式具有以下特性：

　　◇反映了人类如何学习的研究成果。

　　◇可以在之后的教学规划中得到运用。

　　◇鼓励学生积极参与学习过程。

　　◇带领学生经历特定的、有序的和可预见的教学环节。

　　◇适用于广泛的、多元化的学生、年级和内容领域。

　　◇有助于批判性思维发展，也有利于学术性内容和技能的形成发展。

◇是成熟的专业工具，需要花时间学习和关注。

为什么需要教学模式

模式的方法强调课堂教学多样化的需求。这些多样化需求必须通过发展教师教学方法的全部技能来实现，只有这样才能满足多样化学生的需要和一系列教学目标的要求。今天的课堂正在文化、学术和经济等多层面表现出不断增加的多元化，教学模式能够帮助教师满足很多不同学生的需要。这些儿童和青少年带着各种各样的学习目标来到学校。有些学生在教学高度结构化的环境下学得很好；而另一些学生却需要具备更多选择的开放环境。有些人习惯于使用归纳性思维；而另一些人则喜欢演绎法。有些学生喜欢个性化的、有竞争力的工作；而有些学生则在合作中表现更好。这些偏好不是学生可以学习的唯一方式，如果教师只使用一种方法，就会有学生被边缘化，甚至被排除在外。

如果课堂教学环境是单一的，一直使用一种同样的教学方法，那么适合这种教学类型的学生就会比其他学生更有优势。适当使用各种教学模式和策略的教师更容易照顾到课堂上所有的学生，更进一步来说，教师通过鼓励学生采取多种方式学习，学生也会去拓展自己喜欢的学习模式。

没有一种所谓正确的方式能够一直指导所有的学生，甚至在学习方面存在明显障碍的特殊群体也可以从多种学习方法中受益。没有任何一个社会团体或社会阶层的学校学习需要归为一种方法，尽管我们承认有时采用特定方法教学确实比其他方法更多次也更合理。

在第一部分中，我们探讨了统一的教学设计和目标类型，这些内容应该在一份教学规划中体现出来。一些目标侧重于广泛的理解和概括，一些关注内容理解，还有一些则关注学术的、社会的和情感上的技能。

一个精心的教学设计充分考虑学习者的年龄和兴趣，所持有的知识，以及教学活动发生的条件。此外，设计还必须立足于内容标准和课堂环境，以促进学习。

第二部分 基本教学模式

基本教学模式

第二部分将介绍五种基本的教学模式,我们从众多的教学模式中选出这些模式,旨在为新手教师提供可靠的教学资源。我们确定基本的教学模式的条件是:(1)易使用,可以很容易地在一个以标准为基础的课堂中实施;(2)易于与其他基本策略和模式相结合;(3)有较少的可移动部分。在十种教学模式中(某些时候是其他变式),我们从中选择了符合上面标准的五种模式。在所有的教学中,这些模式要求教师能很好地管理课堂,建立一个强大的学习社区,并对所有学生有很高的期望。这些教学需求被注入基本模式的步骤中。例如,直接教学模式提供了一个从教师到学生的责任逐步释放,使学生参与到清晰和可实现的活动中,减少管理问题,把学生集中到一些小组中来掌握目标技能,促进高预期实现的教学模式。这些基本教学模式是实现教学卓越的坚实基础。

基本教学模式包括直接教学模式、概念获得模式、概念发展模式、因果关系模式和词汇习得模式。基本模式将给新手教师提供基本教学技能,尤其对一个标准课堂而言,这些技能将满足所有内容领域和年级水平的需求。这些模式的课堂组织需求很直接,学生能够比较快地学会模式的步骤。

章节组织

下文每个章节会介绍一种模式(在某些情况下会有所变通)。我们为每种模式提供一个研究基础,描述了步骤,并讨论使用该模式的教学条件。对每种模式的讨论都以两个课堂情境开始,一个在小学课堂,另一个在初中或高中课堂。因此,在详细描述模式和对应步骤之前,你粗略看一下,就可以知道围绕一个主题的师生互动是什么样的,而这个主题可能是在你顺便拜访的任何学校的某个年级都会教学的内容。我们详细介绍了教学模式的步骤,使之很容易可以被调整用于你的教学中。在有些地方,还穿插了一些"策略提示",即教学策略的描述,通过这些描述你可以很容易找到嵌入模式之处。在每一章的结束,我们会再一次回顾章节开始时的情境,并连接到共同核心州立标准(Common Core State Standards)的授课计划。授课计划是教学的铺垫，构成情境的基础。

◇**第三章：直接教学模式**。直接教学是一个高度结构化的模式，它有助于教学技能提升，并能把离散的信息片段分解成小的明确的部分。教师示范所学的教学模式，并通过获得指导与自主的实践，形成从教师到学生的责任逐步释放。

◇**第四章：概念获得模式**。该模式帮助学生理解和分析一个特定概念的含义。通过一系列正面和反面的概念案例，让学生界定概念并确定其本质属性。概念获得模式对满足与理解、比较、辨别和回忆相关的目标特别有效。

◇**第五章：概念发展模式**。概念发展模式是希尔达·塔巴（Hilda Taba）最早提出的，这个模式鼓励学生基于理解相似性和差异性进行数据分组，然后形成数据的分类和为数据贴标签，有效地创设了一个概念系统。在这个过程中，学生学会思考所处理的概念关系、概念的内涵，以及自己的想法。这种模式有助于学生了解概念的起源，对与对比、应用、分类和分析数据相关的目标有效。

◇**第六章：因果关系模式**。这种模式引导学生调查重要行为、情况、条件或矛盾。通过推理，学生假设原因和结果，考虑之前的原因和后续的影响，并归纳类似情况下的人类行为。因果关系模式对与分析、假设和归纳相关的目标特别有效。

◇**第七章：词汇习得模式**。词汇习得模式是由本书作者之一的托马斯·H.埃斯蒂斯（Thomas H. Estes）构建的。托马斯·H.埃斯蒂斯在阅读教学与词汇习得方面是一位公认的专家。这个模式提出了令人激动的词汇教学的可能性，即通过历史语言和词汇的推导教学，而不是背诵单词表。

第三章 直接教学模式

本章目标

你将知道：

◇直接教学模式在小学和中学课堂中是什么样的；

◇直接教学模式的基础；

◇直接教学模式的步骤,包括讲解的模式和示范的步骤；

◇如何评估直接教学模式中的学习；

◇直接教学模式如何满足个人需求；

◇直接教学模式的优势。

你将理解：

◇直接教学模式提供了一种实用而高效的教学框架。

你将能够：

◇确定基础教育课堂的直接教学模式；

◇设计、实施和反思一个直接教学课程。

小学课堂应用

戴维斯女士(Mrs. Davis)正在使用童谣帮助她的学生识别和掌握押韵词。她通过读《鹅妈妈》中的一些童谣,开始一堂课。

戴维斯女士：你为什么喜欢我给你读《鹅妈妈》？

安尼卡(Anika)：它们很有趣。

迈卡(Micah)：我喜欢它的音调。

戴维斯女士：你喜欢什么音调呢？

索非娅(Sophia)：它有押韵的词语。

戴维斯女士指出了《鹅妈妈》童谣中的几个押韵词。学生也踊跃地指出了押韵词。

戴维斯女士：今天我们要看和听一些儿歌，并指出其中的押韵词。我们还要尝试思考这些押韵词。让我们先来看这张海报吧。

她把学生的注意力引到一张大海报上，上面写着儿歌"Tom，Tom，the Piper's Son（汤姆，汤姆，吹笛手的儿子）"。戴维斯女士指着每个词，将这首小诗朗读出来。

安尼卡：吹笛手是什么意思？

戴维斯女士：有谁知道吹笛手是什么意思吗？

梅西(Macy)：我想是一个吹笛子的人。

戴维斯女士还定义了"节拍"这个词语，并且告诉学生押韵词是以相同声音结尾的词，还给他们举出了一些例子（cow 和 wow，hat 和 rat，ham 和 ram，man 和 pan）。接着一些学生分享了他们知道的押韵词。戴维斯女士再一次朗读"Tom, Tom"，并让听到两个押韵词的学生举手。她还将押韵词周围画上了彩色的圆圈。

戴维斯女士：你们已经很好地识别了押韵词。那么这些是押韵词吗？son 和 eat？stole 和 piper？crying 和 street？

学生知道这些词并不是押韵词，因为它们听起来不一样。然后全班学生一起以"Tom, Tom"的形式，做了一个押韵词列表。为了指导学生练习，戴维斯女士读出海报上的有关儿歌"Little Miss Muffet"。她先解释了一些不常见词语，然后让学生单独到海报跟前指出押韵词。戴维斯女士还用相同颜色圈出了押韵词。

戴维斯女士：这是我们今天发现的一些押韵词。我们来看看还能不能再添加一些到这个列表上？你们还能想到其他哪些与 beat 和 eat 押韵的词呢？

丹尼尔(Daniel)：Heat。

阿瓦(Ava)：Seat。

安尼卡：Meat。

戴维斯女士给学生提供了更多的押韵词，并要求学生解释它们为什么押韵。几轮之后，她拿出了一个袋子，上面标着"押韵词"。袋子里面是写着各种词语的小卡片。学生可以取出卡片然后说出一个对应的押韵词。每个学生都有机会玩这个游戏,而当他(她)说的词语押韵时,班上其他同学就竖起拇指,否则就倒竖拇指。

戴维斯女士:你们每个人现在都有一页纸。你们可以在这页纸上画出与词语 hat(帽子)押韵的三件物品的图。史密斯女士(Mrs. Smith)和我会帮助你们在每个图片下写出正确的押韵词。你们要是完成了,还可以画出与词语 hat(帽子)不押韵的三个词语的图片。

中学课堂应用

八年级学生刚刚进入第四阶段的英语课程学习。班尼特先生(Mr. Bennett),他们的老师,从讨论学生之前学年读过的一些自然诗歌开始一堂课。

班尼特先生:有人知道"俳句"这个词吗?

艾玛(Emma):嘿,大家还记得六年级我们和费金斯女士(Ms. Figgins)一起写过一些俳句吗?

克莉丝(Chris):我还记得。它们很简短。

班尼特先生:确实,它们很简短。现在我给你们展示一些俳句的例子,你们可能还记得写俳句的具体规则。今天的主题是诗歌形式的变化。我们将认识诗歌的一种形式——俳诗。这堂课结束时,你们就可以将俳诗与其他诗歌作比较,列举出写俳诗的规则,并且创作出属于自己的俳诗。相对于一节课的时间,这其中所包含的内容很多,但是我相信你们每个人上完这节课后都能写出一首完美的俳诗,而且会理解它只是诗歌的一种形式。

班尼特先生接着与同学们分享了几个俳诗的例子。他投影了这些诗歌并口头朗读。通过讨论,他帮助学生认识俳诗的特点:(1)非常短——只有三行;(2)描写性——通常关于大自然;(3)个人的;(4)可分为两部分。另外,班尼特先生指出了5音节—7音节—5音节的模式。

班尼特先生:现在我们按小组进行学习。每组的记录者将是生日离今天最近的那个人。如果你知道自己是记录者就请举手。我将给每组一页纸,上面写有四首自然诗。选出哪些诗是俳诗,并写下为什么你认为它属于俳诗的简单解释。你们用五分钟时间完成。

五分钟后,班尼特先生请第五组同学汇报,然后问其他组同学是否同意第五组的发言,并要求学生将构成俳诗的规则列表记在英语笔记本中。课堂继续。

班尼特先生:你们可以看到,俳诗使用描述性的语言,这对诗人来说很重要。我们来一次关于俳诗创作的头脑风暴。首先,我们想象在一个特殊的季节发生了一件事情，然后我们来想一些词来描述这件事。我们想想冬季。什么事会发生在冬季？用什么词来形容最合适？我们会在黑板上记录我们想出的词汇。那么，冬季会发生什么呢？

芭芭拉（Barbara）：一场暴风雪。

艾琳（Eileen）：我一想到暴风雪，就想到了白色。

班尼特先生：还有什么其他的描述性语言让你想起冬季的暴风雪么？

桑迪（Sandi）：结冰、雪堆、雪球！

伊唐（Etan）：冷、舒适、静止。

班尼特先生：舒适？

伊唐：坐在壁炉里生着火的屋子里很舒适。

保罗（Paul）：冰冻且安静。

更多的学生分享他们的观点之后，班尼特先生按照相同的模式对春季、夏季和秋季展开话题。黑板上列了四个表，要求学生投票选出第一次要写俳诗的季节。投票之后，全班写了一首关于冬季暴风雪的俳诗。然后，班尼特先生让不同的小组选择不同的季节，针对这个季节里看到或会做的事情写一首俳诗。班尼特先生再轮流到每个小组中，根据学生创作俳诗的规则给出相应的反馈。

班尼特先生：大家小组的俳诗任务都完成得很好。现在，我想让你们写一首属于你自己的俳诗。你们可以选择任何季节或者任何其他大自然的方面来写。尝试使用黑板上至少一个词语。你们要是完成了自己的俳诗，就与伙伴分享，然后使用我们已讨论过的记在笔记本中的规则互相评论。

直接教学模式的基础

直接教学模式是用来明确教授目标知识、技能，或者这两者都教授的教学模式。在直接教学的开始，教师示范将要学习的内容。然后，在指导性练习和独立练

第二部分 基本教学模式

习期间,通过清楚的、及时的和准确的反馈,学生能够逐渐成功演示目标知识和技能。直接教学模式的理论和研究发现是多样的,它基于我们对学生学习的了解,以及从行为心理学、社会学习理论和认知学习理论中获益。行为心理学提供了调节行为的原则:(1)明确目标;(2)诊断测试,以了解学生对目标行为已经掌握了多少;(3)现实目标;(4)将任务分解成小的相关的部分,一次只介绍一个步骤;(5)正强化原则;(6)作好记录,以确保合理的强化安排。

社会学习理论认为,人们是通过观察他人进行学习的,而学习可能会也可能不会导致观察到的行为发生变化。与行为心理学家相反,社会学习理论家假设强化和惩罚对学习存在间接影响。教师示范是直接教学模式的一个重要组成部分,它鼓励学生关注教师的行为。当学生注意教师的示范,记住其行为,重复并演示所学到的内容,学生就学会了教师所示范的内容。这就是直接教学模式,也是社会学习理论的内容。

认知学习理论也构成了直接教学模式的研究基础。由于学生是根据以前的经验来建构自己的知识的,直接教学将新知识和技能与学生进入课堂时的背景知识紧密联系起来。该模式还允许学生通过具体的和及时的反馈来提高熟练程度,对学生而言,这是准确构建新能力的必要条件。有充分证据表明,直接教学与学生成绩的提高有关(Archer & Hughes,2011;Rosenshine,1986)。

直接教学模式采用明确的步骤来帮助学生达到课程目标,其步骤是教师从全部负责演示知识和技能,逐渐转变到由学生自己负责成功演示知识和技能。这遵循一个"我做,我们做,你做"的模式。

直接教学模式的步骤

直接教学模式有六个基本步骤,按逻辑顺序排列,通过使用一些小的具体的教学措施,让教师和学生专注于目标知识和技能。

步骤1:复习已学旧知

在直接教学中,学生必须清楚地理解自己想学到什么,学习中将遵循什么步骤,以及如何将新学知识和以前学过的内容联系起来。看看下面的教师是如何进行复习的:

1. 尼托女士(Mrs. Benito)正准备教一节关于字母顺序排列的课程。她先与全班一起复习了前一天所学的内容："昨天我们根据单词的首字母进行了分组。桌上那些是我们做的词语堆，每堆都是以相同字母开始的。今天我们要根据这些词语的第二个字母在字母表中的位置来排列这些词语堆，先从 A 堆开始。首先，我们来复习一下昨天做的每个词语堆的首字母的名称。"

2. 在体育馆内，特里先生(Mr. Terry)正指导他的游泳班："我们来讨论一下上周做过的动作。当你在水中时感觉怎么样？上周，你们学了如何浮在水上。现在，你们进入水中练习漂浮五分钟左右，这样我就能知道是不是每个人都还记得这项技能。然后你们将学习如何在水中划动自己的手来使自己前进。"

3. 在数学课上，汤姆林小姐(Miss Tomlin)说："昨天我们学习了使用 X 来代表未知数。萨拉(Sara)，你能将家庭作业的第一题写在黑板上吗？耶西(Jesse)，你第二题，弗兰克(Frank)，你第三题如何？我们所有人一起看看这些题，并判断它们是否正确。我会请你们解释为什么这些问题是正确的或者不正确的。在确定你们已经理解了如何使用未知数 X 的方法之后，我们将学习如何在方程中使用 X。"

每位教师都在实践直接教学模式的一种基本技能：以对学生先前学习的简短回顾开始，引出新的学习内容是必要的。检查和讨论家庭作业也可当作一种复习。在进行到一项新技能学习之前，确定学生已经掌握了学习材料。如有必要，在继续之前应该重新教一下以前的课程，尤其是当新技能依赖前面技能的掌握时。从长远来看，重教可以让学生为新信息和技能做好准备，从而节省了时间。

在教新课之前，测试班级学生确定他们的技能水平是必要的。分析学生的学习技能可帮助教师决定课堂进行的节奏，并为班级里学生的个体差异做好准备。在前文，我们讨论了形成性评估和总结性评估。良好的教学也需要诊断性评估，以确定学生处于课程和单元目标的哪个位置。诊断性评估可以是非正式的(如讨论、叙述或者个人访谈)或者是正式的(如教师采用纸笔测验)。复习和诊断都要求与单元目标和评估相一致。

步骤 2：陈述课时目标

应明确陈述课时目标，也可以用学生能理解的语言写在黑板上。我们参观了一个二年级写作课堂，看见这些"目标"写在了黑板上："学生练习握铅笔的正确姿势，写出数字 0—9。"你有没有发现什么问题？这种语言不适合学生年龄，甚至不适

第二部分 基本教学模式

合教学目标,其实就是练习手写数字。这个"目标"描述的根本不是目标,而是学生将进行的活动或练习,因为教学目标应该是学生在教学结束时能做的事情。所以这一目标更适合的措辞应该是"学生能正确写出数字0—9"。但是即使这样也没有用以学生为中心的语言,因而最好写成"你们将能正确地写出0—9的数字"。目标陈述的目的是为了清楚简洁地告诉学习者教学的目的是什么,以及他们应有什么样的预期结果。课堂目标应该与先前学习相联系,且应在所有学生可达到的范围内。在直接教学的开始步骤中,先行组织者是一个有用的策略,因为其能将先前的知识和课堂目标联结起来支持学生学习新的信息和技能。

先行组织者的策略提示

戴维·奥苏贝尔(1960)认为,教师可以通过明确学生已经知道的内容和将要学习的内容之间的联系来促进他们的学习。通常,当使用先行组织者策略时,教师在课堂开始之前准备一段简短的讲话,或者使用图示组织者或提纲。关键是明确新旧知识之间的联系,从而帮助学习者将已经知道的知识迁移和应用到将要学习的内容上。这被称作"联系新旧知"。先行组织者不是总结,是建构在一种高水平的概括基础上的。例如,"独立"这一概念可作为美国独立战争课的先行组织者;"营养"可作为基本食物群组课的先行组织者;"标点符号"可作为逗号这一课的先行组织者。除了解释事物的含义外,教师要做的还有很多。良好的教学还应将新学知识和以前学过的材料或者学生熟悉的经验联系起来,进行类比和对比。比如,关于工业革命的一堂课,可以先从一个讨论开始:从手工生产到机械化生产的转型,以及这种转型是如何持续到今天的。

构建先行组织者时,请牢记以下几点:

1. 回顾课程目标,并以学生友好型的语言呈现到课堂上。
2. 组织内容。首先以具体的例子介绍一般信息,之后再是更多的细节。
3. 提醒学生更大的图景,即将信息或程序嵌入一个有组织的知识体系。
4. 可能地包含多种观点或者针对主题的关键方法。
5. 当教授新信息时,通过重新表达之前的信息弄清一些重点。
6. 在课程结束时分享成功的学习方式(Hattie & Yates,2014)。

步骤3：呈现新课内容

教师必须准备好向学生介绍新内容。仅仅知道内容和程序是不够的，你还必须能够以一种能促进学生学习的方式教授这些内容。许多学科专家都不能将专业知识传达给他人。他们对领域内容已经非常熟悉，以至于不记得作为该领域的新手学习者会有怎样的体验，也不清楚新手学习者可能需要的支持类型。事实上，教师在课堂上成功教学需要多种知识。学科内容知识构成专业技能，是有效教授学科专业内容和程序所要求的知识。除了学科内容知识，教师还必须了解课堂管理和教学的一般原则和方法，这些对学生学习至关重要。教学模式属于一般教育学知识，可以跨内容和年龄水平使用。因此，当教师准备介绍新内容时，必须同时汲取学科内容知识。

好的新课内容呈现应该具有以下特点：
◇ 具体明了；
◇ 包括指导和解释；
◇ 着重强调问题和矫正性反馈；
◇ 使学习者专注于内容；
◇ 对学生的理解进行系统性评估。

该模式的这一步骤即"我做"的步骤。教师示范学生在该堂课结束时应能做到的内容。在完成任务的过程中边说边做，即有声思维是有帮助的，因为成功的介绍将有效的口头技能和媒体、问题、演示和学生参与相结合。呈现的信息应该有趣、高度结构化、组织良好并且范围有限。将要学习的内容必须根据学习者的需要进行挑选然后分析。一次呈现的内容太复杂或者太多会妨碍学习，不能达到介绍的目的。结合许多插图和问题来呈现一些重点通常比涵盖许多知识点更有效。当介绍一种新技能时，应将其程序分解成一个个小部分，按一定顺序介绍。

新的信息和技能可以以多种方式呈现给学生。本书中讨论的许多教学模式可被用来向学生呈现新内容。直接教学的呈现步骤既可以是演绎式的，也可以是归纳式的，包括讲解、概念获得活动或者演示。归纳课从一个概括或一个原理的许多例子开始，并通过归纳引导学生得出原理。本书中大部分的教学模式都是归纳形式的。呈现新信息和技能的常见演绎形式是讲解和演示。

简短的课堂演示经常是课堂教学的基本部分，而且是将新内容传递给学生的一种有效方式。这种信息的传递,谨慎使用,可以包括在直接教学模式的步骤 3 中。采用讲解、展示或示范等方式来展示信息的步骤如下:

1. 根据学习者的需要分析将要展示的内容。
2. 把要呈现的内容从最常规的到最特殊的绘制成表格。
3. 把所有要介绍的技能按照逻辑顺序分解成小部分。
4. 为课程开发一种先行组织者,可以为新内容提供一个参照。
5. 选择将要呈现的要点或步骤,并根据学习者将其限制在合理的数量内。
6. 选择例子来说明每个要点,并且将每个要点或者步骤与之前的知识或者先行组织者相联系。
7. 通过提问题来检验学生的理解情况,并留意班里学生缺乏注意的信号。
8. 总结要点并将它们与下一阶段的课程相联系。

为了准备所有的演示,必须确定将要涵盖的要点。这点很重要,因为课堂演示必须简明扼要,一些题外话会使学生参与和理解新知识更困难。大部分的成年人听一堂课只能保持大概 20 分钟不分心(Middendorf & Kalish,1996),而儿童注意力时间更短。许多演讲者坚持一节课内涵盖不少于三点、不超过五点的规则。对年幼的儿童来说三点肯定太多了。根据课程将要涵盖内容的数量和学习者的背景知识,可能需要在一段时间内进行几次简短的教学演示。

先行组织者可以帮助简明地传达授课的要点。请记住选择一种比新教学内容更通用的概念非常重要,这可以为学习者提供联系新学习的背景。哈蒂将先行组织者比作一件衣架,我们可以将新学习内容挂上去。(Hattie & Yates,2014,p. 115)例如,关于烘焙蛋糕的讲座,可以从这样的先行组织者开始——由土著部落准备的简单馅饼到现代面包店的复杂甜点,去追踪蛋糕的发展。

使用例子来说明每个重点。例子对听众来说起到记忆联结的作用。演讲者有时不采用视觉教具;他们依靠故事和轶事来说明要点。同样的技能在课堂上能有效帮助学生记住要点。轶事被记住了,同时也辅助记忆了授课要点。在课堂上,教师也可以使用许多音频或视频材料来讲解观点。

重复可以用来强化要点。在学习每个新知识点时,教师可重复以前的所有要点,并通过提问来获知学生的兴趣和对新知识的理解。在讲解最后,总结要点,并以提及先行组织者结束。这有助于学生集中全部注意力在教师的展示上。

如果授课包括演示,要准备好展示的材料,并将知识点分成一个个小部分教授,在每个小部分学习结束时检查学生是否理解。专家最困难的任务之一就是预测初学者的学习步骤,尤其是初学者可能不具备和教师一样的能力和热情。因而,教师必须认真考虑授课的内容和技能,不仅要编写课时目标,同时也要设计相关的教学活动用于演示,并按照逻辑顺序组织资料。

视觉形象和真实的案例在直接教学的演示阶段使用效果非常好。尽管图片或者生动的演示更有效,并且能为学习者的新信息提供记忆之间的联结,但教师还是会太频繁依赖讲解。你可以想象一下没有示范的烘烤蛋糕课程。许多教师忘记了一张图片(活动、实验或演示)可能胜过 1000 个字。

步骤 4:提供指导性练习,评估学业表现,提供矫正性反馈

一旦教师示范了知识和技能,即"我做"的授课阶段,就进入到从教师向学生的责任逐渐释放阶段了。学生将对教师示范过的知识和技能进行练习,即该过程中"我们做"的部分。指导性练习和独立练习是直接教学的重要组成部分。以小步骤呈现新内容,在过程中每个步骤后都有充足的练习机会。在以下示例中,教师都会控制此过程并监控小组和组内学生的练习。教师提供指导和反馈,学生积极参与模拟过程。以下是指导性练习的一些例子:

◇"为了给鞋子系好鞋带,我们从每只手上拿好鞋带开始。现在拿起你面前样鞋上的鞋带,每只手都拿一根鞋带。好,接下来将右手上的鞋带穿过左手上的鞋带。(注意:一定要为左撇子儿童也做好计划。)让我们所有人都来练习像这样把右边的鞋带穿过左边的鞋带。汤米(Tommy),举起右手。好,现在穿过你左手中的鞋带,就像这样。很好!"

◇"要运行平板电脑,我们必须先打开它。请找到开/关按钮,然后将其推到开的位置。"

◇"我们刚刚看到一个关于心脏四个腔的介绍。现在我们一起在黑板上填写这张图表,并回顾一下这四个腔。谁能说出其中一个腔的名字?"

教师的提问是指导性练习的重要组成部分,而且应在课前做好准备。教师经常会觉得如果课堂问太多问题会变得无聊;然而,在学习新内容时重复和回顾是至关重要的。指导性练习问题是诊断性的,被用来判断学生可以在何处与课时目标有联系。由于学生在课堂上承担更多的学习责任,教师需要评估学生理解的准确性和深度。当使用直接教学来教授基本技能时,所提问题需要求学生回忆具体的

信息,并且说明对课程目标的理解。这些问题通常是汇聚性的,只要简短的一个字或两个字答案。等待时间是教师允许学生回答问题的时间,也是该过程的重要组成部分。大概三秒钟的等待似乎会取得最好的效果,同时也可顾及那些不回答问题的学生。(Slavin,2000)为了在指导性练习中监督学生参与情况,教师可以制作一张学生回答问题的检查表。如果同样的学生们回答出了大部分问题,教师应该对所问的问题进行评估,并确定班里其他人是否理解内容。

有经验的教师会构建教学情境,知道哪些学生需要进一步解释或帮助才能达到目标。他们要求学生重复目标或信息,要求学生相互总结并分享,鼓励学生提供更多的案例或信息。当学生练习新的知识或技能以及教师观察和诊断问题时,有一些教学措施可以帮助学生进行指导性练习。莱莫夫(Lemov,2010)建议使用随机提问方式(即使学生没举手也提问他们),以及全班以同样的方式回答一个问题。在这两种情况中,都必须营造一个积极的氛围,即在校学习期间回答正确和错误都是正常的。

为了充分而有效地学习,学生对其学业表现需要有正确和恰当的反馈信息。反馈必须清晰,并与详细的教学目的或目标相关。反馈应是客观中立的,且告诉学生发生了什么,他们的行动结果,以及他们的表现与目标结果之间的差距。良好的教学可以使学生通过详细的反馈来自我评估。指导性练习使教师和学生都能看到他们与课程目标之间有多接近。

如果学生没有学会内容,不要责怪他们,也不要继续教新内容。就好比如果学生在游泳池最深处不能踩水,游泳教练会退回到一个更基本的步骤,肯定不会让学生溺水。在学习任何技能或新内容时应采用相同的方法。如果学生未完成教学目标,教师就应该对原来的讲解进行评估和分析,找出问题之所在,然后找到一种让全班都达到目标的方式。直接教授技能的学习成功率应尽可能接近100%。对第一次讲解就已经理解的学生也会在教师的再次教授中受益,特别是当后面的讲解与第一次不同时。当然更好的是,早会的学习者将理解的内容转化为自己的话来帮助他人,让别人跟着做。因此,指导性练习步骤允许重新教学。

在指导性练习中提供反馈是教师一个重要的行为。我们知道,要求学生持续努力直到准确,这样做才能有所提高。要取得成功,反馈必须及时,具体到任务,并详细说明。首次使用直接教学模式的新手教师可能会听到以下一些关于反馈的内容:

◇"你的讲解中有一个类比,有助于学生了解新内容。"

◇"你在指导性练习中没有向学生提供反馈。"

◇"讲解没有任何音频或视频呈现,且在大部分时间内重复。学生在指导性练习或独立练习中缺少技能训练的时间。"

步骤5:安排独立练习,评估学业表现,提供矫正性反馈

在实施课程目标的过程中,一旦学生练习并接受反馈,他们就会承担更多的学习责任。他们在没有教师或同伴帮助的情况下学习新知识和新技能。这是过程中"你做"的部分。独立练习需要教师认真监督学生自己或小组练习新技能。然而,在分配学生独立练习之前,必须在指导性练习上花足够的时间,以确保学生为自己独立练习做好准备。指导性练习期间的观察结果将表明学生是否已准备好进入独立练习阶段。

教师应该在学生独立练习过程中进行巡视,检查学生是否正重复错误,或者实际上正在进行错误的练习。此外,还有一些方法可以让学生在独立练习时能自己检查结果。有时候,教科书后的答案是一个很好的资源。有些教师还会在教室设置检查点或检查站,学生可以定期检查作业。

独立练习为学生提供机会去处理和演习那些在直接教学模式早期步骤中呈现的新信息或新技能,目标是帮助学生"获得"新信息或新技能,实现从指导性练习阶段(经过缓慢而认真思考之后仅产生很少错误),到自己能够快速自动完成而不需要思考过程的每一个步骤的转移。想想为了使用手机,你学习一个新的计算机程序或应用程序的过程。起初,当学习新程序时,我们会有些尝试性学习,但是最终我们可以不假思索地使用,我们会花更多的时间思考为什么我们使用这个工具,而不是我们如何使用这个工具。所以当学生在指导性练习阶段只犯少量错误,并进入到自如阶段时,才可能产生有效的独立练习。

大多数独立练习要用到工作表、写作任务或对问题的口头答复等。当然,还有许多其他的方法能让更多学生参与练习新知识和新技能。教师可以将练习嵌入到有意义的背景中激励学生完成任务。可能的独立练习方式包括:

◇创设和解决问题或状况;

◇设计游戏、海报或演示;

◇写一首诗、一个故事、一本书或小册子;

第二部分 基本教学模式

◇角色扮演或木偶表演；

◇绘制地图、图片、卡通或图表。

学习中心的课堂作业或家庭作业可以如上述所示布置。在任何情况下,任务目标必须与指导性练习中的练习内容相一致。直接教学模式旨在将知识和技能分解成小步骤,然后通过示范和练习来帮助学生学习。遵循该模式的步骤,你就可以为学生学习提供必要帮助了。直接教学模式中的独立练习结果的评估会在本章后面的"直接教学模式的学习评估"一节中讨论。

> 教学支架是一个学习过程,是学生在必要帮助下,更深入理解或更自如进行技能练习的过程。教学支架在学习周期开始时使用,包括提供辅导、具体反馈、模板、提纲、学习指南、笔记和其他资源。随着学生练习和掌握新知识和技能越来越熟练,支架就可以逐渐撤除。教学支架基于几种心理学理论,描述了新学习者在尝试掌握知识和技能时所需要的支持。图2-5提供了一些教学支架的案例。

步骤6:定期复习,必要时提供矫正性反馈

应该将定期复习新近获得的内容这一步骤纳入到每一个教学计划中。"过度学习"对于学生掌握一项新技能来说是必须的,特别是对接下来学习必不可少的那些技能。而在学生学习新技能的过程中,复习之前学习过的技能同样也是必须的。

布置家庭作业可以定期回顾已学知识,并且在学习新知识和新技能前需要进行检查。如果作业布置得合适,当然值得回顾,但许多教师却忽视了复习这个环节。如果学生不理解为什么要布置这项作业,就不要进行下一步学习。请认真研究教学内容并分析学习失败的原因。如果每周一次的复习表明有一项知识或技能没有被掌握,那么就有必要重新进行教学。例如,在暑假期间,学生经常会忘记学过的技能和知识,所以在新学年或学期初进行考试就尤为重要。虽然步骤指导会让重新教学更难计划,但是长远来看,重新教学能够节省时间,确保学生有学习新知识和新技能的基础。

教师应该对学生的成功率提出高要求。如果学生没有进行学习,那么一定是有理由的。回答下列问题,可以帮助教师明白为什么学生没有成功学习。

◇学生是否有必要的背景知识来学习新的技能或知识?

◇在学习过程中,学习步骤是否分解成足够小的步骤?

◇在介绍新步骤之前都要先学习一个步骤吗?

◇学习目标和说明是否明确?

◇内容组织是否有条理?提供例子、讲解和示范是否有效?

◇是否有足够的问题来确定学生已经理解了所教授的内容?

◇是否有足够的指导性练习?是否所有的学生都参与了练习,并且错误得到迅速的纠正?

◇是否有独立练习技能或学习的机会?是否对独立练习进行仔细检查,以明确学生的表现有没有错误?

◇是否有定期复习和提供新学习知识和技能的练习机会?

直接教学模式的步骤小结

1. 复习已学旧知。确保学生已经掌握了以前教过的内容,并且理解与新的学习之间的联系。

2. 陈述课时目标。在课时开始之前,用学生易接受的语言将目标呈现给学生。

3. 呈现新课内容。有条理地组织新内容并用有趣的方式呈现出来。经常进行检查,以确定学生是否理解。

4. 提供指导性练习,评估学业表现,提供矫正性反馈。在练习阶段,引导学生,确保他们有正确表现。

5. 安排独立练习,评估学业表现,提供矫正性反馈。在学生独立练习时继续监督,检查错误。只有当教师确定学生能够正确完成练习时再布置独立练习的作业。

6. 定期复习,必要时提供矫正性反馈。在进行新一轮教学时,先对家庭作业进行检查,必要时进行重新教学。教师进行定期复习,以确保学生掌握新的学习内容。

上述这些步骤并不能完全表现直接教学模式的生成性和动态性。直接教学涉及一系列复杂的从教师到学生的相互责任。显然,这种复杂性在文本中难以捕捉。因此,我们会研究在直接教学框架下教师和学生的可能行为。这种方法考虑了什么是掌握这个模式所需要的,并将它装入你的专业工具箱里。此外,表3-1能帮助你思考学生的哪些行为与学习有关,从而塑造你的教学行为。

第二部分 基本教学模式

案例研究展示了如何在场景下使用直接教学模式,详情参见本书第十三章、第十四章和第十五章。

直接教学模式的学习评估

使用直接教学模式的目的是掌握知识和技能,而这些知识和技能是确定的,很容易进行说明并且可以依靠练习进行改进。评估学生学习贯穿于整个模式的每一个步骤。例如,指导性练习可以作为一个形成性评估,因为它为学生和教师提供先验知识和技能习得的信息。形成性评估为教师收集信息,展示教学决策和学生行为。教师和学生获得的信息,可以指导他们的下一个教学步骤。教师还可以在指导性练习中使用清单或笔记记录学生表现出的问题和成就,若有必要,可以进行重新教学,确保独立练习会产生自主学习效果。设计指导性练习任务必须为学生的知识和理解提供有意义的线索,应尽可能与展示步骤中的任务相同,而学生应该能够对其所看到的模式加以练习。

独立练习也可以提供有关学生学习的数据。如果纸笔任务(作业表单、问题的回答、图示组织者、习题等)已经在整个授课中使用,那么它们也可以用于独立练习环节。评估任务必须与课程目标和教学一致。而教学模式则提供了这样一个一致的蓝图,但模式步骤中所使用的任务必须有内部一致性——所有的步骤必须帮助学生达成确定的目标。而且,如果要对独立练习的成果进行评分,那么这一步就变得特别重要。当你准备让学生将学习到的技能迁移到陌生的环境中时,在独立练习中任务复制的相似性要比指导性练习中的低。不过所有评估,特别是分级评估,必须只包含学生在以前的教学中有机会进行练习的要素。

独立练习的成果可以采用量规进行评估,这也是评估学生学习的指南。它能明确评分标准,关注学生、同伴和教师的反馈。好的量规能够详细说明一个出色任务的特点。这些特点可以通过分析任务、任务的目的以及包含在任务中的评估标准发展起来。区别优秀的、良好的、充分的和不足的评估的例子可以提高标准的清晰度。独立练习成果的量规应该指向特定的任务。虽然网络上有很多的量规例子,你必须确保你掌握了决定直接教学(或其他模式)课程的质量的基本要素。图3-1展示了俳句(Haiku)写作任务的一个量规例子,这个量规有助于班纳特先生评估学生学习情况,详情见本章开篇。

表3-1 直接教学模式中教师和学生的潜在行为

步骤	教师	学生
1. 复习	◇复习之前学习过的且学习新内容所必需的材料 ◇设计和执行诊断性评估	◇使用元认知策略参与复习 ◇复习诊断性评估;确定知识短板
2. 陈述目标	◇用学生易理解的语言呈现目标 ◇将课程内容与学生先前的知识和经验相联系("先行组织者") ◇提供课时概述	◇将对目标的理解展现出来 ◇把所学和所知联系起来 ◇描述他/她在课堂中应该怎么做
3. 展示新内容	◇利用口头或视觉形象表达,清晰地展示新内容 ◇提供具体的教学和展示 ◇使用迷人的声音 ◇聚焦于学习者 ◇确定新技能的所有步骤 ◇确定新概念的所有重要特点 ◇检查学生是否理解	◇密切关注教师的展示 ◇如有需要,可以要求教师阐释清楚 ◇与先前的知识建立清晰的联系 ◇在恰当的时候推演步骤 ◇在恰当的时候确定重要特点 ◇对于形成性评估予以回应 ◇思考学习新内容时的个人挑战
4. 指导性练习、评估表现、提供反馈	◇分解成小步骤复习新内容 ◇教学支架练习 ◇通过观察和提问、循环、监督和评估学生学习 ◇提供正确的反馈(及时的、详细的、具体的) ◇决定什么时候开始独立练习	◇在恰当的时候确定和提供新概念的例子 ◇在恰当的时候练习新技能的每一步骤 ◇回答教师和同伴的问题 ◇提出明确的问题 ◇根据反馈行事 ◇反思自己的学习
5. 独立练习、评估表现、矫正性反馈	◇基于目标监督学生表现 ◇在任务完成以后提供反馈	◇加工和预演新信息 ◇致力于自主性程度
6. 定期复习与反馈	◇通过作业、问题和活动监督学生学习的自主程度 ◇必要时提供反馈	◇展示知识和技能的自主性 ◇必要时对重新教学做出反应 ◇反思自己的学习

	优 秀	满 意	较 差
重点	重点清晰；词语组织围绕重点，方式新颖	重点清晰；通常使用与主题相关联的词语	重点不存在或不清晰
声音	强有力的声音；吸引听众	清晰的声音；只是有点吸引人	声音对于听众并无吸引力
词语选择	生动的词语，能在读者的脑海中浮现画面	使用的词语沟通清晰，但是缺乏生动性	词汇有限，不能吸引读者
结构	五音节－七音节－五音节格式；没有拼写错误	五音节－七音节－五音节格式；少量拼写错误	格式运用不正确；包含一些拼写错误

图 3-1 评估俳句的量规

直接教学模式与满足个人需求

通过使用各种教学模式和策略，教师可以进行差异化教学。差异化策略指向个体和群体，使用多样的过程是进行差异化教学的一种方式。所有教学模式都为差异化提供了机会，然而本书不可能全部进行描述。不过，有一些策略适合特定模式。在直接教学模式的情况下，有两个重要的差异化技能，与模式的目的、基础和过程息息相关，分别是灵活分组和变式问题。

灵活分组

所有的差异化机会都是基于明确的目标，并理解与这些目标相关的学生背景知识和成就。直接教学模式恰恰满足了这两个要求（明确的目标和承认学生的先备知识）。

练习也是直接教学的一个重要属性。灵活的分组使学生能和一群兴趣、技能和知识背景相同的同龄人练习知识和技能，或是和一群人一起练习以便成员之间能够分享见解和技能，从而彼此成就。学生在社会环境中学习，而小组需要持续提供学习的机会。这里的关键是灵活性——在指导性练习中，小组决不是一成不变的，而是应灵活随机，以满足个体学生的需求。虽然许多直接教学是由全班来完成的，连续的指导性练习可按组完成。不过，重要的是在进行小组任务之前，需要教授和练习明确的指导要求。

变式问题

在所有的直接教学步骤中,问题的多样变化可以作为一个贯彻差异化的技能。事实上,在本书提出的所有模式中,改变或调整问题是一个重要的策略。基于学习者的准备程度、经历、兴趣和首选的学习方法,对问题可以进行适当调整。通过了解学生在你的目标和他们个人的学习简介中所处的位置,你可以在直接教学模式的复习、展示和指导性练习步骤中,针对特定的学习者提问。对问题进行分类的方法有很多。一种方法是使用布卢姆教育目标分类修订版,使得学生的认知需求更加多样化,详见本书第二章。对于那些和你的具体教学目标相比准备水平较低的学生,你可以把你的问题集中在"记忆"和"理解"层面上。"应用"问题主要针对那些对教授的内容已掌握基本技能的学生。而对于那些准备水平较高的学生,你可以专注于"分析"、"评估"和"创造"范畴。另外,也可以好好利用学生的背景知识。例如,在一个讲解哥特式建筑的课程中,教师会提问一个在欧洲旅行过并且对建筑学感兴趣的学生,问题内容主要是关于她所看到的滴水嘴怪兽(gargoyle)。而其他学生可能会被问到关于他们如何装饰建筑和为什么这么做的问题。多样化问题的目的主要是帮助每个学习者与学习内容相联系,加强对课程的理解,掌握课程的知识和技能。所有学生都有责任学习课程的目标,但是通过教师的提问,他们通向目标的路径会多种多样。

直接教学模式的优势

直接教学模式与学生成绩有着明显的关联(Rosenshine,1986),同时为学生提供了学习明确清楚的技能与知识的机会。该模式是一个生成模式,可以作为许多教学模式、策略和方法的框架或模板。一旦教师提供了课程目标并且复习了必要的背景知识,下一步就是内容或技能的呈现。这一步可以用归纳法进行(首先介绍例子,然后学生从例子中归纳出广义的原理或规则)或用演绎法完成(教师提供宽泛的原理或规则,然后学生举例说明原理或规则)。如何呈现材料并不是直接教学模式的一个重要属性。这个模式的关键,以及所有优秀教学的要点,都是与背景知识、小块信息、指导性和独立练习相联系,并且都会有矫正性反馈。这些应该是每一个教学方法的一部分。直接教学模式在本质上是一致的,这也是教学模式的另一个重要特性。该模式的目的是使课时目标能被明确地表达,而模式的所有步骤都旨在帮助学生成功地达到课时目标。

第二部分 基本教学模式

小学教学实例

直接教学:《鹅妈妈》	
目标	**共同核心州立标准——英语/语言文学 RF. K. 2** 展示对口语、音节和声音(音素)的理解 能辨别和说出押韵词 **学生将知道** ◇当两个或更多的词语有相同的结尾音时,就能听出韵脚 ◇通过聆听相同的声音,如何辨别出《鹅妈妈》童谣中的押韵词 **学生将理解** ◇当他人说话、唱歌或是背诵的时候,我们可以听出韵脚 **学生将能够** ◇辨别出《鹅妈妈》童谣中的押韵词和非押韵词 ◇当给定一个口语词,可以生成一个押韵词
评估	◇诊断性。让学生定义一个韵脚,询问他们某些特定的单词是否押韵。 ◇形成性。在指导性练习和独立练习过程中,学生能够辨别和生成押韵词。
过程	1. 复习之前学习过的内容。给学生展示你之前读过的《鹅妈妈》,告诉学生为什么我们喜欢《鹅妈妈》韵律。突出押韵词及其发音。 2. 说明课程目标。告诉学生我们经常看到和听到的韵律,而今天我们将会分辨出这些押韵词。 3. 展示新内容。给学生展示海报"Tom,Tom" 　　Tom,Tom,the piper's son, 　　Stole a pig,and away he run, 　　The pig was eat, 　　And Tom was beat, 　　And Tom ran crying down the street. 诵读海报上的儿歌"Tom, Tom, the piper's son",并指出每个词语。解释单词"piper"和"beat"。教师重新读一遍儿歌,由一个学生跟着教师读每个单词。解释押韵词的含义,它是指具有相同结尾音的单词,并提供相应的例子——"cow"和"wow"、"hat"和"rat"、"ham"和"ram"、"man"和"pan"。慢速读一遍"Tom, Tom",然后让学生在听到两个押韵词的时候举手。接着,让学生志愿者分辨文本中的押韵词,用相同的颜色圈出"Tom, Tom"中的押韵词。询问学生下列词语是否是押韵词:"son"和"eat"、"stole"和"piper"、"crying"和"street"。进一步提问,我们又是如何区分它们不是押韵词的。最后,制作列表列出"Tom,Tom"中的押韵词和非押韵词。

4. 指导性练习。展示海报"Little Miss Muffet",解释不熟悉的单词。让学生用相同的颜色圈出押韵词并提供矫正性反馈。如有需要,继续练习《鹅妈妈》童谣。

  Little Miss Muffet sat on a tuffet,
  Eating her curds and whey.
  There came a big spider,
  He sat down beside her,
  An'd frightened Miss Muffet away.

5. 展示 II。教师提供两个押韵词,让学生提供一个与之不同的押韵词。从"Tom, Tom"和"Little Miss Muffet"中标识出的韵律开始。

6. 指导性练习。给学生一个押韵词袋(袋子里装满了索引卡,上面写着简单的押韵词),让他们抽出一个单词。然后,读出这个单词,并提供押韵词。

7. 独立练习。学生要列出三个与给定的单词相押韵的单词,以及三个不押韵的单词。

中学教学实例

	直接教学:俳句写作

目标	**共同核心州立标准——英语/语言文学 W. 7. 3. D**
	使用具体的单词、短语、相关描述性细节和感官语言来捕捉动作、表达经历和事件
	学生将知道
	◇俳句是一种既简单又复杂的诗歌形式,能够提高语言、观察和表达水平
	◇俳句的主要特点(非常简短、描述性的、个人的、分成两部分)
	◇俳句写作规则:
	  五音节—七音节—五音节形式
	  两个部分;第一句或第二句之后有停顿
	  有一个季节用语(季语)
	  自然或人类生活的日常经验快照
	学生将理解
	◇诗歌形式多种多样,服务于不同的目的
	学生将能够
	◇利用俳句的规则和惯例来区分俳句和其他形式的诗歌
	◇列出可以用于俳句写作的词语
	◇基于个人经验写一首俳句

评估	学生选择下列一项来做: ◇向学校文学杂志递交一首俳句 ◇使用一首俳句和插图来制作海报 ◇创建自己的俳句文集 ◇向其他班级或小组的学生教授俳句写作

第二部分 基本教学模式

过程	1. 复习之前学习过的与俳句相关的材料,询问学生他们所知道的俳句。 2. 说明课程目标。 3. 展示俳句例子,包括古典的和当代的例子。让学生大声朗读诗歌,并让学生评论不同诗歌之间的相似性。通过这种讨论,帮助学生认识到俳句的特点:非常简短、描述性的、个人的、分成两部分。 4. 基于之前提出的相似性,提供俳句写作的主要原则大纲。 5. 让学生对几首描写自然的小诗进行区分,识别其中的俳句,并且使用列表中的规则说明选择理由。 6. 根据俳句的规则和惯例,让学生进行头脑风暴,找出一系列会使用到的词语。然后针对每一个季节,让学生选择一个可以作为俳句主题的事件,并组织描述性语言帮助读者身临其境。教师要在黑板上列出建议,同时根据列表激发学生创意,鼓励他们看到描述自然以外的可能性。最后,全班或小组完成两到三首俳句。 7. 让学生基于个人经历写一首俳句,至少使用一个之前头脑风暴出来的词语。教师还要将学生两两分组,让他们相互对对方的作品进行编辑和给出改进建议。 8. 在独立练习中,学生可以选择一种评估方式。

本章小结

本章开篇就提及:直接教学模式是必要但不充分的教学工具。一方面,如果没有这个有效工具,就会对教学造成影响,因为这个模型中的步骤给教学设计提供了一个框架。但是另一方面,仅使用这一种模式就会使课堂失去活力。

直接教学模式可以用来教授许多知识层面的教学目标和技能。首先,常用先行组织者的形式复习以前学习过的内容。当复习的知识明确以后,教师再提出清晰的课程目标。新知识可以用多种形式、多种材料来呈现。只要教师示范完新知识或新技能,学生就可以进行练习并接受矫正性反馈。理想情况下,如果学生可以圆满完成任务而只有少数的错误,教师就可以分配独立练习来促进学生自主学习。反馈和定期回顾可以确保学生达到并继续保持课程目标。

拓展学习

活动

1. 采访教师课堂中所使用的教学模式的类型以及这种教学模式是否有效的原因。
2. 在你所教授的内容领域,为一项基础技能设计一个直接教学课程。确保设计中要包括 KUD 目标、课程的所有步骤以及一个形成性评估。

3. 准备一页讲义,总结直接教学模式。

4. 在互联网上找到直接教学的视频例子。分析本章呈现的模式和你在视频中看到的有什么不同。

反思问题

1. 学习中心可用于直接教学模式中的独立练习。对于在课堂上建立学习中心你有什么问题?你将如何找到答案?

2. 评估量规对于教师和学生来说都很有帮助。使用量规有什么问题?教师如何克服这些问题?

3. 你教授什么知识或技能?或者你会教能成功用于直接教学课程中的知识或技能吗?你为什么相信这些知识或技能与直接教学模式一致呢?

4. 想想你在课堂上使用直接教学法的频率以及为什么你会以这样的频率使用这种模式。

第四章　概念获得模式

本章目标

你将知道：

◇概念获得模式的基础；

◇概念获得模式的步骤；

◇概念获得模式的变式；

◇如何评估概念获得模式中的学习；

◇概念获得模式如何满足个人需求；

◇概念获得模式的优势。

你将理解：

◇归纳教学法建立于天赋自然的学习方式之上。

你将能够：

◇运用归纳教学法帮助学生的学习；

◇对概念获得课程进行设计、实施和反思。

小学课堂应用

在关于动物适应性的学习单元中，斯兰邦克女士（Ms. Sarembock）教了冬眠的概念。她希望学生明白，冬眠是一种动物的行为，当动物的身体机能处于休眠状态时，其表现就像是在睡觉一样。在课堂开始时，斯兰邦克女士让她的学生回忆起曾经玩过的概念获得"游戏"的规则。

"上课了，既然我们已经复习了共同探索概念获得奥秘的方法，那么请你们举起双手，然后我来告诉你们，我们的奥秘与动物的行为有关。以下是我们前两个实例的照片。"斯兰邦克女士展示了土拨鼠和囊地鼠的图片，并放在黑板上"正例"栏中。"是否有同学可以假设一下，土拨鼠和囊地鼠的动物行为会有哪些共同之处呢?"

学生开始交流想法,教师在黑板上"假设"一栏中记录下每一条想法。

　　它们猎取食物。

　　它们站着放哨。

　　它们挖洞。

　　它们挖隧道。

　　它们住在地下。

　　它们善用牙齿。

斯兰邦克女士告诉孩子们,他们生成了一个很不错的列表。她展示了一个他们正在寻找的动物行为的反例,以此提示他们如何处理这个列表。"观察图片中的动物,它不具备哪些我们正在寻找的行为。"她向他们展示了一张狗的图片,并把图片放在黑板上"反例"栏中。

"这只狗与我们的例子有什么共同之处呢? 因为狗并不是正例,无论它们有何共同点都不是我们今天要探索的。"新的假设列表的讨论结果如下,斯兰邦克女士划掉了不符合的行为,只剩下了一种行为。

　　它们挖洞。

经过几个回合的正例(青蛙、束带蛇、熊、蜥蜴和蝙蝠)与反例(家猫、鹦鹉、老鼠、袋鼠、骆驼、大象),这节课有了如下的假设列表:

　　它们猎取食物。

　　它们站着放哨。

　　它们挖洞。

它们挖隧道。

它们住在地下。

它们利用牙齿致敌人于死。

它们用脚跑。

我们无法在寒冷的天气中见到它们。

斯兰邦克女士要求学生猜测,动物哪些行为的出现意味着我们在冬天不会看到它们。随着课程的推进,她定义了"冬眠"这个词。然后她向学生展示了一些不同动物的测试实例,过程中与学生交流讨论,并要求他们写一段关于"动物为何要冬眠"的文字。

中学课堂应用

冈萨雷斯女士(Mrs. Gonzales)正在教授八年级课程中的隐喻概念。她解释说他们将学习新概念的含义,新概念的名称会是个谜,直到他们能明确此概念与其他观念或概念的不同之处。她还补充道:"我们会通过对比正例和反例来发现这个概念。这些正例中包含了概念的所有重要部分,它们代表了概念的本质。我还会告诉你们一些反例,它们可能会包含此概念的一些本质,而不是全部。你们要通过对比这些例子,识别出正例的标准性和关键性要素,才能解开谜团。"她在黑板上分了三栏——"正例"、"反例"和"假设"。

第一个例子放置于黑板上的"正例"栏中:"月亮是在夜空中航行的银色船只。"学生提出了以下的假设,并被冈萨雷斯女士写在黑板的另一栏中。

描述船只

句子

诗歌

引文

用不同的事物比喻

冈萨雷斯女士又举了其他例子:"超人——钢铁之躯。"她要求学生检查各自的假设列表,并删除所有不符合新例子的假设。学生能排除全部(解释),除了比喻条目。

根据学生的反馈,假设列表如下:

描述船只

句子

诗歌

引文

用不同的事物比喻

接着,学生提供了一个反面的例子:"他有颗像狮子般的心。"

冈萨雷斯女士:这个例子与其他的有何不同?

肯伊(Kanye):没什么不同,仍用不同的事物比喻,但这里有"像"字。

冈萨雷斯女士:你们喜欢正例还是反例?

全体:反例。

冈萨雷斯女士在刚才那一栏中写下"胆小如鼠"。

肯伊:这仍是一个比喻,只不过这里用"如"字代替了"像"字。

查德(Chad):我们再看一个正例好吗?

冈萨雷斯女士写了"后患无穷"(a recipe for disaster)。

本(Ben):(从教室后方大喊)所有的例子都是比喻,没有使用"像"或"如"。

冈萨雷斯女士:这里有一句话。告诉我这话是正例还是反例。"父亲是力量之塔。"

海伦(Helen):这是正例,因为该比喻没有使用"像"或"如"。

冈萨雷斯女士:关于事物的比喻,你们有什么可以添加的吗?

海伦:嗯,它们非常不同——用船比喻月亮以及用钢比喻人。

冈萨雷斯女士:这儿还有一个例子:"船在海上耕犁。"这里是如何比喻的?

尤兰达(Yolanda):这只船被比作一个农田里使用的犁。

瑟凡纳(Savanna):这个例子中,船就是犁。

冈萨雷斯女士:你们准备好标记和陈述这个概念的定义了吗?

丽贝卡(Rebecca):我不知道名称,但定义的是不同事物间的比喻。

汤米(Tommy):一种不需要使用"像"或"如"的事物间的比喻。

本:比喻中的一个对象实际变成了另一个,就像船在海上耕犁,船变成了犁。

布雷恩(Brian):把你们说的话整理一下如何——没有使用"像"或"如"就将两个不同事物创造出了新形象和想法的比喻?

冈萨雷斯女士:这是一个极好的定义。我们称之为"隐喻"。你们如何找出隐喻的主要特征呢?

第二部分 基本教学模式

丽贝卡：通过比较不同例子间的相似之处，以及正例和反例之间的不同之处。

冈萨雷斯女士：这就是精选的关于比喻的语言例子。识别隐喻。

概念获得模式的基础

概念获得模式是基于布鲁纳等人（Jerome Bruner, Jacqueline Goodnow & George Austin）的研究，在其代表性著作《思维之研究》(1986) 中有描述。布鲁纳和他的同事主要关注个人对数据进行分类并获得概念的过程。教育工作者们对研究中使用的概念教学特别感兴趣。根据布鲁纳和他同事的研究，归类降低了世界的复杂性，使我们能够标记世界上的事物。因为我们在定义特征的基础上建立了类别或概念，所以持续学习的需求减少了。例如，了解广义类别的狗，有助于我们识别种类繁多的狗。我们就没有必要每次看到狗都去重新学习狗的基本特征了。

定义概念的共同特征可能是具体的，也可能是抽象的。学习只有几个标准特点的有形概念比有许多模糊基本特征的抽象概念更容易。因此，学习概念"地图或自行车"比理解概念想法"自由、正义或诚实"更加容易。所有的概念都有：(1) 名称和定义；(2) 概念类别中包含正例；(3) 定义概念的关键特征。我们教概念是为了减轻学习过多分散信息或事实的认知压力。

概念教学与我们处理新信息的方式是一致的。概念有助于我们发展模式和图式来理解世界。概念既是我们已知的总结，又是能帮助我们理解新信息的组织设备。我们收到铺天盖地的信息："概念获得要求学生找出另一个人脑海中已经形成的类别特征，通过对比包含特性（称为特征）概念的例子（称为样例）和不包含这些特性的例子"（Joyce, Calhoun, & Hopkins, 2009, p. 34）。

概念不同于事实和概括。事实是离散的信息，通常是观察的结果，脱离其他事实就没有了预测价值。即使知道 2005 年 8 月 29 日卡特里娜飓风袭击了墨西哥海湾，也无法预测未来几年里何时是否会再一次发生毁灭性飓风。"飓风经常袭击墨西哥海湾"是一个概括。概括是显示两者或更多概念间关系的陈述。在我们的例子中，概念是飓风和墨西哥海湾。飓风可以用于概念获得课中，采用一系列近期关于飓风的数据作为样例，对比其他自然灾害如泥石流、地震和龙卷风等。

为了理解世界上各种各样的刺激，所有年龄的学习者都会形成概念并给它们命名。想象一下，如果世界上每件独立的事物都被视为单独和无关的实体，那认知就超载了。要形成概念,学习者比起差异更要注意相似之处,并将相似的对象归为同一类。苹果有不同的大小、形状和颜色,然而关注它们的相似点,忽略不同点,我们便形成了"苹果"这个最初概念。

课堂上用到的许多概念都是抽象的,且有不同的解释。它们经常被使用,不过,似乎每位学生都共享相同的定义。思考一下"民主"这个词。如果你要求一个大学班级的学生写下他们自己对这个词的定义,你会得到许多不同的答案。然而,我们常期望小学生会有概念的共享定义,就像他们词汇里的"民主"。概念获得可以帮助我们提高定义"什么是民主"的共享标准特质。学生可以学习到正例和反例间的重要区别——接受更复杂的思维与概括能力的发展。

在课堂上教学生理解概念的意义是教学中最重要的挑战之一。概念的名称和定义中包含的基本特征,都被放入一个特定的类别里。例如,对于概念"桌子",其中一个定义是"一件由光滑平板固定于木头支架上组成的家具"。"桌子"的基本特征为:(1)一件家具;(2)光滑的,平板;(3)固定于木头支架。如果学生通过大量的例子而非记忆概念名称得到了定义,则会更容易理解概念的含义,并能识别基本特征。

在概念获得模式中,重点是学习者如何确定概念中已被教师预选和组织的基本特征。这个模型的最后一步,就是鼓励学习者探索概念形成的过程,注重相似点而忽略差异之处。这个模式既教了特定概念的含义,又教给学生思维的过程。为了准备运用概念获得模式,你必须确保提前学会以下的基本要素:

1. 概念的名称。
2. 概念的定义和规则。
3. 概念的特征。
4. 概念的例子。
5. 该概念与其他概念的关系(概念层次)。

概念获得模式的步骤

步骤1:通过概念的基本特征选择和定义概念

概念获得模式是一种归纳模式——从实例入手,向学生提问来归纳定义。归纳推理支持从观察到假设再到一般理论的行为。在演绎教学法中,教师先呈现广

第二部分 基本教学模式

义的概括,然后由学生进一步联系到具体实例中。直接教学模式是演绎教学模式,因为它依赖演绎推理。概念获得模式与概念发展模式(第五章)使用的都是归纳法。概念获得的过程是最适合教授概念的,它有清晰的标准特征供学生观察所有概念例子中的共同之处,对定义进行逻辑思考。例如,言语部分就可作为有明确特征的概念来教授。生物学中的分类系统就非常适合概念获得,像地图和政府类型的概念、三角形和其他几何形状、美术中的不同艺术风格,还有每种句子类型(简单句、复合句,等等)也都适合。运用概念获得模式时,所选择的概念应是根据明显区别于其他相似概念的特征所定义的。

概念层次

概念之间的关系是很重要的。概念层次是树形结构,由总概念到下级具体的概念。层级结构有助于教师选择正例和反例,也可帮助学生在概念获得过程结束时检查他们的概念定义。它可以在学生复述概念定义时给予提醒和学习辅助。事实上,概念层次能展示出教师对课程的理解框架——对学习者和其他专业人员来说,将课程的熟悉程度可视化了。(Hattie,2012)图4-1描述了"苹果"的概念层次。在教"苹果"概念时,学生可以看到上位概念,更大的范畴是水果。学生的年龄和储备决定了你将如何联系概念。对于年幼的孩子来说,图4-1中的概念层次就很不错,然而一个植物学课堂可能会将水果分成真正的浆果、瓠果、柑果、聚合果、聚花果、附果等。简单的水果层级显示了上位、并列、下位概念之间的关系。水果在概念上是苹果的上位;苹果纳入水果一类,与梨和橙子并列。并列概念,如梨和橙子,提供了一个概念获得课的反例。它们都是水果,但不具备苹果的基本特征——它们是不同种类的水果。苹果的种类——麦金托什红苹果、嘎啦苹果、美国晚熟红苹果——都是本课的正例。它们都是苹果,并且都有证明其为苹果的决定性特征。它们有苹果的所有特征!

一旦你确定了一个概念,且其符合概念获得模式,你需要构建一个定义,包含上位概念和概念中所有的本质特征。从我们对苹果的认知和观察,我们了解到苹果是多种颜色的(红、绿、黄),好吃的(从甜到酸),松脆的,它们生长在树上。苹果的定义可以是一种美味、香脆的水果,有红色、绿色、黄色的,长在树上。到课程结束时,学生对单词苹果的定义可能会有所不同,但你需要一个暂时的定义来帮助你选择正例和反例。

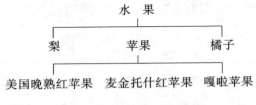

图 4-1　"苹果"的概念层次

长方形是一个适合于概念获得课的概念,其基本定义特征十分明确——四条边,都是直角,对边平行且相等。因此,长方形的定义是一种几何图形(上位概念),即全部是直角、对边平行且相等的四边形。一个明确的定义形式如下:概念名称,上位概念,标准特征。

重点不仅是找到定义,转而将其教给学生。相反,重要的是,教师运用定义的形成来设计概念获得课,并选择合适的例子。课程的主要目的是让学生有机会自己进行定义,以此产生自己的理解。无论如何,概念获得模式的显著功能是为告知学习者要去理解什么提供了一种选择,而不是让他们参与认知的构建。该模式为帮助学生建构给予的支持是非常宝贵的。此支持包括概念层次和定义。概念层次并不包含定义——它包括概念的具体例子。因此,在概念获得课的最后,学生能够构建定义和层次结构。

> 概念层次是概念图的一种类型——它以一种条理化、等级化的方式显示了概念间的关系。

步骤 2:形成概念的正例和反例

尽可能多地创建概念的例子。每一个正例必须包含所有的基本特征。如果长方形是概念的对象,有的例子可以画在黑板上,有的可以用纸板制作,有的可以投影在屏幕上,还有的可以用彩纸剪出来。四条边,四个直角,对边平行且长度相等(见图 4-2)。

准备一些不包含所有基本特征的反例。例如,三角形是一个几何图形,但它不包含长方形的所有特征——它没有四条边和四个直角。这些反例有助于学生关注概念对象的基本特征。

苹果的正例——包含苹果所有的基本特征的水果——包括麦金托什苹果、澳洲青果，斯台曼苹果。所有的正例都是苹果的下位概念。下位概念就是"填充"苹果类的概念。反例则是并列概念——这些概念来自同等级别的概念池，但却不包含所有的基本特征。水果池里有许多游泳者，但不是所有人都穿着一样的泳衣！

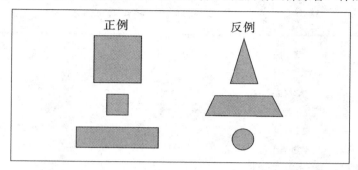

图4-2 概念获得课中"长方形"的正例与反例

步骤3：复习概念获得过程

向学生仔细地说明，这个活动的目的是为了通过找出所有正例中的共同点，而反例则没有共同点，以此来定义神秘的概念。当你描述这一模式的步骤时，你可能想要练习识别概念正例和反例间异同点的过程。通过帮助学生逐步建构对概念的理解，使他们能用自己的话定义概念。

在黑板上设置三栏。前面两栏，分别为"是"和"否"，这是为了记录你将要呈现的正例与反例。即使你使用图片、教具（实物）、反映实例的幻灯片，或用文字描述列表上的正例和反例，学生也能继续参考已呈现的内容，并假设概念的名称和特点。第三栏是"假设"，在此学生将罗列、保留、删除他们提出的假设。要让学生生成的假设列表发挥作用。提出一个新的正例和反例来排除一些类别或概念名称时，请采用划线的方法，而不是抹除，以便可以在整个定义过程中检查和复查列表。看出什么已经被"证伪"，这是非常重要的能力，是检验学生是否掌握目标概念的奥秘。

步骤4：提供实例

概念获得课中正例和反例的排序方式控制着生成精确假设的难度。表4-1展示了有关全谷类课中呈现例子的两个不同序列。每个序列引导学生做出不同假设。序列一中，教师首先呈现了两对正例（y）和反例（n），渐渐引导学生假设出概念名称"早餐食品"。但当学生意识到"玉米脆片"是反例，他们就需要改变对早餐食品的假设。序列二中,教师呈现四个正例,引导课堂做出假设"主食",等到"白米饭"作为反例出现时,学生不得不重新审视列表,提出不同的概念名称。课的难度由教师决定,并依据学生的背景知识、课程目标和即将要上的课程内容。

表 4-1　全谷物的正例和反例

序列一	序列二
燕麦粥(y)	糙米(y)
意大利面(n)	藜麦(y)
坚果麦片(y)	干小麦(y)
通心粉(n)	荞麦(y)
爆米花(y)	白米饭(n)
玉米脆片(n)	面条(n)
干小麦(y)	粗燕麦粉(n)
粗燕麦粉(n)	吐司(n)
菰米(y)	全麦面包(y)

步骤 5:生成假设并持续实例/假设循环

随着正例和反例的呈现,学生就会加以对比,并产生假设。假设是包括全部正例的类别。要提醒学生,假设是基于信息做出的决定。假设的生成是根据正例和反例中的信息。还有,假如假设是可行的,那么所有的正例必须符合该假设的要求。

每位学生的假设都应该被记录。如果发现证据不支持该假设,就应该划掉这个假设。通过划掉假设,而不是抹除,学生可以返回列表检查和拓展其思维。这一步骤中,教师必须明确要求学生解释该假设为何得到支持,给出新信息或例子,或为何需要予以划掉。呈现正反例和检查假设列表会持续循环几轮,这取决于学生做出反应的具体情况和假设汇集的时效性。通过概念获得生成和检测假设,学生练习了重要的推理能力。通过检查正例和反例,学生进行了推理——假设显然与学生取得的成绩相关。(Marzano,2007)

步骤 6:形成概念名称和定义

一旦生成了一个合理的假设列表,教师就可以要求学生尝试着结合剩余的其他假设,对概念命名和给出定义。有时候,学生会想出定义,而没有命名。还有的情况是,学生能够快速表达一个名称或描述类别的文字。要耐心地对待这一过程,学生并不是很习惯用自己的语言陈述定义。你可能需要鼓励每一个学生进行初步努力,这样其他学生才可以添加或改变定义。有了经验后,课堂就会逐渐变得越来越擅长过程中的这一环节。分享概念层次,可以帮助学生建构定义,还可以展现出概念符合的更宽泛类别间的关系。重点要记住,概念获得课的主要目的不是形成定义,主要目的是为了让学生参与定义和形成概念的过程。

生成和检验假设的策略提示

> 当学生整理数据并做出推论时,他们正在形成和检验假设,当然还需要进一步检查和完善。教师需要帮助学生建立假设,收集证据来支持或反驳该假设,在收集证据和信息的基础上完善该假设。生成和检验假设是由西尔韦等人(Silver, Dewing, & Perini, 2012)提出的原理推断课的一部分,这些原理包括:(1)确定需要弄清楚什么;(2)帮助学生识别信息的来源并搜索信息;(3)帮助全班形成和完善假设(包括让学生解释想法和为自己的想法辩护);(4)过程反思。生成和检验假设已经被证明能提高学生的学习。

步骤7:提供检测实例以巩固理解定义

一旦学生对所学的概念形成了初步的定义,要向他们展示一些正例和反例,检测一下他们是否能够识别概念的正例。此外,还可以要求学生提供自己的例子,并让他们解释为什么自己的例子符合这个概念定义。

步骤8:全班讨论概念形成的过程

讨论的步骤是十分必要的,是为了确保了解学生是如何获得定义的,并将该过程自然过渡到自己的思考中。注意任何类型的研究或分析中找相似和差异都是必不可少的。学习者在自我思考的过程中越是自觉,思维就越是敏锐。正如前文所说,识别相似和差异点与学生成绩的提高是相关的。(Marzano, Pickering, & Pollock, 2001)因此,当你在教学中使用概念获得时,应让学生识别他们所理解的基本特征的要点,以及说出哪些例子是最有用的。

概念获得模式的步骤小结

步骤 1 和步骤 2 要在课前完成。

1. 通过概念的基本特征选择和定义概念。根据该模式确定概念是否合适并可用于教学。定义应清晰，特征应很好辨别。确定概念中的这些要素是必不可少的。

2. 形成概念的正例和反例。这是关键的一步，因为正例必须包含概念的所有基本特征，然而它们也可能包含一些逐步被消除的非基本特征。反例也会有一些基本特征，但不是概念的全部基本特征。

3. 复习概念获得过程。重点是花时间解释清楚你将要做什么，每一步会带来什么。

4. 提供实例。考虑介绍正例和反例的顺序。

5. 生成假设并持续实例/假设循环。一定要问为什么假设会被保留或抹除。

6. 形成概念名称和定义。关注正例，学生能阐述概念的定义。学生在创造概念名称时可能会需要帮助。

7. 提供检测实例以巩固理解定义。检测实例会帮助你确定全班是否理解了概念。有些学生会比其他学生更快地获得定义。检测实例可以为还在致力于形成概念含义的学生提供更多的时间，使已经知道名称和定义的学生加以巩固。

8. 全班讨论概念形成的过程。帮助学生了解他们是如何获得定义的，向学生展示是如何形成概念的。

概念获得模式的变式

概念获得模式是灵活的，它可以适应不同的方式和内容，如以下例子所示：

1. 一次性向学生展示所有正例和反例，并相应地进行标记，让他们寻找正例的基本特征，从而对概念名称做出假设。

2. 向学生展示所有正例和反例，但是不做出标记。学生将这些例子分类为正例和反例，然后为这些他们认为是正例的例子假设一个概念名称。

3. 学生根据课上学到的概念创造正例和反例。课程的目标是简明地定义概念，鉴定概念例子的基本特征，然后选择正例和反例。这可以个人完成也可以团队完成，并作为评估的构成要素。

图 4-3 是一组带有说明的图片群，用来确定基本特征然后定义"椅子"这个概念。

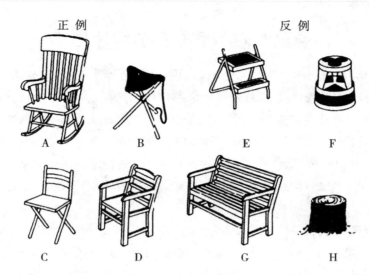

（A.摇椅 B.三角凳 C.折叠椅 D.直背椅 E.梯凳 F.转凳 G.长椅 H.树墩）

图 4-3 概念获得课的"椅子"的正例和反例

在图 4-3 中的正例 A、B、C 和 D 中,插画中隐含的全部三个基本特征都有出现:

1. 它们是座位。
2. 它们是被某人设计的。
3. 它们只能支撑一个人。

在反例中,人可以坐在 E、F 或 H,但是那些不是为了坐而设计的。例子 G 是为了坐而设计的,但不只能坐一个人。其他反例有床和低桌子,这些不是为了我们的特定目的而设计的。一个自然界的反例,比如人们可能会坐在一块平坦的岩石或一根原木上,要强调椅子是被有意设计出来的。当这些例子在课上展示出来,学生可能会产生很多定义,如下所示:

◇ 一个制造出来是为了给一个人提供座位的物体;
◇ 一件给一个人用来坐的家具;
◇ 一个设计用来支撑住正上方的一个人的座位。

以上这三个定义包含了基本特征,尽管它们在表述上有些微差异。全班可以投票表决出一个把基本特征表述得最清晰的定义。学生对定义可能有他们自己的想法,但是在课堂上把概念的基本特征汇聚起来很重要,这可以用来提高后面的学习。

概念获得模式的学习评估

概念获得是为学生学习概念的定义而设计的,这个学习是鉴定概念的名称、更大的范畴或更高一级的概念,以及概念的基本特征,这些基本特征能完全真实地描述这个物体。形成性评估可以应用在这个过程的几个点上。学生可以鉴定这个概念名称吗?他们可以解释这个概念是如何和更大的范畴相联系的吗?他们可以列举出概念的标准特征吗?(这个标准特征包含所有的特点并使概念独一无二。)你也可以让学生挑战着去扩展概念的定义,然后提供正例和反例来支撑这个扩展的定义。

我们可以通过简答题来要求学生提供一个精确定义或画出概念层级。学生可以写下简短的段落来鉴别正例和反例之间的异同。他们可以在纸上描述概念,或者通过一个模型,并标注出每个关键特征。当学生享受这个概念获得的过程,他们就可以想出跟这个概念有关的正例或反例,并且他们会解释为什么选择这些例子,以及按照什么样的顺序来呈现。

学生可以在课后评估其在这个过程中的参与表现,或者可以完成一个自己在课上思考过程的流程图。如果教师要求学生追踪其思考轨迹,那这门课的节奏需要重新调整。学生还可以通过写日记激励元认知思维。

概念获得模式本身就可以看作是教学单元开始和结束的复习。目标概念可以使学生参与其中,并获得需要的附加练习。概念获得过程也可以用来连接几个教学单元。学生也可以被要求独立地将正例和反例分类,分成一些小组或一个类别。学生可以在一组正例中鉴别出反例,反之,在一群反例中鉴别出正例。教师可以要求学生通过目标概念和其他学习过的概念来生成概念层次结构,并观察是否可以鉴定出其中的联系。总而言之,学生是在锻炼重要的技能。概念获得模式可以通过被切分、切块或拆分而变成许多组合,来评估学生的学习,这个评估可以用在概念获得模式的课程后,也可以用在其他教学方式的课程后。

概念获得模式与满足个人需求

所有的差异性决定必须首先了解学习者的先前学习准备、兴趣和学习资料。就概念获得模式而言,差异性机会会发生在模式实施的开始、中间和结束。由于决定是在使用这个概念的时候做出的,我们需要关注这个概念的复杂程度,以及学生的准备程度,包括他们学习过的方法和内容。

第二部分 基本教学模式

最初接触概念获得要求有具体概念的经验——这个概念可以用熟悉的词汇对有限的特征进行描述。当学生对这个方法很熟悉的时候（在几轮体验后），教师可以通过联系先前的概念获得课来帮助学生生成假设。"是的，杰米，你正在用的这个观察技能，就是我们在学习韵律课上用的。"对于这些需要帮助的学生，你要提供他们怎样才能成功的具体暗示。学生也可以通过概念分层和其他的图形组织方式来联系新概念和先前学习过的概念。在每个概念获得课上，都会有学生很容易地凭直觉知道这个概念的基本特征，而其他人则需要提示和引导。教师可以对正例和反例的复杂性、抽象性和可及性进行操作，从而满足学生的个人需求。有些时候，学生可以给出他们自己对这个概念的正面和反面描述，然后生成反映概念关系的具体概念分层。

课堂上的参与规则和竞争角色可以通过设计来满足学生的需求。有些学生更喜欢用竞争性的方式来进行概念获得，尽管这个模式可以促进概念定义的合作性建构。当一个教学模式是完整的，并且学生开始应用其获得新的概念知识，这时候差异性机会就会很多样。

可以发展学习或兴趣中心以供学生选择。这些中心的活动可以进行分层设置，来帮助全部的学生以复杂高级的方式使用他们的知识。分层设置的活动围绕共同目标而设计——全部的学生都将达到同样的目标。这些活动本身可能就其复杂性、提供的结构数、节奏、步骤数、表现形式等存在差异。一些教师尝试用三种不同的方法来使学生达到相同的目标，并允许学生自由选择挑战——散步、向上爬行或去山区地带。知识准备状况也会成为活动的指导。一个活动可以集中于帮助学生学习一个特定的概念；另一个活动则可以设计来针对那些虽然学过了概念，但仍需要额外强化的学生；还可以来一个活动考验那些已经掌握了概念的学生。分层活动应该是针对特定课程的，并且这些活动应该具备灵活性。

概念获得模式的优势

概念获得模式可以反映我们在真实世界中学习概念的方式，允许学生形成更好的概念分析方式。这个模式由两个重要的学术能力构成：(1)鉴定异同；(2)生成和检验假设。这两个都与提高学生学习有关。（Marzano，2007）因为假设检验在科学课以外并不常见，而概念获得可以给学生提供在不同情境下锻炼这个能力的机会。

另外，概念获得模式要求通过鉴定基本特征来获得清晰的定义，这可以帮助学生构建对一个概念的个人理解。学生是课堂上活跃的参与者,他们被鼓励形成概念上的灵活性、归纳推理能力、模糊容忍力。(Joyce, Weil, & Calhoun, 2009)

小学教学实例

概念获得:休眠	
目标	**科学标准** 动物适应其环境来提高他们的生存机会 **学生将知道** ◇休眠的定义和基本特征 **学生将理解** ◇地球上的所有生物受环境变化周期的影响 **学生将能够** ◇生成和评估假设 ◇鉴定休眠的基本特征 ◇定义休眠的概念
评估	要求学生画出六个分镜头的故事脚本来展现熊的休眠,然后解释熊为什么休眠。
过程	1. 通过概念的基本特征选择和定义概念。选择和这个概念有关的案例,正例要包含全部基本特征和关键特征,反例不包含所有的基本特征。生成层次结构对这个概念的学习也是有帮助的。以下是这门课的一个可行的概念层次结构。 　　　　　　　行为适应 　　　┌──────┼──────┐ 　　伪装　　　休眠　　　迁移 　　熊　　土拨鼠　　囊地鼠　　青蛙 2. 形成概念的正例和反例 　　　正例　　　　　　反例 　　土拨鼠　　　　　家猫 　　囊地鼠　　　　　鹦鹉 　　青蛙　　　　　　老鼠 　　束带蛇　　　　　袋鼠 　　鱼　　　　　　　骆驼 　　蝾螈　　　　　　大象 　　昆虫　　　　　　王蝶 　　蝙蝠　　　　　　燕子

第二部分 基本教学模式

过程	3. 复习概念获得过程。向学生说明他们将通过对比一些正例和反例来探究一个重要的概念。学生在对概念名称和定义生成假设的时候,将分享他们的观察过程,对比正例和反例的特征。 4. 提供实例。选择一个合适的顺序来展示正例和反例。这在不同的学生群组中会呈现差异。 5. 生成假设并持续实例/假设循环。要求学生检验正例,并确定在所有正例里都明显存在的基本特征,且这些基本特征在反例中并不全部明显。此外,要求学生假设可能的类别,这个类别要包含正例。整个团队一起参与,通过观察来推断自己的假设。你可以给学生的观察提供线索。例子和假设的循环一直进行到学生消除其他所有假设并只剩一个假设为止。 6. 形成概念名称和定义。要求学生鉴定概念的关键特征(这些特征将成为定义的一部分),并确定类别的名称和定义。 7. 提供检测实例以巩固理解定义。要求学生对额外的例子进行正面和反面的分类,或生成另外自己所想的独特的例子。教师可以验证这个假设,给概念命名,并重申这个概念定义。概念的层次结构就可以在这个阶段进行展示分享。 8. 全班讨论概念形成的过程。要求学生思考他们概念获得的过程。询问学生哪里遇到了困难?什么时候"获得"了概念?什么帮助你们解决了这个概念名称和定义?你们是以什么样的顺序来展示正例和反例的?

中学教学实例

概念获得:隐喻	
目标	**共同核心州立标准——英语/语言文学 W. 2. d** 使用精确的语言、与领域相关的专业词汇,以及语言技术,比如隐喻、明喻和类比,来处理一个主题的复杂性 **学生将知道** ◇ 隐喻的定义和基本特征 **学生将理解** ◇ 比喻性语言增强了文字的力量 **学生将能够** ◇ 生成和评估假设 ◇ 鉴定隐喻的基本特征 ◇ 定义隐喻的概念
评估	提供给学生隐喻、拟人、夸张和明喻的例子,要求学生鉴定出隐喻的例子,并解释说明为什么这个例子是隐喻。

| 过程 | 1. 通过概念的基本特征选择和定义概念。选择和这个概念有关的案例，正例要包含全部基本特征和关键特征，反例不包含所有的基本特征。生成层次结构对这个概念的学习也是有帮助的。以下是一个可行的概念层次结构。

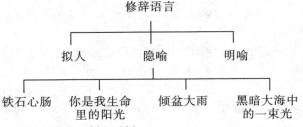

2. 形成概念的正例和反例

正例*	反例*
月亮是一艘行驶在夜空中的银色的船	她像冰块一样冷
超人——钢铁战士	星星对着我们微笑
后患无穷	他有一颗像狮子一样的心
父亲是一座力量之塔	胆小如鼠
这艘船犁过了大海	吉尔瞎得像一只蝙蝠
高兴地跳起来	刮起了一阵愤怒的风
倾盆大雨	把你的耳朵借给我
铁石心肠	他的心像石头一样硬
黑暗大海中的一束光	他有一千岁了

* 此处的正反例均为英语语言，具体参照原文。

3. 复习概念获得过程。向学生说明他们将通过对比一些正例和反例来探究一个重要的概念。学生在对概念名称和定义生成假设的时候，将分享他们的观察过程，对比正例和反例的特征。

4. 提供实例。选择一个合适的顺序来展示正例和反例。这在不同的学生群组中会呈现差异。

5. 生成假设并持续实例/假设循环。要求学生检验正例，并确定在所有正例里都明显存在的基本特征，且这些基本特征在反例中并不全部明显。此外，要求学生假设可能的类别，这个类别要包含正例。整个团队一起参与，通过观察来推断自己的假设。你可以给学生的观察提供线索。例子和假设的循环一直进行到学生消除其他所有假设并只剩一个假设为止。

6. 形成概念名称和定义。要求学生鉴定概念的关键特征（这些特征将成为定义的一部分），并确定类别的名称和定义。

7. 提供检测实例以巩固理解定义。要求学生对额外的例子进行正面和反面的分类，或生成另外自己所想的独特的例子。教师可以验证这个假设，给概念命名，并重申这个概念定义。概念的层次结构就可以在这个阶段进行展示分享。

8. 全班讨论概念形成的过程。要求学生思考他们概念获得的过程。询问学生哪里遇到了困难？什么时候"获得"了概念？什么帮助你们解决了这个概念名称和定义？你们是以什么样的顺序来展示正例和反例的？ |

本章小结

概念获得模式是一个支持学生归纳思考的教学模式。教师向学生一直展示正例和反例，直到学生可以鉴定基本特征并阐述概念定义为止。另外，这个模式可以帮助学生通过定义概念来理解整个过程。教师可能向学生展示一个新的概念或集中在某个常见概念的一个特殊方面，因为概念的理解对课堂学习非常必要，所以花在鉴定和阐明这些概念上的时间都是值得的。再者，教师会发现，在准备概念获得模式教学时，他们自己对基本概念的理解变得更清晰了。

概念获得模式有一系列步骤：（1）选择和定义一个概念；（2）生成正例和反例；（3）让学生复习概念获得的过程；（4）介绍这个概念的正面和反面描述，并确定基本特征；（5）生成并完善假设；（6）建构概念名称和定义；（7）提供例子检验；（8）班级一起对这个过程进行讨论反思。

前文列出的不能捕捉到教学的动态特性，发生在概念获得模式下的复杂情境里。概念获得对学生来说是高参与性的，并且在一两次体验后，班级的活力会提高。为了帮助提高班级的活力，我们采取了一些步骤，并根据学生和教师的潜在行为，检验应该提供怎样的概念获得方式。这个方法可以让你考虑需要什么来掌握概念获得的过程，并使其成为你专业技能的一部分。表4-2是一个帮助你思考学生需要做些什么，才能从这个模式中获得收获的指南，让你朝着学生的学习行为来塑造自己的教学行为。要让一个教学模式成为你教学曲目的一部分，这需要时间和耐心。我们希望这个表格将对你的教学过程有所帮助。

关于如何在情境中使用概念获得的例子将在本书第十三章、十四章和十五章中呈现。

表4-2 概念获得模式中教师和学生的潜在行为

步　骤	教　师	学　生
1. 选择和定义概念	◇选择一个合适的概念 ◇定义概念 ◇基于学生先前经验建构概念层次	

(续表)

步骤	教师	学生
2. 生成正例和反例	◇生成15—20个包含所有基本特征的正例 ◇生成15—20个不包含或仅有几个基本特征的反例 ◇确定正例和反例的可行性展示顺序	
3. 复习过程	◇解释说明并复习概念获得的过程 ◇如果学生是第一次接触这个模式，则通过常见概念给学生提供简短例子 ◇监测学生在这个过程中的理解和思考 ◇必要的话，可以重现这个过程	◇对过程中需要澄清的问题进行提问 ◇参与到例子中 ◇要求对不熟悉的单词进行定义（概念、概念层次、特征等） ◇监测自己的理解或学习过程
4. 提供实例	◇以设计好的顺序展示被标记的例子 ◇追踪鉴定过程 ◇监测学生遇到的困难，如果有必要的话，可以进行调整	◇对比正例和反例的异同 ◇通过提问来弄清个人理解 ◇参与对同伴的评估
5. 生成假设和持续循环	◇继续展示正例/反例 ◇列出假设 ◇监测学生的回答，如果有必要，提供支持帮助 ◇除去被学生确认排除的假设 ◇要求对假设进行解释说明 ◇要求学生复习假设列表，并提供支持的条目	◇对比正例和反例 ◇寻找正例的共性 ◇和同伴一起生成并检验假设 ◇解释假设背后的推理 ◇向同伴和教师提出需要澄清的问题 ◇监测个人理解

（续表）

步 骤	教 师	学 生
6. 生成名称和定义	◇要求学生检验列表并为概念确定名称 ◇要求学生定义概念 ◇在合适的时间提供概念层次结构 ◇监测学生的理解 ◇如果必要的话，对学生提供支持帮助	◇和同伴一起建构名称和定义 ◇基于基本特征对概念进行说明 ◇如果合适的话，可以延伸概念的层次结构 ◇监测个人的定义并对比教师和学生的定义

拓展学习

活动

1. 复习并检查在你的教学中，你正或可能使用的资源。寻找清晰、可理解的概念定义，这些概念定义要有明确的可鉴定的基本特征。你能找到多少？有没有一个明确定义的模型？教学资源里的什么模式能帮助学生学习概念定义？

2. 采访一个班级的教师，关于他们经常教的概念，以及他们传达这个概念所使用的方法。

3. 为你正在教或计划教的学生设计一个概念获得模式课。列出一个关于你设计这节课的问题的清单。关于这些问题，你注意到了什么？你能预料到在实施这节课时会有什么问题？

4. 选择一个你可能在近期会教的概念。通过多样的方式——文字、图形、教学用具等，确定这个概念的正例和反例。

反思问题

1. 概念获得课需要时间和想象力来计划安排。利用我们有限的时间来进行这种模式教学值得吗？如何才可以最大限度地利用我们花在组织一个概念获得课上的时间？

2. 当你考虑实施这个概念获得模式时,你需要计划什么样的行为管理问题?这个模式总是要和全班一起使用吗?你如何适应这种模式,以确保不会出现或出现很少的行为问题?

3. 你如何使用概念获得过程来帮助你的学生准备标准化考试?

4. 在你的学科或课程中,什么样的概念你不会选择用概念获得模式教学?为什么?

第五章 概念发展模式

本章目标

你将知道：

◇概念发展模式的基础；

◇概念发展模式的步骤；

◇如何评估概念发展模式中的学习；

◇概念发展模式如何满足个人需求；

◇概念发展模式的优势。

你将理解：

◇思维离不开概念获得与发展的过程。

你将能够：

◇识别中小学课堂中的概念发展模式；

◇设计、实施、反思一个概念发展课程。

小学课堂应用

福勒女士(Ms. Fowler)带领二年级学生在学校花院里散步，并让他们列出在散步过程中所看到的一切事物。以下是学生列好的清单：

可乐罐头	篮球	蘑菇
石头	汽车	花朵
蜗牛	校车	门
商业名片	人	草地
糖果包装纸	蜘蛛	咖啡杯
蠕虫	棒球帽	松果
树叶	烟头	鸟

塑料袋	露天看台	昆虫
树枝	青蛙	书籍
网球	操场设备	铅笔

福勒女士将清单中的每个单词或短语分别写在五套卡片上,将所有同学分成五个小组后,每个小组被分得一套卡片,然后继续上课。

福勒女士:我做了一套卡片,卡片内容来自我们之前散步时列出的所有所见事物。每个小组都有一套这样的卡片。接下来,我们要把有共同特点的单词归为一类,你们可以自行选择不同的分类方法。例如,我们可以把书籍、露天看台、鸟、棒球帽、篮球归为一类。你们能说出它们的共同点吗?

查克(Charquea):它们的开头字母都是 b。

福勒女士:对,这确实是卡片的一种分类方式。接下来每个小组需要找到卡片的其他分类方法。思考有相同点的事物,确保每张卡片都能分到一类中。

学生进行了几分钟的小组合作。

福勒女士:给你们分类的每组卡片取个名字。你们可以用空白的卡片写下每组卡片的组名,并把写好组名的卡片放在本组卡片的最上面。

学生又继续以小组合作的方式进行了几分钟。

萨拉(Sarah):福勒女士,我们组完成了。我们在这之前上过类似的课,在那节课上,我们会把卡片重新混合然后重新做出一套分组。这节课我们也要这样做吗?

福勒女士:是的,我们稍后将会这么做。现在先让我们等待其他组完成任务。

其他各个小组都已完成。

福勒女士:让我们在黑板上把你们完成的每个分类名称列出来。

这些二年级的学生积极回答并写下了如下列表:

垃圾	会移动的事物	有用的事物
死亡的事物	户外事物	能生长的事物
体育用品	开心的事	恐怖的事物

福勒女士看着列表,指出了两个类别:会移动的事物与能生长的事物。

福勒女士:我注意到这两个分类与有生命的东西有关。有生命的事物会生长,有生命的事物会移动或者变换。

有学生提问是否可以把各组卡片放在一起或者把不同的卡片放进不止一种类

别里。通过询问学生的例子并结合两个组的分类情况,会移动的事物和有用的事物成为两个类别的名称。福勒女士帮助学生明白他们也可以把列表中的事物分成两个类别:有生命的事物和无生命的事物。一旦学生认同这两个类别的名称,他们将需要确保列表中的每个事物都能对应到其中一个类别中。

有生命的事物和无生命的事物这两类被列在黑板上。

福勒女士: 当你们看着这个列表,你们注意到了什么?

温迪(Wendy): 一些有生命的事物是昆虫,还有一些是植物。

罗德尼(Rodney): 无生命的事物无法生长。

杰梅因(Jamine): 一些有生命的事物很小,比如蜘蛛;还有一些非常大的有生命事物,例如树。

当学生继续分享他们在列表中观察、概括出的特征时,福勒女士指出了有生命事物的特点。福勒女士在班上出示了一些图片,当每个学生都有机会分享时,福勒女士就要求他们告诉她每张图片代表的事物是有生命的还是无生命的。

中学课堂应用

在九年级的学生阅读"怨恨导致冲突"的故事之前,他们要先探究"怨恨"一词的概念。伊拉尼先生(Mr. Irani)首先回顾了在之前已学过的特征描述单元的一些重要观点,突出强调读者会根据书中角色的言语、行为、对书中其他角色的反应进行推断的方式。今天他们将讨论一种特殊的情绪如何传达关于角色的信息。

伊拉尼先生: "怨恨"一词会让你们联想到什么?

班级同学列出了以下清单:

痛苦的	无节制	朋友
刻薄的	恶毒眼光	敌人
打架	凝视	极其腻烦
残酷的	抓住	困难的
软糖	憎恨	冷淡的
叫喊	深渊	谣言
胃	黑暗	秘密
空的	不聊也罢	争论
沉默的	背后议论	脸色
愚蠢的	眼睛	幼稚的
阴影	雾霭	尴尬的
负担	愤怒	感觉
隔绝的	人类	严重的
战场	孩子们	黑暗的
流言蜚语	肥胖的	误解

伊拉尼先生：以上哪些词在某一方面是相似的？你认为哪些词可以被归为一类？一旦你发现可以归为一类的词，请思考把它们归为一类的原因并给这个类别设个名称。尽量不要用名称来分类单词，而是要在你们将这些词分类出小组后再取名称。

保罗（Paul）：我们分出了一个小组并取好了名称。

由"怨恨"引发的感觉：

痛苦的	憎恨	困难的	负担
刻薄的	空的	冷淡的	严重的
残酷的	愚蠢的	隔绝的	黑暗的

桑迪（Sandi）：我们小组分出的类别和这个有些相似。只不过我们还包括了"尴尬的"一词。

伊拉尼先生：让我们看看其他小组合作完成的一些例子。

玛丽莎（Marisa）：好的，我们分出了一个类别并取名为"当一个人心怀怨恨时会做的事情"。

伊拉尼先生：玛丽莎，你们分出的这个类别包含了哪些词语？

玛丽莎：谣言、不聊也罢、尴尬的、秘密、打架、抓住、隔绝的、恶毒眼光、叫喊、憎恨、痛苦的、凝视、争论、幼稚的、刻薄的、背后议论、冷淡的、无节制。

伊拉尼先生：还有没有其他不同的分类？

学生分享了其他类别及其名称，伊拉尼先生反复询问适合这一类别的单词。表扬了学生的分组与命名，伊拉尼先生继续要求学生回到最初的列表并把他们重新分类。

伊拉尼先生：还有其他不同的分类方式吗？还有其他可以将单词混合在一起组成新类别却没有列出来的方式吗？

玛丽莎：我一直对这一部分感到困惑。

伊拉尼先生：尽量不要使用黑板上的列表。依靠你所在的小组，互相帮助，我也会提供帮助。还有其他小组在这一步上存在疑问吗？（没有回答。）有任何新的类别吗？

桑迪：我们列出了能引发怨恨的事物——愤怒、朋友、流言蜚语、敌人、打架、误解。

玛丽莎：我们也想出了一种！和食物有关的事物：无节制、人类、软糖、胃、严重的、愚蠢的、肥胖的。

伊拉尼先生鼓励其他小组也一起来分享他们找出的新类别，但只有少数几个新类别被提出。这个班级的学生以前使用过概念发展模式，所以一旦所有的新类别都被分享出来，他们便能快速地通过总结来加以综合。这里有一些学生提出的关于怨恨的言论。

迈德森（Madisom）：心怀怨恨无益于自身。

阿诺德（Arnold）：心怀怨恨下做的事情往往会让你感到后悔。

斯图（Stu）：因一件小事引发的怨恨，最后却可能带来毁灭性的后果。

玛丽莎：打架只是当你因受他人伤害而感到心情不好时的另一种行为反应方式。心怀怨恨的时候，有人通过吃东西发泄、有人通过打架发泄，但这些发泄方式都无法解决实际问题。

伊拉尼先生：你们对心怀怨恨这件事都做了一些重要的评论。那么一个在故事中心怀怨恨的角色会有怎样的行为反应呢？这个角色会说些并做些什么呢？

讨论继续，由学生来举例子并进行预测。在本课的最后总结环节，伊拉尼先生回顾了经验的积极方面。

使用这一模式的好处之一是当班级成员分享他们的"精神档案"时，他们之间的信任度会得到提高。随着相互之间的信任度增强，他们在展示思想和感觉时的约束感就会降低。这些九年级的学生在关于"怨恨"话题的讨论中也比以往更加坦率。当一个学生的想法激发了另一个学生的想法时,他们的情绪变得兴奋起来,他们的创造力出现了从未有过的增长。我认为随着更好地运用概念发展模式,学生的创造力也会有更大的提升。

概念发展模式的基础

概念发展模式是希尔达·塔巴在20世纪60年代的研究成果。(Joyce, Weil, & Calhoun, 2009)虽然塔巴的很多成果文本已经绝版了,但她的思想对归纳教学策略产生了很大影响。她提出了如何教会学生转向归纳思维的具体教学策略(见表5-1)。同一时期,布鲁纳、古德诺和奥斯汀(Bruner, Goodnow, & Austin, 1986)也对概念的获得进行了明确的表述,这和塔巴的教学思想一致。布鲁纳等(Bruner, Goodnow, & Austin, 1986)提出行为心理学曾是检验思维方式流行的原因。

表5-1 概念发展顺序

问题来源	问题举例	学生可能产生的回答
生成项目列表	你注意到了什么? 你领会到了什么?有什么模式?	观察、评论他们注意到的提示和项目列表
每组项目有不同的特点	这些项目之间是否有可以将其归为一类的相似之处?有没有一些项目看起来像是属于同一类的?	找到有相似特点的项目并把它们归为一类,建立一个组别
根据特征命名不同的组别	为什么要把这些项目归为一类?它们之间的共同点是什么?你们会给这些项目组分别取一个什么样的组名?	通过讨论确定每组中项目的共同特征 根据被识别的特征给每组取名
项目的多种分组方式	是否有项目可以从属于一个以上的组别?同一个项目是否可以属于不同的分类组?解释你将会重新分类这些项目的原因?	确认新项目的特点和关系
概括、综合信息	对于我们已经确认并命名的分类小组你们有什么总结?谁能用一或两句话概括一下学到了什么?	总结所学

第二部分 基本教学模式

我们似乎是从一个悖论开始的。任何一个正常人的经验世界都是由大量明显不同物体、事件、人类、印象组成的。大约有超过 700 万可辨别的颜色,而在一两个星期内,我们可以接触到的就占据了相当一部分比例。我们没有看到过两个长相一致的人,甚至被我们判断为相同物体的外貌在过了一段时间之后,也会因为光线或者观察者角度的原因而发生改变。这些都是我们能够观察了解到的差异,因为人类拥有着不同寻常的区分事物的能力。(Bruner, Goodnow, & Austin,1986,p. 1)

布鲁纳等认为,研究如何获得和发展特定的分类,有助于我们深入了解"人适应环境的最基本和最普遍的认知形式"。(Bruner, Goodnow, & Austin,1986,p. 2)这一系列研究的目的是找出我们是如何学习概念的。最后,研究形成了概念获得模式和概念发展模式的基础。甚至在 50 多年前,心理学家和教育学家都相信思维是可教的,并且好的思维不能与内容采集分离——这是当前的一种教育理念。塔巴开发了一系列步骤,以复制我们理解世界的方式。(Gallagher,2013)表 5-1 展示了归纳思维的基本概念——观察、分组、列表、重新组合,以及对具体数据集合的概括。这些思维方式可以被运用到各个年级以及各内容领域,如本书中所提到的各种教学模式。

建构主义学习理论与概念获得和概念发展相一致。我们都知道学习是一个积极主动的过程,学习者必须在先验知识与新信息之间建立联系。教学模式可以帮助学生更容易地建立那些联系并赋予其更丰富的联想与意义。概念获得和概念发展都可以帮助学生建立起丰富多样的概念模式——人类思维的组织结构,而这个丰富多样的概念模式又可以运用一系列正例与信息来建构。

概念发展不限于概念获得。简单来说,在《思维之研究》中的早期研究结果指出,我们通过识别标准属性来获得概念。另外,最近的理论表明,观念(ideas)可以由一个原型(prototype),即一个典型的类别(a typical instance of a class)或一个典范(exemplar),即一个典型的原型(a typical prototype)来表示,并且这些在学习概念中也有用处。(Klausmeier,1990)在所有情况中,有必要根据概念之间的联系以及可能产生的错误概念来理解领会所要教授的概念。概念获得(第四章)有助于帮助学生标识和识别确认同一类的事物(例如,香蕉是一种长形并且略微弯曲的水果,其表皮颜色由绿变黄,内部果肉柔软)。概念发展则超越了定义去推断不可观察的部分。在概念获得课中,你可以准确地识别香蕉及其标准属性;在概念发展课中,你可以通过推断其他事物来进一步发展香蕉的概念(例如,当香蕉皮变黄时,香蕉会迅速腐烂;香蕉经常被用来制作松饼等)。布鲁纳和他的同事(1986)指出:"定义一个概念就是通过分类的行为或可能被分类的行为形成的推论网络。"我们分类,我们推论,我们发展一个概念。因此,概念发展是一种通过提供拓展和改进我们个人概念(具体的或抽象的)的机会来扩大和提炼知识的策略。我们需要概念获得和概念发展来进行学习,并能够迁移我们的概念知识。

概念性思维通过学习获得

若在思考过程中缺乏指导与实践,孩子将无法发挥自己智力的潜在水平。如果课程只重视内容,而把学习和思考的过程留给了偶然性,那么许多可能产生的批判性思维就永远不会发生。另一方面,我们认为内容基础的强化对学习技能的应用十分必要。(Willingham,2009)我们需要内容来教授思维能力,同时我们也需要思维能力来更好地使用内容。发展思维能力的过程就是发展一个日益复杂的心理组织的过程,用以观察世界和解决问题。认知能力被看作是个体与他(她)接受的刺激之间的动态交互的产品。所以,学生和教师必须遵循一系列结构化的问题,以支持更深层次的思考。(Gallagher,2013)

现代建构主义发展心理学理论的创始人维果茨基(Lev Vygotsky)和布鲁纳等人认为概念发展和深度理解是教学的基本目标。学生在学习过程中将新的思想观念和学习方法融入先前的观点和经验,从而从内部构建新的知识。教师作为指导者和辅助者,为学生提供了在整个学习过程中连接主要概念的机会。

概念是构建现实的创造性方法

概念提供了方便学习者进行分类和简化输入信息的一个有意义的和可检索的形式。概念使人在心理上处理数据成为可能。科学家告诉我们,人的感官不断被成千上万的刺激物同时轰炸。人简化事物的能力正如吸收复杂事物的能力一样,使我们能够依环境行事。我们在驾车时难以对驾驶过程中经过的每一个指示牌、树、房子、车辆或人予以关注。出于驾驶安全和驾驶指令的需要,我们会屏蔽一些信息,而只筛选出某些相关的噪音、地标和路况的信息。我们在驾驶时,潜意识中会把输入的信息分类为"相关信息"和"不相关信息"。

年幼的孩子学会挑选、选择和同化只有他们确定为有意义的刺激,或者更准确地说,可以赋予它意义的刺激。当孩子上学的时候,这个过程并没有改变;他们能学到的刺激信息也就是他们能够接纳的刺激信息。教学是帮助孩子在这一固有过程中学习新信息,并为新信息赋予意义。

概念是建立范式的基石

概念框架的创建过程是自然生成的,它构成了我们理解世界的基础。触摸热炉使我们认识了热。"热"成为我们放置许多事物的一个类别(见图5-1),包括要小心烫伤等的想法。自由落体的实验(包括每个人自己)让我们认识了重力。我们通过观察和创造模式来对我们所在的世界施加秩序。我们将时间划分成小时、分钟、秒;我们将空间划分成英里、英尺、英寸——所有可管理的、很小的片段。我们试图通过观察现在的模式和回顾过去的模式来预测未来。

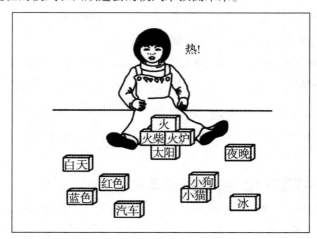

图5-1 构建概念

概念是建立范式的基石。在第四章,我们阐述了一个能够帮助学生通过识别概念的关键属性来获取对概念具体定义的模式,从而将一个概念与另一个概念区分开来。在本章中,学生采用这些已被识别的概念,分享各自对概念的认识,并与同伴一起总结想法,判断各种概念之间的关系。通过与他人分享我们头脑中产生的内容、听取他人头脑中的内容,我们能够提炼并扩充自己对概念的理解,完善并扩展概括的精确度。在概念发展模式中,微结构反映了大脑是如何运作的。聚焦问题产生的数据——不是混杂的、不加区分的数据,而是包含在问题中与思想相关的数据。通过对数据的比较、对比，最后形成一个使无数数据都有意义的理论。这一理论构成了人们对正在细细品味的概念持有什么样的看法。概念发展模式的目的就是使具体数据一般化、概括化。

概念发展模式的步骤

概念发展模式的步骤连续进行反映了人类独特的思考过程,正如人类把自己的思想集中在某一特定主题上时,会组织并重组这些想法,从而寻找新的关系和新的意义,以及试图穿越未知的认知领域。该模式可用于幼儿园阶段至 12 年级及以后,以探索不同学科的基本概念。在社会课中,它可以用来探索诸如资本主义、帝国主义和扩张主义等概念;在数学课中,探索诸如速度、膨胀和相对性等概念;在科学课中,探索诸如适应、进化和相互依存等概念;在英语课中,探索诸如角色、主题和观点等;世界语言课可能集中关注家庭、服装、时态和文学这些主题。对于年轻学生来说,这些相同的概念可以用更简单的词汇表示。

使用这个模式探索任何学科的重要观点,可以让所有教师评估学生之前的理解,使学生在之前理解的基础上扩大和丰富自己的观点,并且也可以作为一个很好的复习方式。因为其中的观点都是学生自己贡献的,最后的成果也是他们自己的,学生会很喜欢这个过程。

步骤1:尽可能列出与主题相关联的项目

第一步,要求学生列举与主题相关的项目。在一些案例中,你可以提供一个数据集。数据可以来自学生自己的经验,也可以来自在课堂中研究的材料。比如在开始研究太空之前,你可能会说:"告诉我你们对宇航员有哪些了解。仔细看看这个词 astronauts。这个词的第一部分是指星星,如占星术 astrology 这个词的第一部分;该词的第二部分是指帆船和水手,如船舶 nautical 一词。因此,宇航员这个词是指'星空水手'。"或者在观看外太空的电影之后,你可能会说:"让我们把你们刚刚学到的存在于外太空的一切都命名为宇航员。"塔巴等(Taba, Durkin, Fraenkel, & McNaughton, 1971)对引导概念发展的安排和用措辞解释问题的方式都是非常严谨的。她认为,帮助学生发展概念需要具体策略,这些策略应广泛适用,但又有特定形式。表5-1 总结了她的概念发展理念。

第二部分 基本教学模式

步骤1中设置的项目或数据应写在所有参与者都明显可见的地方。列出的项目必须具体，否则下一步分组时会混淆。例如，如果你要求学生列举关于万圣节的项目，一个学生说"可怕的东西"，那就要求他说得更具体些。如果他有困难，你可能会问："什么样的事情是可怕的呢？"你希望他说出一些具体可怕的东西，如召唤的手指或嘎吱作响的骨骼等。而列举出这些可怕的东西不是为了命名，而是要将它们分组，这会让你在这个教学过程中领先一步。或者，可以在该步骤期间向学生提供列有这些项目的卡片。这种方法特别适用于大班教学或者以前没有使用这一模式的情况下。小组更容易操作卡片，而且对于某些学生来讲，采取这种方法会使后面的步骤更容易。

有一个全面的列表是有必要的，学生可以从中概括。当基于各种数据分析时，概括会更有效。即使学生已经想不出新的信息了，也要鼓励他们继续。第一次暂停后的想法会不太明了，因而经常需要更强的洞察力和更多的思考。确保学生添加更具体的数据而不是抽象的概括。加拉格尔（Gallagher, 2013）建议列表项目的上限应该约为25个。

当参与者熟悉要被研究的对象，例如"足球"或"怨恨"或"学校"时，步骤1将变成类似于一场头脑风暴。下面是一个探索主题为"足球"的高中课堂里学生头脑风暴出的一些项目：校色、推搡、球、塑料丝球、肌肉、支撑、闪电战、条纹衬衫、热狗、口哨。他们在五分钟内生成了140多个项目。

头脑风暴法的策略提示

"头脑风暴法"（brainstorming）可以快速产生一个就某一给定主题相关的不加评判也无需审查的任何想法的清单。头脑风暴法将学生的注意力集中到形成一系列想法上，并鼓励分享。头脑风暴法挖掘情感、想象力和记忆，简而言之，这是发现整个创造性自我的过程。学生列出他们可以想到的关于特定主题的一切，引导者再以单词或短语的形式一一列出每个项目。所有人的贡献都是显而易见的。所有的贡献都是被接受的。在头脑风暴中，学生与他人分享各自的个人观点，如有必要一定要鼓励学生充分参与。

步骤2：依据相似性将项目分组

当你认为已经列出了足够多的项目时，可以移动到黑板或屏幕的另一半，问学生："我们列出的这些项目中，有没有一些在某些方面具有相似性，可以将它们放到一起去呢？"在这一步，学生开始思考项目之间的关系。要求学生识别具有相同属性的内容，然后根据这些特征分组。尝试抽出其中的几个组别。第一组并分到一起的项目相似性可能是最明显的，而在很多想法之后才被归到一组通常是因为更不寻常的原因而放在一起的。

例如，一组中有"头盔破裂、飞铲球、碰撞、骨骼揉搓和受伤"等项目，教师认为这些都和受伤有关，然后学生就添加了"受伤"这个条目到该组中。接着学生经过讨论和思考，才把这个小组标记为"足球"。通过使用个人卡片或便利贴，步骤2和步骤3可以在小组中完成。

步骤3：依据分组理由给出组别名称

在这个步骤中，学生要给新建的群组确定一个标签（一到三个字）。例如，在讨论万圣节时，"召唤的手指、发出嘎嘎声的骷髅和斜睨的南瓜"这一组可能被标记为"可怕的东西"。标签的复杂性取决于小组成员的年龄和背景。例如，高年级学生可能会使用诸如"栖息地"这样的标签，而低年级学生则可能会标注"动物生活的地方"。

在这一步骤中，要求学生解释他们这样分组的原因是很重要的。他们的解释往往会令人惊讶！即使分组的原因很明显，也要让学生阐明原因。必须要解释他们这样标注分组的原因，迫使他们表达并为自己的推理辩护。经常表达他们已经感觉到的相关性，但又没有精确描述时，就在已知信息与新信息之间建立起了联系。

你在这个阶段的角色基本上类似于记录员。你可能会问其他学生的想法，但是学生需要觉得教师和其他同学认为他们的判断是有价值的。培养学生在推理和概括总结方面的技能很重要。学生应该互相质疑并自己做出决定。当学生在推理和概括感到困惑不确定时，你还可以加入提供思路和指导，并解释为什么会这么做。

例如，一高中课堂里，学生分析足球的分组标签有：体育馆、停车场、商业主义、规则、胜者为王、情感、微观世界、服装、食物和气氛。步骤3可以帮助学生学习概括。

步骤4：对单个项目或整个组别进行调整或者重组

步骤4的中心问题是"某一组中的某些项目可以放到另一个组别中去吗？"教

师接着问:"有某一整个组都可以放到另一分组中去吗?"再次要求学生阐明理由:"你为什么认为_____属于_____?"

例如,当重新组合万圣节的主题时,一个学生可能想添加"装饰过的飞天扫帚上的女巫"到"可怕的东西"那一组。如果你认为这些分组的理由都是显而易见的,并且学生可以进一步深入去分析,那么可以擦掉这些组别,保留最初的那些项目,使其清晰可见,并询问学生是否可以生成一些新的组别。诸如"款待"、"装饰"这些显而易见的分组也是可以的,但也许学生将会开始看到更多隐蔽的关联,如"感觉"、"面具"等。另外,项目列表是没有穷尽的,可以随时添加新项目。

在步骤3中,首先考虑将很明显的项目分组,指出其中显而易见的关系。此外,与首次使用该模式时所看到的关联相比,实践后发现的会复杂得多。随着时间的推移,学生将会发现每个人、对象或想法都有许多特征,可能会以许多不同的方式分组。例如,当一位九年级的学生观察到,"斜睨的南瓜"项目可以被标记为"装饰品"或"食物"或"可怕的东西",如何标记取决于自己的想法,她理解了要从不同的角度来看待同一个对象,而我们常常都限制了自己的思考。如果A是B,它不能是C。在这个模式中,学生发现可以从不同的视角去看待同一个项目,因此它可以出现在几个组中。在这个过程中,学生就在进行有层次的思考。

可能某一整组都可以归入到其他某一组别中。例如,有关足球的主题中,一个组中包括"支撑、推挤、推球、强壮、自大和对头"。一个学生曾经评论说,这些行为让他想起了公牛,所以他们标记为"公牛"组。而经过了步骤4,学生就将整个组放到另一个标签为"男子气概"的组别中。

步骤5:通过汇总数据和形成概括来综合信息

在步骤5中,让学生再观察整个黑板,考虑所有分组和每一组的标签,并尝试用一句话来概括关于该主题。然后要求学生概括前面几个步骤所讨论的想法。幼儿可能倾向于以"要么/或者"来思考。如万圣节是一个"好"或"坏"的节日。他们没有看到万圣节可以有两面。令人害怕的情况如果受到控制,不一定是危险的,甚至可以很有趣。私人万圣节派对可能会有一些去除危险的惊险和恐怖的时刻。然而,如果没有监督,那么恶作剧者也可能会处于过度的恶作剧或偶尔恶心的想法这样的危险之中。通过立即查看所有有冲突的数据,学生开始意识到万圣节是复杂的,充满了乐趣和危险,甚至高年级学生也会倾向于以"或者"的方式思考。足球是"好"还是"坏",通常取决于他们是否喜欢运动(玩或观看它)。他们需要意识到足球是一个令人兴奋和受欢迎的运动,同时也是危险的。这一步骤为学生提供了开始体验思想的丰富性和复杂性的机会。

在刚开始使用这个模式时,你需要给学生几个概括的例子。例如,分析概括足球的例子:

◇ 足球比赛有趣但危险。

◇ 许多男孩和男人通过自己在足球上的成功程度来定义自己,这对他们的自我形象的建立有益也有害。

◇ 一场足球比赛是我们社会的一个缩影,既有好又有坏。

概念发展模式的步骤小结

1. 尽可能列出与主题相关联的项目。让学生列出与主题相关的尽可能多的想法、对象、关联、记忆、概念或属性。这样做,可以了解学生已经知道的内容。信息是基于学生了解的关于该主题的常识或者以前的知识积累,可能来自他们的个人经历,如与学校有关的实地考察、阅读或电影等。

2. 依据相似性将项目分组。要求学生找出各项目间的相似性并分组,类似的想法或与一个共同概念相关联的想法都具有相似的特点,识别这些特点是学习的一个重要部分。

3. 依据分组理由给出组别名称。要求学生说出各项目之间的关系。相似的特质是一个项目适合放入某一分组中的基础,通常可能会产生不同的组别名称。

4. 对单个项目或整个组别进行调整或者重组。问学生是否可以找到某个项目或整个组,可以将它们放到别的分组中去。这个步骤涉及用不同的视角去看单个项目。它还包括根据相对包容性重新分析分组,将其他项目纳入已经建立的组别,或者将已有的组纳入其他组别。例如,在"民主"的标题下,包含"握手"和"发言"的"运动"群组可能被归入到另一个标签为"选举"的组中。最有创意的联结就发生在此步骤中。

5. 通过汇总数据和形成概括来综合信息。让学生看黑板,看看他们能否用尽可能简洁的话语概括总结与主题有关的信息。总而言之,学生必须把不同的部分放在一起来综合信息。例如,如果他们正在学习万圣节,他们可能会说万圣节是有趣但又是危险的。

以上描述了使用概念发展模式的过程,但并没有详细说明教师和学生可以用来成功实现该模式目标的行为。通过检查教师和学生在概念发展框架内潜在的行

第二部分 基本教学模式

为,你可以考虑掌握该模式需要哪些内容,并将其纳入你的专业工具箱中。表 5-2 可以帮助你考虑学生的哪些行为能被运用于理解概念,为你教学提供路线图。制订指导教学的模式需要时间和耐心,而概念发展是一个重要的基本模式,值得花费时间和精力。

在本书第十四章和第十五章中有案例研究,展示如何在情境中使用概念发展模式。

表 5-2　概念发展模式中教师和学生的潜在行为

步骤	教师	学生
1. 列出各种数据资料	◇根据教学标准确定要分析的概念 ◇提供或引出与主题和学生以前的知识相关的项目列表 ◇使用文本、教具和图片等组织数据集	◇如果需要,要弄清过程 ◇参与生成数据集 ◇复习有关该主题的已有知识和经验 ◇检查数据集中的未知词汇并要求给出定义
2. 将类似的项目分组	◇要求学生将数据集中类似的项目分组 ◇要求学生不要立即为分组确定标签	◇在数据集中搜索类似的条目 ◇根据确定的属性对项目进行分组 ◇适当时进行小组合作
3. 标记分组并解释	◇指导学生给小组确定一个标签 ◇要求学生提供解释 ◇记录小组标签	◇单独或小组合作为组别确定标签 ◇提供分组标签的解释说明 ◇过程中遇到困难可寻求帮助
4. 调整或重组	◇指导学生识别可同属于多个组别的项目 ◇让学生找出分组的新方法 ◇监督学生对内容和过程的理解	◇重新分类 ◇解释将项目从一个组移动到另一个组的原因 ◇认识数据集中项目之间的关系
5. 整合	◇邀请学生根据课堂里的分组进行概括(简要说明) ◇如果需要,提供概括的例子 ◇提醒学生,概括是基于信息的结论 ◇要求学生有支持概括的论据 ◇监督学生理解	◇查看数据并思考概括性语句 ◇如果可以,与同学讨论可能的概括 ◇合适的时候,写下可能的概括总结和原因,然后在全班分享 ◇评估所提出的总结的准确性,并与同学分享结论 ◇思考课程中学到的内容以及学习方式

概念发展模式的学习评估

概念发展模式的目的之一是帮助学生生成原创想法。头脑风暴法帮助学生变得更有创意,更愿意分享。在步骤1中使用计时器,学生可以尝试在短时间内产生尽可能多的想法。教师或辅导员,以及学生都可以追踪在概念发展课程中分享的几个想法。除了生成一个列表清单外,头脑风暴法还有其他益处,例如,它有利于创造性地解决问题。

随着共享项目数量的增加,教师和学生可以评估原创的分组标签。随着时间的推移,项目的数量会有所增加,关联的创意和使用这种模式的经验都在增加。教师可以通过要求每个学生自己提出一个分组,并写下为什么这些项目该组合在一起的方法,来评估学生。此外,在班级讨论的过程中,可以要求学生再添加新的项目。

概念发展过程本身可以是一个评估工具。设计一个任务,向学生提供数据集,他们必须分组、标签、重组、重新标签,并进行概括,最后按照准确性、原创性和生成的组别数量来进行评估。此外,还可以要求学生写一篇简短的文章,解释这样分组的原因,以及这些分组如何支持具体的概括。

概念发展模式与满足个人需求

概念发展模式本质上是差异化的——其建构和实施的方式满足了各种学生的需求。例如,可以通过让学生生成数据集来满足他们的兴趣。可以通过将学生分组以及迅速改变信息数据库的方式来提高他们的敏捷性。比如,在万圣节的课程中,你可以提供不同的数据设置给特定的学生群体。如果一个小组要挑战抽象概念,你可以提供一个数据集,其中包含"令人恐惧的、恐怖的、担心的、预期的、贪婪的、利润、创造力、合作伙伴和黑暗"等词汇。这些词代表与万圣节相关的较难感触到和更有象征性的概念。教师可以通过修改概念发展任务的指南来解决不同学习偏好的问题。需要更多结构性指导的学生将获得详细和具体的指南,无需太多选择,易于模仿,而那些更喜欢开放性方式的学生获得的将会是有更多选择、难以模仿的模糊的指南。当然,所有学生最终应该都可以使用这两种方法。

第二部分 基本教学模式

各种数据资料可以是单词、图片或符号的列表清单,以便学生以多种方式学习。如果手边就有数据集中的项目,又能够正确地将其分组,学生会发现分组或者重新组合是一件很容易的任务。在必要的时候,教师也可以改变课程的节奏,给学生安排更多的时间和实践。

概念发展模式中的每一步都提供了满足个人需求的机会。第一步当教师利用数据集以达成具体目标时,可以了解学生的兴趣和对概念的误解。在学生将类似的项目组合在一起的时候给他们必要的帮助,使步骤 2 成为一个差异化的工具。当学生提供分组的原因时,他们也可以得到支持。探索问题和思考—配对—分享的教学策略在这儿能派上用场。重组和重新标签对于学生来说可能是一项艰巨的任务。事实上,在某些情况下,特别是如果学生初次接触这一模式,可以考虑删掉这一步骤。一旦学生多次使用过这一模式,重组就不会让人感到那么困惑了。最后一步总结可以以讨论或叙述的形式进行,也可以是有结构的活动。例如,你可以将学生组队,并让其中一方在 30 秒内讲述,而另一名学生则要仔细聆听。然后转换角色,刚才聆听的学生进行 30 秒陈述,而另一位学生细心聆听,但后一个陈述的学生不能重复前一个学生说过的话。活动结束后,学生进行一句话的总结分享。

概念发展模式的优势

概念发展的目的是扩大和完善学生的知识和发展具体的思维能力——从一组数据中概括并解释。通常我们通过自己的个人经验来看世界,认识到局限性并分享知识有利于我们更好地把握感知的复杂性,并赋予我们其他人看问题的视角。概念发展过程也鼓励生成原创的想法,所有对象都可以通过列表、头脑风暴、分组、定标签和总结来进行分析,所有这些都可以促进创造性思维的发展。事实上,概念发展过程也提供了从阅读中提取意义、学习解决问题的方法和发展写作技能的新途径。在参与概念发展课程时,学生能获得总结想法并检查其准确性的机会。

概念发展方法也支持情感技能的培养。头脑风暴法要求寻找和倾听他人的想法并在适当的时候描述个人感受。学生在聆听同伴的想法但没有评论的时候也要展现出一种自律。他们必须能够认同其他人的精彩想法。显然在课堂上使用概念发展模式对学生有很强的学术和社会效益。

小学教学实例

概念发展：生物和非生物	
目标	**科学标准** 在陆地上和水中都有生物。 **学生将知道** ◇生物需要食物、空气和水，并能繁衍后代 **学生将理解** ◇生物具有区别于非生物的特殊特征 **学生将能够** ◇对生物和非生物做出分类，并解释原因
评估	提供一组图片，学生能够准确区分生物和非生物，并给出将图片分类为生物的理由。
过程	1. 如果可能的话，带学生在校园散步，让他们列出所看到的事物。 2. 回到课堂，每个人都将观察到的列成一份清单。 3. 询问学生清单中的哪些内容属于一类。使用彩色的粉笔，将学生认同的事物圈在一起。每个组使用不同的颜色。让学生解释每个分组的理由。牢记教学目标，尽可能地把生物的特征引入到讨论中。 4. 一旦确定了这些分组，让学生标记或命名每个群组。使用与小组相同的颜色将名称写在黑板上。 5. 询问学生是否有某些项目可以同时放在多个组中，哪些项目必须放在一个组中，并记录学生的回答。 6. 询问是否有其他方式可以将原始项目都放入一个组中。（这是一个可选可不选的步骤。） 7. 请学生陈述一些关于分组的理由以及班级对这些分组讨论的结果。重复每个陈述，并要求学生解释为什么及如何得出这样的结论。提供线索和教学支架，帮助学生总结和综合。

第二部分 基本教学模式

中学教学实例

概念发展：怨恨	
目标	**学生将知道** ◇我们如何推断一个人物的感受 **学生将理解** ◇描述是一个故事现实的基础 **学生将能够** ◇研究和拓展"怨恨"的概念
评估	阅读指定的文本后，学生能够识别出怨恨妒忌的言论和行为，以及其他人物的回应。可以写出、绘出或表演识别的结果，并可以单独或者合作完成。
过程	在本课程中，将学生分为不同的阅读组。 1. 复习该单元之前学过的课程。 2. 列出与主题相关的尽可能多的项目。确定每个人都知道"怨恨"这个词，要求学生生成与怨恨相关联的单词的数据集。 3. 在黑板或小黑板上列出词汇，或借助计算机或幻灯片放映。 4. 按照相似性将项目分组，将相似的项目放在一起。 5. 通过定义分组原因来为分组标记。要求学生给每个组别确定一个标签，并与全班分享并提供解释说明。 6. 重新组合或归纳其他组别下的个别项目或整个组。要求学生查看原始列表，并使用新名称创建不同的组。学生分享并解释这样分组和给予标签的原因。 7. 通过汇总数据和形成概括来综合信息。学生通过一句话来总结他们在课上所学到的关于"怨恨"这个词的信息。 8. 学生识别文学作品中人物怨恨的行为和言语。

本章小结

定期使用概念发展模式有一些好处（每月一次或更频繁）。通过这一模式，学生可以互相学习到更多关于概念、对象、事件或人的研究。他们能够吸纳大量累积的知识与整组的想法。他们拓展和提炼了自己关于研究对象的概念；同时，他们也发展和提高了自己实现这些心理过程的能力。

概念是智力活动的基石。知识不是静态的。即使是一个简单对象的知识也会变化或呈现新的维度，或者因为被较少关注而弱化了，模糊了。将知识的增长视为投射在屏幕上的一层层叠加物可能会有所帮助。我们将添加修改所展示的，就像在原有的图纸上再增加一个添加物。概念发展模式对教师也是有帮助的，因为它不仅让教师丰富原有概念的印象，而且可以重新回顾原有概念的印象及其是如何建立的。

概念发展模式的一系列步骤如下：

1. 列出或呈现与特定主题相关联的项目清单。
2. 将有共同点的项目归为一组。
3. 标记分组并提供分组的原因。
4. 重新分组或归纳其他组别下的个别项目或整个组。
5. 通过总结和概括来整合信息。

所有这些步骤都鼓励发展重要的认知与社交技能，并为学生提供更多的元认知学习机会。

拓展学习

活动

1. 选择你所教授的或将要教授的概念，列出尽可能多的与概念相关的项目，标记分组。现在重新分组并重新标签，记得要灵活。每个项目你只能使用一次，如果必要的话你可以忽略一些项目。这个练习会提醒你，当学生执行概念发展课程的步骤时，将会遇到什么。

2. 所有教学都与概念发展有关。选择一个你将要教授的概念并温习查看概念发展模式的步骤。在概念发展模式的每一个步骤都至少列出一个问题提问学生：列表、分组、标签、分析和综合。

3. 找一本包含能够用于活动2的概念的教师用书，将你列出的问题和书中建议的问题进行比较。你如何评估书中对获得的支持和概念的发展？作者能否帮助学生进行概念发展过程？

4. 在特定的教学单元里，列出三到四个最重要的概念。绘制概念的层次结构，以显示概念之间的联系，并确定哪些概念最适合用于概念发展课程。

反思问题

1. 有没有你将要教授却并不适用于概念发展模式的概念？
2. 你在课堂上使用的概念发展模式如何有助于你的课堂管理？
3. 你将如何区分概念获得模式与概念发展模式？

第六章 因果关系模式

本章目标

你将知道：

◇因果关系模式的基础；

◇因果关系模式的步骤；

◇如何评估因果关系模式中的学习；

◇因果关系模式如何满足个人需求；

◇因果关系模式的优势。

你将理解：

◇因果关系是所有学科的中心。

你将能够：

◇确定何时使用因果关系模式有益于不同环境下的课程和学生；

◇设计、实施和评估一堂因果关系课程。

小学课堂应用

在过去的几周中，费希尔先生（Mr. Fisher）注意到他的四年级学生在确定因果关系方面存在困难。当他们复习科学课中水的循环单元时，费希尔先生抓住了一个实践因果关系的机会，以此拓宽学生有关水循环中关于降水、渗透、蒸发和凝结的知识。这些都描述了特定原因下的结果，所以它们是讲述因果关系的好例子。他以美国地质调查局有关水循环的一张海报开始。

首先，这堂课是讲述一本描绘美国历史上一次特殊极端的天气情况的精彩图书，而海报刚好为之提供了背景信息：费希尔先生通过阅读《漫长的冬季》中的节选开始了这节课。这本书讲述了一个发生在1800—1801年达科塔草原上一个艰难冬季的故事。

费希尔先生：对于1800—1801年的冬季，我们知道什么？

丽贝卡(Rebecca)：有很多雪和暴风雪。

劳拉(Laura)：他们没有网络来查看天气。

费希尔先生：暴风雪是由什么造成的？我们所了解到的水循环知识与暴风雪有怎样的关系？

朱莉(Julie)：水循环解释了降水是如何发生的，而雪就是降水。

兰迪(Randy)：但是暴风雪不仅仅是雪，会有很大的风，然后把雪吹得到处都是。有时，你在暴风雪中看不到任何东西——什么都是白色的。

费希尔先生讨论了冬季风暴中暖风和冷风的角色，还有暴风雪的一些特征。他让学生在思考—配对—分享的练习中比较雨、暴雪和暴风雪，然后解释降水是如何发生的，确保他们用到了蒸发和凝结这两个词。在学生分享了他们的比较之后，费希尔先生在表6-1中复习了因果图式。

表6-1 《漫长的冬季》中的因果图式

前因	原因	1800—1801年的漫长冬季	结果	后果
		◇寒冷 ◇许多雪 ◇停运铁路列车 ◇持续七个月的糟糕天气		

从表 6-1 的中间开始，费希尔先生要求学生分享他们了解到的有关 1800—1801 年的漫长冬季的知识。不少学生主动分享了有关冬季的信息，然后这些就被列入表格之中。

费希尔先生：暴风雪的成因是什么？

露丝(Ruth)：天冷到足以下雪了。

蒂娜(Tina)：天空中有很多水和积雨云。

罗伯特(Robert)：难道不是有关空气中冷风和暖风的交汇吗？

费希尔先生额外提供了有关冷暖空气交汇的信息帮助学生填写表 6-1 中的"原因"部分。

费希尔先生：故事中持续两天的暴风雪最直接的影响是什么？暴风雪停止的时候发生了什么？

露丝：家人需要出门寻找迷失的孩子和其他人。

凯伦(Karen)：他们必须弄清楚是要留在家园还是搬到镇上去。

蒂娜：他们需要照顾生病或没有足够食物的人们。

劳拉：他们需要修补毁坏的东西。

在不少同学贡献了答案之后，全班同学填写了"结果"一栏。费希尔先生在引导了一个有关前因的简短讨论后，全班同学都一致认为，尽管这是个非常严酷的冬季，人们都尽他们的最大努力生存下来。

里尼塔(ReNita)：我们该在最后一栏上写什么呢？

凯伦：天气预报更有效了。

劳拉：人们准备得更充分了。

蒂娜：有些人搬家了。

中学课堂应用

科菲女士(Mrs. Coffey)的中学提高班刚刚结束了《哈姆雷特》的学习。她感到学生还没有完全掌握某些问题。因而，她决定采用因果关系模式解决话剧的中心问题之一：为什么哈姆雷特对反抗克劳狄斯这件事一直犹豫不决？这种犹豫导致了埃尔西诺城堡所有皇室成员的死亡。

重点在于原因和前因，因为结果和后果都比较明显。科菲女士在黑板中间的标题下写道："哈姆雷特对克劳狄斯采取行动一直很犹豫。"她从询问原因开始：

杰罗姆(Jerome): 哈姆雷特很脆弱,他不能冷血杀人。他甚至在后来拥有证据时也无法杀死克劳狄斯。

朱迪(Judy): 但请记得哈姆雷特先前的勇敢和成功战胜老福丁布拉斯的事迹。

霍实(José): 哈姆雷特不确定鬼魂之说。这可能是个陷阱。那时候人们相信鬼魂可能真的存在或者是魔鬼的使者。

玛丽娅(Maria): 哈姆雷特有些震惊。城堡中的每个人都行为怪异——不像是他们寻常的样子,所以他很犹豫,直到他弄清楚发生了什么。

费尔(Phil): 比如皇后的再婚就太突然。

简(Jane): 除了霍雷肖,哈姆雷特不知道该相信谁。

安迪(Andy): 他害怕死亡。这是他在独白的时候说的。

安妮(Anne): 但是他看上去更害怕将他父亲的鬼魂放走。

费尔: 但是如果他采取行动,其他人可能会认为他想要篡位。

玛丽娅: 没有其他人怀疑国王,这太奇怪了。

安迪: 哈姆雷特对一切事情都想得太多了。

玛丽娅: 好吧,那你认为他应该做什么呢?

安迪: 他应该在"演戏"之后杀死克劳狄斯。

费尔: 然后被认为是渴求权利的杀人犯?

安迪: 霍雷肖不能为他辩解吗?

费尔: 但是只有霍雷肖啊,而且他甚至没听到鬼魂说的话。

科拿卡(Caneka): 他想要其他人都看到他所看到的:克劳狄斯的罪孽。

玛丽娅: 他迟疑是因为他太恨克劳狄斯了。

全体: 但那正是杀死他的理由啊。

玛丽娅: 不,你不明白。哈姆雷特有着一种正义感。如果克劳狄斯是错的,然后哈姆雷特杀死了他,那么他就比克劳狄斯还坏了。这就是为什么哈姆雷特想先将他暴露出来。(其他人开始明白玛丽娅的观点。有些人开始同意了。)

科菲女士: 我该将正义感放在哪一栏呢?

玛丽娅: 我想应该是前因吧。(他们移动到了前因。)

费尔: 我想最主要的前因是他父亲的死或谋杀。

拉沙德(Rashed): 鬼魂要求的复仇。

科拿卡: 他必须小心点。这些都是关心他的人和他关心的人:他的母亲、奥菲莉娅、霍雷肖、雷欧提斯，还有波洛尼厄斯。

杰罗姆： 还有尤里克和崇拜他的福丁布拉斯。

简： 你看，我不认为这些人都会被迷惑。我认为玛丽娅是对的。如果哈姆雷特是邪恶的或野心太盛，他们就不会这么关心他。我觉得他有高尚的责任，也有正义感。他不是自己感到害怕，他想要确定，想要做正确的事。具有讽刺意味的是，人们因哈姆雷特一直尝试着做正确的事而伤心。（他们都开始同意这个观点。）

科菲女士感到学生对戏剧和人物有了深入的理解，如果没有借助因果关系模式，学生对人物性格不会理解这么透彻。

结论

1. 哈姆雷特对于克劳狄斯的怨恨使得他尤为小心地试图找到他罪恶的证据。

2. 哈姆雷特明白他必须证实克劳狄斯是有罪的，否则人们就会认为他只是想要篡位罢了。

3. 哈姆雷特意识到，如果他采取行动来反抗克劳狄斯，而克劳狄斯是无辜的，那么他就会被认为比克劳狄斯还要罪孽深重。

概括

1. 在试着找到罪恶的证据时，我们必须努力保持客观，否则证据可能只是怀疑。

2. 罪恶必须被证实，否则无法做到公正。

3. 如果我们错误地将无辜之人判罪，我们就会背负判决不公正的罪名。

因果关系模式的基础

本章中呈现的模式将引领学生学习重要的事实、行为、情况、情形或冲突。在历史中，从一次简单的行动到一场战争，从一张账单的传递到一场候选人的选举，任何事情都可以产生富有成效的讨论。科学中几乎任何实验或情形都适用于这种模式，正如数学中特殊的问题解决策略也同样适用。当一个班级结束了一篇英语文学作品的学习时，一个重要的活动、一个高潮或一个关键时刻都可以产生令人兴奋的话题。报纸文章中，尤其是建议栏，可以引发令人兴奋的讨论，特别是当话题对学生尤为重要时，例如以学生上课迟到或破坏课堂作为话题将会让学生理解特定规则背后的理由。课堂中存在着许多使用因果关系模式的机会。有时，你会在正在制订的学习目标和教学标准中发现因果关系。其他时候，手头资源和材料也会引领

第二部分 基本教学模式

你关注因果关系模式,去寻找使用相关的线索,这个模式会对学生有所帮助。

通过推断,学生对因果、前因和后果进行假设。他们获得结论并对因果之间联系进行概括,注意到结果通常都会成为后续影响的原因。在这个过程中,教师是促进者,进行一连串提问,不给出答案也不对学生的答案进行评论,除了接着问问题或纠正严重的错误。

不能高估小组探索因果关系的价值。聆听其他人的答案会启发学生自己可能想不到的答案。学生成为更加灵活的思考者,也更加容易从先前的经验中建构自己的知识。一旦学生多次使用这种模式之后,他们就可以自己独立运用了。它可以成为一种极其有价值的元认知工具,即个人对于问题解决、生成想法、做出决定和分析数据的全部技能。

因果关系模式从审视一个特定的情形开始,以概括相似情形中的操作过程结束。学生有机会详细地学习一种情形,发表他们在自我思考时的心理活动,然后聆听其他人的想法。他们也有机会思考不同的操作过程和结果。这是一个归纳教学法,同时也利用了其他人的智慧来帮助学生决定因和果。

概括表现出了概念之间的关系。这些关系帮助引导学生在所有的学科领域进行思考。学生需要在学习群体中建构他们自己的概括,如果有必要的话,还会提供反馈和修正。概括帮助学生将已有知识转换成新知识,因为它们是近似的,从这些宽泛的想法中获得新的信息和观点可能会改变思考的内容或关注点。通过使用推断和比较异同的方法进行概括的建构实践,是一种批判性思维的技能(Bransford,Brow,& Cocking,2000),也是共同核心州立标准在英语/语言艺术中的一个元素。如果想要看共同核心州立标准对这个话题的表述,只要搜索"CCSS cause and effect"就可以了。

因果关系模式的步骤

对因果关系模式步骤的讨论,将联系科学课的一个主题内容教学进行,该主题结合了地质学、地理学和生命科学,主题是"四季的成因"。这个案例有些复杂甚至反直觉——"明显"的原因看似合乎逻辑,但却是错误的(地球在夏天距离太阳更近,在冬季距离远)。

可以用表6-2在模式的每个步骤里建构讨论。因果关系模式步骤的顺序已经在表中用数字标出了。

表6-2　因果关系模式的步骤

4 前因	2 原因	1 话题	3 结果	5 后果
6.结论					
7.概括				

步骤1:选择要分析的数据或主题、行为,或要解决的问题

所选的主题或问题可能是一个重要的行为、事件、情形或冲突。它可能是虚构的、假设的或真实的。它可能来自课程中的任一学科。在黑板或一块大的写字板的中间写下主题。在上述例子中,写下"四季的成因"。表6-3是你要建立的表格的模板。

表6-3　"四季的成因"的案例

前因	原因	地球的季节更替	结果	后果
在地球形成后不久,它就被一颗巨大的流星撞歪了	地球以倾斜23.5°的轨道绕太阳公转	气温和天气在一年之中都会变化 地球的南北半球在一年中的相反时间经历着相同的气候特征	太阳光在每天以略微不同的角度照射到地球上,在夏天角度更为垂直,冬季角度更为倾斜	南北半球的天气一年四季都会发生变化

步骤2:寻找原因以及支持这些原因的证据

在步骤2中,学生需要探寻接下来发生的情景。如果没有人知道地球倾斜着绕太阳公转的事实,那么就用教室里的地球仪来展示倾斜程度,并使用手电筒来演示照射到地球上的太阳光。

第二部分 基本教学模式

步骤3:寻找结果以及支持这些结果的证据

移动到话题栏的右边,询问学生结果是什么。学生可能会知道在一年中,每天太阳光照射到地球上的角度都是不同的。

步骤4:寻找前因以及支持这些原因的证据

移动到话题栏的最左侧,询问学生前因是什么。对于"四季的成因"的主题,你可能会需要提供信息来填写第一栏——"前因"。前因可以被看作是远因或是潜在因素。例如,科学家相信在地球形成不久,就被一颗巨大的流星击中了,结果将地球南北极撞掉了一块儿(并且撞掉的那块足够大,就成了月亮)。这些事实的依据可以在《傻瓜地质学》和 space.about.com 中找到。

步骤5:寻找后果以及支持这些结果的证据

在重复几次对"前因"的探索之后,当学生看起来已似乎完全没其他想法时,移动到话题栏的最右边然后询问后果是什么,分别一一对应每一个结果。图6-2说明表6-3中所有工作是如何进行的。

流程图的策略提示

> 流程图是一种图表组织,呈现一个复杂过程的一系列顺序和步骤。流程图被用于许多领域,而且经常可以表示数学或计算机程序。但是在课堂中,流程图被频繁用于简化和诠释一个复杂的情况或一系列的事件。流程图可以是线性的、分叉状的或循环的,可以对教师和学习者提出许多认知需求。有许多网页会提供图形的例子和模板,包括流程图。一个线性的流程图可以通过展示信息的逻辑顺序绘制一系列的原因和结果链,让学生看到一系列的事件链是一个过程,这个过程有决定点可以导致不同结果。在因果关系模式实施之前,流程图可以当作总结,也可以作为关于原因和结果讨论过程的教学支架。图6-1是与怀尔德(Wilder)的《漫长的冬季》一堂课相关的流程图案例。

— 131 —

步骤6：寻求结论

结论是我们对列出的和讨论的因果关系进行推断的陈述，结论可以通过黑板上从左到右或从上到下的相关项目的阅读来获取。

步骤6是最困难的，因为它包括了最抽象的思维。最初，你必须给学生一些讨论中已得出结论的例子。先以全班为单位，然后以小组为单位演示这个模式，这样能让学生看到许多种关于结论的例子（你的和其他同学的）。几次过后，许多学生就能理解该如何抽象地思考问题。抽象思考似乎是那些"灵光乍现"的经历，例子会突然使学生必经的思维过程变得明晰。

步骤7：寻求概括

概括是用简单词语表达结论——也就是，这些词语不是某个主题特定的，或者与某些人群有关的。学生应将结论中的特定名称用诸如"人们或某人"替换。

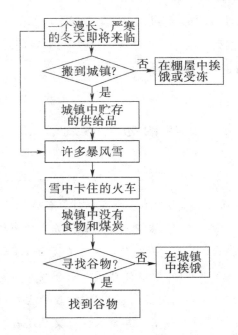

图6-1 《漫长的冬季》的流程图样例

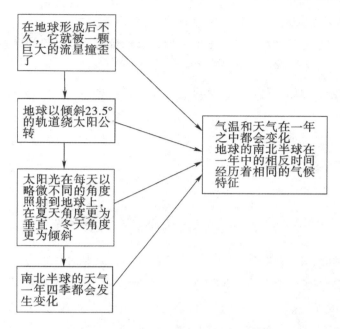

图6-2 "四季的成因"的因果流程图

表6-4 课堂中因果关系模式的可能话题

英语/语言艺术	情节、词源、动机
数学	重命名、组合、运算的秩序
世界语言	翻译的差异、语法规则、方言
社会	战争、法律、选举
科学	疾病控制、重力、技术改进

因果关系模式的步骤小结

1. 选择要分析的数据或主题、行为或要解决的问题。当学生熟悉了模式之后，你可能想要让他们选择历史课一个章节中具有批判性的行动或情境来分析；一部长篇小说、短篇小说或文学诗来鉴赏；科学课的一个状态；数学课中的运算或方法。表6-4展示了课堂中可以运用这种模式的主题。

2. 寻找原因以及支持这些原因的证据。试着引出尽可能多的原因。与思考多个原因相比，我们更倾向于简单地思考一个原因。

3. 寻找结果以及支持这些结果的证据。也是尽可能多地列举。

4. 寻找前因以及支持这些原因的证据。

5. 寻找后果以及支持这些结果的证据。偶尔对前因和后果的联系做出评论，看似不重要的行为可能会造成主要的结果。

6. 寻求结论。结论是在我们学习之后，对研究的情境元素和人物行为进行推断的陈述。

7. 寻求概括。概括是在研究后，推断在相似情形下人们的通常行为或在事件中的行为的陈述。

因果关系模式的学习评估

因果关系模式使学生能够推断原因和结果，任何评估都应该聚焦于因果关系。学生可以通过基于一个单独文本（图片、图表、音乐等）写一个故事来展示他们对于因果关系的理解，然后通过对前因和后果的理解拓展文本，这可以让学生超越年代顺序转到关系模式。这种模式的图表组织可以作为一篇议论文的纲要。结论是潜在的，列表的行为则是支持性证据。

流程图也可以用作一种评估。学生可以设计自己的流程图或填写模板来展示他们对于事件或过程的理解和认知。流程图在评估学生对于数学和科学中特定的算法或过程方面的知识尤为有效。

因果关系模式的最终目标是帮助学生以系统的方式推测未来的事件。教师可以要求学生对未来事件进行预测，以及为预测提供多方面的依据。书面作业、短剧、图表和案例研究分析都是一些可以构建的评估方式。教师可以组织个人或小组的会议，询问班级讨论的因果关系的解释；也可以按照课程最后建构的概括评估学生，否则评估可能会要求学生额外做出概括。

因果关系模式与满足个人需求

因果关系模式中尽管存在着许多的差异化机会，但最重要的是分析的问题或情况，以及问题来源的文本或情况。情况和文本的选择必须以要求的课程、班级学生的需求和兴趣，以及可获得的资源和材料为中心。特定的问题必须以每个学生头脑中的知识和经验为框架。教师选择与学生的先备知识和过去的经验相关的问

第二部分 基本教学模式

题非常关键。讨论可以通过改变问题的复杂性,以及关注各个学生的错误观念来适应学生个体的需求。教师也可以通过提供结论和概括的例子帮助学生,这在不熟悉模式的时候尤为重要。

本章中展示的图表(或另一个按时间顺序编排的或相关的图表)既帮助了视觉型学习者,也帮助了那些分析型学习者。根据斯滕伯格和格里戈连科(Sternberg & Grigorenko,2004)所述,为了满足所有学习者的需要,教师关注的教学应该不只是分析性智力,还必须关注创造性和实践性智力。因果关系模式是培养这两种智力的方法。例如,当建构结论和进行概括时,可以要求学生将其应用到真实的生活情境中。

创造性智力任务要求学生创造、发明、发现、想象和预测。在因果关系模式中,学生可以提出将要分析的备选问题、在其他情境中创造结论和概要的例子、在因果之间发现的新的不同的联系、想象概括产生的方案、预测原因或结果的改变会发生什么。通过利用智力的这些方面,教师可以扩大范围,让所有学生有更多的机会展示他们所学的内容。

为了评估知识的迁移情况,可以要求学生对新情境下的问题进行分析。学生可以完成一张图表,做一张新的组织图来展示关系,写一段文字描述因果关系和做出的概括,或以别的方式来展示这些关系。

表现性评估可以是一种有用的工具。教师可以构建任务,要求学生应用新的因果关系分析技能,要求学生对现有的决定(自己的或是其他人的)做出解释或辩护。对决策制订过程的批判可以以一种有趣的作业形式呈现,如一封写给编辑的信,或一篇具有说服力的小文章等。学生也可以通过研究,展示一个因果关系。在所有情况下,表现性评估必须小心地构建,以便要求学生分享内容,展现批判思维技能,而不只是表现能力。

学生的选择被整合进模式,在使用中学生的熟悉程度和灵活性同时得到发展。一旦模式的每一阶段变得常规化,学生就可以选择问题或情境应用这些步骤,而且他们还可以选择展示信息的方式——例如通过图表、记叙文、故事板或多媒体展示等。

一旦学生可以独立运用这种模式,灵活的分组就可以成为差异化教学的方式,教师可以通过选择、背景知识和经验、准备情况和学习档案来分组。对于创新型学生来说,教师可以鼓励他们改变组织和展示分析的方式,而聚焦于问题实际应用的学生,则可以让其关注分析的应用。

因果关系模式的优势

因果关系模式让学生探索即将发生什么,或者为何发生,即使原因或结果存在不确定性。这种模式让学生能够理解原因不只是导致特定事件发生的特殊发现。而是,原因可能有助于解释结果,原因和结果通常是复杂且相关的。一旦学生建构了因果关系模式,他们就可以为一系列的事件建立解释模型。这个模式虽然一次针对一个事件或问题,但是在相似的问题上多次使用会产生相似的原因或结果认知的模式。

这个模式可以提高学生参与度、提升学生批判性思维技能,也有利于课程内容的建构。因果关系是日常生活的一部分,并且在每个学科领域都有体现,几乎是每个人都关心的问题。两者之间的关系是人类理解的基础。在内容和知识不同的多样化背景下对因果关系机制的理解,有助于提高学生的学习和效果。一旦学生内化这个模式,它就成为帮助其分析特定情境的元认知工具。

小学教学实例

因果关系:水循环、暴风雪和《漫长的冬季》					
目标	**共同核心州立标准——英语/语言艺术 RL 4.7** 解释视觉、口头或数量上的信息,并解释这些信息如何有助于文本中相应内容的理解 **学生将知道** ◇ 三种物质的状态 ◇ 蒸发、凝结和降水的定义 ◇ 暴风雪的原因和结果 **学生将理解** ◇ 水循环和天气之间存在着联系 **学生将能够** ◇ 解释水循环的图表 ◇ 完成《漫长的冬季》中的因果关系表格					
评估	学生填写以下关于怀德度过的漫长的冬季的因果关系表格。					
	前因	原因	1800—1801年的漫长冬季	结果	后果

过程	1. 阅读萝拉·英格斯·怀德的《漫长的冬季》中的节选。
	2. 讨论 1800—1801 年牧场的冬季。
	3. 复习水循环和暴风雪发生的过程。确定学生可以对蒸发、凝结和降水进行定义。
	4. 提问下列问题并引导学生得到正确答案。一起填写因果关系图表的一个样例。
	    a. 通过阅读,我们对那年冬季有什么样的了解?
	    b. 是什么造成了暴雪和暴风雪?(强调水循环和冷暖风的作用)你是如何知道的?
	    c. 1800—1801 年的暴风雪的直接结果是什么?你是如何知道的?今天的暴风雪的影响是什么?
	    d. 我们知道暴风雪是由特殊的天气情况造成的。地球的水循环是怎样影响天气情况的?(让学生给出答案的依据,解释术语"前因")
	    e. 漫长的冬季的后期影响是什么?今天的暴风雪的后期影响是什么?
	5. 我们可以从达科塔牧场 1800—1801 年的冬季中学到什么?
	6. 你认为从暴风雪中生存下来的人们学到了什么?因为这次经历,他们的行为会发生怎样的改变?
	7. 如果在今天发生了暴风雪,我们采取的行为和那些在 1800—1801 年漫长的冬季中幸存下来的人之间会有什么区别?

中学教学实例

因果关系:哈姆雷特和克劳狄斯	
目标	**共同核心州立标准——英语/语言艺术 RI. 9 – 10.3** 分析复杂的人物角色是如何按照文本进程发展的,以及如何与其他的人物角色互相影响并推进情节或主题发展的 **学生将知道** ◇《哈姆雷特》中的情节和人物 **学生将理解** ◇在采取行动之前必须先证实罪行 **学生将能够** ◇讨论哈姆雷特对克劳狄斯犹豫不决采取行动的原因和前因
评估	学生用两段文字总结课堂讨论,主要集中在以下概括:"一个文明的国家认为一个人在罪行被证实之前都是无辜的。"

过 程	1. 为学生提供下列问题进行讨论："哈姆雷特为什么一直犹豫着不愿对克劳狄斯采取行动？" 2. 在黑板上记录所有答案。 3. 有必要的话,深究学生的回答。 4. 搜集讨论内容,区别原因和前因。例如,如果有人说哈姆雷特的正义感或缺乏复仇的需求是一个原因,那就解释下为什么这个是前因。 5. 确定学生对他们的陈述有支撑的证据。 6. 要求给出结论。提醒学生,结论是我们对情境中人们行为的推断。要求学生为结论提供支撑。 7. 要求归纳——超越哈姆雷特情境话语,关注普通人。要求学生对归纳提供支撑。

本章小结

因果关系模式让学生探索一个问题情境,决定行为和后续事件之间的关系。在学生识别前因和后果的时候,积极采用这个模式是很有必要的。这个模式可以用于小学和中学的课堂以及所有的课程领域。和模式相关的图表有助于学生在讨论中将讨论的问题的时间顺序可视化(例如,熬过一个漫长的冬季或一个人物为什么出现特别的行为方式)。从原因到结果,然后从前因到后果,可能会更有效地反映这些事件之间的联系。但是,你会感到最初建立原因——前因关系或结果——后果关系,对学生而言更容易掌握。除了本章中描述的例子之外,这个模式也可以用于复习内容。使用教科书或其他的信息资源,学生可以使用关键的事件作为他们的数据。这可以以一整个班级或单独小组的形式来完成。表6-5展现了一个科学课的典型案例。

在课前,选定要分析的主题和数据。在讨论之前提供图表。模式的步骤包括:(1)选择主题;(2)寻找原因及其依据;(3)寻找结果及其依据;(4)寻找前因及其依据;(5)寻找后果及其依据;(6)寻找结论;(7)进行概括。

之前的列表描述了因果关系模式使用的过程,但是缺少特定的教师和学生的行为细节。通过调查教师和学生在因果关系模式框架下的潜在行为,你可以思考掌握模式所需的是什么,并将其纳入自己的专业工具箱中。表6-6是帮助你思考成功地理解因果关系模式需要什么样的学生行为,为你塑造教学行为提供了指南。

分析因果关系是学生和教师的必要技能,投入时间和精力掌握这个技能会有助于你的专业成功。

关于如何使用因果关系模式的案例,将在本书第十五章呈现。

表6-5 生物课内容复习中的因果关系

数据	高血糖等级
原因	胰腺的β细胞分泌胰岛素;糖尿病使身体对胰岛素无反应
前因	遗传、年龄、超重、胰腺的破坏和感染情况
结果	细胞无法吸收糖分;糖分在血浆中堆积;尿液中排泄出过多的糖分;肾小管吸收到血液中的水减少;因为糖分是不可获得的,从细胞代谢到能量产生的脂肪和蛋白质之间发生转变
后果	极度口渴;一些脂肪可能储藏在血管中,导致一些血管问题(例如,视网膜血管受到影响,可能导致失明;当肢体和脚部血管受到影响时,可能会导致坏疽);许多全面氧化的脂肪会产生酸中毒,这就会导致糖尿病晕厥
结论	当糖分在血浆中聚集,尿液中会排出过多的糖分
概括	身体的一部分出现问题会影响到其他的部分

表6-6 因果关系模式中教师和学生的潜在行为

步骤	教师	学生
1. 选择主题或问题	◇选择要分析的数据、主题或行为 ◇检查标准、目标和评估的一致性 ◇思考学生对主题的了解程度 ◇定义原因和结果 ◇和学生一起回顾模式过程,包括图表	◇将主题和已有知识联系在一起 ◇识别并了解如何使用因果关系图表 ◇有必要的话,询问有关过程的问题 ◇对原因和结果进行定义
2. 原因及其依据	◇要求识别主题或问题最接近的原因 ◇说明识别的理由 ◇监控学生对情境,尤其是因果关系的理解 ◇使用图表	◇确定最接近的原因 ◇指出情境最接近原因的多种理由 ◇解释这些理由为何有道理 ◇使用图表 ◇如果有困惑可以请求帮助

(续表)

步骤	教师	学生
3. 结果及其依据	◇要求识别和原因联系的结果 ◇说明识别的理由 ◇监控学生对直接结果的理解 ◇填写图表	◇确定直接结果 ◇指出直接结果的多种理由 ◇完善图表 ◇监控对讨论的个人理解
4. 前因及其依据	◇要求识别前因(更为长远的) ◇说明识别的理由 ◇监控学生对情境的理解,尤其是原因和结果 ◇填写图表	◇确定前因 ◇指出情境前因的多种理由 ◇解释这些理由有道理的原因 ◇完善图表 ◇如果有困惑可以请求帮助
5. 后果及其依据	◇要求识别问题或情境的相关结果或后果 ◇说明识别的理由 ◇监控学生对直接结果的理解 ◇填写图表	◇确定结果或后果 ◇指出后果的多种理由 ◇完善图表 ◇监控对讨论的个人理解
6. 问题的结论	◇要求学生思考图表并对情境或问题下结论 ◇说明结论的理由 ◇提供有关结论的逻辑和统一性的反馈	◇检查图表 ◇基于讨论,提出几个结论案例 ◇分享对结论的思考 ◇监控对结论的理解
7. 概括	◇解释结论和概括的区别 ◇说出超出特定问题或情境的概括 ◇监控学生的理解	◇解释结论和概括的区别 ◇对讨论做出概括 ◇监控个人理解

拓展学习

活动

1. 如果你被委派到一个你曾经就学或者任教的学校担任校长,思考你会做哪些政策上的改变? 现在列出你认为在政策实施之后会发生的三个结果和三个后果。

2. 选择你当前正在教授或即将教授的一门课程,为模式中的每个步骤写下一个因果关系内容概览,正如表6-6所示的那样。

3. 询问正在实践的教师,学生在确定因果关系时遇到的问题是什么。向教师解释这个模式,并探究这个模式的步骤帮助学生理解这些复杂关系的可能性。调查教师对于实施这个模式的建议,或对这个模式做出的调整。

4. 搜索短语"因果教学"来获得一些关于因果关系教学的文章和讨论。点击"图片"来寻找一些教师制作的工作表和有关因果关系教学的海报。

反思问题

1. 为什么你认为帮助学生鉴别因果关系是重要的?你认为这是一项可以成功帮助课堂教学的技能吗?为什么是或为什么不是?

2. 因果关系模式和其他的教学模式之间有什么样的联系?这个模式在什么方面与概念获得模式、概念发展模式和合作学习模式相似?在哪些方面有所不同?

3. 熟悉精通因果关系模式对你的职业发展有何帮助?

4. 让学生参与到讨论中应该是一件乐事。2014年1月,美国方言协会的200个语言学家召开研讨会,对2013年度的"年度之词"进行投票。他们最终选定了一个新用的旧词"because"。这个词现在不需要在其后加上of或一个其他宾语或从句。例如,我们可以期待看到和听到这样的句子:"We know a lot about nature becaue science"或"Need to take a nap because tired."这种旧词新用的理由可能与词源本身相关。"because"进入英语源于两个介词by和cause。

第七章 词汇习得模式

本章目标

你将知道：

◇词汇习得模式的基础；

◇词汇习得模式的原则；

◇如何习得词汇；

◇词汇习得模式的步骤；

◇如何评估词汇习得模式中的学习；

◇词汇习得模式如何满足个人需求；

◇词汇习得模式的应用；

◇词汇习得模式的优势。

你将理解：

◇词汇可以反映学科内容。

你将能够：

◇确定词汇习得模式的目标和步骤；

◇运用词汇习得模式安排课时。

小学课堂应用

谢弗女士(Mrs. Schafer)为小学三年级学生设计了一堂讲述测量单位的入门课程，这些测量单位包括体积、质量和长度。她的目标是让学生在测量体积时可以精确到毫升，测量质量时精确到克，测量长度时精确到毫米。这些单位的换算度量，即厘米是米的百分之一，克是千克的千分之一，立方厘米是立方分米的千分之一，是学生掌握测量的关键。下面是谢弗女士细化后的教学目标：

关于测量单位的一节课

教学目标：

共同核心州立标准——数学 2. MD

用标准化单位进行测量与评价活动。

学生将知道：

◇测量使用的度量字首；

◇测量质量、体积和长度的方法。

学生将理解：

◇度量字首标志着测量单位的变化范围。

学生将能够：

◇使用不同的测量单位时能够确定相应的度量字首；

◇准确地使用测量单位和度量字首进行测量活动。

为了让学生理解不同测量的具体形式，谢弗女士将一袋大小不同的木块带到了课堂上。在正式学习之前，她让学生用自己的话对体积、质量和长度进行定义，同时对立方毫米、千克和毫米这些测量的基本单位进行匹配。学生给出的答案各异，但是最后全班总结道，体积意味着被某物占据的"空间大小"，质量意味着"某物有多重"，长度意味着"某物有多长"。这些定义都被写在黑板上，并且在"体积"旁边写下"立方毫米"，在"质量"旁边写下"千克"，在"长度"旁边写下"毫米"。

谢弗女士：今天我们将通过测量一些实物来学习测量的基本单位。下面请大家看摆在每个人书桌上的木块，你们的任务是测量每一个木块的体积、质量和长度。

贝克(Baker)：我们要怎样进行测量？

谢弗女士：每个人的书桌上都有一把尺子，我这里还有一份公制度量单位表。你们要使用这张公制度量表检查测量值（见表7-1）。需要注意的是，公制度量单位表比较简单，因为它是十进制单位体系，换算时只涉及十、百和千。

玛西亚(Marcia)：但是我们从来没有这样测量过，我们只用英尺和英寸这样的单位。

谢弗女士：是这样没错，但是国际学术界中要求使用公制度量单位。这就如同你要学习两种语言，一种需要在某些地方使用，另一种需要在其他地方使用。只要你掌握了这种新的测量单位，你会发现自己也会喜欢上它。很多尺子都会提供两种量程，你选择其中一种就好。

普雷斯顿(Preston)：哇，我从来没在尺子上留意过这些。

谢弗女士：这里还有三个会让你们方便完成任务的提示，我已经把它们写在黑板上了。

1. 测量长度时，找到尺子上和毫米有关的数字，一定要确定此时的量程标志是 mm。
2. 测量质量时，当利用度量天平测量木块后，找到这个数字是一千克的几分之几。
3. 测量出的体积要用立方厘米表示。因此，应该先用厘米单位测出木块的长、宽、高，然后再把这三个数值相乘。一个立方体有长、宽、高，所以"立方体"是需要测量三次的物体，但每个边长都相等。例如边长为4的立方体体积就是 4×4×4。

完成测量后，你们可以以小组形式讨论各自测量结果，如果测量过程中遇到困难，可以举手示意请求帮助。

表 7-1 公制度量单位表

测量性质	单位	符号	关系
长度	毫米	Mm	10mm=1cm
	厘米	Cm	100cm=1m
	米	M	1km=1000m
	千米	Km	
质量	毫克	Mg	1000mg=1g
	克	G	1kg=1000g
	千克	Kg	1t=1000kg
	吨	T	
体积	立方毫米	mm^3	$1000mm^3=1cm^3$
	立方厘米	cm^3	$1000cm^3=1L$
	立方分米	L	$1000L=1m^3$
	立方米	m^3	

中学课堂应用

八年级的社会课正要开始中世纪这个单元的学习。托里斯先生（Mr. Torres）担心课文中的单词太复杂，于是决定用词汇习得方式开始这一单元。

关于中世纪的一节课

教学目标：

共同核心州立标准——英语/语言艺术 RH. 6 – 8.4

第二部分 基本教学模式

确定课文中用到的单词及词组含义,尤其是和历史及社会研究相关的词汇。

学生将知道:

◇天主教堂塑造中世纪;

◇单词 Middle Ages(中世纪)和 Crusade(十字军东征)的词源及历史演变。

学生将理解:

◇宗教塑造历史。

学生将能够:

◇运用和历史主题相关的单词词源知识;

◇明确和中世纪有关的现有知识;

◇提出和中世纪有关的问题。

托里斯先生这节课的目标是让学生知道历史事件发生的顺序,以及天主教堂在公元500年至公元1000年之间对欧洲的影响。因为十字军东征发生在这一时期之后,托里斯先生决定用两个术语 Middle Ages(中世纪)和 Crusade(十字军东征)进行教学。他先让学生写下和这两个术语有关的一些事物。

他注意到大部分学生可以把 middle 拼写正确,但是在写和 middle 有关的词时却不尽相同。在接下来的讨论中,出现最多的说法是"between"。Crusade 这个词也被学生以不同方式拼写错了,其定义含义与宗教和 Robin Hood(罗宾汉)有关。

托里斯先生: 请大家看第一个单词,词组 Middle Ages 中的 middle。这是指在什么中间?当我们说在中间时表示的是什么意思?

凯伦(Karen): 就是指在两个事物的中间,两个时代的中间。

托里斯先生: 就像中学是在小学和高中之间一样,家里的老二在老大和老三之间一样。

马库斯(Marcus): 那么中世纪就是指距现在时间更远和更近之间的世纪?就像那些中年人一样?

凯伦: 某种程度上可以这么说。但我觉得更像是在古代和现代之间的世纪,对吗?

奥马尔(Omar): 但是我们应该只研究公元500年至公元1000年这段时间。公元1000年时还不能称之为近现代。

托里斯先生: 卡伦和奥马尔说的是对的。中世纪指的是罗马帝国结束到十字军东侵开始的这段时间——它是在两个历史时期之间,那还是一个需要教堂来服务社会、政治及人们宗教需求的时期。让我们再仔细看 middle 这个词传达的含义。

有时在英语中,和它意思相同的词可以写成 med,比如说 medium,那么 middle 和 medium 有什么联系?

艾维(Ivy):medium 是指在两个极端情况之间的事物,比如说在大小之间,冷热之间。

托里斯先生:正确。那大家想一下还有什么词中用到了 med? 这些词和 middle 又有什么联系?

詹森(Jason):median,就像在一条马路中间一样。

多米尼克(Dominique):mediate,但是它和 middle 有什么关系?

詹森:就像在一个争论中找到了中和点,于是双方都比较满意。

苏珊(Susan):我听过 medieval 这个词,它指的也是这个意思吗?

托里斯先生:这是一个描述中世纪某物的形容词。例如"Chivalry was a medieval custom",你可以用它来代替"Middle Ages custom"。但是你们可以想一下以上这些词汇中的 middle 想要表达什么?

马库斯:mediterranean 呢?

雷切尔(Rachel):还有 medical 呢?

托里斯先生:让我们看一下地图中的地中海。

詹森:在非洲和欧洲之间?

马库斯:但它是在什么的中间位置?

苏珊:陆地,它几乎被陆地包围。

托里斯先生:让我们看雷切尔之前提到的"medical"这个词,或是多米尼克和詹森提到的"mediate"。大家可以想到这些词和"median"的联系吗?

雷切尔:看这些地图,我觉得 med 的含义可能还有测量的意思。医生测量——测量你的体温和质量。

詹森:医生是在解决问题,对吧? 就像在你身体健康和生病之间找到一种过渡状态,可以这样理解吗?

托里斯先生:你们说的都有道理,想法不错。但我知道有些看上去很像,看上去属于同一个家族的词汇实际上却并没有什么关系,就像两个长得很像的人实际上并没有什么联系一样。因此,当我在思考一个单词时一旦想到这个问题,就会去词典上看一下这个词的词根。现在我们来查词典。我确定我们的思路是对的,所以非常感谢同学们的思考,但现在我们要来确认一下,就像在旅行中用 GPS 确认下位置一样。

需要强调的是,此时教师也是学习者,好教师一直如此。托里斯先生先示范,演示在线查阅词典(例如,dictionary.com),他希望学生也可以这样做。此时词典界面进入屏幕,学生可以看到这个词的词源。托里斯先生和学生发现 medical 这个词有三部分——词缀 ic 表示一种质量状态,第二个词缀 al 表示这个单词为形容词,意思为"与……有关"。词根 med 寓意为"治愈"以及"采取行动,倾向,处理,中断"。

托里斯先生: 大家做得很好。那么现在回到 Middle Ages 这个短语上。让我们研究一下 Crusade。还记得关于 Crusade,我们已知的是十字军对欧洲社会、经济和政治有着深刻影响吗?

关于 Crusade 的对话从 ade 开始,托里斯先生指出它的含义是"提供"。学生想到了柠檬水,KOOL - Aid 饮料和橘子汁。大家一般都喜欢甜味的饮料。托里斯先生而后提到 crus 的含义是"十字架"。这些在东征中的人都要佩戴十字架,并将势力范围拓展到中东地区,也就是罗马帝国衰亡后由蛮夷占领的地区。这样,整个课堂就非常自然地进入讨论环节。

词汇习得模式的基础

拼写—含义之间的联系

很遗憾,拼写与含义之间的联系在词汇教学中经常被忽视。这也是学校词汇教学的奇怪之处,原因很可能是因为课本中词汇总是不按规则的,以列表方式随意呈现。在这样的情境下,随之而来的教学指导往往是"在词典中查询每个单词,再用这个单词造句,学习单词的拼写和含义,并在周五进行词汇测试"。可众所周知的是,词典中的定义对于词汇学习没有什么帮助,因为它们通常都不是描述性的定义。正如词汇发展领域的专家罗伯特·马扎诺(Robert Marzano)所说:"有效的词汇指导并不依赖于定义。(Marzano,2004,p.70)"为了验证这一点,教师可以选取任意一个你认为对即将要教的主题内容起关键作用的单词,要求学生假装不认识它,查询它在词典中的定义。比如说你选取的单词是"gravity"。词典对它的定义是"庄严的、严肃的态度或状态"。但这个单词的词源可能会更有帮助,因为从词源中我们可以发现这个单词来源于拉丁词汇 gravis,寓意为"重的,沉重的"。在实际应用中,gravity 指的是"物体在不受外力的自然状态下落向地面的引力"或者是"某种表达或情境非常严肃"。为了理解这个词的意思,学生需要探索单词如何使用,以及词源和词根的含义,而不是仅仅记住它的意思。这些对于词汇教学来说非常关键。读者最需要的就是单词在日常语境下如何使用,也就是在阅读、演讲和写作中如何使用。

当然,有时学生只需要通过不断抄写单词及含义来记住单词,不看正确拼写,然后把单词及含义书写10遍就可以了。但是学年中不计其数的时间每周就像这样投入进去了!我们可以想象到每个周四的夜晚,父母会对孩子进行单词听写,而且这还不是为了语言艺术或英语学科的某一次课,而是学校里的每个学科都要这样学习词汇。

即便付出所有努力,这种方法的有效性还是不明显,因为按词汇表学习单词有两个重要问题:(1)学生无法在实践中学到英语拼写及含义的体系;(2)词汇表是去情境化的,因此学生无法理解词汇如何使用。很多人按照传统方式学习词汇的经历都显示存在这两方面的缺陷。

不过,当我们知道大脑的特点和学习机制后,词汇及拼写教学中最主要的缺陷也就不言而喻了。"在词典中查询每个单词,再用这个单词造句,学习单词的拼写和含义,并在周五进行词汇测试",实际上,说这种方法与人脑工作机制背道而驰都不算夸张。大脑工作机制是寻求模式型,它通常要寻找模式化的有意义的信息,同时忽略随机的无意义的信息。值得注意的是,英语词汇不是无意义的随机的信息,反而是系统的,且有意义的。人脑会因为模式及意义而兴奋,正如凯恩、麦克林蒂克和克里梅克所说的"寻求意义是天性"(Caine, Caine, McClintic, & Klimek, 2009, pp. 74—91),因此这可以指导我们学习单词拼写及其含义。词汇习得模式也正是这种理念的反映。

词汇习得模式的原则

这里描述的词汇习得模式建立在以下三个原则的基础上:

1. 系统化原则。语言既非任意的也不总是充满隐喻的,它本质上是一种交流工具,将用术语表示的不熟悉事物与熟悉事物联系在一起。任何科目的学习,不管发生在学校或是其他场合中,实际上都是在学习一种对知识和思考的探索方式,这意味着我们不仅要学习组成该科目的各个话题,还要学习语言表达方式。此外,背景知识对于开展理解非常必要,它与词汇学习紧密相连。成功的教学往往将概念

第二部分 基本教学模式

与词汇间的关系联系起来,将思想与语言表达间的关系相关联。语言不是思想、概念和事物的专断式标签,而是反映思想、概念和事物间联系的系统。

2. 关联性原则。 你很可能会有这样的学习经历,当学会一个新词后,你会频繁地听到和见到它,好像从你知道它开始,它就变得无处不在。这种情况的出现,是因为新词汇已经在自然而又不经意间成为你已有想法的表达方式。人们通常只习得那些对表达想法重要且必要的词汇。这些习得过程往往发生得很自然,比如说在与志趣相投的同伴交谈中,或是在某些感兴趣的阅读材料中。有些人可能会说,新习得的词汇,"不用就忘"是一种规律。所以,词汇学习的教学中必须包括让学生看到新词汇的使用情境,以及用新词汇来表达想法。单词标志着记忆中储存的知识块(Marzano,2004,p. 32),因此,任何学科的学习都要致力于习得学科的主要思想及表达这些思想的词汇。

3. 概念化原则。 教授词汇实际上是帮助学生同时在概念理解和语言理解上达到更高目标。

那么这三条原则在教学过程中将如何使用?在涉及多主题课程时,这些原则又将如何改变师生的互动方式?当然,在语言主题方面,教学对话应该包括思想和信息表达的语言,也包含思想和信息本身的讨论。

"学校应该教什么",对于这个经常性的提问,回答总包括——"教学生参与定义教育意义的更宏大对话",教会学生爱上表达不同思想的语言,指导学生进行和人类知识学习相关的特定对话。教师在教学中要使用学科语言,同时更重要的是,在学生思考习得语言与正在探索的概念之间怎样连接在一起的时候,教师要鼓励学生采纳学科中的关键词汇并为己所用。当学生理解概念并能准确地用语言表述时,才会记得更加牢固。如果无法描述,学习到的新内容的遗忘率会很高。这就有助于解释,为什么与较好理解的概念相连的重要词汇可以被大多数学习者记得更清楚的原因。了解一个科目,比如几何,或是了解一个主题,如直角三角形,却不能用语言表达自己的理解,这本身就不太可能。同样,我们也很难想象一个了解社会研究,做过和政体相关研究的人却无法用术语来讨论政体。每个学科和每个课程下的话题都有其特定的语言表达,最好的词汇习得方式是在学习学科内容的同时理解相关词汇,而不是列一个单词表去学习词汇。

试想,和直角三角形相关的单词有:直角、斜边、平方和平方根。同样,和政体相关的术语对于表达一般政府的概念非常重要。这些术语包括代表、统治以及以 archy（统治）为词根的多个词汇。此外，还有含义为"城市"，与词根 polis 相关的单词，如 politic（政治的），police（警察），polish（改进），cosmopolitan（世界性的）和 polite（有礼貌的）。

把教学作为一种对话，教师评论及课本内容是一种特定对话，它引导学生探究和钻研所学概念及表述概念所用的语言。事实上，这种对话能够体现多种教学形式。对话参与者通常比其他人收获更多，而教师或是作者通常也会比其他人谈论得更多。虽然对话的目的是让其他参与者能够通过思考对事物进行探究和理解，但更确切地说，这种对话是一种能够让教师和学生共同参与的共享式探究活动，其目的在于让学生参与到与所学知识相关的对话中去，甚至在这个过程中主动去创造概念。

这种特殊对话式的教学就是利用特定主题语言，通过讨论开展的教学活动。当学习者以一种熟悉的语言去建构新概念新想法时，能够激活他们的先验知识。所以一旦学习者开始进行理解思考，教师和课本引入的语言就可以拓展他们的思维和理解范围。学生参与对话也会对课程主题越来越熟悉。

成功学习新知识通常需要学生同时进行两方面的学习。一方面是学习者需要明白他们能够做到用自己的语言表达所学知识。另一方面是他们必须要拥有专家表述所用的专业术语，来描述自己所学得的知识。学习者需要借助专家用语来为概念贴上标签，同时努力将概念建构成人类特有的系统性知识。

除了第一手经验，还有很多种方式熟悉掌握一个主题内容。我们已经知道的就是可以从对话中习得概念。在教学对话中，想法和经验通常是间接性获得的，同时学习者可以自由探索，以多种方式进行或正确或错误的尝试。试想在一个和专业知识相关的课堂对话中，你尝试接受这样一种可能的教学目标：在学习中，事实上学习者自己就是专家。

这样的教学目标需要教师不再把自己仅仅作为信息的传达者，而要把自己作为鼓励学生参与教学对话的指导者和参与者。此外，教学对话不仅仅包括研究的专题知识，而是既包括专题知识也包括术语表达。关于教学对话的指导提示如下：

1. 把课程主题作为知识、信息和概念的主体开展教学，而知识、信息和概念源自语言，因语言而存在，依托语言而拓展。人类的知识在词汇中产生——我们观察、收集信息，然后用词汇对其标签化，以便用于描绘。

2. 在教学中，一切都能教授，一切都能学习，所有知识也都能通过准确的表达

第二部分 基本教学模式

得以理解。因此,学生在学习过程中需要用自己能够记得的语言来编码探究和理解结果。

3. 把课程主题作为语言进行教学。学习新概念新信息和学习它们的表达方式是同一个过程。

如何习得词汇

学习者,无论年轻年老,都以一种相同的基本方式去学习词汇:从对话中习得词汇,这种对话开始于与家人的交流,随后与教师,以及其他不同时间和空间中的文本作者。词汇(vocabulary)和职业(vocation)有相同的词根:voc,意思是"发言"。因此,词汇就是一种词典,包含着发音及专家所阐释的这种发音的含义。在非正式学习中,词汇是针对某一主题下的语言,是一种把从个人及他人经历中所获得的想法表达出来的方式。当学习者习得知识,以及表达知识的词汇时,他们开始重复,所获取的信息也随之慢慢演化。换句话说,随着学习者慢慢成为专家,他们的知识也从最初开始一步步进化发展。初学者和专家的区别在于效率和时间。教师可以帮助学生省下重新创造知识的麻烦,但同时要能意识到学生在对话中需要构建属于自己的知识。在对话中,整个教学过程需要教师具备两方面的能力:一种是掌握所教专题知识的能力,另一种是掌握专题下所用语言的能力。

词汇习得模式的步骤

步骤1:预先检测关键内容的词汇知识

在学习任何单元或新主题的开始阶段,预先进行和课程相关的词汇测试有很多好处。这种临时的预先测试(实际上是一种非正式的诊断性评估方式)为学生提供了一个展示已有知识的机会,同时也是学习新知识的起点。测试时教师大声朗读每一个词汇,让学生尽可能去拼写该词汇,以及确定该词汇的含义,需要强调的是,这种测试的目的其实不是为了发现学生对什么不了解,而是为了确定他们已经掌握的知识。由于教学和学习是一个从已知到未知的过程,因此教学的第一步就是确定学生已知的部分。

为了生成一份预测试和之后系统教学的词汇列表,请从课本或其他信息资源中仔细考察要教学的信息，同时确定表达信息的基本词语。课本章节通常会以这些词汇列表作为开头，或者加粗和用下划线标明词汇作为提示。课本中的术语表可能会很有用，甚至有时还会附上一个解说词汇的手册，比如马扎诺和皮克林（Marzano & Pickering，2005）的《基本学业词汇：教师用书》（*Building Academic Vocabulary: Teacher's Manual*）。虽然这一步骤里挑选出的词汇不必是专业用语，但应该是为接下来学习奠定基础的表达概念的词汇。需要强调的是，列表应该精简，因为我们的目标是教好一些词汇，使这些理解形成先验知识中的核心部分。举例来说，假如我们正在给小学五年级学生上一节主题是关于能量变化形式的科学课，仔细阅读课本章节，确定并预先测试了以下五个单词：energy（能量）、potential（电势）、kinetic（运动的）、conservation（保存）、transformation（转换）。正如我们所预料的，五年级学生对每个单词都给出了五花八门的拼写形式和定义。这种前测方式及与此相关的对话可以用于之后教学中，也就是词汇习得模式接下来的步骤。

步骤2：详细阐述以及讨论词汇的拼写和含义

学生通常会认为学校是一个宣扬"对"，而不提倡"错"的地方，而这种非正式前测的基本理念就是要承认"错误"是评估多少是符合惯例的，例如拼写是否符合正确的拼写形式。约翰·哈蒂（John Hattie，2012，p. 26）指出理想的课堂环境应该鼓励每个人去犯错，让每个人都保持高度的怀疑精神。正确或是错误只是一种可能的评估。"知识状态"是一种可替代的，或许也是更有用的评估。它帮助教师发现更多可能，同时也让学生在一定程度上扩大思维范围。确切来说，让学生明白每个人的知识都不完整，这是一种需要宣扬的理念。有关语言的任何一方面知识（拼写及听说读写中词汇的含义）从来都不是一个全或无的事情。

在条件允许时，教师可以向学生展示每个词汇的各种拼写方式及含义，同时强调每种可能的拼写及赋予的含义都反映了思想与其代表词汇的相关知识。每种错误拼写实际上都和语音转换有关，因为它出现在将声音转化为书写符号的过程中，而英语的拼写规则就是建立在语言和声音的基础上（因此，如果在拼写诸如 debt，sign，hasten 和 mortgage 等动词时无法正确拼出某些字母，只要将其与名词形式 debit，signal，haste 和 mortality 建立联系，就能很容易拼写出来）。此时使用思考—配对—分享策略可以用以跟进词汇的拼写和词汇意义的猜想。假设没有一种错误拼写是随意出现的，那么可以让学生成组讨论前测词汇的各种拼写方式。对于每个词汇,教师先让学生独自思考各种拼写方式出现的原因,然后成组讨论这些原因及其可能具有的含义,当然,学生也有机会向全班分享想法。需要注意的是,要保持好整个过程的节奏,保证每一环节限定在几分钟范围内,然后迅速切换到下一个需要讨论的词汇。

马扎诺和皮克林(Marzano & Pickering,2005,pp.14—15)详细介绍了教授新词汇的六个步骤。他们所提出的流程需要我们更细致的探讨,但在这里,我们仅简单提供前四个步骤:

1. 对于每个需要学生学习的关键词汇,教师都应给出一个描绘、解释或者例子。将每个词语置于一个通用的语境之下,同时指出课本上出现这些词语的地方。

2. 让学生用自己的语言重述教师对该词语的描绘、解释或例子,就像在面对着一个从未看到或听说过该词的人一样进行解释。

3. 让学生创作一幅图画来表达每个词汇,就像在玩字谜游戏。

4. 让学生把每个词汇记录到笔记本上,让他们制作一个和学习内容相关的属于自己的术语表。

步骤3:直接教授要理解的词汇

马扎诺(Marzano,2004,p.69)强烈建议直接讲解关键词汇,他引用了一个定量分析下的元分析研究来解释这一点:"当教学的词汇是与学生阅读内容相关的特别重要的词汇时,学生的理解程度会提升33%……总之,这个案例能够很好地支持直接讲解关键词汇这一理念。"原因可能是通过教授一些对学生阅读理解非常重要的词汇,教师正在建立学生赖以理解的背景知识。尽管看似存在矛盾,但词汇教学确实存在问题,研究反复证明学生查找词汇表中的词汇含义并造句不是一种有效的教授词汇的方法。相反,习得独立学习新词汇含义的策略,并记住新词汇,学生的词汇能力方得以提升。用一句话总结多年来词汇提升的研究就是:所有的词汇教学都应该致力于研究一些方法和策略,用以帮助学生成为词汇自主学习者,这些方法和策略能够让他们在广泛阅读中主动探究出频繁出现的陌生词汇的含义。

目前我们还未找到词汇教学的捷径,毕竟词汇发展是一个连续的过程。很多教师发现使用下面的图示(图7-1)能够引导学生展开词汇讨论,并能记录他们对学生学习过程的了解。

此外,链接策略也是回忆词汇的有力工具。当信息和熟悉的想法或数据链接起来时最容易让人进行回忆。例如,想一下教学生如何理解和记忆经纬线。经线是地球仪表面上下起伏的纵向线,纬线是穿过地球仪表面的横向线。经线连接南北极,纬线如同足球球面顺着转动方向的线。再举一个利用链接策略的例子,大陆"包含"(contain)众多国家或多片土地,想象一个盒子,假如这个盒子就是由陆地板块上与各国形状一样的碎片拼接而成的。这些陆地板块可以是欧洲、亚洲、北美洲、南美洲和非洲。所以,这种由大到小的链接策略会帮助学生区分五大陆地板块及包含其中的国家。

链接的策略提示

在记忆时,我们通常把想要记住的事物和已经知晓的事物联系在一起帮助记忆。这种方式有时是有意进行的,有时是大脑下意识进行的。帮助学生把新信息与已有知识联系在一起,能在更大程度上记住并运用新知识。记忆是运用的基础,教师可以设计教学使学生可以在新知识和先验知识之间建立联系。有非常多的链接策略可以用于课堂上——虚拟化想象,帮助记忆的关键词,联系一些特殊信息等。这种策略的基本思想是把事实或事件与一些熟悉的事物联系起来,比如一个人、一个地点、一件事情、一个重大项目或一种感觉等。

思考—配对—分享的策略提示

思考—配对—分享策略是弗兰克·莱曼在1981年提出的,它是一种合作学习策略,基本思想是在承认每个人都需要从他人身上学习的基础上,为学生个人思考提供时间和帮助。思考—配对—分享策略允许学生:(1)花时间独立思考;(2)与同伴分享想法;(3)将讨论结果进行大范围分享。这种策略可以用于各年级各学科的学习中,并且能帮助教师达到一些学术目标(让学生进行假设或运用新知识)和行为目标(抑制学生分心行为)。思考—配对—分享策略既能回应个体思考结果,也能作为一种课堂互动的组织方式。

一些教师发现让每个学生使用图7-1所示的图示组织会非常有帮助。学生可以用它写下已经学过的词汇。其中,目标词汇要由教师正确书写于图示中心,并让学生抄写在自己的图示组织上。这样学生就能比较并讨论自己的拼写与正确拼写之间有哪些不同。然后教师在图表的合适位置写下主要词典对词汇的定义,学生再对比自己的定义。学生会讨论拼写和含义之间的相同点,并强调词汇为什么这样拼写,为什么是这个含义。通常学生对自己的拼写和定义很熟悉,因为了解一个事物不是什么,有助于理解它是什么;讨论规范的和不规范的词汇拼写和定义的差异有助于每个人更接近对词汇的正确认识。

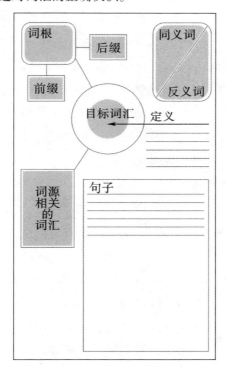

图7-1　词汇习得的图示组织

接下来,学生造句时也应使用与学习词汇拼写和含义时相同的学习原则。教师和学生首先基于一些共同发现,用目标词汇造一个例句。在讨论需要的时候,教师可以让学生参考词汇确切的拼写和定义。这样可以将关注点始终保持在课程目标上。

在此之后,提问学生思考目标词汇的同义词或反义词。然后把词汇进行归类,根据词源确定哪些是同义词,哪些是反义词。此时,学生可以联想其他词汇并添加到分类列表中。词源相关词是同根词——也就是指这些词有亲缘关系,如同家族成员一样。同义词意味着这些词有相近的含义,不管它们是否词根相同。反之,反义词意味着词语之间含义相反。理解一个词汇通常包括理解和它相同及不同的词汇。练习的核心在于理解知识,这和本书第四章提到的概念获得的过程一致。

当课堂讨论到词源词、同义词和反义词时,那么也就可以开始提出前缀、后缀和词根的概念了。英语是一种组合系统。初学英语的人需要学习词汇的组合方式,也就是在朗读文本时学会把声音与词汇结合在一起。但是除了基础的发音模式,阅读者还需要结合词汇在文本中的含义模式去理解词汇。例如为什么 sign 中的 g 不发音?答案是这个 g 是为了保持 sign 和 signal 及其他同义词之间的含义联系。为什么 rented,walked 和 roused 这三个单词拼写中都有 -ed 部分,但是 -ed 发音却不相同?在拼写中都带有 -ed 结构是为了让这些词汇具有相同的时态含义,而发音不同则是因为随着时间变化,我们在发音时采用了一种更简单的发音方式,这也经常导致了词汇发音和拼写之间不匹配的现象。与之类似的例子还有很多。所以,要记住英语是一个词汇间需要相互协调的语言体系,破解含义和发音的意义可以在极大程度上帮助读者理解词汇。

理解词汇是阅读的核心。在词汇学习时具有独立性以及能理解一个陌生词汇的含义基于对语言的语感:如同句子和短语是由单词依据语法构成的一样,词汇是由更小的单位即词素,并根据词法规则构成的。(Pinker,1994)语言使用者很难注意到词法规则,因为这一过程非常简单,通常可以自动完成,比如说名词的复数形式。但在某种时候,语言可以变得非常复杂,相同的词素在拼写和发音的变形中变得难以察觉。例如 congratulate,grateful 和 ingratiate,这些词有相同的词根,但是学生和大部分教师却不能看出组成单词的词素块。然而,当他们能够明确地意识到词汇是如何与含义联系起来时,也就可以明白陌生词汇的含义了。熟练的阅读者会很容易地看出词汇组成部分都有哪些含义。

在课堂对话中扩充词汇

课堂中词汇获得最重要的方式在于词汇的日常对话。基本的事实、概念,各领域学习内容的概括是各个主题中词汇学习的核心。对于语言的好奇心和热情是扩充词汇的条件。词汇教学的基本目标是让学生在日常对话中明白如何使用词汇来

第二部分 基本教学模式

表达他们的思想。不要关注词汇在表达什么而要关注它们如何表达,而这一问题的答案就在了解词汇的来源。英语中有65%的词汇,前缀、词根和后缀或部分或全部地来源于拉丁语和希腊语。这里有一个词法规则公式需要学生学习和使用:前缀+词根+后缀=单词。这个公式意味着英语中的每个单词通常都是由一个或多个词根,一个或多个前后缀的组合(所有的词汇都需要一个词根)。阅读理解的基础是理解词汇组成部分的含义,而且很多单词只有词根没有词缀。比如说 act 就是单个词根即成词汇。不过大部分的词汇还是由多个词素组成,而且每个词素都对整个单词的理解起作用。例如 acts, acting, active, action, actively, react, reactor 等。但是,像 anim 这样的词根就不能单独成词,它至少要和一个前缀或后缀连在一起构成一个单词。比如 animal, unanimous 和 inanimate,都有 anim 这个意为"思想或精神"的词根。理解词汇建立在理解词汇组成部分的含义的基础上,就像一个房屋的基础是一些砖块和木块。这种思想将会打开一个语言学习的新视角。对于初学者来说,理解组成词汇各部分的含义就像把不同颜色的珠子穿在一起。当学生从利用发音学习词汇到利用含义学习词汇时,即便遇到陌生词汇,他们也能明白其含义。为什么?这是因为如果他们已经理解了组成部分的含义,这些词汇就不能算是完全陌生。英语有包括上百万的单词,有超过几百个的词根词缀。如果能掌握这些词根词缀,实际上我们在阅读中就不会遇见完全陌生的单词。

用词汇把课程联系起来

词汇能够把不同课程的很多部分联系起来。交叉学科的学习需要一个通用的词汇表。因为学校教育最主要的目标之一就是让学生的知识和技能具有迁移性,因此,这样的通用词汇表非常重要。教师要鼓励学生在相关内容的课本、报纸、小说或其他文本中寻找一些和他们本周或早前已学习的词汇有相同词根的新词。一旦学生开始在语言学习时探索这种词汇间的联系,他们就会发现有相同词根的词汇可以在众多学科内容中出现。例如词根 fract,意为破裂(break),可以在数学课上出现"分数"(fractions),在科学课上出现"折射"(refraction),在社会学上出现"易怒的"(fractious),在医疗健康上出现"骨折"(fracture),甚至在英语课上出现"片段"(fragment),此时它的拼写形式对比词根有一定变化但含义仍然彼此关联。此外,在新闻中学生可能还会听到或看到"水力压裂"(fracking)这个词。所以说,词汇在不同学科交叉中的联系可以帮助学生加深对基础概念的理解。

突出词汇教学中最基本的含义部分

教师不应自动认为学生已经知道很多关于前缀和后缀的知识。在实际中,教师可以从最简单的词缀部分讲起,也就是那些词根和词缀拼写形式没有变换过的单词。教前缀最好的方式是教授那些在英语中最常见的前缀,带有前缀的词汇中58%有以下三种形式的前缀:un-,表示否定,例如不公平的(unfair)或不平等的(unequal);in-(也有ig-,il-,im-或者ir-的形式),表示否定,例如精神失常的(insane),不合法的(illegal),不规则的(irregular),不正常的(immortal);dis-(也可写成di-或dif-),表示分离的或表否定,例如瓦解(disrupt),使……蒙羞(disgrace),转移(divert),传播(diffuse)。

最普遍的后缀也很容易定位和教授,因为-s,-es,-ing和-ed占据了英语中带后缀词汇的65%。后缀和语法结构的改变有关但不会改变词根的含义。最基础的后缀是-s,-ing,-ed和-ly。教师当然可以教得更多,但是不要认为学生理所当然地已经知道这些内容。后缀-s意味着名词形式由单数变为复数或是标志着一个动词的第三人称单数形式。因此,act+s=acts,意思是不止一个行动,当然,acts也表示动词act的第三人称单数形式"she acts(她行动了)"。句子的语法决定了这两种形式的差异。后缀-ing意味着一个动词的现在进行时态或者一个动名词(表示进行中的动作或形容词形式)。这可以让我们把"I run(我奔跑)"和"I am running(我正在奔跑)"区分开来,以及"Running deer are dangerous to traffic(奔跑的鹿会给交通带来危险)",或者"Running is good exercise(跑步是一种很好的锻炼方式)"。后缀-ed标志着动词的过去式,比如act+ed=acted。后缀-ly意味着把形容词变为副词形式,比如act+ive+ly=actively,意味着"用一种积极的方式做某事"。

步骤4:阅读和学习

教师一旦用词汇习得模式对目标词汇和概念进行介绍并组织讨论时,那么就也能用任何同伴互动的模式来指导阅读和学习,这些模式包括概念发展、课堂讨论或合作学习。教师可以鼓励学生仔细观察他们所学词汇在课文中是如何使用的。因为观察新词汇在合适语境下的使用方式是词汇习得的另一步骤。此外,学生还能在听对话、广播或看电视的过程中,或是阅读除课本外的其他材料时了解词汇的使用方式。小说和非虚构文本同样会以多种方式运用这些词汇。广泛阅读(虽然有时被评估过高)会是一种很好的扩充词汇的方式,但前提是阅读者能很敏感地注意到作家用词方面的微小差别。

步骤5:评估和后测

词汇习得模式的效果相对容易评估。它开始于前测,结束于一个形式相同的非正式总结性后测。在这两次测验中,考虑到词汇学习强度,学生得分可能会有非常大的差异。在这一模式下,掌握是目标,或者说接近满分的成绩是目标。

语言学习的某些测验方式一直是非正式形式。因为我们通常会从一个人所说或所写中对其进行判断。因为词汇习得模式中关于词汇的对话会随着时间推移继续进行下去。所以在这样的对话中,教师应当评估并鼓励学生在描述时用更准确的语言,要对过往课堂上词汇讲解的频率进行记录,同时还要关注那些近期提到的能更精准表达学生想法的词汇所发生的场合。这种非正式诊断性评估或许是评估词汇习得模式的最佳方法。

检测学生的学习所得,也就是要检测在词汇习得课堂上所学的词汇拼写、含义和一些关键概念。检测结果可以显示出学生在词汇拼写及含义理解上的提升程度。在强化词汇学习后,学习效果便能以一个更高的分数体现出来。进一步来说,即便学生上周五的测试结果过了周末后所剩无几,使用词汇习得模式进行教学也会让他们在周一的再次测验中同样取得好成绩。

词汇习得模式的步骤小结

1. 预先检测关键内容的词汇知识。前测会为教师和学生共同建立学习基线,也可以发现教学话题中学生对于基本概念已经掌握的地方。通过拼写和定义单词,学生能够为之后的理解找到方向,为接下来的学习奠定基础。

2. 详细阐述以及讨论词汇的拼写和含义。创造和假设可以为教学建立基础,也有利于之后的理解。新知识建立在先备知识的基础上,同时无论学生在拼写和定义词汇中的努力如何,都可以为之后的理解打下基础。

3. 直接教授要理解的词汇。讨论词汇是如何与它们的同义词联系的,这些单词又是如何在语言中使用,并出现在现代英语中的。拼写并不仅仅是印刷体所代表的语言。英语是以词素音位变化为主的系统,这意味着单词的拼写可以为发音及含义提供线索。因此,单词的拼写、含义及发音之间具有联系。

4. 阅读和学习。在阅读和学习之间探索词汇的基本概念，这可以为学生阐述和提炼其理解时创建一个他们能确认先备知识的情境。

5. 评估和后测。当教师和学生想要测试学习成果时，就需要对学习内容进行评估，也就是要进行和教学相关的测试。虽然是同样的内容，但却和前测的目的不同。建立好词汇习得模式的步骤才能在确保词汇及其相关概念的理解和知识方面取得较大突破。

词汇习得模式的学习评估

我们有多种创造性方式，可以用来评估学生对词汇的理解，而不仅仅是让他们去拼写和定义学习过的词汇。这样的方法有可能会将内容区域和教学模式分隔开来，造成学生在各种课程训练中更重视目标而不是习得词汇。

◇汇集具有相同词义不同后缀的单词，然后让学生对每个单词的组成部分进行定义。

◇让学生确定已学过的单词的同义词和反义词。

◇观察学生是否可以通过运用他们已知的单词意义，去识别他们未学过的新单词的意义。

◇让学生做句子填空练习。在题目条目下有许多单词可以进行选择，改变单词或增加前缀和后缀，使单词符合上下文。

◇让学生辨别句中加粗单词的词根，并定义这些词根和单词。

◇给学生一系列不完整的句子或文章，然后要求学生用有明确词根的单词去填空，使之完整。

◇与其让学生在考试中单纯地拼写出词汇，不如让学生将词汇分解成有意义的几个部分。

◇偶尔让学生基于自身对单词部分意义的认识，去尝试给一些意思不明确的词汇下定义。

词汇习得模式与满足个人需求

在课堂上，你可以多次将学生的注意力引导到你偶然在书中发现的单词基本

第二部分 基本教学模式

要素上,表示出你对语言基本意义的好奇。你也可以举行拼字比赛,在比赛过程中,学生会了解一个单词的正确拼写方式,还能认识词汇的前缀、词根和后缀。以下的补充策略提供了满足个人需求的各种机会。

◇在墙壁和公告板上列出词汇。利用色彩编码来区分前缀、词根和后缀,以便学生一眼就观察出词汇中意义不同的部分。这种方式尤其能帮助年轻的学生和在色彩编码方面有特殊需要的学生。

◇学会使用索引卡。在每张卡片的一边写上词汇的一部分,另一边写上表明词汇元素的关键词。还可以让学生参与改编过的记忆游戏或者钓鱼游戏。在玩游戏的过程中学生需要将这些元素进行组合,才能组成真正的词汇。

◇要求学生使用自己的语言去定义词汇,并且该定义中要包括有含义的词根,以此来表明该单词和词根之间的联系。

◇利用学生的教科书搜寻具有同一词根的单词。例如,让学生观看美国历史课本中关于民事权利的章节,查找具有 leg 和 legis 词根的单词,发现这些单词的意义是"法律";具有 judic,judg,jud 词根的这些单词意思是"公平"或"正义";而具有 greg 词根的单词意思是"组"或者"块"。

◇通过图片表示词根或词汇的意思。例如,让学生寻找杂志上的图片,先剪切,再粘贴。或者通过画图去体现具有 gener 这样词根的单词意思是"家庭"、"创造"、"出生"或"分类"。

◇进行创新训练。在该过程中,让学生通过添加或去掉词汇的前缀和后缀,使大量具有相同词根的单词变成不同意义或不同词性的单词。

对于阅读能力较低的学生,让他们搜寻具有相同前缀和后缀开始或结尾的单词,做个单词表,这将是一件很有益处的事情。许多学生并不了解前缀和后缀,也不知道在相同开头和结尾的单词中存在有含义的联系。

母语是西班牙语的学生可能比只懂英语的学生更有优势。这种优势可以与只懂英语的同学分享,当然也能帮助那些还在努力学习英语的学生。在大部分情况下,具有前缀或后缀的西班牙语单词和英语单词的拼写方式是很接近的,这种联系是显而易见且容易掌握的。表7-2展示了可用于帮助母语是西班牙语的学生学习英语。

词汇习得模式的优势

词汇习得模式的优势与我们是否了解学生如何学习,以及如何学习新概念相关。基本上,成功的学习总会将新旧知识之间联系起来。当学生与新想法和准确表达想法的词汇互动时,模式的基本要素就能提供给学生必要的帮助。这种模式打开了学科对话的大门,有利于学生开展跨课程联系。

表 7-2 西班牙语和英语的词缀转换表

词缀意思	英语形式	西班牙语形式	英语例子	西班牙语例子
天才,条件	-y	-ia/-ia	complacency anatomy	complacencia anatomía
状态或性质	-ity	-idad	civility fidelity	civilidad fidelidad
状态或过程	-(t)ion	-(c)ión	information composition	información composición
代理人	-or	-or	doctor actor	doctor actor
行为或功能	-ure	-ura	censure curvature	censura curvatura
向下	cata-	cata-	(to)catalogue catastrophe	catalogar catástrofe
向上	epi-	epi-	epitaph epidemic	epitafio epidemia
在下面	hypo-	hipo-	hypothesis hypothermia	hipótesio hipotermia
一起(希腊语)	sym-	sim-	symmetry sympathy	simetría simpatía
一起(拉丁语)	con-	con-	confection contiguous	confección contiguo
外面	ex-	ex-	exclusive(to) expatriate	exclusivo expatriar

第二部分 基本教学模式

小学教学实例

词汇习得:测量单位	
目标	**学生将知道** ◇测量中使用的度量字首 ◇测量体积、质量和长度的方法 **学生将理解** ◇前缀能提供理解单词的关键 **学生将能够** ◇使用正确的单位和度量字首测量物体
评估	诊断性:采用预测检测现有知识。 形成性:学生学会使用正确的单位和度量字首测量不同的物体。
过程	1. 给学生进行有关测量单位的预测。 2. 阐述和讨论单词已创造出的意义。询问学生如何看待诊断测试中单词开头和结尾的意思。确保会提到这些前缀,比如 deci－, deca－, centi－, milli－, kilo－。确保提到这些基本词:liter,gram 和 meter。要求学生在预测中证明自己的回答是正确的。 3. 探索意义模式。 ◇提出前缀的定义。 ◇解释用"升、米、克"来测量什么。 ◇要求学生举出使用这些单位的例子。 ◇解释国际标准测量和美国测量体系之间的区别。 ◇在科学课上解释国际标准测量体系的重点。 4. 阅读和学习。让学生测量各种物体的体积、质量和长度。将测量单位放入课堂模型中。 5. 评估与后测。以三人为一组,学生将使用正确的度量字首和单位,测量并记录三个不同的物体。

中学教学实例

词汇习得:中世纪	
目标	**学生将知道** ◇词汇 Middle Ages(中世纪)和 Crusade(十字军东征)的词源及历史演变 **学生将理解** ◇宗教有助于塑造历史 **学生将能够** ◇运用和历史主题相关的单词词源知识 ◇明确和中世纪有关的现有知识 ◇提出和中世纪有关的问题
评估	要求学生阅读关于中世纪的短文,并用模式中已有的策略来定义陌生单词。
过程	1. 进行词汇的预测试。要求学生定义"中世纪"和"十字军东征"这两个单词。 2. 让学生在课堂中分享答案。 3. 详细阐述和讨论创造性拼写方式和假定词义。告诉学生一些词汇,然后让他们通过头脑风暴找出同义词。让学生从生成的列表中造句。 4. 下一节课,在复习对主要内容理解时,尽可能多让学生使用这些词汇。 ◇罗马天主教会在罗马政府权威衰落后变得越来越重要。在中世纪时期,教会发挥满足人们社交、政治和宗教需要的作用。 ◇十字军远征圣地以示虔诚。他们对西欧的社会、政治和经济等因素产生了深远的影响。 5. 要求学生阅读中世纪的文章,并找出不熟悉的词汇。 6. 选择两三个单词用于学习,使用词汇习得图示组织(图7-1)和学生一起分析一个词汇,然后让学生单独分析另一词汇。

本章小结

众所周知,学校里词汇教得很差,没完没了的记忆,以及随之而来的遗忘。我们提供一种替代方法,以弥补传统教学方法的一些缺失。采用这种模式有利于在学校进行长期词汇习得学习,同时,还会带来一个额外的好处,即改善学生对课本阅读和学习的理解。

这个模式的三个原则是:(1)词汇之间通过词汇管理系统建立起联系,并以拼

第二部分 基本教学模式

写形式和含义反映出来;(2)当学习者学会精确表达词汇含义时,就学会了这个词汇;(3)概念的学习和词汇的学习相互支持。

学校里每一门课程的教学,远不是一系列随心所欲的行为。你可以认为学校里所教授的一切是持续了很长时间对话的结果。对话的内容不只是给一些事情和想法贴标签,而是区分不同的事情和想法。因此,课程的每个学科领域都代表着一种特殊的观察、解释和描述世界的方式,并用词汇反映研究对象的不同之处。

词汇习得模式的目的是创建一个对话,对话开始于学生学习所需的那些基本词汇——这些词汇直接关系学校主题的基本概念。一开始就进行一个没有事先通知的预测试,接着谈论英语中这些词汇的同义词、各种用途,以及这些词的词源与历史演变。这部分讨论之后,紧接着学生转向阅读和学习,现在应该比其他情况下更容易学习成功。毕竟,学生在阅读之前就应该相当熟悉学习的那些基本概念了。该模式最后结束时进行后测。在后测中,学生拼写和定义词汇的分数应该比前测高得多。

词汇习得模式的实施包含以下一系列步骤:

1. 对所授关键内容的词汇知识进行一次未通知的非正式测试。向学生保证,这并不是考察他们不知道哪些内容的测试,而是看看他们是否了解已知单词的拼写和含义。

2. 讨论在前测中出现的那些词汇,包括学生自己发明的拼写方式和假定的含义。

3. 使用本章提供的图示组织的副本,为学生的个人词汇笔记本积累内容。

4. 使用诸如思考—分组—分享策略或链接策略来探索词义的模式。

5. 指定正在研究主题的阅读材料,不仅来自使用的教科书,还包括大量图书馆和其他来源的文本。这将保证更多的学生能够在不受挫的情况下,通过上下文的情境来理解概念和词汇。

6. 用后测来评估学生的学习成果,这点与前测是完全相同的。该模式的目的是让学生掌握学习的主题,因此,学生在学校的成绩可能会直线上升。如果情况确实如此,我们认为词汇习得模式是很值得花费时间和精力的。如果学生在语言中找到了一种从此刻开始能相伴一生的乐趣,他们将带着这种语言天赋离开学校,这一点会使他们与其他人不同。

上述步骤描述了使用词汇习得模式的过程,但对学生和教师使用模式成功完成目标的行为却没有详细说明。通过研究教师和学生在词汇习得框架内的潜在行为,你可以思考一下掌握模式的指导性行为,并将其纳入你的专业工具箱中。表7-3会帮助你思考,在成功理解学习新词汇的过程中,学生的哪些行为是必须的,为你塑造教学行为提供了指南。设计一个特定的教学模式需要时间和耐心,这是你教学计划的一部分。观察组成模式的特定行为将对你很有益处。

关于如何在情境中使用词汇习得模式的案例研究演示将在本书第十三章、第十四章和第十五章中呈现。

拓展学习

活动

1. 在大多数教材中,每章开头都有一个词汇列表,有时被称作章节的"关键词"。学生在阅读的时候,也会遇到粗体或突出显示的词汇;这些词汇对研究主题来说很重要,并且很有可能包含在课文末的词汇表中。查看课本,可以是你正用于教学的书,看看词汇的意思是如何表达的。你能解释下为什么这些词汇是这个意思,或者为什么它们是这样拼写的吗?这些词汇的词源被提到了吗?

2. 仔细观察你将要教的下一课或你已经教授过的那节课。在这一节课里,挑选出关键概念——三或四个真正的核心观念,然后看看这些词汇表达了哪些想法。仔细审视这些词汇,弄明白为什么它们具有这种含义。用一部好的词典去查阅,弄清词源,比如《美国传统辞典》或韦式词典。你如何利用这些信息资源更好地教授这些概念呢?

反思问题

1. 教材的章节通常以关键词汇开始。用这些词汇作为词汇教学的基础对教学有帮助吗?或者你应该去寻找对所教的主要概念起关键作用的其他词汇?应该邀请学生参加这些词汇的搜索吗?

第二部分 基本教学模式

表7-3 词汇习得模式中教师与学生的潜在行为

步 骤	教 师	学 生
1. 预测试	◇选择有针对性的词汇（与目标、评估和教学相一致） ◇诊断学生的先备知识 ◇通过说明错误分析的优势，为评估奠定积极的基调	◇将诊断预测中的词汇和先备知识联系起来 ◇响应评估 ◇注意个人知识的差距
2. 详细阐述	◇和学生一起评论评估 ◇讨论词汇、发音、意义和拼写之间的关系 ◇按类分析学生错误 ◇提醒学生词汇和概念之间的关系 ◇监控学生的理解	◇参加评估评论 ◇利用讨论信息来支持新的学习 ◇分析个人和同伴的错误 ◇定义词汇和概念之间的关系 ◇监控个人的理解
3. 探索模式	◇讨论词汇之间是如何关联和使用的 ◇适当的时候分享词汇发展历史 ◇邀请学生分享自己下的定义 ◇头脑风暴想出目标词汇的同义词和反义词 ◇用头脑风暴法列出的词汇比较目标词汇 ◇监控学生在写作和演讲中的词汇使用情况	◇寻找先备知识和新词汇之间的联系 ◇要求弄清新的、混淆的、不寻常的词汇 ◇与其他人分享个人下的定义 ◇参加头脑风暴和讨论 ◇监控个人对新词汇的理解
4. 阅读和学习	◇选择一种教学模式或策略，让学生运用新词汇 ◇当学生在上下文中遇到新词汇时，给学生搭好教学支架 ◇监控学生演示词汇知识 ◇当学生阅读和使用新词汇时，提供矫正性反馈	◇参与阅读和词汇学习 ◇在适当的时候，要求弄清楚问题 ◇反思什么是已知的，什么是仍然需要学习的 ◇回应教师和同伴的反馈 ◇通过关注持续的挑战来监控个人的理解

（续表）

步 骤	教 师	学 生
5. 评估和后测	◇设计与目标和教学一致的评估任务 ◇提供机会让学生练习评估词汇和其他词汇 ◇将后测与诊断性评估结合起来 ◇如有必要，和班级或者个别同学一起讨论评估结果	◇参与评论活动 ◇注意特定词汇的难点 ◇在学习困难词汇时，可以向同伴和教师寻求帮助 ◇接受评估 ◇与教师和同学一起讨论评估结果 ◇监控词汇学习的个人所获，如有必要制订必要的步骤重新学习词汇

2. 英语课之外的其他课程上，拼写通常都是被忽视的。让学生在学习科学、社会和数学的时候了解词汇拼写与词汇的含义和发音是同等重要的，这一点有价值吗？

3. 词汇是由有意义的前缀、词根和后缀这些部分组成的。认真思考你所教授科目领域中经常出现的常用词，它们是否属于科学、社会的分支或者数学领域的一部分？你的学生能在阅读过程中建立起关于这些词汇及其组成部分的列表吗？

第二部分小结

第二部分介绍了能用于幼儿园到 12 年级课堂的五种基本教学模式。所有这些模式都能帮助学生获得知识和发展技能。另外，他们还能帮助新手教师发展基础的教育知识和技能。直接教学模式、概念获得模式、概念发展模式、因果关系模式和词汇习得模式属于本部分讨论的教学模式。每一章都包括场景、背景知识、模式的步骤、可能的变式，以及在基于标准课堂中使用该模式的具体方法。

课堂环境多样，学生各具特点。基本教学模式为学生多样化获取知识和技能提供了一种途径。同时，也能使新手教师开发出越来越好的教学工具。使用不同的教学模式，可以满足师生的共同需要。当师生共同拓展了采用不同学习方式的能力时，多样化将有助于满足师生双方的需要。

第三部分

高级教学模式

导 语

在第三部分,我们将介绍高级教学模式。新手教师应在掌握第二部分的基本教学模式后再学习。高级教学模式要求师生都掌握复杂的规划和实施技能。这些技能和支持这些技能的背景知识在每一章中都有描述。第三部分章节的安排与第二部分相同——场景、背景知识、如何通过列出的步骤和图表运用模式、策略提示,以及满足个人需求与评估学生学习的讨论。

我们在介绍基本教学模式时指出,在实施进入和退出模式时认真执行教学步骤很重要,而高级教学模式尤其如此。这些模式还需要更多的时间来掌握,在课堂上的使用频率也会低于直接教学、概念获得、概念发展、因果关系和词汇习得等模式。与基本的和更常用的模式一样,这些教学模式可以满足所有教学内容领域和不同年级水平的各种目标。每一种模式都可以适应课堂环境和学生的需要。然而,当高级教学模式首次应用于课堂时,对教师和学生的认知压力会很大。第三部分所涵盖的模式如下:

第八章:整合教学模式。这种模式有助于师生从所有课程领域有组织的知识体系中进行归纳。学生一起从数据集中观察、描述、解释、概括和假设——涵盖广泛的学术和批判性思维目标。在此模式中可以使用许多不同类型的数据,例如地图、矩阵、表、图和照片等。

第九章:苏氏研讨模式。苏氏研讨模式指导规划、建构和选择问题以实际使用。学生和教师都能够使用复杂的问题和辅助信息批判性地检查文本。这种模式有助于教师指导课堂互动的过程,以便进行有效的讨论。苏氏研讨模式对于实现与分析、评估和创造有关的目标特别有效。

第十章:合作学习模式。合作学习模式描述了教师如何鼓励学生在学习内容知识的同时与其他学生合作并帮助他人。合作学习的变化对创造积极的课堂环境和实现认知目标是有效的。这种模式适用于所有内容领域,适用于不同年龄段和不同成绩的学生。

第十一章:探究教学模式。 在探究教学模式中,学习者面对一个令人困惑的境地,而遵循一个产生假设和检验的过程。这里强调的重点是需要用认真、严密的逻辑程序来解决问题、理解试探性知识,以及在解决问题时需要集体努力。鼓励学习者在一个问题上寻求不止一个答案,解释为什么倾向于一个特定的解决方案,并与同伴分享新的信息和想法。探究教学模式能有效实现解决问题、分析、假设、评估相关的目标,同时也强调团队合作、协作和沟通能力。

第十二章:共同研讨模式。 三个版本的共同研讨模式通过小组互动,运用隐喻的类比来激发学生的创造性思维。创造性思维和表达成为每个人都能参与的小组活动。通过这个模式,学生能够使用类比和隐喻来拓展思维。共同研讨模式对与探究、比较、鉴别、洞悉和类比相关的目标特别有效。

所有这些教学模式都适用于所有小学、初中和高中课堂。高级教学模式需要更为精细和复杂的应用。但是,只要有愿望和目标,所有教师都可以掌握这些模式,并拓展其教学技能,同时也有助于让各式各样的学生参与到教学中去。

第八章 整合教学模式

本章目标

你将知道：

◇整合教学模式在小学和中学课堂中的图景；

◇整合教学模式的基础；

◇整合教学模式的步骤；

◇如何在整合教学模式中组织数据；

◇整合教学模式如何满足个人需求；

◇如何评估整合教学模式中的学习；

◇整合教学模式的优势。

你将理解：

◇学校提供的信息量是庞大且杂乱的。

你将能够：

◇识别在中小学课堂中的整合教学模式；

◇设计、实施和反思一堂整合教学课。

小学课堂应用

当汤姆·巴郎先生(Mr. Tom Baran)在教小学三年级学生分数时，他决定教学生使用分数条来练习比较同分子异分母的分数。教学标准要求汤姆教学要侧重于让学生理解，分母是表示整体被分为数量相等的几部分，而分子是表示这些相等部分的数量。汤姆考虑到学生的技能组合，认为他们需要复习如何比较分数大小。因而他决定使用整合教学模式，这不仅能让他回顾分数的知识，还将帮助学生识别模式、假设和归纳。汤姆使用表8-1来规划其分数整合教学课。

巴郎先生：请看这个比较分数大小的表格。你们注意到了什么？这个表格是干什么用的?

表8-1 比较分数大小

1/2 > 1/5	1/4 > 1/6	1/8 > 1/10
1/5 < 1/3	1/10 < 1/5	1/10 < 1/3
1/5 > 1/8	1/6 > 1/10	1/5 = 1/5

瑞科(Riko):有一组分数,还有大于号和小于号。

巴郎先生:没错。你们能看一下每个式子吗?每个式子是否都正确?

一旦巴郎先生相信学生能够准确、完整地描述两个分数之间的关系,他就会进入整合教学模式的第二步——因果关系的步骤。在这一步,他提醒学生可以使用分数条(见图8-1)帮助解决问题。

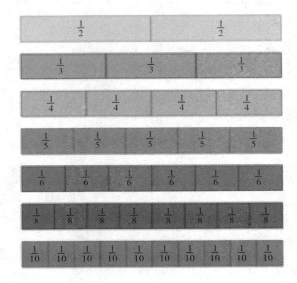

图8-1 分数条

巴郎先生:让我们来看看表格中第一列的第一个式子。1/2大于1/5,告诉我为什么。

玛丽莎(Marisa):如果你比较1/5的分数条和1/2的分数条,会发现1/2更大。

诺兰(Nolan):分数底部的数字,也就是分母,是一个较小的数字。

巴郎先生:现在,让我们往下看第一列的第二个式子。哪一个分数比较大?说说你是怎么知道的。

佩德罗(Pedro):大的分数是1/3。分母较小,因此分数较大。

第三部分 高级教学模式

巴郎先生： 瑞科，选择一个式子，告诉我哪个是比较小的分数，以及你是怎么知道它的。

瑞科回答了这个问题，巴郎先生继续要求学生描述和解释表8-1中的分数比较。巴郎先生继续使用这个表格，直到他确定学生可以解释为什么一个分数小于或大于另一个分数。必要时，他会添加其他的例子。

巴郎先生： 如果我们对分数比较表进行了一些更改，会怎么样呢？如果1/2改为1/3，第一对式子会发生什么？1/3还是大于1/5吗？如果你认为是，请举手。

课堂上的每个人都举起了手。巴郎先生继续改变数字，直到他确定学生可以在替换数字之后仍然可以辨别一对分数中哪个更小或更大。他甚至要求学生自己去假设不同的组合。例如，如果我们将第一列式子中的1/8替换为1/2，那么关系是否相同，还是需要更改符号？随着学生可以慢慢地轻松预测不同组合的结果，巴郎先生要求学生通过陈述来总结他们的讨论。

瑞科： 就像我们上星期学到的，整体可以被分成大小相等的几个部分。

法特玛（Fatma）： 分数底部的数字表示整体有多少相等的部分。

诺兰： 分母中的数字越小，整体被分成的部分越少。

玛丽莎： 如果分子是1，分母小的分数比分母大的分数大。

中学课堂应用

艾里斯·斯特曼女士（Mrs. Iris Sterman）在一堂初中社会课上，使用1950年拍摄的一张家庭照片，就两个关键社会研究概念展开关于年份和时间变化的讨论。本节课的"理解"目标是，学生将理解美国社会在过去70年里在许多方面发生了变化，并且认识到这些变化已经对美国家庭产生了重大影响。本节课的"知道"目标是，学生能够解释从1950年到现在在服装、家庭、技术、教育机会和对妇女的态度方面的差异。本节课的"能够"目标是，学生通过观察一张老照片能够概括并且推测未来70年的家庭生活可能发生的改变。

斯特曼女士在开始上课时要求学生与同伴一起观察她分发的照片。她要求每组两个人要制作一个清单,列举他们在照片里注意到的东西。五分钟后,斯特曼女士开始了讨论:

斯特曼女士:你们在照片中注意到了什么?

马尔西(Marcy):照片很老旧,照片里的人都穿着看起来很滑稽的衣服。

肯尼(Kenny):他们都是同一个家庭的成员吗?他们看起来像是准备去教堂之类的地方。他们都穿戴整齐,那个小女孩甚至戴上帽子,但是天气并不冷。

斯特曼女士:让我们谈谈照片中的衣服。这张照片是在1950年拍摄的——这是70年前。你们认为衣服跟现在有不同吗?哪里不同?

乔丹(Jordan):女孩不再穿那些裙子了,它们看起来好像太小了点。男孩衬衫的衣领也很大。

斯特曼女士:你们还注意到这些孩子穿了些什么?

兰迪(Randi):鞋子?没有人穿着人字拖鞋,女孩都穿着白袜子。这张照片看起来很像我奶奶房间里的那些照片。

斯特曼女士:你们注意到三件重要的事情。图片中的孩子——顺便说一句,他们是表兄妹,他们都是精心穿戴的。他们穿的衣服和衬衫跟现在你们在商店里看到的很不同。同样,这些孩子穿的鞋子和现在的孩子穿的也不一样。想象一张今年拍摄的五个表兄妹的家庭照片的样子。21世纪的照片与1950年的照片会有什么不同?想想如果是上星期拍摄的照片中表兄妹会穿的衣服。

兰迪:人字拖!

阿诺德(Arnold):每个人都穿着印有球队名字的牛仔裤或短裤和T恤衫。

布雷特(Brett):没有人会乖乖地站着。

斯特曼女士:这是一个有趣的观察,布雷特。你为什么认为照片中的孩子们是"乖乖地站着"?

阿丽莎(Alyssa):也许是因为他们不经常拍照。我们家有一个交换生,他说,在他居住的村庄,只会在假日和毕业的时候才拍照。

第三部分 高级教学模式

斯特曼女士：你们认为 1950 年有很多家庭照片吗？

兰迪：我奶奶有个盒子，里面都是照片，她总是要我和她一起看。虽然真的很无聊，但她有我曾祖父母的照片，是在 1950 年之前拍摄的。

斯特曼女士：所以很久之前就已经有家庭照片了。你们还记得我们在博物馆看到的内战照片吗？那些照片是在这张表兄妹的照片之前多久拍摄的呢？

讨论还在继续，学生提出了关于相机技术的改进和房子的差别。斯特曼女士也询问学生自从他们的祖父母拍摄孩子的家庭照片以来，社会发生了哪些变化。随着她所提问的这些社会差异，我们又重新回到讨论中。

斯特曼女士：你们提到祖父母时代的美国和今天之间的一些差异，离婚率更高以及更多的母亲出去工作，我提到了相比 70 年前，更多的人从高中毕业，走向大学。你们也注意到，照相机和衣服在过去的 70 年间也发生了变化。能告诉我为什么发生了这些变化吗？

马尔西：1950 年时有牛仔裤吗？

布雷特：是的，我看到李维斯（Levi's）的一个广告说牛仔裤是在加利福尼亚淘金时期发明的，那是在 20 世纪之前！

兰迪：那么，孩子身上怎么没穿牛仔裤呢？

芭芭拉（Barbara）：我认为大家在过去更多时候是精心穿戴的。我看祖父母的照片中，他们很小的时候，总是穿戴很整齐。

南希（Nancy）：我父亲说衣服已经改变了很多。他告诉我们，我们很幸运，不必像他那时候那样自己熨烫衣服。也许衣服从材质上就已经改变了。

斯特曼女士：说得好，南希。衣服的制作方式也发生了变化。

兰迪：哦，哦。我知道，现在有更好的机器，机器可以更快地生产更多的衣服。也许这就是为什么我们可以买到这么多的衣服。也许在照片中的人没有那么多的选择。也许这就是为什么照片里的这些衣服看起来这么小——他们不得不穿很长时间，或者衣服是从别人那里传下来的。

斯特曼女士继续寻求其他的解释，然后将讨论移至整合教学模式的假设阶段。请注意，当孩子们开始用假设的"也许"说话时，这个阶段已经开始了。

斯特曼女士：照片中的表兄妹看起来像是在照顾这个小女童。大一些的女孩正在看照片中的小女童，而其他女孩中的其中一个用手搭在她的肩膀上。我想让你们思考如果照片中的小女童不在，可能会有哪些改变？

学生纷纷发表观点，关于照片上的每个人是如何看着相机的，以及能够看到的更多衣服的细节。斯特曼女士通过提问继续要求学生进行假设，推测过去70年里照片上的这些表兄妹可能经历的事情。

斯特曼女士：如果这张1950年的照片中的男孩是10岁，他在服兵役期间可能发生了什么？一个年轻人什么时候可以进军队？这个年轻人在18岁到35岁之间的这段时间内国家会处于战争中吗？如果他在军队服役，你认为这个年轻人可能发生了什么？

许多学生回答这些问题，还有关于这个年轻人是否有可能在越南战争中去世的讨论。也许因为他比一般步兵更年长，他也可能是一个军官。斯特曼女士接着将学生引导向照片中的年轻女孩。她要求学生选择其中一个女孩，并与他们的同伴写一个故事，谈谈这个女孩在拍摄照片后70年期间可能发生的事情。斯特曼女士告诉学生，故事必须反映之前讨论过的一些主题——技术、离婚、教育机会和职业妇女，而且故事还必须解释这些事件发生的原因。然后在课堂上与同学分享自己的故事。

斯特曼女士：多有趣的故事！我们可以谈一谈从拍摄这张照片以来，我们社会发生了哪些变化。

以下是学生概括的一些例子：

◇越南战争使家庭发生了变化。
◇全家福跟今天的看起来不同，因为比起1950年，我们拥有了更好的相机和摄影技术。
◇1950年的孩子们在早晨起床穿戴时，比我们选择衣服的机会少得多。
◇机器的进步和不同的面料为家庭提供了更便宜的衣服。
◇比起1950年，更多的孩子从高中毕业。完成高中学业会对家庭有所贡献，因为人们可以得到更好的工作。

整合教学模式的基础

整合教学模式根植于希尔达·塔巴的归纳策略（Taba, Durkin, Fraenkel, & McNaughton, 1971），并经埃根和考查克（Eggen & Kauchak, 2012）推广。基本上，这个模式是一种控制性讨论——结构性对话，要求教师专注于帮助学生获得学术知识，同

第三部分 高级教学模式

时训练复杂的推理技能。在整合讨论中,学生有机会对组织化的知识体系构建个人理解,包括事实、概念和概括之间复杂的关系。

整合教学模式旨在帮助学生了解复杂主题的组成部分之间的关系(例如迁徙、动物分类或政府部门)。当学生尝试理解复杂的关联网络时,他们会构建新模式或修改以前构造的模式,来理解类似的信息。图式理论支持整合教学模式,即教学帮助参与者安排信息,使其容易被同化并随后被提取。图式是一种将大量信息组织成可检索系统的结构。(Schunk,2004)当人们接触到新的经验和信息时,大脑积极地存储信息和建立新的连接。图式是通过连接先前知识和新知识来组织这些经验的。整合教学模式有条理地向学生呈现内容,使其能够顺利和有效地建立连接。

此外,整合教学模式有利于增加知识。大脑容量受益于经验,组织良好的经验就是最好的优势。通过结构化的知识体系,学生能够优先考虑信息并将新数据链接到已有图式,增加其学业成功的机会。布兰斯福德和他的同事(Bransford,Brown,& Cocking,2000,p.127)承认并非所有的教学都是平等的,他们指出:

很明显,在各种学习机会中存在着质的差异。此外,大脑通过诸如推理、分类等心理活动"创建"信息经验。这些都是可以实现的学习机会类型。

整合教学模式的结构要求学生训练和发展重要的批判性思维技能。该模式潜在的预期是,学生在掌握学业内容时能够进行逻辑推理、确定异同、生成解释和假设,并合成信息。这些策略都与学业成就息息相关。当教师发现异同,或要求学生独立地确定异同时,学生的理解能力将得到加强。可以通过比较、分类以及隐喻和类比的发展来培养学生的识别能力——即从一个事物的角度来说明另一个事物,或者通过绘制图示进行比较阐释。

范式是整合教学模式的关键组成部分。图式是学习者对复杂信息运用范式的手段,是学生处理内容和程序的工具。学校无法涵盖所有可用于课程开发和教学设计的信息,有太多的信息很容易整合进长时记忆。整合教学模式就是帮助教师和学生将离散的信息组织成更易于管理的整体,从而发展对主题和主题元素之间关系的深刻理解。事实上,"图式越复杂,越相互关联,学习者必须连接的新知识和理解的地方就越多"(Eggen & Kauchak,2012,p.212)。

整合教学模式的步骤

步骤1:规划整合教学模式

有组织的知识体系就是这样——有组织的。整合课是围绕数据集开发的,这些数据集是以表格、图形、地图、图片或其他呈现形式排列的碎片化信息和信息片段。首先,教师必须确定一个主题。内容标准、课程材料、地区范围和序列图都充分体现了复杂和关系丰富的主题。其次,教师要决定建立课程的目标陈述——"理解"目标和支持大观念的知识。随着目标的确定,建立一个概念图,这样有助于说明研究中的核心要素之间的关系。然后相应的模型可以由教师、学生独立或以小组的形式开发,或者作为班级讨论的基础。教师或课程材料将决定强调哪些关系,即组织信息的类别。事实上,课程资料、报纸和杂志,以及电子资源,如互联网等,可以提供一系列数据源,作为整合课的基础。

黛比·摩斯(Debbie Moss)正计划准备一次教学,教授一个新的地理单元。区域构成了信息和关系的丰富主题。区域具有经济、文化和自然等方面要素。学生需要理解这些要素之间的联系。在查阅州立标准时,黛比发现,学生必须能够解释区域景观是如何反映其居民的文化和经济特征的,以及文化特征又是如何连接或划分区域的。查看州课程框架,认真思考学生已有知识和他们的需要,并结合现有资源,黛比明确了组成单元的大观念、基本知识和技能(请注意,这些计划行为在本书中的所有教学模式中都是类似的)。

黛比确定的教学单元的大观念是:区域具有统一的自然和文化特征,而且随着人们与物质、文化和经济环境的相互作用,区域的特征可能会改变。黛比认为学生需要知道,区域的概念被用来简化为一个复杂的世界,自然和文化区域都会随着时间而改变。学生还需要知道,区域"景观"包括具体的文化特征(建筑、语言、历史和宗教)。这个整合教学的"能做什么"目标,包括能够在地图上定位区域、解释区域模式、比较和对比信息、得出结论,并对数据进行概括,以及解释因果关系。基于《实践中的差异化》一文(Tomlinson & Edison,2003)中所描述的单元,黛比决定,最终的评估将是一个独立的项目——要求学生以一个自然、文化或经济方面的地理学者的视角来理解课程材料(见表8-2)。

随着计划的继续,黛比获得了成就感,她现在开始准备思考教学类型,帮助学生达到单元目标。黛比考虑到了采用讲解的方式,但她认为很难仅仅通过此就能帮助学生发现区域不同方面之间的联系。她还想到合作学习模式中的"切块拼接法"(见第十章),但她认为这也不会突出区域的自然、文化和经济方面之间的相互联系。最后,黛比想到了整合教学模式的优势,整合教学模式是一个利用丰富且复杂的、有组织的知识体系的教学模式,或者用模式设计者的话说,是"结合事实、概念、概括及其关系的主题"(Eggen & Kauchak,2012,p. 213)。黛比确定本章中探索的模式与其目标匹配很好,因为区域差异和这些差异导致的历史、经济和文化结果可以构成一个复杂的主题案例。

有效的数据显示有助于概括的发展,其中包括缺少限制条件,很难建立联系的事实。此外,有效的数据显示有足够的信息,使学生有机会对他们所识别的关系进行解释。数据展示可以由教师在课前准备,或者在整合教学模式开始之前填写。这些数据展示必须准确,并突出展示课程目标中反映的信息。比较的数据至少两个以上,但不要超过四或五个。确保目标和数据展示之间的对应——使用正确的工具(表格、饼图、照片等),保持数据展示尽可能简洁。如下面对模式步骤的描述所示,表 8-2 中的数据满足基本要求——提供概括和解释关系的机会。

表 8-2 美国的地理区域

四个地理区域	自然特征	文化特征	经济特征
东北部 所包括的州: 康涅狄格、新泽西、缅因、马萨诸塞、新罕布什尔、纽约、宾夕法尼亚、罗德岛和佛蒙特	◇毗邻加拿大,中西部,南部和大西洋 ◇岩石海岸到肥沃农田 ◇四条主要河流:特拉华河、哈德逊河、康涅狄格河、肯纳贝克河 ◇伯克郡,阿迪朗达克,绿色和白色山脉 ◇尚普兰湖、安大略湖和尼亚加拉大瀑布	◇教育遗产(一流大学) ◇在美国历史上占主导地位 ◇宗教多元化——新教开始,天主教和犹太教 ◇民族多样性——非裔美国人,西班牙裔美国人,亚裔美国人,意大利人,爱尔兰人,德国人和法国人	◇美国最富裕的部分 ◇城市——大中型制造业城市;正寻找新的经济基础 ◇城市贫富差距很大 ◇主要城市——纽约、波士顿和其他城市,提供不依赖非技术性劳动力的金融和政府服务 ◇城市内和城市之间的公共交通

(续表)

四个地理区域	自然特征	文化特征	经济特征
中西部 所包括的州： 俄亥俄、印第安纳、密歇根、伊利诺伊、威斯康星、爱荷华、堪萨斯、明尼苏达、密苏里、内布拉斯加、北达科他和南达科他	◇美国人口普查局地区：东北中部州和西北中部州 ◇大湖，俄亥俄和密西西比河 ◇阿巴拉契亚山脉和豪猪山	◇文化交融 ◇欧洲移民 ◇德国天主教徒/加尔文主义者/新教徒——"圣经带" ◇不允许奴隶制 ◇赠地学院 ◇农村遗产——先驱 ◇对于民主党大力支持	◇芝加哥是最大的城市 ◇其他城市：克利夫兰、哥伦布、印第安纳波利斯、底特律、圣路易斯、堪萨斯城、明尼阿波利斯 ◇土壤肥沃——全国粮仓，玉米、燕麦和小麦 ◇中西部许多产业废弃——"铁锈地带"
南部 所包括的州： 特拉华、佛罗里达、佐治亚、马里兰、北卡罗来纳、南卡罗来纳、弗吉尼亚、西弗吉尼亚、哥伦比亚特区、亚拉巴马、肯塔基、密西西比、田纳西、阿肯色、路易斯安那、俄克拉荷马、得克萨斯	◇美国人口普查局地区：东南中部，南大西洋和西南中部 ◇密西西比河，切萨皮克湾，佛罗里达大沼泽地，南阿巴拉契亚群岛山（蓝岭和大烟山）和南卡罗来纳州的海群岛	◇欧洲凯尔特人移民 ◇允许奴隶制 ◇从坚定的民主党转向现在更多的共和党人 ◇比北方更保守 ◇"圣经带"——新教占主导地位 ◇还有犹太人、穆斯林和天主教徒 ◇南方美食、音乐和运动	◇休斯敦是最大的城市 ◇其他城市：达拉斯/沃思堡、迈阿密、亚特兰大、巴尔的摩和坦帕 ◇乡村地区 ◇作物/树容易生长——橡树、木兰、山茱萸
西部 所包括的州： 阿拉斯加、亚利桑那、加利福尼亚、科罗拉多、夏威夷、爱达荷、蒙大拿、新墨西哥、内华达、俄勒冈、犹他、华盛顿和怀俄明	◇美国人口普查局地区：山地和太平洋地区 ◇多数地区地理上多样化：太平洋海岸，西北温带雨林，落基山脉，大平原和沙漠 ◇密苏里河、科罗拉多河、哥伦比亚河和蛇河	◇怀俄明是人口最少的州，而加利福尼亚州人口最多 ◇稀疏定居 ◇亚洲、墨西哥和美洲原住民人口 ◇摩门教徒 ◇牛仔形象和向西扩张 ◇西部政治不统一；城市和太平洋沿岸民主党，内部各州更多共和党人	◇洛杉矶是最大的城市 ◇其他城市：圣地亚哥、圣何塞、旧金山、西雅图、波特兰、丹佛、凤凰城、拉斯维加斯和盐湖城 ◇牛肉业 ◇华盛顿的苹果和爱达荷州的土豆 ◇洛杉矶——二战以来的航空航天工业基地

步骤2：描述、比较和搜寻数据集中的范式

整合教学模式要求教师能够在课堂上营造公平的竞争环境。所有学生都有机会参与讨论，因为数据是在会话发生时被组织起来，供学生使用的。教师开始时提供关于数据集的背景信息，并要求学生集中注意力描述他们注意到的内容。黛比开始使用表8-2，请学生仔细观察表格中的行和列。她点名让学生来描述有多少列和行以及列和行表达了什么，然后请学生思考以下问题：

◇西部地区的自然特征是怎样的？与南部或东北部地区的特征有什么不同？

◇哪个区域具有最大的自然多样性？

◇人口最少的州在哪个区域，人口最多的州又在哪个区域？什么决定了一个国家的人口？

◇什么类型的企业支持这四个区域的经济？这些企业彼此有什么异同？为什么这些区域有不同的经济特征？

◇你在这个表格上注意到什么异同？

当然，还可以生成其他的问题。教师或学生都可以注意到许多其他异同。教学选择包括引导学生注意数据显示的特定属性，指导学生寻找和描述特定的异同，并要求学生确定他们注意到的比较结果。在模式的这个阶段，教师和学生都要掌握讨论的节奏，并且使用清晰简单的问题以促进梳理该主题的基本信息。

步骤3：解释已确定的相似性和差异性

一旦学生确定了表格中显示的丰富的异同之处，那么就应该让他们解释自己确定的比较结果。解释产生异同的原因，让学生深入分析数据集。例如，黛比可能会对一些比较结果提出后续问题：

◇你如何解释东北部和西部地区经济特征的差异？

◇为什么你期望看到美国四个区域的主要城市之间有一些相似之处？

◇你注意到各区域之间存在哪些政治上的异同？这些差异是否与该区域的移民模式有关？

◇如何解释区域之间人口的差异？

尽管存在一些无法解释的关系，但数据集中有许多关系需要去解释。因为解释是比描述更高层次的推理，提供这个机会有助于增加学生对这个主题形成的图

式的复杂性的理解。解释将信息捆绑在一起,将各股线编织到图式形成过程中,并且随着课程的进行和更多的解释被共享,图式将变得更加复杂,就像一条手工地毯随着工人的编织变得更加丰富多彩和细节分明。教师在这一阶段的角色是查看已确定的比较列表,并要求学生进行说明,确保学生用数据源中的信息记录他们的解释。

步骤4:假设在不同条件下会发生什么

在模式的这个阶段,要求学生假设当条件改变时可能产生的一个结果,为学生提供应用最近获得的知识,并和先备知识和技能相连接的机会。教师应该要求学生解释他们的假设和结论。马扎诺(Marzano,2001)讨论了使用有组织的知识体系或知识系统作为实践假设检验和增加学生理解的方法。黛比可能会要求学生去想象,如果美国没有投射原子弹到广岛和长崎迫使日本投降会怎样?或者想象如果中西部"铁锈地带"城市出现重大振兴,会发生什么情况?

为学生提供检验假设指导的设计体验是整合教学模式的固有内容。此外,教师可以提供解释的范本,提供句干来帮助学生阐释他们的推理,制订识别和描述解释质量的量规,以及为学生创造大量分享解释的机会。

步骤5:对主题和讨论做总体概括

在整合教学模式的这个阶段,学生进行总结和综合讨论,并全面概括所研究的主题。总结和综合要求学生处理新的信息。要求学生经常进行总结有助于将新信息转化为长时记忆。虽然总结对本书中提到的所有教学模式都有帮助,但由于整合教学模式中涉及内容量大,因此总结在该模式中适用性更强。学生可以通过任何媒介(书面、口头、视觉),单独或在小组内进行总结。首因—近因效应(学生对他们在课程中第一次听到的内容记住得最多,其次是他们在课程中经历的最后一件事)在这个阶段扮演重要角色。(Wormeli,2004)教师可以使用整合教学模式来设计一个基于首因—近因效应的提问计划。在步骤5中,重要的是让学生分享他们对这堂课综合全面的概括,从而提高其描述主题的复杂性。

概括是一项复杂的技能。当学生对讨论进行了很好的讨论时,他们的概括技能将得到提升。一旦学生获得了共享的强有力的信息,他们就可以综合这些信息,并进行全面的陈述,以展示已经建立的深刻的理解。黛比可能会要求学生总结课堂上进行的对话，她也可能会要求学生对研究区域的自然、文化和经济特征之间的一些关系的发现做全面阐述。

总结的策略提示

教授学生总结技能使他们处理和记住新的信息。在本书的所有教学模式中，总结都发挥重要作用，但由于整合教学模式中涉及的内容量大，因此总结在该模式中尤为适用。学生可以通过任何媒介以个人或集体为单位进行总结。学生可以采取以下一系列步骤形成总结：(1)删除不重要、无助于理解的材料；(2)删除冗余；(3)将类别名称替换为事物列表；(4)确定或提供主题句。教师可以通过一系列具体问题，利用图形组织工具(例如维恩图、因果关系和时间序列)，或通过使用隐喻和类比，帮助学生进行总结。不同种类的问题适用于不同类型的文本，这要求教师必须花时间与学生讨论在文本中呈现的信息种类。教师应以各自的学科方式在内容领域指出常用的文本结构和图形。其他策略，如记忆模式和图形组织等也可用于寻求准确、强有力的总结。

整合教学模式的步骤小结

表 8-3 展示了许多社区反对文学作品的例子。我们基于这个表格，概括出运用整合教学模式上的一堂课的步骤，并提供教师在每个步骤中可能提出的具体问题的正例。

1. 规划整合教学模式。确定主题，概括目标，准备数据展示，例如对书籍异议的表格。

2. 描述、比较和搜寻数据集中的范式。

◇描述：你对《麦田里的守望者》这本书有哪些反对意见？

◇描述：这些反对意见表达了哪些类型的担忧？

◇比较：你如何描述对《哈克贝利·费恩历险记》的反对意见？《1984》呢？

◇比较：对《愤怒的葡萄》和《1984》的反对意见有什么相似之处？

◇搜索模式：对《红字》和对其他书籍的反对意见有什么不同？

3. 解释已确定的相似性和差异性。

◇表8-3提供了哪些信息解释这些书籍在20世纪末饱受异议的原因?

◇你能解释一下为什么这些群体试图把这些书从公立学校中撤下的尝试在某些情况下成功了,而在其他情况下却没有成功吗?

◇什么类型的书籍可能不会受到父母、教师、学校董事会或社区成员的反对?

4. 假设在不同条件下会发生什么。

◇假设学校课程中包含荷马的《奥德赛》,你认为对这本书会有什么反对意见?从表格中找出支持你的观点。

◇如果学生家长来到班上,要求你不要将某本书教给学生,你会怎么办?你打算说什么?

◇如果安排你教其中的一本书,你会做什么特别的准备吗?

5. 对主题和讨论做总体概括。

思考你想让学生对这个主题达成的目标概括,例如:

◇许多社区成员反对青少年小说中的性暗示。

◇社区成员认为学校中的孩子不应该接触成人主题。

◇教师需要对这些信念保持敏感,并做好反驳的准备。

上述的步骤列表描述了使用整合教学模式的步骤,有许多学生和教师的细微行为被嵌入到这些步骤中。整合教学模式对教师(他们必须确定或建构一个代表丰富而有组织的知识体系的数据集)和学生(他们必须试图理解教师的展示)都有很高的认知要求。通过观察在整合框架内的教师和学生的潜在行为,你可以考虑需要什么来掌握模式的教学进程,并将其纳入到你的专业工具箱中。表8-4为你塑造教学行为提供了指南,帮助你思考在数据集中寻找关系的过程需要哪些学生行为。

表8-3 对学校中通用书本的异议

书名	反对意见
哈克贝利·费恩历险记	对非洲裔美国人的特征和语言有攻击性;使用单词"狂欢(Orgy)";妄称上帝;助长歧视
麦田里的守望者	不适合青少年;脏话;负面影响;太复杂;缺乏情节;粗俗之极;亵渎、色情;反对同性恋;对青年来说不是一个好榜样;没有可取之处的社会价值;英雄道德失范,方向不明

第三部分 高级教学模式

（续表）

书名	反对意见
激流四勇士	不可接受的语言；性介绍；性场景；反宗教问题；宣扬同性恋
大地	内容包括老人和妓女的性生活；杀害儿童
愤怒的葡萄	不道德的；淫秽的；令人反感的政治观点；性活动；反宗教会；令人沮丧的故事；糟糕的语言；贬低南方人
我知道笼中鸟为何歌唱	部分段落不适合年轻人；色情；贬低非洲裔美国人；太现实
学习树	成人语言；性露骨；对青少年太成熟；基督被描绘成只爱白人的白人；教世俗人道主义
1984	不道德的；沮丧；淫秽的；对待婚姻和家庭的厌恶态度；以毒品为导向；肮脏的
杀死一只知更鸟	不道德的；淫秽的；猥亵；粗俗；包括强奸的提法；种族主义主题；不适合青少年
红字	贬低基督教牧师；粗俗；不道德的；通奸；太直白

注：资料来源自 Burress, L. (1989). *Battle of the books: literacy censorship in the public schools, 1950—1985*. Metuchen: Scarecrow Press.

整合教学模式的学习评估

与本书中提出的大多数模式一样，整合教学模式的每个步骤都可以用作评估过程，并且可以以这种方式评估内容。在使用整合方法有了些经验之后，评估可以向学生提供类似的数据集，例如表格、地图、图片或其他可视材料。然后，要求学生遵循模式的部分或所有步骤：(1)确定异同；(2)解释这些相似性和差异性的原因；(3)假设数据集发生变化时的不同结果；(4)对数据集中表示的关系进行概括。评估标准可以包括比较结果的定量和定性特征以及解释的逻辑、知识和质量。例如，本章前面所述的家庭照片课可能是移民单元的一部分。整合过程可能成为图 8-2 中测验的基础。

更为传统的评估也可以用于整合教学模式。作为模式基础的丰富数据集（见表 8-2）是选择项的来源。当从数据集里开发多选题、匹配项和问答题时，请记住使用最佳实践指南。选择题应该清晰，只有一个正确或最佳答案，以及相似的选项

长度等。许多评估文本和网站都对编写测试项目进行了讨论。（Stiggins，2008）

表 8-4 整合教学模式中教师和学生的潜在行为

步骤	教 师	学 生
1. 计划	◇确定与课程相一致的目标概括 ◇查找或开发一个数据集（表格、照片、地图等）以支持概括 ◇提供一个数据集以解释关系 ◇确保学生可以访问数据集	
2. 描述、比较和搜寻模式	◇提供有关数据集的背景信息 ◇重点关注学生，并要求学生描述数据集的一个方面 ◇要求学生通过数据集记录相似性和差异性 ◇通过提问和图形组织工具帮助学生观察 ◇在数据集中引出可观察的模式 ◇注意学生的观察、描述以及模式的质量	◇构建解释有关数据集的问题 ◇描述组织的属性和数据集的内容 ◇注意数据集中不同点的相似之处和不同之处 ◇使用图示组织来组织展示 ◇反映数据集中提供的信息，并将新信息与先前的知识联系起来
3. 解释相似性和差异性	◇要求学生解释异同 ◇向学生询问数据集中的因果关系 ◇必要时向个别学生提供教学支架 ◇监督学生的推理	◇使用数据显示中的信息来说明异同 ◇搜寻数据集中的因果关系 ◇检查个人对共同解释的理解 ◇评估个人提供解释的能力
4. 假设不同条件下的结果	◇提供新的情况或条件来扩展数据集 ◇要求学生假设一个新的结果 ◇为学生提供各种机会，以构建和分享假设，包括建立模型假说 ◇监督学生对内容和过程的理解	◇考虑新情况和条件 ◇构建描述可能的新结果的假设 ◇将新信息与先前知识联系起来 ◇对整合过程和新内容的思考

第三部分 高级教学模式

（续表）

步 骤	教 师	学 生
5. 建构和概括	◇定义概括 ◇提供概括的正例 ◇要求描述全面关系的概括 ◇通过提供总结和提示来对目标进行概括的教学支架进行讨论 ◇监督学生的推理和知识内容	◇展示对数据集和概括建构的理解 ◇总结和综合讨论 ◇对有组织的信息进行推论 ◇支持推论 ◇思考课程中学到的内容以及遇到的挑战

入境事务处

测试 1

导语：在你的桌子上有两张照片，一张照片上的家庭是我们在上课时讨论的，另一张照片上的是最近合法移民的家庭。在另一张纸上回答以下问题：

1. 你在新照片中注意到什么？列出你看到的四件事情。
2. 两张照片如何比较？列出两个相似之处和两个不同之处。
3. 你为什么认为两张照片是不同的？给出两个原因。
4. 想象一下如果第二张照片的家庭成为你的邻居，可能会发生什么？为什么？
5. 我们的一些邻居不希望合法的移民进入我们的城市，如何改变这种态度？

图 8－2　对移民单元的整合评估样例

整合教学模式与满足个人需求

整合课堂的关键是数据集。帮助学生学习目标内容和思维技能的方法必须与学生的兴趣、阅读水平和学习方法相适应。数据集可以来自教科书、大众书籍、报纸、互联网、参考书，或来自教师或学生的想法。它们可以是现实物体、艺术品、地图、相关信息表、照片或者是展示信息关系的任何其他项目的集合。因此，可以通过改变复杂和抽象程度的媒体类型，用突出显示特定的信息片段来满足学生的需求。

教师可以准备专门用于课程目标和课程中特定学生的数据集，或者可以从出版物中选取内容对数据集进行调整。学生在小组或大组中可以通过将整合过程中所探索的矩阵或图形信息组合在一起来开发数据集。整合教学模式对整个班级、灵活的小组和兴趣中心的个人都很有帮助——它以另一种方式来满足特定的学生需求。策略提示中讨论的立方体策略可以为教学任务增添活力和激情,并吸引各种各样的学生。

立方体的策略提示

当学生通过归纳完成整合过程时,立方体策略有助于他们完成和拓展讨论。立方体有六个面,每面都有不同的任务。任务是为特定的学生群体设计的,并且可以在许多属性上有所不同。学生通过滚动立方体寻找任务。任务可能因认知复杂性、学生兴趣或特定的矫正需求而异。不同的组可以有不同的立方体。针对特定主题的拓展思考的立方体可以有类似下面的提示:

◇ 描述:包括主题的所有方面。
◇ 比较:找出相似之处和差异之处。
◇ 联系:它如何与我们研究过的其他事情相符。
◇ 应用:说明它如何使用。
◇ 分析:如何将其分解成更小的部分。
◇ 争论:支持或反对与该主题相关的观点。

问题也是一个强有力的区分工具,并且整合教学模式会使其变得更强有力。基于对课堂和学生的了解,问题可以个性化。虽然整合教学模式对于问题的提出顺序有一定的建议,但是教师可以通过提供或多或少的背景信息为特定学生建立联系。例如,在黛比的地理课中,她可以强调个别学生的旅行以及学生的相关背景知识或兴趣,为对模式缺乏经验的学生提供线索,或者使用数据集上的其他视觉线索来帮助一些学生辨别模式。

整合教学模式的优势

本书中的所有教学模式都有助于培养学生的批判性思维能力。然而,整合教学模式还有助于学生浏览有组织的信息,这些信息具有丰富多样的联系,学生必须理解这些联系。整合教学模式是高效的,符合我们学习的方式。大量的课程内容是详细和分层的,因此提供一种方法让学生获取这些信息很重要。整合教学模式还

第三部分 高级教学模式

帮助学生建立个人图式,在他们已知的和正在呈现的内容之间建立联系。而由于模式本身的步骤,这些个人图式也会变得越来越复杂。通过参与整合教学模式,学生可以发展概括能力,并探索一个特定的有组织的知识体系中的关系。提问可以帮助学生由结论走向推理,获得所提供的信息之外的知识。

此外,整合教学模式增强了教科书和课程材料的力量。许多教科书不能满足学生的需要。它们是用学生不熟悉的语言编写的,组织混乱并且信息量惊人。整合教学模式提供了一种理解教科书内容的结构。教师可以使用来自文本的视觉材料,为发散思维和高级思维提供教学支架。整合教学模式也符合新的课堂技术。数据集可以由计算机投影,呈现在电子白板上,也可以在笔记本电脑上找到。最重要的是,整合教学模式允许教师控制向学生提供的信息量,因为数据集可以由教师借用、构建或者由学生开发。信息和问题的复杂性可以灵活地适应教师的教学决策。

小学教学实例

整合教学模式:分数	
目标	**共同核心州立标准——数学 4NF.A.1** 加深对分数大小和顺序的理解。通过可视化的分数模型,解释为什么分数 a/b 等于分数 (n×a)/(n×b),注意尽管这两个分数值相同,但两个分数的分子和分母的数字和值是不同的。使用这个原理来识别和生成相等的分数 **共同核心州立标准——数学 4NF.A.2** 比较具有不同分子和不同分母的两个分数。认识到只有当两个分数有相同的分子或分母时比较才有效。记录用符号表示的比较结果,并证明结论 **学生将知道** ◇分子和分母的意义 ◇如何比较分数的大小 ◇一组分数的相似性和差异性 **学生将理解** ◇集合的所有部分必须彼此相等,并且总和为全部 **学生将能够** ◇比较分数大小 ◇解释分数之间的关系 ◇假设分数之间的新关系 ◇总结课程中的信息并对其进行概括

评估	让学生设计一个表(包括答案),以帮助他们进行比较分数的练习。
过程	1. 描述、比较和搜索模式。提出以下问题: ◇你注意到了什么? ◇这个表格说明了什么? ◇符号是什么意思? ◇你可以阅读表格中的每个算式吗? ◇你注意到这些算式的模式吗? 2. 解释相似性和差异性。使用以下表格。 | 1/2 > 1/5	1/4 > 1/6	1/8 > 1/10
---	---	---
1/5 < 1/3	1/10 < 1/5	1/10 < 1/3
1/5 > 1/8	1/6 > 1/10	1/5 = 1/5	 提出以下问题: ◇"让我们看看第一行的第一个算式。它告诉我们 1/2 大于 1/5。解释下为什么这是正确的。" ◇"看第一列的第二个式子,哪个数字较大? 你是怎么知道的?" ◇(问个别学生)"选择一个算式,告诉我哪个是更小的分数? 你是怎么知道它更小的?" ◇(问个别学生)"选择一个算式,告诉我哪个是更大的分数? 你是怎么知道它更大的?" 3. 假设不同条件下的结果。对表格提问: ◇"如果 1/2 改为 1/3,第一个算式会发生什么?" ◇"1/3 大于 1/5 吗?" ◇"如果用 1/2 替换为 1/8,第一个算式会发生什么? 我们需要改变符号吗?" 4. 概括以形成对关系的广泛理解。 ◇要求学生总结课堂中的信息,提供一个概括主题的陈述。 ◇要求学生讨论他们在课堂中注意到的模式。 有一个有趣的事实,即分数这个词的第一个音节的意思是"断裂"。学生可能在像"fracture"(断裂)中看见过,你可以指出细微的拼写变化,像"fragile"(易碎的)和"fragment"(不完整部分)和关键字"fraction(分数)"都属于相同的词族。要求学生注意其他词汇,例如他们可能听说过或在新闻中阅读过,如"fracking",就与这一类词汇相关。

第三部分 高级教学模式

中学教学实例

	整合教学模式:社会变迁对家庭的影响
目标	**共同核心州立标准——英语/语言艺术 RH. 9 – 10.1** 引用特定的文本证据以支持对主要和次要来源的分析,注意信息的日期和来源等特征 **共同核心州立标准——英语/语言艺术 CCRA. R. 7** 整合和评估以不同格式和媒介呈现的内容,包括视觉化、定量的和文字呈现的信息 **学生将知道** ◇从1950年至今在服装、摄影、家庭、技术、教育机会和对女性态度等方面的变化 **学生将理解** ◇在过去70年间,美国社会在许多方面发生了变化,这些变化对美国家庭产生了重大影响 **学生将能够** ◇对老照片进行概括 ◇假设未来70年家庭生活的变化
评估	让学生准备10个问题,访谈与20世纪50年代的照片中的人处于同一时代的某个人;这些问题应该能提供关于过去70年重要变迁趋势的信息。
过程	1. 描述、比较和搜索模式。 与学生一起回顾过去70年来我们社会的广泛变迁,以及这些变迁如何影响到家庭。在黑板上列出这些社会变迁。接下来,与学生分享一张旧的家庭照片,并提出以下问题。当学生讨论他们的想法时,在黑板上记录讨论内容。 ◇"你们注意到照片上的哪些东西?描述一下你们看到了什么。" ◇"你们会如何比较这张照片和你所期望的看起来类似的现代照片(五个表兄弟,合家团聚等)?" ◇"过去70年里,社会的变化对这些人产生了怎样的影响?" 2. 解释相似性和差异性。 ◇解释这张照片和现代照片之间的异同。 ◇解释过去70年来社会问题对男性和女性影响的异同。 3. 假设不同条件下的结果。 ◇反思过去70年的变化,并设想照片中的某个人可能的经历。 ◇思考未来70年的变化,并假设你的家中某个人未来可能的经历。 4. 概括以形成对关系的广泛理解。 对美国在过去70年间发生的变化,以及可能对照片中的孩子和他们的家庭产生的影响做出说明。

本章小结

　　整合教学模式的目的是帮助学生理解大多数学科知识中发现的复杂和丰富的关系。整合教学模式支持批判性思维策略，同时帮助学生学习具体内容的概念、事实和概括。学生并不总是有机会探索学科知识各组成部分之间的关系，而整合教学模式通过对教师提问的类型、课堂的社会结构和讨论的数据源提供指导，从而让学生探索这些关系。

　　模式开始时由教师精心规划，选择一个主题以及课程中学生需要理解的基本内容。重要的是，这些理解的内容指导了对数据集的提问和建构。一旦规划完成，学生将在教师提供的信息中描述、比较和搜索模式，然后解释其中的相似性和差异性，并假设在不同条件下会发生什么。课程结束时学生会对这个主题做全面的概括。

拓展学习

活动

　　1. 在你目前正在教学或将要教学内容的州立标准中，找到有组织的知识体系或一组丰富的相互关联的概念、事实和概括。设计概念图，以显示你将要教授的信息中的关系。

　　2. 重新审视本章开头的情境。你认为这些课程的目标是否达到了？你有什么证据支持你的结论？列出你认为课程中最好的部分，如果你想要重上这节课，你会做哪些改变？

　　3. 设计或者查找适用于你所教内容或年级的整合课堂中的数据展示，为整合教学模式的每个步骤提出与数据展示相关的问题。

　　4. 做一个两页的讲义解释整合教学模式，为教学相同领域内容的教师提供参考。尝试预测教师对该整合教学模式会有哪些疑问，至少包括一张图片。

反思问题

　　1. 你对你所使用的教科书有什么看法？你会依赖教科书吗？为什么会或者为

什么不会？有没有一些忠告给大家？

2. 你将要教授的学科中最重要的概括是什么？你怎么知道这些是重要的概括？

3. 当你尝试实现整合教学模式时，预期会出现哪些问题？你认为该模式哪些方面还有优点？

第九章　苏氏研讨模式

本章目标

你将知道:

◇苏氏研讨模式的基础;

◇苏氏研讨模式的步骤;

◇如何评估苏氏研讨模式中的学习;

◇苏氏研讨模式如何满足个人需求;

◇苏氏研讨模式的优势;

◇苏氏研讨模式在中小学课堂的运用。

你将理解:

◇仔细分析文本可以增加学术知识、合作技能和批判性思维能力;

◇讨论开放式问题可以极大地提高学生的思维水平。

你将能够:

◇设计以使不同读者对同一文本有多种反应为中心的课程。

小学课堂应用

艾丽莎·拉斯金德女士(Ms. Alyssa Raskind)的二年级学生在课堂上区分权利和责任方面有困难。她的学生还需要练习在课文中识别问题和解决问题的方法。她认为,琼·W·布洛斯(Joan W. Blos)所著《老亨利》一书的研讨会可能有助于学生弄清权利和责任的差别。这本书讲的是一个叫亨利的人搬进一所老旧的空房子,安顿下来,却没有进行邻居们认为应该完成的修理。他喜欢读书、画画、照顾他的鸟,享受自己更悠闲的生活。最终,与邻居的冲突驱使亨利离开。但随后邻居们开始怀念老亨利和他的鹦鹉,与此同时,在他的新居所,亨利也开始怀念他的老邻居。

第三部分 高级教学模式

拉斯金德女士花了一些时间思考将用于研讨会的问题,以及她应如何提醒学生研讨会的规则和程序。她决定研讨会将有入场券,即要求学生完成以下句子:"好邻居是_____。"每个学生都需要有完整的句子才能参加研讨会。

大家入座并交出入场券后,研讨会就开始了。

拉斯金德女士:邻居之间的相互责任有哪些?

亚力克斯(Alex):他们必须和善地对待彼此。

詹姆斯(James):当你奶奶病了,他们必须帮助。

安妮卡(Annika):当你饿了,他们会给你食物。

拉斯金德女士:邻居可以帮助你,这是在做一件好事儿,但是,作为邻居来帮忙是一种责任吗?没有帮助别人摆脱困难就不是一个好邻居吗?想想承担责任是什么意思?住在同一个社区的人有什么样的责任?

经过一番讨论,全班确定,邻居有责任在其他邻居有需要时,尽力帮助他们,有责任照顾好邻居。他们也有责任互不打扰。

拉斯金德女士:亨利是个好邻居吗?他有权无视邻居的关心吗?

克洛伊(Chloe):他是一个好邻居,因为他没有打扰任何人。

索非娅(Sophia):但他又不是一个好邻居,因为他没有维系好友善的邻里关系。

克洛伊:他没必要做邻居们想要他做的一切事情。

拉斯金德女士:亨利的邻居是好邻居吗?给我一些你在书中看到的良好邻居行为的例子。

全班确定了亨利和他的邻居都不完美,每个人都在故事中学到了成为一个好邻居所要具备的东西。

拉斯金德女士：亨利的老邻居有什么问题？你如何解决这个问题？

特拉维斯(Travis)：亨利和他的邻居想要的东西不同。

安妮卡：亨利想独自一人。其他人想要一个好邻居。

全班继续讨论邻居的权利和责任。拉斯金德女士通过帮助她的学生总结他们所涵盖的中心思想来回顾讨论。

拉斯金德女士：我们确定的好邻居的权利和责任是什么？

学生从权利和责任的角度重申他们评定好邻居的标准，并且认为亨利和他的邻居都在尽力成为好邻居。然后拉斯金德女士问学生他们自己是否是优秀的讨论会的参与者。她让特拉维斯回答这个问题，并让他阐述为什么他认为自己是一名优秀的参与者。

特拉维斯：我认真听每一位同学的发言，并且不去打断他们的发言。我向克洛伊提了一个问题，并且当詹姆斯一直在讲话时我并没有变得暴躁。

其他的几名同学分享了他们的评估结果。

中学课堂应用

在关于美国历史的课上，学生曾经参加过苏氏研讨，并且他们也很期待今天的课程，因为这会是一次试图记住许多内战信息的突破。昨晚，古普塔先生(Mr. Gupta)让学生读马克·吐温(Mark Twain)的《战争祈祷》和《沙利文·巴卢少校的最后一封家书》。他还要求他们在文本中找到三个相似之处。这个任务将会作为参加研讨会的入场券。每一位学生都要提交入场券才能参加研讨会。

古普塔先生：谢谢大家为上课所做的准备。今天我们继续研究内战，有几个棘手的话题需要讨论。战争对于战胜者和战败者都产生了深远的影响。今天研讨会的问题是考察失败者——被征服的人会怎样？首先，我们要阐述一下马克·吐温和沙利文·巴卢是如何描述胜利者和失败者的。谁愿意开始？

艾维(Ivy)：嗯，马克·吐温似乎真的很反对战争，他把失败者的痛苦看得很重。但是不正是因为这个才使得他们的国家更加努力赢取胜利吗？

丹尼尔(Daniel)：你是怎么得知马克·吐温是反对战争的？

艾维：马克·吐温写道："如果你祈求雨水给你的庄稼带来福音，那你可能也是在祈求邻居的庄稼遭殃，因为邻居的庄稼可能并不需要雨水，甚至会因为雨水受灾。"我认为这句话的意思是我们不应该祈求战争胜利。

丹尼尔：所以,这些怎样能证明马克·吐温是反对战争的?

其他一些同学加入了讨论,并且运用文章的内容来证明马克·吐温总体来说是反对战争的。另一方面,奥利维亚(Olivia)认为陌生人想要每个人知道那场战争是非常糟糕的,但是不是说所有的战争都是糟糕的。

古普塔先生：如何对比沙利文·巴卢和陌生人在教堂里所关注的?沙利文·巴卢是否希望马克·吐温的《战争祈祷》被出版发行?你是怎样知道的?

胡里奥(Julio)和诺兰(Nolan)加入了本次探讨,玛丽莎(Marisa)也随后加入了。下面是他们讨论的一小段片段：

胡里奥：我认为沙利文·巴卢不想出版发行《战争祈祷》,因为他认为在战争中有一些理想值得为之牺牲生命。

诺兰：我同意。他说："我愿意——完全愿意——放下我生命中的所有快乐来帮助维持这个政府。"他也许害怕如果一些像《战争祈祷》这样的书出版发行,一些人将不会努力支持联邦战争了。

玛丽莎(Marisa)：但不是一直有人反对战争吗?

当古普塔先生开始提问布尔朗战役的时候,讨论又持续了几分钟,在那场战役中沙利文·巴卢受了致命伤。

古普塔先生：你认为他对战争的看法有可能改变吗?

再一次,学生们都渴望分享。当古普塔先生打断并重复研讨会的问题时,他们表现得有一些惊愕,他的问题是——胜利的另一面是什么?被征服者会怎样?

法特玛(Fatma)：我不知道,但是我好奇如果沙利文·巴卢一方输了战争,他的家人会怎样想。他们会失去丈夫和父亲,而且最终还会输掉战争!

胡里奥：是的,但是他们最终是赢了,不过他们仍旧没有了丈夫和父亲。

然后几个学生讨论了战争带给联盟和联邦的是什么。在课程结束前十分钟,古普塔先生要求学生回顾一下本节课的讨论内容,并分享他们在研讨会期间听到的一些观点。

艾维：战争对于每一个人来说都是无益的。

诺兰：即使你知道人们将要受苦,仍有些事需要你为之奋斗。

安妮卡(Annika)：不是所有人都同意这个观点。有些人认为所有战争都是无益的。

大部分学生都分享了观点，还有两名同学总结了讨论，并且在研讨会结束时，学生对自己的表现进行了评估，并讨论了研讨会问题的质量。

苏氏研讨模式的基础

苏格拉底式研讨的想法源自于以梅诺（Meno）命名的一段柏拉图的对话。

在这段最著名的和苏格拉底的对话中，梅诺询问美德是否可以被教导，苏格拉底认为，任何想法都不能直接传授。相反，他建议，我们所知道的一切是通过一系列的问题和探究过程获得的。这就是苏氏研讨模式的基础。根据苏格拉底所说的，教师的工作是帮助学习者搜集想法，进而建立新旧知识之间的联系。这很可能是"教育"这个动词的词源，意思是"引出"。苏氏研讨模式演化到现在，往往倾向于开放式或有争议的问题（例如，美国孤立主义在20世纪30年代是否合理？），这些问题没有明确的答案。这并不是说研讨会的主题永远不可能是一个数学问题，但如果是的话，问题会有多个解决方案。

本章的目的是阐述课堂对话和探究的教学价值，尤其重点关注苏氏研讨模式。讨论其在学生学习中发挥的重要作用，因为学生能够与知识渊博的同学和成人交谈。讨论允许获取和构建信息，以及将新信息与个人以前的经验联系起来。然而，并不是所有的课堂交谈都是面向讨论的。课堂上的许多交谈不是讨论。例如，快节奏的师生诵读，即教师提问——学生回答——教师反馈模式。另一方面，讨论为生生之间对话和学生持续的批判性探究提供了机会，并且这是诵读式教学的一种替代方法。在苏氏研讨模式中，交流是一项专门的讨论——对话。一般性讨论和对话之间有许多区别。讨论是论点被争辩和反驳，通常试图为单一观点提出强有力的论据。而在对话中，参与者超越单一观点，并在不同想法之间寻找更大的联系。参与者使用倾听技能获得不同观点，并与之共鸣。

有计划的对话帮助学生朝着复杂的认知、社会和情感目标成长。苏氏研讨模式促进学生的内容学习，培养学生合作的社交技能，帮助学生发现他们作为富有成效的学习社区中的一员的能力。此外，苏氏研讨模式为所讨论问题的相关价值观的研讨提供了一个相对安全的场所。

苏氏研讨模式旨在使用苏格拉底辩证法——通过逻辑上的质疑来探索思想，以帮助学生在思考了一些观点后能有一个更深入的理解。（Fischer,2008）苏氏研讨模式适用于所有内容领域和所有年级。每个学科都有相互冲突的观点,可以通过确定假设和各种解释以及研究结论的结构来检验。因为苏氏研讨模式允许学生通过与他人的想法和理解的交流来构建新知识,它们与我们所知道的学生如何学习以及学生如何"拥有"和建构他们的理解是一致的。学生在苏氏研讨模式中是积极的学习者,而不是简单地接受教师或课本提供的信息。对话教学要求学生考虑各种不同的观点。在苏氏研讨会上,学生参与讨论,在讨论中从逻辑上权衡相互矛盾的观点,通过发现不同观点之间的联系来解决内在矛盾。研讨是以学生为中心,而不是以教师为中心,教师扮演着"俯身指导"的角色,而不是"讲台圣贤"。事实上,对一个正在进行中的苏氏研讨会的来访者而言,可能需要观察两次,才能找到教师是哪一位。

苏氏研讨模式的变式

目前围绕苏格拉底式提问组织了多次研讨会。每个模式都依赖于以特定文本(书面的、视觉的或音频的)或问题为中心的学生之间的对话。苏氏研讨模式是随着时间的推移而演变的,并且以多种方式实施。在探讨复杂且丰富的问题的谈话中,进行苏格拉底式研讨,能够激发学生的思考。苏氏研讨模式的前提是学生对重要问题的认识在其智力发展中起重要作用,并且对文本的探究允许有规律的对话——这是一种从逻辑上探讨观点的方式。苏氏研讨模式要求学生基于对材料的个人思考,进行彼此合作和相互尊重的谈话,从而批判性地思考文本。这些个人思考反映了学生以前的知识和经验。该模式不依赖于记忆离散的信息片段,也不能容忍一知半解。

苏氏研讨应该大家围成一圈,而不是一排排桌子,以便学生能看到演讲者,鼓励他们聆听。根据班级规模,研讨可以是全班围成一圈参与,也可以分成圈内和圈外进行。双圈方式(圈内/圈外)通过参与者短时间内变换位置来进行。研讨主要在圈内进行,圈外成员不参与对话,而是做笔记和形成问题,并在进入圈内后提出问题。另一种方式是每位圈内学生与一位圈外学生组成搭档,圈外搭档成为圈内成员的指导——仔细聆听对话并回应,如果可以,针对问题和/或评论,通过传纸条向圈内成员提出建议。

苏氏研讨与我们所知道的人如何学习,以及如何组织课堂和学校环境以促进学习是一致的。苏氏研讨模式契合了以学习者为中心,以知识为中心,以评估为中心,以社区为中心的环境的发展。用布兰斯福德,布朗和科金(Bransford, Brown, & Cocking, 2000, p. 136)的话来说:"如果教学被认为是构建主题与学生之间的桥梁,以学习者为中心的教师则不断关注着桥梁的两边。"研讨会允许学生根据自己的经验和文化视角分享见解和知识,使教师能够帮助解释,揭示假设,识别误解。此外,由于思考和学习是如此透明,因而苏氏研讨模式有很强的诊断成分。

这些研讨会的公共性质要求在以知识为中心的课堂中强调群体关注。学生在讨论重要话题时,必须用到复杂的学习技能——总结、释义、解释、分析观点和假设——所有这些都有助于营造一个能促进在分享重要概念和理解时舒适与安全的环境。学生只有在安全的环境中才能表现得更加在行,因为他们能理解这些被共享的观点。

此外,苏氏研讨模式为学生提供了发展元认知技能的机会,因为他们接收到了对自己想法和同伴想法的反馈。教师和学生能够分享他们已有的知识和经验、文化观点和社区价值观,让教师/辅导员有机会做出以学习者为中心的决策。由于有机会进行自我评估和元认知,苏氏研讨模式也涉及了如何正确教学。随着学生参与讨论,有一些规范可以评估他们的表现。一个好的研讨会可以培养一个从事探究的学习群体——这也许是所有学习环境中最重要的特征。

有趣的是,苏氏研讨的存在时间比研究人们如何学习要悠久得多。当然,对话是一种自然的沟通方式,自文明开始以来就一直被用于辩论。然而,与辩论不同,对话是协作的,每个参与者都致力于从文本中获取意义,并寻找共同点。对话有可能通过检验假设来改变观点,而以开放的态度解决问题。民主制度一直致力于寻求共同的解决办法,而对苏氏研讨的固有尊重则有助于培养民主制度中的积极公民。

提问

所有课堂讨论的质量和成功都取决于教师准备的各种问题。问题应能帮助学生学习。好的问题是有教育意义的——它们提供了更深入思考的机会。有几种方法能分辨教师可以提出的问题类型,以及不同类型的问题对学生学习的影响。基于本章的目的,我们将根据布卢姆教育目标分类学修订版和保罗对苏格拉底问题的分类(Anderson & Krathwohl, 2001; Paul, 1993),对问题进行检验。布卢姆教育目标分类学修订版有助于评估教学取向的所有要素——目标、教学和评估。提问仅仅是教学的一个方面。通过描述课堂中使用的认知过程的范围和知识类型,目标分类法为计划、实施和评估教学提供了指导。

修订后的分类法为问题的提出指出了六个认知层面。以下每个认知层面的正例将在下文提供:

1. 记忆性问题:要求学生回忆信息。
2. 理解性问题:要求学生解释想法或概念。
3. 应用性问题:要求学生在另一种熟悉的情况下使用信息。
4. 分析性问题:要求学生将信息分解成多个部分,以探索部分之间的关系。
5. 评估性问题:要求学生对一个决定或一个行动方案做出解释。
6. 创造性问题:要求学生产生新的思考方式。

保罗(Paul,1993)对苏氏研讨模式中教师/辅导者可以使用的问题类型进行分类:

◇关于澄清的问题;
◇关于假设的问题;
◇关于原因和论据的问题;
◇关于观点或看法的问题;
◇关于影响和结果的问题;
◇关于问题的问题。

上述问题的正例将在本章后面关于评估苏氏研讨模式(该模式的步骤6)的讨论中提出。

提问类型示例

你还记得安徒生(Hans Christian Andersen)的"丑小鸭"故事吗?我们将用这个故事作为文本,用来说明苏氏研讨模式中可以用到的不同类型的问题。这个故事描述了一只母鸭似乎用了很长时间孵化鸭蛋。最终,除了其中一个,所有鸭蛋都孵化了。母鸭坐在那个剩下的蛋上,一只老鸭过来拜访,劝母鸭放弃,但母鸭坚持等到了那个蛋孵化,一只又大又丑的鸟从蛋壳中钻了出来。这只鸭从来没有被农场接纳,包括鸭皇后,甚至他的母亲。在被自己的兄弟姐妹反复攻击之后,年轻的小鸭子独自离开家乡,决心自力更生,找到自己的一席之地。他四处徘徊,遇到了三只喧闹的野鸭,一个老妇人和她的宠物——一只母鸡和一只猫——以及一些飞向南方过冬的美丽的天鹅。不久之后,池塘结冰,小鸭子被困在冰中。一个善良的樵夫救了他,并把他带回家。小鸭子又被樵夫的孩子们嘲笑,他再次逃跑了。不知怎的,小鸭子竟然自己在冬天生存了下来。第二年早春,他来到一个池塘边,一群美丽的白天鹅正在游泳。他慢慢靠近,那些美丽的生物欢迎并接纳了他。小鸭惊讶地凝视着水中的自己,意识到自己原来是一只天鹅。

记忆

记忆性问题要求学生回忆、重述或记住学习的信息:

◇"母鸭在等待大鸭蛋孵化时,老鸭子给了她什么建议?"

◇"描述在寒冷的冬天,小鸭发生了什么事情。"

理解

理解性问题要求学生通过解释和重述所学知识来理解信息:

◇"你怎么解释为什么大鸭蛋花了这么长时间才能孵化?"

◇"小鸭子离开农场后发生了什么事?"

◇"你能举例说说对小鸭子的不公平待遇吗?"

应用

应用性问题要求学生在不同于学习环境的情境中使用信息:

◇"你能不能想起某个时候,人们因为外貌而被不公平对待?"

◇"小鸭子孵出来时,你会跟母鸭说什么?"

◇"在故事中,天鹅离开寒冷的冬天,寻找更暖的气候。你是否知道还有其他动物离开寒冷的环境,去更暖和的地方过冬?"

分析

分析性问题要求学生将学习的信息分解成多个部分:

◇"小鸭子的冒险故事中哪些可以省略?"

◇"如果小鸭子没有跟随老太太找到小房子,可能会发生什么事?"

◇"你能解释一下小鸭子的兄弟姐妹身上一定发生过什么事吗?"

◇"你能解释为什么农场里的动物对小鸭子态度不好?"

◇"如果鸭皇后接受了小鸭子会怎么样?"

评价

评价问题要求学生根据反应和评价做出决定:

◇"如果你住在农场,你会怎样对待小鸭子?"

◇"你如何看待母鸭对待小鸭子的态度?"

◇"你认为让小鸭子离开农场是个好主意吗?"

◇"如果你是小鸭子,第一次看到美丽的天鹅时,你会有什么感觉?"

创造

创造性问题要求学生提出新的想法和信息:

◇"你觉得在什么情况下,小鸭子才能快乐地住在农场?"

◇"如果巢里有两只天鹅蛋,会发生什么事?"

◇"你能讲一个因为长得不好看而被不友好对待的人的故事吗?"

布卢姆的教育目标分类学修订版有助于向学生提出各种不同认知需求的问题。然而,苏氏研讨模式也需要对不同的问题进行分析。研讨会是快节奏的,在教师引导下,学生在对话中探究问题,其间会产生一系列非预设的后续问题。这些后续问题可以受益于保罗对苏式研讨问题的分类,因为分类法提供的观点使教师有意识地提醒学生阐述和验证假设,探究论据,解释观点,调查影响和后果——这些都有助于研讨中的对话(见本章的表9-1)。

苏氏研讨模式的步骤

步骤1:选择文本——书面的、视觉的或音频的

文本的选择应与所在州课程标准中列出的基本观念,以及为计划的教学单元设计的理解目标相关。苏氏研讨模式适用于要求学生在学习者群体中表达思想,以及运用更高层次的思维和解决问题的教学目标。文本必须符合学生的阅读水平,以便学生可以独立阅读或探究。如果文本是艺术、音乐或视频剪辑,年龄是否适合是重要的考虑因素。学生应该对阅读和思考内容感到舒适,并且在参加研讨会时不会感到困惑和沮丧。

开放的研讨问题应是广泛、抽象且有吸引力的——能够扼要概括文本的本质,如以下例子所示:

◇"美国梦在过去的一百年里如何改变?"(《了不起的盖茨比》)

◇"有没有正义的战争?"(《独立宣言》)

◇"重要音乐听起来不好吗?"(音乐摘录)

◇"艺术必须具有代表性吗?"(现代艺术作品)

开放式问题可能会超越文本,也就是说,问题可能比文本中显而易见的话题范围更大,且可以迁移到其他内容上,但讨论应能帮助学生回答广泛的问题,并以一种激发个人反应的方式让其参与其中。

步骤2:依据认知需求对问题进行规划和分组

按主题将问题分组。确定基本问题并开始收集问题。所谓基本问题,是"伞"型问题——层次更高、范围广泛,且能引发话题。问题群包括能引发话题的低阶和高阶问题。一个问题集,如图9-1所示,由一个广泛的问题和6—8个焦点问题组成。有几个不同的问题集为讨论的话题提供了不同的切入点,这就让学生在从个人角度解决问题之前,超越对"基本"问题的初步回应,转向范围更广的信息。

随着讨论的展开,问题集为教师提供了灵活性。根据前面问题的答案,教师可以选择不同的问题集。必须记住,基本的问题集可能以几种不同的方式回答,而对文本的数据支持强度则决定了个人答案的有效性。如果一个问题只指向一个答案,那它就不是一个基本问题。苏氏研讨模式的精髓在于话题的各方都有正当理由,而研讨目标是找出各方之间的联系。

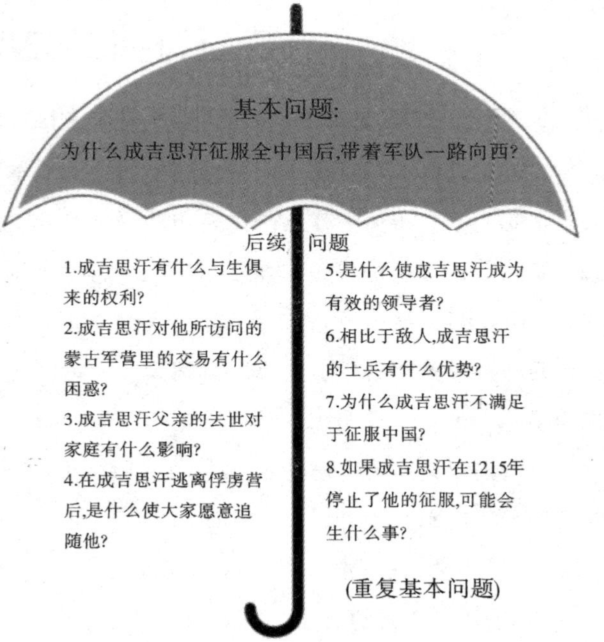

步骤3:引入苏氏研讨模式

让学生知道,苏氏研讨模式的一个主要目的是帮助他们在与他人进行交流时学会独立思考。研讨会旨在让教师和学生练习进行具有以下特点的对话:

◇对文本中观点持开放态度,这些观点使以前持有的信念变得不确定;

基本问题:
为什么成吉思汗征服全中国后,带着军队一路向西?

后续问题

1.成吉思汗有什么与生俱来的权利?
2.成吉思汗对他所访问的蒙古军营里的交易有什么困惑?
3.成吉思汗父亲的去世对家庭有什么影响?
4.在成吉思汗逃离俘虏营后,是什么使大家愿意追随他?

5.是什么使成吉思汗成为有效的领导者?
6.相比于敌人,成吉思汗的士兵有什么优势?
7.为什么成吉思汗不满足于征服中国?
8.如果成吉思汗在1215年停止了他的征服,可能会生什么事?

(重复基本问题)

图9-1 关于成吉思汗的问题集

◇在与别人剖析文本时不要太早下结论；
◇在劝说别人和与别人交流信仰时不设防；
◇接受其他观点的合理性，也是发现共同点的一种方式；
◇通过积极倾听寻求观点之间的共同点。

与你的学生一起，探讨富有成效的研讨会参与的标准。优秀的研讨会成员应尊重其他参与者的学习，表现为：(1)耐心倾听各种想法；(2)积极寻求解释；(3)推动对话发展；(4)向所有或大多数其他参与者发表评论；(5)控制说话时间。最后一个特点对学生来说往往是最难做到的。许多因素会导致研讨会被一个或一小群学生主宰，这不符合苏氏研讨模式的规则，小组成员或领导者应设法解决这一问题。通常，只要提醒不遵守规则的学生研讨会的目的，就可以避免这一现象。

优秀的研讨会成员并不急于回答问题，而是等到可以从文本中引用论据，且能清晰地、周到地、有逻辑地表达想法，再进行推理论证。杰出的成员会将之前提到的诸多想法间建立联系，并综合考虑他人和自己的想法。

弄清他人想法是与现实世界相处的重要组成部分，这并不容易，因为有时人不想表达真实的想法，或难以准确地表达自己的想法和感受。人们倾向于认为书面文字比谈话更明确。在谈话中，身体语言、面部表情和语调都有助于表达意思。作家虽然努力以明确的措辞表达出自己的意思，但读者的个人理解和作家赋予词语的意思之间总存在差距。不同的人阅读同一篇文章时，会有不同的理解。但是，如果有几位读者一起讨论他们的想法，他们将能更清楚地理解文本。苏氏研讨模式旨在帮助学习者群体一同理解文本的内涵。

在讨论之前，应该把桌子围成一个圆圈，以便每个人都可以看到其他参与者。每个学生都应该有一份文本复印件，且对其中有趣的想法或问题做好个人注释。提醒学生研讨会的基本规则——最重要的可能是参与者在被点到名前不应发表意见。

步骤4：开展对话

如果学生已经多次参加过苏氏研讨会，可以让一位学生主持。否则，建议由教师主持对话。在主持讨论时，频繁地提出后续问题，迫使学生大声地辩论，使他人能听到他的想法。在问学生想法，以及能否论证时，应采用令人鼓舞的语调。

在提出问题后,适当等待,直到多数学生举起手再叫学生回答。注意,不要总是让同一个学生或第一个举起手的学生回答,这样可以让学生明白,花适当时间思考的行为更受欢迎。此外,多问几个学生的想法,再转到下一个问题。对于学生的每一个想法,试着追问缘由,以及在文本中可以引用什么论据来支持这些想法。其他人的见解有助于学生发展自己的想法,丰富的观点视角才能使学生更加透彻地看待问题。

如果觉得学生的评论无效,试着让学生从文本中寻找论据。而且,当学生没发现推论是不合理时,不应该指出这一点,可以进一步提问。大多数学生对自己解决问题或做出决定的能力几乎没有信心。如果你在学生困惑时介入,为他们提供答案,虽然他们也许会对讨论中的要点理解得更多,但为获得知识而导致潜在的失去信心是否值得?经过反复讨论,寻找论据的模式的需要会变得逐渐清晰。

记住提开放式的问题,而不是有具体答案的问题,还应防范那些与你认同的答案相关,却不太严格的推论。对于那些听起来似乎正确却没有足够支持的论断,试着要求学生提供论据。

由于这一模式的重心在于培养学生的批判性思维,而非获得结论,所以寻求明确结论的过程是没有终点的。没有一个正确的结论的想法很难让学生掌握,但如果他们能注意到这个概念也是很好的。如果他们能理解分歧是可以接受的,并且可以引发更多的见解,这也是很好的。

步骤5:讨论回顾和小结

研讨会结束后,学生需要分享讨论期间听到或观察到的内容。进行简短的讨论,让学生交流如何看待研讨会的过程和自己的想法,重要的是练习他们的元认知,巩固学生在研讨会中的收获。同样地,教师/辅导员和学生应该对所讨论的主题和图片进行概括,让学生进一步探讨分享的信息和见解。如果没有这些环节,许多突出的想法无法与课程的基本内容联系起来。必须提醒学生,研讨会的过程是重要的——批判性思维是一个有用且重要的技能,而共同追求的观点代表了课堂所要教授的知识。

步骤6：根据制订的标准与学生一起开展评估

苏氏研讨模式是学生在独立思考、解释问题，以及与同伴思考的观点一致或相左时使用的绝佳工具。但是如何评估这一活动？

要评估领导者的表现，请回顾其在研讨会上提出的问题。你偏离了计划吗？什么时候？哪里？为什么？又如何回到讨论的问题？是否抓住学生的线索？又错过了哪些解释评论、考察假设、要求具体的原因和论据，以及质疑观点、影响和结果的机会？保罗和埃尔德（Paul & Elder,2006）在分类法中确定的六种关于苏氏研讨模式的问题（见图9-2）为评估领导者提供了一个很好的清单。

苏氏研讨模式为学生提供了练习元认知思维的机会。在研讨会的前几个环节，学生可以使用以下问题来评估自己的表现：

◇ 我是否说得足够清晰，让所有人都能听到？
◇ 我是否为每一个意见提供了理由和论据？
◇ 我是否将文本作为我论据的来源？
◇ 我是否仔细倾听别人？
◇ 我是否阻碍了谈话的进行？
◇ 除了领导者之外，我还和其他讨论者说话吗？
◇ 我是否在合适的时候进行调整？
◇ 当我困惑时，是否寻求帮助？
◇ 我为同学提供支持了吗？
◇ 我是否避免了带有敌意的会话？
◇ 我为研讨会做了准备吗？

关于澄清的问题

◇ 你……的意思是？
◇ 这与你最初的观点有什么关系？
◇ 你到底在说什么？
◇ 你能把你的想法说得更清楚些吗？
◇ 这是什么例子？
◇ 这与前面的观点有什么关系？

关于假设的问题
- 你的基本假设是什么?
- 你的所有评论都基于一个假设。这是你想要的吗?
- 我们还可以做什么其他的假设?
- 为什么有人会做这个假设?
- 这会是一直对的吗?
- 你如何证明这个假设呢?

关于原因和论据的问题
- 你是如何知道的?
- 你可以给我们举个例子吗?
- 这些原因是否足以做出这一假设或产生这一结论?
- 你这么说的原因是什么?
- 如何应用这一情况?
- 什么会改变你的想法?
- 你为什么认为这是真的?
- 有理由怀疑这一论据吗?

关于观点或看法的问题
- 你在暗示什么?
- 你觉得……中哪些是可信的?
- 其他人会怎么回应?
- 不同意这个观点的人会怎么说?
- 有什么可以替代这个观点?
- 这会有什么影响?

关于影响和结果的问题
- 我们如何才能发现?
- 如果这种情况发生了,还有可能发生什么?
- 如果这种情况先发生,会有什么影响?
- 这可能会发生吗?

◇你在暗示什么？

◇如果是这种情况，那还有什么会是对的？

关于问题的问题

◇为什么我们在研究这个问题？

◇问题清楚吗？我们明白这个问题吗？

◇要回答这个问题，首先要回答什么？

◇这与……是同一个问题吗？

◇这个问题是否容易或难以回答？为什么？

◇这个问题该如何解决？

来源：经允许，根据《像苏格拉底一样提问》(Paul, R., & Elder, L., 2006) 和"批判性思维的基础"(www.criticalthinking.org) 改编。

图 9-2　苏氏研讨模式的问题分类

评估学生在研讨中的表现的方法有很多种。许多网站使用了与我们阐述的类别一致的整体性量规来评估学生的整体表现。以下指标可用于对学生的参与进行评估：

◇通过注意讨论的细节来展示倾听技能；

◇利用他人的贡献做出回应；

◇通过对先前想法进行解释和拓展，跟上对话进度；

◇礼貌地指出理解、论据或逻辑上的差距；

◇避免分心。

还可以根据学生为研讨会做的准备，对他们进行评估：

◇通过文本的熟悉度——确定主要想法和冲突，以及对词汇的准确使用——来考查学生对文本的阅读和思考；

◇对文本进行注释，让参与者可以经常提及文本的特定部分。

参与和准备的这些特性可以作为对所有研讨会参与者进行评估的基础。其他可能的评估将在"苏氏研讨模式的学习评估"一节中列出。

苏氏研讨模式的步骤小结

1. 选择文本——书面的、视觉的或音频的。阅读材料（如果材料是视觉或音频形式，则要提供获取材料的访问途径），将文本与课程标准相关联，选择一个基本的、有力的、本质的问题。

2. 依据认知需求对问题进行规划和分组。问题应该允许学生表达立场，并反映你对学生已知的，以及他们的准备和兴趣的了解。

3. 引入苏氏研讨模式。通过一系列学生认为应该学习到什么的问题，解释苏氏研讨模式的好处，然后介绍对学生行为的期望以及评估方式，布置阅读任务并提醒学生如何准备讨论。

4. 开展对话。在对话期间，尽量保持非定向角色。鼓励学生之间的互动。在探究学生的理解和学习进度时，灵活地使用问题集。

交互式教学的策略提示

交互式教学（Reciprocal Teaching）有时又称结构化对话（structured dialogue），包含了四个步骤：预测、提问、阐明、总结。其观点是，在阅读过程中，学生应该不断地预测（并不断修正这些预测），提出问题，阐明出现的混淆，并在阅读过程中不断进行总结。教师和学生一边阅读文本，一边轮流模拟这些步骤。

给学生分发一套索引卡，每张卡片都标有一个步骤。打开教科书或其他阅读材料，让持有"预测"卡的人猜测我们可能会从阅读中学到什么。将这些预测写在黑板上。接下来让持有"问题"卡的人提出有关即将学习的主题的问题。将这些问题也写在黑板上。现在让大家读一两页的文本，直到一个逻辑上的停顿点。询问持有"阐述"卡片的学生，是否从文本中发现前面问题的答案。记录这些可能的答案。还要询问文本有哪些令人困惑或不清楚的地方，如果有，负责"阐述"的学生是否可以解决困惑。这可能意味着学生要从别的资源中寻找帮助。接下来是"总结"卡。持有该卡片的学生要总结下当前我们学到的内容，并在黑板上写下简要概括。

第三部分 高级教学模式

> 现在让学生与持有不同卡片的人交换。在阅读文本时重复该过程多次,或直到确定学生有能力自行完成活动。

5. 讨论回顾和小结。回顾讨论中提出的要点,鼓励学生记下令他们印象深刻的观点,要求他们做出贡献。你还可以询问是否有学生在讨论基本问题的答案过程中改变了想法。他们的想法是如何改变的?为什么?

6. 根据制订的标准与学生一起开展评估。研讨会领导者和学生应在研讨期间评估个人行为。评估应通过使用量规和检查单来进行。

以上我们列举了描述、规划和使用苏氏研讨模式的过程,前面的讨论则阐述了研讨会如何适应课堂教学。苏氏研讨模式要求仔细选择文本、认真计划和高度信任学生。通过研究在研讨会框架内教师和学生的潜在行为,可以思考需要掌握模式的哪些教学行为、教学知识和技能,并将其纳入你的专业工具箱中。表9-1将帮助你考虑教师和学生需要做什么来构建一场成功而丰富的研讨会,这不仅仅是一个讨论——研讨会需要复杂的学生行为和机敏的教师回应。在本书第十五章中会有案例研究说明如何在具体情境中运用苏氏研讨模式。

苏式研讨模式的学习评估

苏氏研讨模式可以对学生进行形成性评估和总结性评估。形成性评估可以在研讨会之前、期间和之后进行。在研讨会之前,可以要求学生撰写与文本直接相关的澄清问题和答案。这些问题将反映学生的理解水平,并向教师和学生提供形成性信息。学生生成的问题也可能在研讨会期间被进行评估(无论是整个班级还是圈内/圈外的安排)。问题可以就清晰度、复杂性、与文本以及研讨会目标的关系等进行评估。一旦对话完成,学生可能被要求对他们认为研讨会中最重要的问题进行评估。然后,学生可以分享和讨论这些能指出研讨会中注意到和学习到的内容性信息。

表 9-1 苏氏研讨模式中教师和学生的潜在行为

步 骤	教 师	学 生
1. 选择文本	◇选择可理解的文本（书面的、视觉的或音频的） ◇将文本与课程标准相关联；确保一致性 ◇构建一个基本的、有力的、本质的问题，作为研讨会的焦点	
2. 分组问题	◇准备和组织一系列研讨会问题，以帮助学生阐述想法，运用更高阶的思维方式并解决问题	
3. 引入模式	◇解释苏氏研讨模式的流程 ◇回顾行为预期和评估过程 ◇介绍并分发文本 ◇将文本与学生过去的经验和知识联系起来 ◇为学生的准备搭建教学支架	◇如有必要，要求澄清有关流程和文本的问题 ◇考虑与过程和文本相关的先备知识 ◇预测在研讨过程中可能出现的个人挑战 ◇制订准备计划
4. 开展对话	◇提出开放性的问题和后续问题 ◇要求有论据的推论，有力的总结和对讨论规则的注意，以促进讨论 ◇记录学生的回答 ◇尝试加深学生的理解	◇注意开放性信息 ◇按照规则参与讨论 ◇构建和支持关于文本的推论 ◇记录一些特定讨论点的困惑
5. 回顾和总结研讨会	◇回顾主要讨论点 ◇要求学生总结讨论的主要观点 ◇贡献讨论中可能没有出现的重要观点 ◇激发学生对讨论进行回应	◇回答教师和同学在讨论中的问题 ◇总结研讨会要点 ◇评估对研讨会中主要观点的贡献 ◇评估个人对研讨会目标的理解
6. 评估研讨会	◇促进对研讨会讨论和学生参与的评估 ◇讨论个人责任和评估 ◇监督学生对研讨会的判断 ◇与学生合作进行实际的个人评估	◇评估同伴和个人在研讨会的表现 ◇为教师提供能促进研讨会的反馈意见 ◇考虑研讨会中可能遇到的个人挑战，并对讨论进行概括

第三部分 高级教学模式

本章讨论了教师在实施苏氏研讨模式时可以使用的一些元认知评估方法。这些检查单和量表也可以用来对学生进行总结性评估。在课堂上以此目的选择评估工具时，有几个注意事项：

◇工具（清单或量规）必须明确地符合课程标准和课程目标；

◇工具必须与发展相适应；

◇教师和学生必须能够明确地书写和理解工具；

◇参与特定研讨会的所有学生必须使用通用工具；

◇明确哪些行为会导致哪些成绩应该公开。

除了参与整体讨论外，学生还可以通过撰写作业、项目和角色扮演来评估研讨会的内容。教师也可以要求学生为刚刚参加的研讨会设计新的问题，或者制订一个新的研讨会来反映他们对研讨会内容和过程的理解。

苏式研讨模式与满足个人需求

苏氏研讨模式与大多数模式一样，为个性化教学提供了许多可能性。文本的选择是实现差异化的一个重要机会。通过选择音频和视频文本，教师有时候可以满足各种学生的学习兴趣，并为他们创造新的优势，教师还可以选择文本来响应学生的文化背景和兴趣。

设计具体问题为个性化教学提供了另一个机会。通过对问题进行设计和分组，可以满足特定学生的特定学习需求，扩大其文化认知度和提高学生的学习兴趣。所有这些目标都可以实现，同时也可以帮助学生展现对教学标准和目标的达成。

学生可以以不同的水平或层次参加研讨会，尤其是通过使用圈内/圈外的方法。学生可以通过包括观察研讨会并向参与者提供反馈、记录讨论、准备研讨问题，以及跟踪个人参与等进行选择。关键是教师使用那些通过密切观察学生收集到的信息，做出重要的教学决策，让个别学生从研讨会中获得最大收益。关于这些选项将基于教师的观察和学生的兴趣、准备情况和学习偏好而定。

使用苏氏研讨模式获得的信息和技能而产生的后续成果也可能有所区别。教师可以为学生编写研讨会摘要或构建对话中提出的观点的概念网，以及撰写一篇简短的论文阐述讨论的观点之间的联系等，还有许多其他选项也可用于学生选择最终的成果——关键是提供与学生当下的特点相匹配的选项。

苏氏研讨模式的优势

支持苏氏研讨模式的主要观点是,它总是基于一个开放性问题,旨在引导学生进行积极的对话并提出多种想法。研讨会不是基于"正确"的答案,而是基于"思考式参与",并提供与之相关的问题和信息。研讨会中的学生有机会在支持性学习群体中理解复杂的想法。他们被要求清楚地阐述这些想法,并提供证据。此外,学生更容易听到他们可能不认同的同学的发言与观点。思考式的参与是批判性思维的种子,并会创造新的关系和想法。

小学教学实例

苏式研讨模式:《老亨利》(作者琼·W·布洛斯)	
目标	**共同核心州立标准——英语/语言艺术 RL. 3. 1** 提问和回答问题,以表明对文本的理解,明确地引用文本作为答案的基础 **共同核心州立标准——英语/语言艺术 RL. 4. 2** 从故事、戏剧或诗歌文本中的细节确定主题,对文本进行概括总结 **共同核心州立标准——英语/语言艺术 RL. 4. 3** 在故事或戏剧中深入描述角色、场景或事件,借鉴文本中的特定细节(例如,角色的想法、语言或动作) **学生将知道** ◇邻居的权利和责任 ◇如何识别文本中的主要思想、问题以及解决方案 **学生将理解** ◇公民有责任保护他人的权利,这也可能会产生问题 **学生将能够** ◇合作参与对文本积极、深入的讨论 ◇确定老亨利及其邻居的感受和信念,以及一方对另一方的责任 ◇解释老亨利与他的邻居之间的冲突 ◇确定冲突的解决方式,以及使用其他别的什么方式也可能解决冲突 ◇考虑并建立各种观点

研讨会文本	《老亨利》讲述了这样一个故事：一位名叫亨利的男人搬进了一个古老的、空旷的、破旧的房子，而他邻居们的房子却是精心设计过的，他们有修剪好的草坪、喷绘好的房间，整体都被修整得非常好。但老亨利喜欢他的房子，就像他买的时候一样，他喜欢读书、画画、照顾他的鸟，并且过着悠闲的生活。邻居们惊奇地发现，亨利不去清扫小路，不去修整草坪，不去维修房子。对，一切都很适合他。老亨利最终与邻居的冲突驱使他离开。但随后，邻居开始怀念老亨利和他的鹦鹉，而老亨利在新居所，也开始怀念他以前的邻居。
评估	学生制作一个六幅故事情节图，在情节图中老亨利会有不同的结局。故事情节图应该确定问题，展示人物的感受，并提出解决方案。（前三步可能会在上课之前进行）
程序	1. 选择文本。阅读材料。将文本与课程标准联系起来，并选择一个基本的、有力的和本质的问题。关于《老亨利》的问题是："亨利有权忽视邻居的关切吗？" 2. 开发类似于以下示例的问题集。 ◇问题集1：什么是邻里？怎么做邻里？邻里公民有责任吗？这些责任是什么？老亨利社区的公民有什么责任？老亨利有没有责任？你怎么知道他们的职责是什么？邻居或是老亨利都有权利决定他们在邻里中如何生活吗？邻居的行为如何告诉你他们所认为的权利和责任？ ◇问题集2：书中的问题是什么？老亨利认为问题是什么？邻居认为问题是什么？老亨利想要什么？邻居想要什么？老亨利决定做什么？这是解决问题的方法吗？老亨利离开后，老亨利和邻居的感受如何？下一个问题是什么？亨利如何解决问题？你如何解决问题？邻居和老亨利是好公民吗？你怎么知道的？ 3. 向学生介绍模式。询问学生他们认为应该学习什么，以及如何从苏氏研讨模式中获益。接下来，介绍对学生行为的期望以及如何评估学生行为。提醒学生，好的研讨会参与者需要：(1) 耐心倾听同学的想法；(2) 有疑问时提出问题；(3) 推进讨论，不要让讨论只集中在一个问题上；(4) 向教师和同学发表意见；(5) 确保每个人都有机会发言。给学生阅读文本。 4. 开展讨论。 5. 回顾和总结讨论。 6. 与学生一起开展评估。要求学生考虑他们是否是好的研讨会讨论者。他们说清楚了吗？有没有给出答案的理由？是否尊重发言者？是否很好地使用了其他学生的想法？保持谈话持续进行了吗？为同伴提供支持和鼓励了吗？

中学教学实例

苏式研讨模式:《战争祈祷》和《沙利文·巴卢少校的最后一封家书》	
目 标	**共同核心州立标准——英语/语言艺术 RH. 9 – 10.1** 引用特定的文本证据以支持对主要和次要来源的分析,注意信息的日期和来源等特征 **共同核心州立标准——英语/语言艺术 RH. 9 – 10.2** 确定主要或次要来源的中心思想或信息;提供关于文本推进过程中关键事件或想法是如何发展的准确总结 **共同核心州立标准——英语/语言艺术 RH. 9 – 10.3** 详细分析文本中描述的一系列事件;确定较早的事件是否导致较晚的事件,还是只是在它们之前发生 **学生将知道** ◇关于布尔朗战役的细节以及为什么被认为是内战的转折点 **学生将理解** ◇战争的影响远不止战场 **学生将能够** ◇合作参与对文本积极、深入的讨论 ◇确定马克·吐温和沙利文·巴卢对战争后果的假设和解释 ◇考虑并建立各种观点
研讨会文本	这些短片都可以在互联网上找到。对马克·吐温和沙利文·巴卢相关的建议链接列在本章前面的网络资源中。
评 估	学生撰写一篇短文,对比马克·吐温和沙利文·巴卢关于战争的利益和代价的立场,并摘录文本以支持他们的结论。
过 程	前三步可以在上课之前进行。 1. 阅读所选文本。将文本与课程标准相关联,并选择一个基本的、有力的和本质的问题。本课的问题是:"胜利的另一面是什么?被征服者会怎样?" 2. 开发类似于以下示例的问题集。 ◇问题集1:沙利文·巴卢和教会中的陌生人关切的有什么不同? 它们有何相似性? 在我们国家,你注意到了关于战争的哪些问题? 如果沙利文·巴卢没有死于伤病,他的信是否一样有力量? 你会出版马克·吐温的《战争祈祷》吗? 你现在会再版吗? 你能分享你对战争和内战的看法吗? ◇问题集2:布尔朗战役被认为是内战的关键战役,因为双方快速锁定胜利,战争的代价也不得不发生了改变。沙利文·巴卢认为在战争中会发生什么? 战士的

过程	看法如何改变战争的过程?马克·吐温会如何描写布尔朗战役?如果你能和马克·吐温以及沙利文·巴卢对话,你会说什么?为什么? 3. 向学生介绍模式。询问学生他们认为应该从苏氏研讨模式中学习什么,以及如何获益。接下来,介绍对学生行为的预期以及如何评估学生行为。提醒学生,好的研讨会参与者需要:(1)耐心倾听他人的想法;(2)要求澄清;(3)推进讨论;(4)向所有人发表评论;(5)不要垄断对话。准备入场券,以确保学生已阅读或浏览文本。入场券可以是一个问题或一系列问题、日记、文本分析工作表或其他工作样本。 4. 开展讨论。在讨论内战的背景下,"civil"一词值得探讨。教师和学生可以使用词汇习得模式的技能深入研究这个简短但非常重要的词汇。他们会发现这个词是一个词族的一部分,包括礼貌(civility)、公民(citizen)、城市(city)、文明(civilization)和公民(civics),这是他们可能正在学习的社会学课程的内容。civics(公民)实际上是通过增加字母-s创造出来的,与politics(政治)有亲属关系。因此,在"国民行为(civil behavior)"这样的短语中,我们看到礼貌(polite)和公民(civics)之间似乎有概念上的联系。所有这些都表明,"战争(war)"与"国民的(civil)"之间并没有真正的瓜葛——它只是同一个国家的公民相互拿起武器发动战争的标志。实际上,美国内战造成的公民生命损失比美国其他战争造成的损失还要多!也许接下来学生就会把"内战"一词的概念看成是一个充满矛盾和冲突的词汇了。 5. 回顾和总结讨论。 6. 与学生一起开展评估。要求学生考虑他们是否为参加研讨会做好了准备,发言清楚,从文本中找到评论的依据,认真倾听,酌情解释,保持对话流畅,困惑时寻求帮助或为他人提供帮助。

本章小结

本章探讨了一个具体的讨论策略——基于特定文本对话的苏氏研讨模式。本章讨论如何筹备、举行和评估苏氏研讨,并提供有关课堂提问的内容,这些内容有助于构建研讨会和其他课堂的讨论。苏氏研讨模式提供了区分内容以满足学生需求的机会,并允许评估多元化。

拓展学习

活动

1. 选择一首最喜欢的儿歌。使用布卢姆教育目标分类学修订版中所有层面的问题构建一系列问题——记忆、理解、应用、分析、评估和创造。

2. 参与苏氏研讨模式的挑战之一是人们倾向于辩论而不是对话。你认为这两种互动形式之间的区别是什么？准备一个两列多行的表。用"对话"和"辩论"标记列；用"交互"、"信念"、"问题"或"目的"等属性标记行。这样做的目的是创建一个属性表，以区分"对话"和"辩论"这两个词汇。

3. 回顾你所在年级和区域的州标准，并选择符合苏氏研讨方法的两个或三个标准，确定一个文本，既能满足标准，同时又符合该模式，举办一次苏氏研讨，运用保罗等人的办法设计问题（见图 9-2），创建问题是苏氏研讨模式的基础。

反思问题

1. 你课上的学生可能习惯基于正确答案引发的讨论，当然在很多情况下这也是合适的，但是苏式模式研讨是一个对开放式问题的多种答案都能争夺主导地位的环境，所有人都可能是赢家。你认为这种方法是难还是易？你能做些什么来确保每种观点和看法在研讨会上都得到尊重？

2. 重要的是，在苏氏研讨会开始时，每个参与者都要阅读目标文本。有什么方法来确保做到这一点？

3. 除了加深阅读理解的技能之外，你认为苏氏研讨会还培养了哪些其他技能？请学生列出该模式可能培养的技能是个好点子吗？

第十章 合作学习模式

本章目标

你将知道：

◇合作学习模式的基础；

◇合作学习模式的通用模板；

◇若干具体的合作模式：涂鸦模式、切块拼接模式、学术辩论模式、学生小组成就区分模式；

◇如何评估合作学习模式中的学习；

◇合作学习模式如何满足个人需求；

◇合作学习模式的优势。

你将理解：

◇合作学习模式有效且高效地提供了发展社交、学术与认知技能的机会。

你将能够：

◇在规划和教学中设计、实施并反思合作学习模式；

◇向学生、家长和同行解释合作学习的价值和作用。

小学课堂应用

在赖特女士（Ms. Wright）四年级的科学课上，新的教学单元内容是云和天气，四年级组已经在学生中实施了基本的合作学习。现在学生能够很好地融入小组，在活动、交流、倾听时都安静交流，养成了礼貌的行为，虽然他们在学年之初并不总是如此。考虑到这一进步，赖特女士决定通过切块拼接课开始新的单元。

她通过分享学生友好型学习目标向大家介绍切块拼接模式，提供学习组和专家组的分工与责任，并为切块拼接过程的步骤明确命名。

赖特女士： 今天我们要学习关于云的新内容。只要人类生存在地球上，就一直对云及其相关的天气非常感兴趣。你们认为人们为什么对云感兴趣?

库克(Cookie): 因为它们总是在变。

拉里(Larry): 是的,当你看看云时,它可以告诉你会有什么样的天气,这肯定有一定的规律。

赖特女士: 我们通过观察尝试了解世界,并弄明白所看见的——我们寻找规律。观察云层是试图弄清我们世界某种秩序的一种方法。今天,我们要开始学习云和天气这个单元。你们将学习到五种不同的云,包括它们形成的方式以及与之相关的特定天气。首先,我们将进入各自的专家组,大家一起学习你选定的云类型。

赖特女士列出了专家组成员的名单,并告诉学生他们有60秒钟的时间进行分组并阅读活动指示。

赖特女士: 伊丽莎白(Elizabeth),请告诉大家,我们将在切块拼接专家组中做些什么。

伊丽莎白: 直到所有的工作完成前,我们都要待在自己的小组,遵守规则,确保小组中的每个人在向他人寻求帮助前已经理解自己的材料。活动指示上写,教师将为我们分配云的类型。我们可以自己选择想要了解的云的类型吗?

赖特女士: 你们将从帽子中选择你们的云类型。你们要回答的问题列在指示表上。你们可以利用互联网、教室里的图书以及教科书。请记住,今天在我们的专家组工作结束之前,你们需要做一个小册子,利用六种不同的信息片段描述

你们的云类型,告诉我们云的形成方式,并解释与你们的云的类型相关的天气类型。小册子将是你们明天向学习小组展示的基础。要确保小组的每一个人在下课前做好展示的准备。我会将你们的小册子复印,保证大家每人都有一份。

专家组开始工作,赖特女士在教室巡视并帮助小组进行分工,使他们能在规定时间内完成任务。上课结束时,所有的小组都为第二天的学习小组做好了准备。

第三部分 高级教学模式

中学课堂应用

鲍尼杰路德女士（Mrs. Bonigiraud）的总体教学目标是让学生了解沟通的内涵是发送和接收消息。今天的课程重点将集中在适当的正式和非正式短语在不同沟通环境中的使用。鲍尼杰路德女士选择了"涂鸦"模式，因为通过模式的反馈可以让她了解学生的掌握程度，把握该为学生的复习提供哪些内容。

鲍尼杰路德女士：今天我们要做一个涂鸦活动。我们之前已经做过一次。你们还记得如何进行海报活动吗？

丹尼斯（Denis）：是的，我们花了太多的时间在海报工作上，太吵了！

鲍尼杰路德女士：我记得。今天，我们只花三分钟时间在每张海报上，这应该有帮助。我得提醒你们想一想，希望在这次活动中获得哪些收益。

鲍尼杰路德女士提出了对学生学习过程和行为方式的期待，她要求学生再把这个过程解释一遍，并确保每个人都知道该怎么做。

鲍尼杰路德女士：我相信你们中的许多人都有脸谱账户，还知道评论墙，并且会评论别人的帖子，对不对？

玛格丽特（Marguerite）：哦，是啊！如果你同意别人的帖子，你还可以点击"赞"。

尼古拉斯（Nicolas）：有些帖子是私密的，所以没有评论的意义——你只需写下你自己的观点，就在你和他人的评论墙之间。

鲍尼杰路德女士：对，你们两个都在描述交流。有时候，需要不断反复交流直到两人都谈了一个完整的想法。在任何一种情况下，如果作者想要交流，原帖应该尽可能地表达清楚。今天，我们将讨论正式和非正式语言。清晰的沟通要求我们知道何时使用正式或非正式的语言。

阿德里安（Adrien）：你的意思是我们在一个环境中以一种方式说话，在另一个环境中以不同的方式说话？

玛蒂尔德（Mathilde）：嗯，我和祖母说话使用的语言和朋友在电影院说话使用的语言是不一样的。

鲍尼杰路德女士：完全正确。让我看看你们在海报上描述的这些场景中会使用什么样的句子。我会用这个计时器来控制时间。

小组活动开始,并持续15分钟。鲍尼杰路德女士在教室巡视,回答学生问题,纠正他们的误解和错误,并提出建议。学生一起融洽地活动,并遵循已讨论过的整个学年合作规则。计时器使学生在整个活动过程中保持专注。他们积极地和全班一起总结和分享自己小组的发现。

鲍尼杰路德女士:所有的汇报展示有什么共同点?我们可以从小组汇报中总结出什么吗?

古斯塔夫(Gustave):在有些时间和场合下,使用正式语句更恰当。

阿德里安:正式语句比非正式的使用更多。

玛蒂尔德:我想那是因为我们用了很多课本上的语句。

鲍尼杰路德女士:人们如何学习非正式语言表达?

阿德里安:我认为我们非正式语言表达的学习来自生活、倾听和使用表情。

讨论一直持续到下课铃声响起。

合作学习模式的基础

问责制时代对于教师尤其是新手教师来说有许多优点,但也有很多缺点。标准为发展目标提供指导(学生需要知道、理解、并能够做到),但标准往往定义太多内容,因而从表面上看,教学变得肤浅。此外,大家都呼吁学校教育要有不同的教学目标,有人指出学生面对的不仅仅是学术环境,还有社会交往和工作岗位。学校教育意在将孩子社会化为成人,要求注重其个性发展和社会技能的培养。这些压力使教师的日常计划成为一个难以应付的过程。本书中提出的教学模式,旨在通过组织学习环境,来帮助教师制订日常教学决策,使学生能够达到教学目标,并有机会发展更高层次的思维。合作学习模式也让学生有机会发展个人的和社会的技能。

合作学习模式已在教育界使用,从幼儿园至12年级,还包括商务、教育、法律和医学等方面的成人职业发展。集体学习的概念在教育中并不新鲜,阅读小组、团队运动、科学项目小组、学生戏剧作品和校报都是其渗透到美国教学活动中的例子。

人们在校内外习惯于集体工作——有些团体是合作的,但有些不是。重要的

第三部分 高级教学模式

是要记住,不是每个团队都是合作的。大多数研究人员认为,当小组成员有共同或密切相关的目标,并在实现目标时平等分配劳动,以及在实现目标时密切联系的时候,团队是合作的。面对面的互动和个人问责制是合作学习的另外的特点。(Frey, Fisher, & Everlove, 2009)

认识到不是所有的学校任务都应该合作完成,是同样重要的。合作学习模式是一个教学序列——安排一群学生相互合作,以完成一个特定目标的过程(通常由教师分配)。没有一种单一的合作学习方法。事实上,关于如何利用团体的力量来帮助学生在学业和社会交往上都取得成功,有几种解释。图10-1列出了通过合作学习方式增强具体学术和社会交往的技能。本章将考察合作学习模式,并将提出一个合作学习的通用模板以及四种特定的合作学习模式——切块拼接、涂鸦、学术辩论和学生小组成就区分。

图10-1列出了合作学习模式成功所需的基本的和高级的合作技能。不同的技能适合于不同的任务,这些技能必须明确传授给学生。

合作学习得到信息加工理论和学习认知理论的支持。信息加工理论突出了学习者的编码过程——是将新信息与存储在长时记忆中的想法和概念相关联的行为。编码策略可以直接教授,但并不是每个人都能从教师选择的编码策略中受益,所以更多的个性化和细致的连接形式可能起到更大作用。教学生在整合新信息时进行自我提问是很有帮助的,听其他学生参与同样的学术任务也同样有帮助。通过榜样示范和指导等形式与他人一起学习可以增加知识。

认知学习理论也支持利用课堂合作小组。根据该理论,活动是人类学习的中心,与同伴的互动是认知发展的出发点。所有学习者都需要积极参与,合作模式为学生提供结构化和有针对性的探讨概念和技能的机会。(Hattie & Yates, 2014)合作学习模式提供了在社会环境中精心组织的学习活动。合作学习小组允许学生通过学习任务分享文化经验和例子,为所有小组成员提供更多的学习机会。由于更高层次的心理过程经常发生在群体情境中,因此,合作群体是肥沃的学习土壤。当学生在一个群体中活动时,群体会发生变化和演变,创造一个充满活力和机会的学习环境,从而使我们的学生在社会环境中与同伴合作学习也成为很自然的事情。

基本合作技能：课堂环境中团队活动的基本技能 ◇ 负责任地融入团队 ◇ 轻声说话 ◇ 依次轮流 ◇ 记住成员姓名 ◇ 消除歧视 ◇ 与团队同在 ◇ 鼓励每个人参与 ◇ 关注材料 ◇ 注视发言者
实施执行技能：管理团队努力完成任务以确保有效的合作关系 ◇ 能够重新分配任务 ◇ 提供程序性想法 ◇ 寻求他人的想法 ◇ 肯定团队中他人的贡献 ◇ 适当时候描述个人感受 ◇ 设定时间限制并做到聚精会神 ◇ 通过眼神交流支持同伴 ◇ 请求或提供帮助或阐述 ◇ 用幽默和热情激励同伴
系统梳理技能：深度理解所需的智力技能 ◇ 在没有参考原始材料的情况下，全面总结文件或讨论 ◇ 寻求已处理信息的准确性 ◇ 实现团队经验的共享，提取精细化信息 ◇ 利用口诀牢记观点和事件 ◇ 寻求理解事件背后的原因 ◇ 提供任务完成进度的反馈
催化提炼技能：最高的智力和社交技能 ◇ 批评观点，而非批评个人 ◇ 整合多种不同的想法 ◇ 要求为同伴的立场辩护 ◇ 通过增加进一步的信息或含义来扩展他人的结论 ◇ 不拘泥于第一反应的、明显的或简单的答案 ◇ 摆脱现实和团队过程的制约来寻求答案

来源：信息基于 Johnson, D. W., Johnson, R. T. & Holubec, E. J. (1994)《新学习圈：课堂与学校的合作》(*The new circles of learning: cooperation in the classroom and school*). Alexandria: Association for Supervision and Curriculum Development.)

图 10-1　合作技能

第三部分 高级教学模式

合作学习模式的通用模板

所有的科目、课程和单元都可以通过现有材料组织设计成包含五个关键要素的合作学习。(Johnson,Johnson,& Holubec,1994)这些技能在几乎所有工作环境中都是至关重要的。合作学习不同于学校正规教学,它们对学生的价值常被低估。

1. 积极互赖:确保任务平均分配给所有参与的学生,且每个人都承担合理的比例。
2. 责任到人:即每个学生都对自己的学习负责。
3. 直面互动:学生相互解释如何解决问题、分享信息,并与先前知识相联系。
4. 掌握技能:直接教学生社会交往技能(见图10-1)。
5. 小组评议:讨论小组的学习过程是否达到合作学习目标。

此外,必须考虑到课程设置、学习环境以及对学生在合作学习中可能遇到的问题而做出的诊断和补救。这个模板改编自科学和数学合作学习的课程指南(Blosser,1991),并列出了一系列在设计和实施合作学习课程时所需要的步骤。它是一个模板,因为它为处于各个发展水平的教师和学生提供指导,并且可以由教师根据先前在互联网上找到的课程材料或课程活动和单元进行改编。在模式中,教师需要设计任务文本并且设置合作结构。

有许多合作学习策略可以通过通用模板辅助教学规划——思考—配对—分享、找规律法、三步访谈法、角落法等。关于合作学习策略的信息可以在互联网上找到,例如策略提示中谈及的"集思广益"。

集思广益的策略提示

"集思广益"(numbered heads)是一种旨在促进个人在小组工作中的责任感的合作学习策略。将学生分成四组,为他们提供理解或回顾文本的明确方向。提醒学生,每个小组成员都有可能负责报告他们正在学习或复习的内容。小组成员由一到四标号。任务完成后,各组中的所有学生都要做好准备进行报告,之后利用随机数生成器或骰子选择数字,抽中号码的学生向全班报告。(如有必要,其他小组成员可以提供帮助。)

在展示过程中,可以通过要求选中学生解释小组是如何支持每个成员的学习的来完成小组评估。

本章提到的其他模式，包含了合作学习组织结构的关键要素。通用模式要求教师建立这种结构——提供机会和挑战。合作学习模式包括三个规划步骤和六个实施步骤。

规划步骤

1. 以 KUD 格式制订明确的教学目标（知道、理解、能够）。

2. 考虑和计划小组的规模和组成。尝试保持小组不超过四个或五个学生，应根据课程目标采取多样化分组（性别、成绩、种族、先前经验等）。例如，如果你想让学生从不同的角度来审视一个科学问题，你就要尽可能地将学生分成不同的组。另一方面，如果你的目标是为学生提供实践新的数学技能的机会，你会希望将具有不同的性别和种族，但成绩相同的学生分到一组。

3. 明确合作活动包含了合作学习的所有关键要素——面对面的积极互动交流、相互依赖的材料和角色、必要的社交技能、相互依赖的积极目标和个人问责制。

实施步骤

1. 解释任务。清楚明了地解释学习任务。记住明晰是学习者的重要需求。

2. 确定对任务至关重要的社交技能，以便小组获得成功。并非所有的合作学习技能都适用于所有的任务。提醒学生技能和标准的属性，用以确定学生是否使用适当的技能。回顾 T 型图，它展示了技能的相关信息。例如，在越南战争一课中，教学目标是为了了解南越和北越的位置。学生的任务是通过来自全球各地的报纸分组研究位置。对学生来说这是一个复杂的任务，教师要提醒他们在这项艰巨的任务中相互支持的重要性。你可以问学生，当一个人得到支持时会发生什么。学生可以确定诸如眼神交流、表扬、身体前倾等支持行为。你也可以问学生听到了什么语言上的支持行为。当他们的同伴支持他们完成一项艰巨的任务时他们说了什么？指出这些期望的行为，将其作为评估学生是否受到小组支持的评估标准。

3. 在合作进行时，对各个小组进行监控并提供反馈。确保反馈及时，注重特定的学生行为和语言，并使之与合作任务的教学目标相关联。

4. 请各个小组进行总结。通过要求每个小组总结其工作来结束课程。总结者可以在课程开始时分配，也可以通过随机抽号来确定，从而提供个人问责制的机会。

第三部分 高级教学模式

5. 评估。根据既定标准评估学生工作。这可以在课程进行时或课后完成。学生应该参与评估过程,帮助创建评估量表或检查单。

6. 评估小组进度。通过评估小组执行的方式来评估小组合作。每个小组成员都应有机会从正反两个方面评估小组进度。

合作学习模式的步骤小结

规划

1. 以 KUD 格式制订明确的教学目标。
2. 考虑和计划小组的规模和组成。
3. 明确合作活动包含了合作学习的所有关键要素。

实施

1. 解释任务。
2. 确定对任务至关重要的社交技能,以便小组获得成功。
3. 在合作进行时,对各个小组进行监控并提供反馈。
4. 请各个小组进行总结。
5. 评估。
6. 评估小组进度。

若干具体的合作模式

熟悉具体的合作模式有助于教师和学生在课堂上发挥合作学习的最大效用。具体的合作学习模式在本节中的讨论更为正式,包括了合作学习的所有基本特征和结构:涂鸦模式、切块拼接模式、学术辩论模式、学生小组成就区分模式,这些模式适用于各种内容和各个年级。它们不同于教学策略,因为它们对教师和学生的行为提供了更为详细的蓝图,有多种方法可供使用和调整。

涂鸦模式

涂鸦(Graffiti)是一个头脑风暴的合作过程,它适用于任何一个教学单元,用以检查理解、评估目标的进展,以及进行非正式需求评估。学生根据先前的问题或话题分组学习,同时在指定的时间段内将答案写在一张大纸上。一段时间后,每个小组回答完各自的问题后传递纸张。当某组回到初始问题时，要阅读并总结全班所有的回答，并概括几个代表性结论。在所有的合作模式中，应该从模式计划步骤开始准备——确定目标、规划团队组成和规模。

涂鸦结构确保了积极的相互依赖和面对面的交流。小组技能应该在涂鸦活动之前规划教授或温习。个人问责制可以通过多种途径得到保证。学生可以积极做出回答和概括。教师可以使用集思广益的策略。如果合适，也可以在课程结束时对学生进行个别评估。

步骤1：准备涂鸦问题和成员组成

教师要准备一系列与课程教学目标相符的问题。问题数量要与小组数量一样多。每个问题都应该写在一张大纸上，也可以使用主题或关键词。问题的答案可以是图形或列表形式。问题可以是诊断性的——要求学生将先前知识融入到新的主题中或回顾以前在课堂上学到的知识。

步骤2：分发材料

学生可以根据目标在回答问题时使用文本材料。确保每组的具体答案不要混淆，这是很重要的，分发彩色记号笔，使每个组具有不同的颜色，以便每个组跟踪自己的答案。同时，学生也可以看到初始答案。

步骤3：小组回答问题

每个小组会收到一张带有问题或主题的大纸，阅读问题并花30秒思考一个答案。（如果合适，你可以给学生更多的时间让他们检查文本和确定答案。）30秒后提示学生，给他们规定的时间在纸上写下答案。这个时间段应在上课开始时规定，并且保持每个问答阶段都应该是相同的；随着一轮轮的继续，纸上的阅读量增加了，可以适当延长几秒钟的时间，一般三到四分钟是恰当的。

步骤4：交换问题

每隔一段时间，交换问题表，或者一个小组可以移动到别的小组的位置。这个过程一直持续到所有的小组都对每个问题做出了回答。

第三部分 高级教学模式

步骤5:回到初始问题,总结并概括

每个小组回到自己最开始的问题。小组成员查看所有涂鸦纸上的答案并将其分类,在纸张背面列出类别。当所有类别都列出后,学生要对所有类别进行概括。

步骤6:分享信息

每个组都有机会与全班分享涂鸦纸上的内容。为了确保个人问责制,可以对学生进行编号并选择一个号码让其分享信息。其他个人任务可以通过一个测验或用一个简短的段落来解释概括。在课程结束时对学生进行一个小测验。

步骤7:评估小组过程

教师主导的交流,其中讨论了概括的稳健性和准确性,并对涂鸦过程本身进行了评估。问题和单元主要观点之间的关系也可以在这个时候讨论解决。

涂鸦模式的步骤小结

1. 准备涂鸦问题和成员组成。

2. 分发材料。

3. 小组回答问题。

4. 交换问题。

5. 回到初始问题,总结并概括。

6. 分享信息。

7. 评估小组过程。

涂鸦模式是读写互动和内容教学的无缝衔接。

涂鸦模式包含了合作学习的所有关键要素:积极互赖、责任到人、直面互动、掌握社会技能和小组评议。涂鸦模式的潜在问题是它由教师计划并由学生实施的,这可能会导致教师对特定的学习和合作内容,以及技能目标关注不够。涂鸦模式如果只是走过场(只指明方向和简化实施),效果就会大打折扣。通过检查在涂鸦模式框架内活动的教师和学生的潜在行为,你可以考虑需要什么来确保实现该模式的固有优势。表10-1将帮助你考虑教师和学生需要做什么来构建积极的涂鸦体验,而不仅仅是一项停留在课堂的社交活动。

表 10-1 涂鸦模式中教师和学生的潜在行为

步骤	教师	学生
1. 准备任务	◇分享学生友好型目标 ◇准备一系列与教学目标和评估相符的问题 ◇根据学生的先备知识和经验构建问题 ◇多样化问题的认知需求	
2. 分发材料	◇重申任务目标和过程 ◇向每组分发相应的材料 ◇提醒学生行为预期 ◇在过程中监控学生行为	◇如有必要,问清有关过程和目标的问题 ◇收集所有材料 ◇在小组中使用积极的社会技能 ◇与小组一起回顾任务期望
3. 小组回答问题	◇询问有关过程的问题 ◇检查学生的困难 ◇必要时提供教学支架 ◇监控时间并显示时间提示	◇遵循教师指导和提示 ◇阅读每个问题 ◇思考回答与已有知识的联系 ◇写下自己的回答
4. 交换问题并继续循环	◇提醒学生课堂规则和流程指南 ◇监控交换过程 ◇必要时提供教学支架	◇遵守课堂规则 ◇与小组一起等待下一个问题
5. 总结概括	◇监控小组交流 ◇在必要时梳理学生的想法 ◇提供高层次思维的教学支架 ◇适时提供矫正性反馈	◇阅读原始问题的所有回答 ◇与小组一起对回答进行分类,标注异常回答,并做出总结 ◇与小组一起根据类别进行概括 ◇确定要与全班分享的内容
6. 分享信息	◇提醒学生行为预期 ◇推进展示 ◇鼓励汇报人 ◇适时向汇报人提问 ◇衡量个人职责	◇遵循展示指导 ◇积极处理演示文稿中的信息 ◇总结概括或支持同伴汇报 ◇与教师分享所学到的内容

（续表）

步骤	教师	学生
7. 评估过程	◇在教学中鼓励讨论个人和团体行为 ◇要求学生支持结论 ◇与学生分享个人印象 ◇请学生为将来活动提出建议	◇分享过程中的个人经验 ◇反思在课程中学到的以及促进学习的东西 ◇提供支持结论的具体例子 ◇为将来活动提出建议

切块拼接模式

切块拼接模式（jigsaw model）是阿朗森（Elliot Aronson）和他的同事在20世纪70年代初创立的一种教学模式，它成功帮助了新废除种族隔离学校的师生找到了方向。（Aronson, Blaney, Stephan, Sikes, & Snapes, 1978）阿朗森为学生分组，给每个成员一定量的信息，而非为每位学生提供所需的全部资料让其自主学习。

为了达到所有的课程目标，学生需要将自己的碎片信息整合到一起，就像玩切块拼接游戏一样。只有每个团队成员都分享成果，切块拼接才能完成。30年的研究支持这种具体的合作学习模式。在本章中提出的模式是基于阿朗森及其团队开发的原始模式，增加一些后来的研究者如斯莱文的改编（Slavin, 1996）。

在切块拼接课中，每个班级分为两组，一个专家小组和一个学习小组。专家小组的成员阅读和研究相同的材料——他们成为指定主题的专家，并准备一个大纲或图形概述单元的主要内容。作为一个小组，他们决定如何将这些信息与他们的同伴共享。专家小组完成研究后，与学习小组见面，并成为学习小组的一员。每个专家小组成员向学习小组的成员教授他自己的主题。在学习小组结束时，学生可以通过小测试、结构图、退出卡片来确保个人责任。

步骤1：介绍切块拼接模式

最初几次使用切块拼接模式，教师应该细致地指导学生。对于在合作学习模式中经验较少的学生，图10-2中所示的图形可以解释得较清楚。强调以下几点与学生学习课程有关的内容，来解释合作的过程：

◇本课的学习目标；

◇各组的组成和规模以及这些决定背后的原因；

◇专家小组和学习小组的区别；

◇每个小组的学生要工作多少时间；

◇获得所需材料；

◇专家小组的任务目标；

◇学习小组的任务目标；

◇确定责任到人的方法。

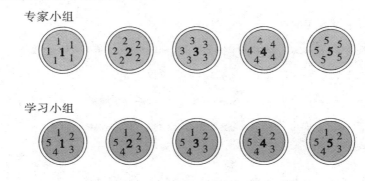

图 10–2　切块拼接模式中的专家小组和学习小组

步骤 2：将学生分成专家小组和学习小组

当课程目标和材料确定时，学生应该分成不同类的小组。通过合理分配小组成员，教师可以确保团队在成就、动机、性别、种族和其他重要因素上的平衡。当学生被允许自己选择队友时，他们往往选择交情好的，这样会失去合作学习的许多优势，特别是学业成就和社会技能等方面。小组也可以通过从帽子中抽取编号的方式随机形成，让学生按身高、出生日期、兄弟姐妹数量等排队，并且从中抽取。分组的一个重要原则是：除非你正在根据学期或年龄分组，否则合作学习小组应因课程而异。哪怕是课堂上的基本小组，也应该在特定的课上将学生分到不同的小组，这就减轻了学生不与自己朋友进行合作的焦虑。学生应该有所准备，随着时间的推移，他们将有机会与班上所有成员合作。

回顾使小组合作有效的规则，这些规则将具体针对已经建立的班级和行为规范，它们可能包括：

1. 在所有学生完成指定工作之前,学生不得离开其所在小组。

2. 每个团队成员都有责任学习材料,并确保团队中的其他每一个成员都学习了材料。

3. 如果某一成员对任务的某一部分理解起来有困难,小组的所有成员都会在其请求教师帮助之前尝试给予帮助。

步骤3:解释任务并组成专家小组

由学生组成专家小组。如果切块拼接模式将在课堂上被多次使用或者与新的学生组合使用,让学生选择一个小组名称,并确保他们熟悉组内的每个成员。这种早期结合过程可以帮助团队集中精力,更快着手完成任务。互联网上有大量适合各年龄的团队建设活动。

教师介绍课程目标,并向学生解释切块拼接模式将如何帮助他们达到这些目标。学生将得到成为专家后所需要的资料,并有机会对过程中的任何问题提问。有时,学生可以通过家庭作业来准备切块拼接体验。

切块拼接任务的建构使得主题在组与组之间被细分。例如,如果学生希望了解社区的相互依存性,小组可以被分成为不同社区的专家,或者如果学生希望理解一个普通的人也可以对历史产生影响,那么可以指派小组成为专家,研究美国历史上对重要事件有深远影响的人物。在一般模式的课堂上,切块拼接法在模式管理上有多种方法。

步骤4:允许专家小组加工信息

应为专家小组提供充足的时间来加工新信息。专家小组成员可以互相帮助,阅读或查看材料,并理解正在研究的观点。这些小组可以得到指导性问题,以帮助他们在新的信息和已有的背景知识之间建立连接。在集体讨论之前,专家小组成员应单独完成这些问题,然后专家小组成员决定他们的主题最重要的是什么,以及如何将这些信息传达到学习小组的同伴中。

步骤5:专家在学习小组中讲解

当所有学生都掌握了他们的专题后,将学习小组聚集到一起,由专家依次讲解他们的主题。每次讲解都应有时间限制并应监控时间段。每个专家负责讲解自己的主题,确保小组成员理解,并帮助小组成员学习材料,提供给所有的学习小组成员图形组织者(例如表格、维恩图或概念地图),以便最重要的想法可以得到记录、检索和比较。

步骤6:责任到人

通过测验、参与检查表、写论文、讨论或与课程或单元学习目标一致的其他评估方法,每个学生都要对自己的学习负责。

步骤7:评估切块拼接过程

要求学生汇报切块拼接过程和他们自己的学习与课程或单元目标的关系。这可以在全班讨论时、在专家小组内、在退出卡片上或与教师的单独会谈时进行。

切块拼接模式的步骤小结

1. 介绍切块拼接模式。
2. 将学生分成专家小组和学习小组。
3. 解释任务并组成专家小组。
4. 允许专家小组加工信息。
5. 专家在学习小组中讲解。
6. 责任到人。
7. 评估切块拼接过程。

切块拼接模式以合作学习理论为基础,并且具有较强的经验证据支持。(Aronson & Patnoe,2011)切块拼接模式是支持学生学习的强有力策略,同时也促进深入的面对面互动。通过考察在切块拼接框架内工作的教师和学生的潜在行为,你可以考虑开展该模式的教学活动需要掌握什么,以及将该模式纳入你的专业工具箱中之前,你还需要哪些技能和知识。表10-2将帮助你思考,教师和学生需要做什么来构建积极的切块拼接体验,以使学生得以练习重要的学习和社交技能。

有关于如何使用切块拼接模式的案例研究在本书第十四章和第十五章中将会详细阐述。

第三部分 高级教学模式

表10－2 切块拼接模式中教师和学生的潜在行为

步　骤	教　师	学　生
1. 介绍切块拼接	◇提供课程的学习目标和切块拼接过程的目标 ◇说明团体规模、组成、时间要求和个人责任 ◇检查学生对过程和目标的理解	◇参加教师的讲解说明会 ◇必要时要求澄清问题 ◇思考过去的合作学习经验和此次课程目标 ◇考虑可能的个人挑战
2. 分组	◇分组和解释分组的依据 ◇回顾行为期望 ◇检查学生对团队期望的理解	◇接受分组或任务 ◇思考完成组内任务所需的社会技能 ◇如有必要，要求澄清问题
3. 解释任务并组成专家小组	◇重申学习任务的目的和专家小组的作用 ◇提供和解释必要的材料 ◇回答程序性问题 ◇召集小组	◇如有必要，询问程序性问题 ◇检查材料 ◇为组内工作定下基调
4. 专家小组加工信息	◇为小组完成任务提供足够的时间 ◇带领学生指导问题 ◇必要时澄清问题和任务 ◇用新信息当作教学支架 ◇支持小组努力准备演讲 ◇监督学生行为	◇在限制时间内完成任务 ◇独自或与小组一起指导问题 ◇必要时询问内容和程序性问题 ◇将新信息与先前的知识联系起来 ◇基于前一课的体验为学习小组准备演示文稿和材料
5. 专家在学习小组中讲解	◇召集学习小组 ◇为专家讲解设置时间限制 ◇监督小组工作，必要时明确任务 ◇寻找学生学习、困惑或误解的评论和行为 ◇合适时发布准确的信息 ◇提供评估回顾	◇快速进入学习小组 ◇为小组工作定下基调 ◇准备并清晰地向同伴提供新信息 ◇参与其他人的讲解 ◇在适当的时候提出问题 ◇将新信息与先前的知识联系起来 ◇准备评估

步　骤	教　师	学　生
6. 责任到人	◇评估每个学生相关的课程目标 ◇与学生分享评估结果	◇通过回顾学习目标，反思在教学过程中所学到的内容，以及需要复习和/或重新学习的内容，为个人评估做准备 ◇回顾个人评估结果
7. 评估过程	◇鼓励个人讨论和小组讨论 ◇要求学生支持结论 ◇根据个人观察，为学生提供关于过程的概括 ◇支持学生的元认知思维	◇通过过程来分享个人经验 ◇反思在此期间学到的内容和促进学习之处 ◇用例子支持论述

结构化学术辩论模式

结构化学术辩论（structured academic controversy）是一个复杂的合作学习模式。由约翰逊兄弟（Johnson & Johnson, 1995）设计，为了能利用课堂冲突的力量。这种方法是基于这样一种信念：智力冲突是有益的，学生需要进行讨论有争议的话题这方面的训练。

约翰逊兄弟提出了相关理论来解释辩论如何能促进学习过程、学习结果以及积极的人际关系，并使用这一理论开发教学模式。他们认为，人们首先根据先前的经验和知识对信息进行分类和组织，就像模式里的观点确立和观点分享步骤中，学生向别人分享自己结论的同时也在加深理解和使用更高层次的思维策略。当面对不同的观点和结论，概念上的冲突和不平衡就产生了，这会使人主动搜索更多信息、更多联系，以及解决不确定性的途径。不确定性伴随着更多的关注和更高层次的思考——是课堂中一个强大的学习驱动力。在辩论过程结束时，学生被激励适应多种观点。

在学术辩论开始之前，必须确定话题，并收集支持观点每一方的材料。教师负责决定辩论的主题和提供背景材料。主题必须适合学生发展，并应具有可识别的正反两面，同时应把材料整理成正反方的两个文件夹，包括主要的源文档、摘要、图示组织者、图片等。高年级学生可能会找到自己的材料来源。通过组织和调整理解

第三部分 高级教学模式

每个观点所需的信息,低年级学生会适应学术辩论。这些争议的话题可能来自社区、学校或课堂体验:自助餐厅应该提供饼干吗?应该给体育课更多的时间吗?应该取消报告卡吗?不管这个话题是否高大上,重要的是让学生通过观点、想法和支撑材料体验复杂的分类过程。他们也应该在学术辩论之前有机会练习辩论所需的个人技能。

不仅观点和理解是复杂的,而且过程本身也需要一些高水平的社交技能,其中许多需要长时间的酝酿或高水平的技能(见图10-1)。教师应该提醒学生这个教学活动所需的关键社会技能,并讨论这些技能在课堂里看起来听起来是怎么样的。

教师在所有合作学习中也负责确定小组的组成和规模。理想情况下,合作组应该有四名学生——两个学生一个观点。教师要提供给学生正反两方面的数据,并在课上留出时间让他们阅读与自己观点有关的材料。阅读也可以以课外作业的形式布置。低年级学生可以与教师一起集思广益。辩论的方向必须明确,并以口头和书面的形式来进行;它们应该与公开发布的学习目标明确相关。一旦这些准备就绪,学术辩论模式就开始了。

步骤1:学生准备自己的观点

学生与自己观点相同的同伴见面,并查看彼此的观点材料。大家一起确定立场的论点和安排支持的证据(事实、信息和经验)来支撑观点。学生需要进行一次演讲,让同伴了解并支持他们的论点。

步骤2:学生呈现并宣传其观点

一旦二人小组形成了一个强有力的观点,他们就返回原来的四人组,两两提出自己的论点。双方的成员均参与陈述自己的观点是很重要的。这些观点应该围绕几个点组织,用例证、故事和个人经验来论证。当一方陈述开始时,另一方聆听,以便列出一系列论据,每个论据都可以被评估为无力或有力。如果一方在陈述中有特别不清楚的点,另一方应该要求澄清。

在模式的这一步中,没有争论或辩论。学生应该了解对立的观点,这样可以更好地打磨自己的观点,并能够分享他们各自学到的知识。

步骤3：公开讨论和反驳

一旦双方观点得到论证，组内四人通过列举论点和论述每个论点的优势来讨论两种陈述。二人小组继续宣传自己的立场，并尝试反驳对方的立场。反驳应基于辩驳、澄清和扩展。学生应该互相询问支持信息、澄清和阐述的原因。在模式的这个阶段，建立不确定性，学生需要坦然表达意见并接受挑战。反过来，他们也必须以礼貌和合理的方式接受挑战。

步骤4：互换观点

学生互换观点，首先通过与搭档讨论新的演讲内容，来呈现彼此观点。重要的是有力地和有说服力地提出新观点；如有可能，应该提供新的事实、信息或证据。赞成方需要给反对方的观点提出论据，反对方的观点由赞成方提供。

步骤5：综合和整合最佳证据成为共同观点

一旦每个小组成员都参加了双方的讨论，四个小组成员就放弃了他们的各自主张，进行综合，以便将已知的内容整合成为双方都同意的共同立场。这样做，学生需要退一步，并从各种角度重新审视这个问题。学生要看不同的观点，总结一下，然后再创建一个新的统一的观点——综合观点。采纳双方立场的最佳想法，做一个概括性陈述，这要求学生使用更高层次的思维和社交技能。

步骤6：提出综合观点

综合论述可以通过多种方式共享。教师可以通过委派一个小组成员向全班展示其小组观点，也可以要求学生写一两段文字描述新的观点，或要求学生用大纲或使用演示软件分享新观点。同时，也可以通过给每个学生进行测试来确保责任到人，测试的内容就在每个观点的数据包中。

步骤7：集体评议学术辩论效果和成员参与程度

全班讨论学术辩论体验的积极和消极方面、小组体验中最成功和最不成功的方面,以及综合论述是如何抓住问题的要害的。

结构化学术辩论模式的步骤小结

1. 学生准备自己的观点。

2. 学生呈现并宣传其观点。

3. 公开讨论和反驳。

4. 互换观点。

5. 综合和整合最佳证据成为共同观点。

6. 提出综合观点。

7. 集体评议学术辩论效果和成员参与程度。

学术辩论模式是基于我们对学习方式和社会心理学研究的发现,所形成的一种较为复杂的合作学习模式。我们的工作离不开帮助学生理解自己的观点和别人的观点,提供一个学术结构来检查所持立场正确与否,然后综合这些立场,这是一项非常重要的技能,需要教师精心设计。通过考察在学术辩论框架内活动的教师和学生的潜在行为,你可以思考掌握该模式的教学活动需要什么,并确定还需要哪些技能和知识,才能将该模式纳入你的专业工具箱中。请记住,这是一个高级的教学模式,需要时间来学习。表 10 – 3 可以帮助你思考当你采用学术辩论模式教学时,教师和学生需要做什么。

表 10 – 3　学术辩论模式中教师和学生的潜在行为

步　骤	教　师	学　生
1. 准备观点	◇确定的主题和学习目标符合课程和标准 ◇收集适合学习者的材料来支持观点正确与否 ◇确定小组构成 ◇回顾流程 ◇为有逻辑地论证提供教学支架 ◇监测学生论点的质量	◇与观点一致的同伴讨论并保持一致的过程 ◇确定观点的论点 ◇组织支持的论据 ◇准备观点介绍 ◇反思观点陈述的质量

(续表)

步骤	教师	学生
2. 呈现并宣传观点	◇推进过程 ◇必要时回答有关内容和过程的问题 ◇提醒学生这一步的目标和程序 ◇监督学生遵守模式	◇与同伴一起向对方呈现观点 ◇注意对方的观点 ◇注意个人观点的相似和差异之处
3. 公开讨论和反驳	◇定义和/或评论反驳、争论、澄清和扩展的定义 ◇监督反驳的准确性和支持推论 ◇监督学生合作行为	◇主张自己观点,同时关注其他论点的弱点 ◇提供论点证据 ◇驳斥反方的论点 ◇要求对方有支持证据 ◇挑战对方的观点并礼貌地接受对手的挑战
4. 互换观点	◇监督学生小组的内容准确性和合作行为 ◇回答有关内容和程序的明确问题	◇与同伴讨论并准备新的观点,可能的话添加新的事实和信息 ◇关注新的对立论点并明确最新提出的信息 ◇就逻辑和证据支持来评估现有论点
5. 总结和概括	◇与学生评论综合过程 ◇为学生形成可行的和合乎逻辑的共同观点提供教学支架 ◇提供关于内容和行为的适当反馈	◇总结不同的观点 ◇确定每个论据最强有力的方面 ◇确定争论双方都同意的方面 ◇与小组准备合成观点 ◇评估观点的可行性和逻辑性 ◇准备演讲
6. 提出综合观点	◇解释如何呈现综合观点(口头形式、书面形式、张贴在互联网上等) ◇与学生确定、分享和管理个人的责任	◇注意教师的讲解和说明 ◇根据说明展示共同的观点 ◇参与责任到人
7. 评议辩论过程	◇促进对辩论过程的积极和消极方面的讨论 ◇要求学生用具体的例子支持观点 ◇反思并分享学生在辩论中的观察 ◇为下一次辩论征求建议(和建议的原因)	◇用具体实例阐明在辩论过程中个人的挑战和机会 ◇依据学习目标和个人学习评估过程 ◇为未来辩论提供建议

第三部分 高级教学模式

学生小组成就区分模式

约翰霍普金斯大学在合作学习研究的背景下开发了学生小组成就区分(STAD)模式。学生小组成就区分是用于实现明确的教学目标的模式。学生在代表全班特点的四或五人学习小组中学习,学习分组主要考虑学生的能力、种族、性别、民族等方面的差异。小组学习通常遵循教师对基本材料和目标的简明陈述,通常是直接教学课。要学习的材料以具体信息为中心(欧洲主要国家的首都、非洲主要河流的数据、拼写和语法规则、基础数学、生物分类、太阳系中行星的性质——课程中的任何基于单一正确答案的内容都必须学习)。学生以他们最能理解的方式学习材料,自主选择学习的方式。他们可能轮流互相提问、以小组形式讨论问题、检查在线资源和其他的文本,并且通常使用他们希望掌握材料的任何方式。参与者也应该清楚,他们的任务是学习概念,而不是简单地填写作业单。小组成员的目标是掌握材料,并尽可能地帮助团队的每个成员达成同样的目标。

步骤1:提出一个新概念

学生小组成就区分模式不是所有教学的基础模式,而是用来满足明确的、较低级别的教学目标。因为学生小组成就区分模式适合这类内容的性质,演示和指导实践阶段经常使用直接教学法。教师扮演促进者和教练的角色——学生可以根据需要调用这个资源——并随后逐渐从扶到放(见第三章)。在下面的例子中,目标是教导学生应用四种规则来生成复数名词。这些信息可以以一个简短的讲座呈现,嵌入到故事和段落中,或通过数字媒体演示。

1. 大多数名词通过在单数形式后简单地添加"s"变成复数形式。

girl, girls   tiger, tigers   toy, toys
shirt, shirts   angel, angels   willow, willows

2. 以"f"或"fe"结尾的一些名词先将"f"或"fe"改为"ve",再加"s"变成复数形式。

wife, wives   leaf, leaves
lie, lives   self, selves

3. 以"s","sh","ch"或"x"结尾的名词通过添加"es"形成复数形式。

fox, foxes   kiss, kisses

wish, wishes　　church, churches

4. 以"o"结尾,元音在前面的名词,通常加上"s"变成复数形式,但以"o"结尾,辅音在前面的名词通常添加"es"变成复数形式。

radio, radios　　rodeo, rodeos

zoo, zoos　　zero, zeroes

hero, heroes　　tomato, tomatoes

potato, potatoes　　memento, mementoes, or mementos

ratio, ratios

步骤 2：组建学习和实践小组

将学生分成不同的学习小组。每个小组应该有高成就、高平均成就、低平均成就和低成就组的成员各一名。小组成员在种族和性别等方面也应该是多种多样的。一旦研究小组成立,就要为小组研究提供工作表和学习指南等资源。参与者要知道,只有所有小组成员都完全理解正在学习的材料之后,他们的任务才算完成。

步骤 3：对学生新学习材料掌握的程度进行测试

对组成团队的个人进行测试,获得独立完成的个人得分和小组得分。个人得分的总和即是小组得分,小组表现相较过去测试有所提高即可得到奖励(例如,与预测比较)。

步骤 4：鼓励获胜小组

鼓励赞赏学生的方法包括了在公告栏上张贴最高得分团队成员的名称、颁发证书和给家长发送通知。额外的休息时间、优先权、提供额外时间做自己喜欢的事情或没有周末作业,这些都是学业成绩得到奖励的方式。

学生小组成就区分模式的步骤小结

1. 提出一个新概念。

2. 组建学习和实践小组。

3. 对学生新学习材料掌握的程度进行测试。

4. 鼓励获胜小组。

上述步骤描述了使用学生小组成就区分模式的过程,但缺乏具体的教师和学生行为的细节。合作模式的竞争性使强调潜在的合作结构变得重要,使学生能够看到团队实践的优点。在学生小组成就区分框架内通过考察教师和学生的潜在行为,你可以考虑掌握模式所需的内容,并将其纳入你的专业工具箱中。表10-4是一份帮助你思考哪些学生行为是正确理解合作努力和个人元认知所需要的,也为你塑造自己的教学行为提供思路的指南。

表10-4 学生小组成就区分模式中教师和学生的潜在行为

步 骤	教 师	学 生
1. 提出新信息	◇确定课程目标并且恰当地与学生分享 ◇在学生的先备知识范围内提供新信息 ◇回答学生的问题 ◇在演示过程中监督学生的理解和行为	◇参与发言 ◇将新信息与以前的知识和体验相连接 ◇如有需要要求澄清问题 ◇用新的信息识别个人挑战
2. 组建学习和实践小组	◇将学生分为不同的小组 ◇提供学习和实践材料 ◇提醒学生合作教学标准——(1)与所有小组成员互动;(2)学习材料时互相帮助;(3)有小组成员帮助学习材料;(4)练习亲社会技能 ◇监控小组在内容和任务行为上的练习	◇与分配好的小组一起工作 ◇评论并要求澄清关于目标、内容和材料的问题 ◇恰当地使用提供的材料 ◇如有需要请求并提供帮助 ◇识别和评估小组对标准的关注
3. 测试学生	◇设计和管理小组和个人的评估 ◇提供有关小组评估的反馈 ◇评估成绩	◇参与评估 ◇反思成绩和个人学习
4. 鼓励获胜小组	◇确定和认可获胜小组 ◇要求班级反思获胜策略 ◇与班级的其他学生讨论这些策略	◇认可胜利队伍 ◇反思获胜策略 ◇思考小组是如何帮助个人学习的

合作学习模式的学习评估

团队力量强大,在课堂、学校走廊和操场都可能自然出现团队。事实上,团队无处不在,影响深远,还可以改善成绩、关系、心理健康和社会技能。因此,小组合作进入课堂教学是有意义的,因为教学和评估应该是一致和综合的,所以偶尔使用小组参与评估是有意义的。提供反馈、分级测试和构建评估的时间总是宝贵的,因此,帮助学生参与完成评估任务非常重要。同伴评议和学生分级可以在合作小组中进行,并且仍然是可靠和有效的。关键是小组必须合作,并与合作学习的五个基本要素保持一致。

教师决定何时使用合作学习模式,用什么内容,什么结构,以及如何评估结果。由于合作小组致力于完成教师设计的教学任务,学生可以在合作中相互提供及时的补充和改进。练习如何向学生提供中立的反馈(及时的、具体的、与教学目标相关的)。责任到人对于每个小组成果都至关重要,可以通过使用多项选择、匹配、论文测试和项目等形式确定,但是小组成果也应该进行评估。当然,评估和分级是不一样的。对团队项目评分时,也必须根据学生个人成绩打分。(Brookhart,2013)

过程评估也可以通过"参与图表"进行(具体参见《兰德小组讨论评分指南》)。评分指南要求学生在讨论中展示有针对性的积极行为(为阐明观点提供证据、专心倾听等)。打断别人、垄断谈话、人身攻击(而非批评一个观点),以及分散注意力,都会得到负面评估。

量规、口头询问、考查观点、纸笔任务、单元评估和论文都可以用来评估学生在合作任务中学到的内容。学生可以参与为小组成果和个人学习目标制订标准和规则,并在小论文或模型成果上使用这些规则进行练习。这样做的目的是让学生用这些标准和原则指导自己的行为。个人和小组评估的重要规则应该是与课程或单元确定的目标保持一致。如果合作工作的目的是评估学习目标和过程目标,那么还可以使用其他评估选项——自我报告的题目、反思和教师观察等。

合作学习模式与满足个人需求

只要具备合作学习的关键要素,合作工作活动很容易转化为具有差异化教学

第三部分 高级教学模式

的机会。合作学习的目标和差异化教学都是积极响应的教学策略，因为目标是所有差异化教学和合作学习决策的关键，因此，一旦"知道、理解、并能够"目标制订恰当合理，教师就可以确定如何最好地帮助所有学生达成目标。差异化教学可以通过内容或任务实现。例如，涂鸦是一种自然的内容区分活动，可以按兴趣或需要组织。小组任务也可由学生的学习特性决定——不同的小组可以围绕学生的智力偏好（实践的、分析的或创造性任务），学生兴趣或学术、社会或情感技能需求等组成。然而，重要的是要记住合作学习模式有超出学业成绩的目标，向具有不同特质的人学习是合作学习组成的重要属性。每个人都有自己独特的优点和缺点，合作小组可以建立在学生优势的基础上，弥补不足。要做到这点，教师必须非常了解学生。

"美国地域"这个单元可以通过提问获得学生的成绩差异，通过切块拼接法获得兴趣差异。学生可以选择研究不同地区的历史——东北部、中西部、南部和西部——合作小组可围绕这些选择组织。在小组内，学生也可以根据教师对学生的了解进行角色分配。对文本熟悉的学生可以作为总结者，更具有分析性的学生可以作为研究者，有创意性的学生可以切块拼接学习创编演示文稿，等等。保持仔细记录，有助于学生不总是被分配到相同的角色。

合作学习模式的优势

在传统课堂上，大多数学生对内容的体验只限于听并记笔记。在合作学习模式组织的课堂上，学生听、写、说、释义、阅读、协助他人和互动——他们积极参与并推进学习。当学生合作的时候，他们通过与同伴讨论主题来加工信息，而不是被动接收信息。因为他们是以小组形式学习的，所以即使沉默寡言的学生也倾向于参与讨论并提出明确的问题。

许多研究表明，如果实施得当，合作学习模式可以提高信息获取和保留能力、更高层次的思考能力、人际交往和沟通能力以及自信心（Johnson, Johnson & Stanne, 2000）。教室以外，分组学习还有一些难以想象的优势。现在学生到毕业时从事的大部分工作，今天甚至根本不存在，但可以肯定的是，几乎所有人都需要学习与他人合作的技能。IBM 的学术计划主管凯文·弗兰对今天美国在校生说："你们得清醒地知道，现在需要掌握的本领必然包括深厚的技术能力和跨学科商业方法之间的平衡，这有助于你在未来找到梦寐以求的工作。"（Faughnan, 2009）。这些观点指出了合作学习模式的好处。哈蒂等人（Hattie & Yates,2014,p.17）引用菲尔·柯林斯（Phil Collins）的话指出"学中必有教,教中必有学",学生可以在帮助他人的同时自己得到学习。

小学教学实例

切块拼接合作学习模式:云	
目标	**科学标准** 在图形展示中表示预期的天气状况 **学生将知道** ◇五种云型（层云、卷云、积云、积雨云和雨层云）的特点 ◇云形成的方式 ◇与特定云相关的天气类型 **学生将理解** ◇云能提供乐趣和信息 **学生将能够** ◇总结关于云的信息 ◇在合作小组中共同工作 ◇设计并制作关于一种云的小册子
评估	◇学生制作小册子描绘一种指定类型的云,包括六条关于云的信息,云如何形成,以及与云类型相关的天气类型。教师对小册子信息是否准确进行评估。 ◇在此次项目小组合作中,学生将进行自我评估,包括对项目的具体贡献。
过程	1. 引入切块拼接模式。告诉学生课程的目标,专家小组和学习小组的组成,具体明确任务的要求,可用于完成任务的资源以及确定责任到人的方法。 2. 将学生分成专家小组和学习小组;回顾行为规范。 3. 组成专家小组并研习任务。 4. 给学生时间完成任务。巡视并为学生提供支持和帮助。 5. 提醒学生明天要在学习小组活动,但在课堂开始时将有时间与专家小组进行交流。学生将在学习小组展示和问答环节完成后进行关于云的小测验。

第三部分 高级教学模式

中学教学实例

	涂鸦合作学习模式：正式和非正式的演讲
目标	**共同核心州立标准——英语语言艺术 L.9–10.3** 应用语言知识来理解语言在不同环境的功能，对意义或风格做出有效的选择，并且在阅读或听力时更充分地理解 **学生将知道** ◇何时使用正式和非正式的表达 ◇正式和非正式表达的形式 **学生将理解** ◇我们如何在不同的场合彰显我们的文化意识和语言流利度 **学生将能够** ◇解释正式和非正式演讲之间的区别 ◇区分正式和非正式演讲的场合 ◇列出至少五个可用于指定语言环境的短语
评估	随机给学生分发图片，要求学生创建一个贴合图片背景的对话（五次交流）。学生还将写一个场景的描述或叙述。
过程	1. 准备问题或海报，并分组。 2. 介绍涂鸦模式。与班级分享以下说明： ◇进入自己所在小组，看海报，并标明你将要涂写的地方（例如家庭/家人、学校/朋友、购物/商业、医院/病人、体育赛事/朋友）。 ◇在小组中，考虑语言环境以及与谁进行交流。你希望在发言时和这些人使用正式还是非正式语言？为什么？你可能会使用什么类型的短语？ ◇在你的海报板上，写下至少三个自己听过的或者看过的在这个语境下使用的短语或句子。 ◇将海报以顺时针方式交换，添加三个其他短语。 ◇当你原来的海报返回时，请阅读所有短语，看看你是否注意到这些模式或有不准确之处。这些语言适合当前语境吗？你注意到大家都关注到的短语类型了吗？总结你的发现并进行概括，与全班分享。 3. 分发海报和记号笔。 4. 给小组时间回答问题。每张海报有三分钟时间，最后一轮提供五分钟回答问题。 5. 顺时针方向交换海报。 6. 总结和概括原始海报。 7. 分享信息。 8. 讨论过程。

本章小结

本章讨论的合作学习模式均促进了学习者的相互依赖、责任感的提高、积极的直面交流以及培养小组活动的社交技能。这些是所有成功合作学习模式的关键因素。涂鸦模式让学生分组工作，回答准备好的问题，分享答案，最终形成概括。切块拼接模式将学习的初始责任交给某个主题专家小组学生，然后将专家小组的学生分配到不同的学习小组里。专家小组学生有责任在小组中传授最初作为专家小组成员所学到的知识。学术辩论模式要求学生对有争议的问题进行研究和准备观点，并有组织和有说服力地陈述观点，驳斥对立面同伴有说服力的陈述，从多个角度看待问题，集体创造一个融合对立观点的立场。学生小组成就区分模式是以合作学习的概念或技能的直接教学课开始的，在直接教学课（通常就是教师上的）之后，学生组成了不同的学习小组进行练习，然后，他们针对新的材料相互测试，奖励那些得分高和比预测进步最大的学生，以及总分最高的小组，获胜的小组将得到多种方式的鼓励。

拓展学习

活动

1. 从教科书的某个内容领域中选择一个章节，从该章节中选择特定主题，列出四五个重要的小标题，并为每个小标题编写专家问题单。选择一个合适的教学，结合切块拼接法，介绍本章节。

2. 与学生开展头脑风暴，列出他们期望的工作，范围从专业运动员到军人。列出了十几个职业的清单之后，请学生列出他们希望从事该职业的人进行合作学习和工作的所有方式。

3. 采访两到三名实习老师，了解他们是如何使用合作学习模式的。他们是否使用合作模式？如果没有，为什么？如果使用，他们如何看待合作学习模式的优点？他们遇到什么问题？当你在课堂上实施合作学习模式时，他们有何建议？

4. 研究合作学习结构，可以在课堂上与许多教学策略和模式协调使用。这些结构可以包括思考—配对—分享、循环法、三步访谈法、集思广益和角落法等。有很

第三部分 高级教学模式

多关于团队建设和学术活动的在线资源,学生可以用来发展重要的团队技能。

反思问题

1. 当你在实施合作学习模式的过程中,你觉得什么是对课堂管理的最大威胁?
2. 你认为合作学习模式有什么长期优势?你假设的基础是什么?
3. 你如何教学生不同层次的合作技能?与学习技能相关的合作技能有哪些?

第十一章　探究教学模式

本章目标

你将知道：

◇探究教学模式的基础；

◇萨奇曼探究教学模式的步骤；

◇网络探究模式的过程；

◇问题探究教学模式的步骤；

◇如何评估探究教学模式中的学习；

◇探究教学模式如何满足个人需求；

◇探究教学模式的优势。

你将理解：

◇探究是一项生活技能。

你将能够：

◇识别基础教育课堂的探究教学模式；

◇设计、实施和反思一堂探究教学课。

小学课堂应用

利维女士(Ms. Levy)五年级班中的学生都对蝴蝶很着迷。她决定利用学生的这一兴趣,让他们帮助解决王蝶数量不断减少的问题。她自己最近也喜欢看芭芭拉·金索沃(Barbara Kingsolver)的小说《逃逸行为》,这是一个围绕数量衰减的故事,所以她带着极大的个人兴趣来上这一课。

利维女士：让我们开始今天的科学课,来谈一谈蝴蝶。你们还记得蝴蝶生命周期的各个阶段吗?

迈卡(Micah)：卵、毛毛虫、蛹和蝴蝶。

利维女士：毛毛虫还有其他名字吗？

艾维（Ivy）：幼虫。

利维女士：王蝶有相同的生命周期吗？

迈卡：当然，它也是一种蝴蝶！

利维女士继续分享关于王蝶的信息，有关它们的迁徙以及它们数量减少的原因。介绍中还包括如何管理以及我们如何保护地球的方法。她介绍了项目式学习（PBL）探究表，并要求学生小组合作，以确定问题和假设来解决王蝶问题。

利维女士：你们有什么建议来帮助王蝶吗？

佩拉（Perla）：我们认为应该筹集资金并交给野生动物保护中心。

亚历克斯（Alex）：我们想在社区宣传蝴蝶的事。

麦迪逊（Madison）：我们想帮助保护蝴蝶生活的地方。

利维女士：你们可以将这些想法放在探究表的什么地方？

艾维：我们想建一个像中学校园一样的蝴蝶园。我哥哥从事这方面的工作，他告诉过我相关的情况。

利维女士在教室前面的一个大探究表上写下所有这些想法。

利维女士：在接下来的几天里，你们将决定如何最好地帮助王蝶。你们将在探究小组中解决这一问题，同时，与家人和朋友谈谈我们的计划，看看他们是否有任何问题或建议。记住我们的目标是帮助王蝶，我们的探究表将有助于我们有条理地努力，你们每个人也要保留自己的探究表。

佩拉：我认为无论我们如何决定，都需要获得资金来帮助王蝶。

艾维：我们如何获得资金呢？

利维女士：这将是我们解决问题的一部分。让我们今晚思考一下这个问题，并讨论一下明天如何集中工作。

中学课堂应用

惠特克女士（Ms. Whitaker）在她的环境科学课上使用探究过程介绍关于毒素的单元。她首先问学生，他们是否听过"疯帽匠"这样的表达。一个女孩举起手说，她记得电影《爱丽丝梦游仙境》里有一个名叫"疯帽匠"的角色。另一名学生说，这部电影是根据英国作家刘易斯·卡罗尔（Lewis Carroll）的一本书改编的，在这部电影中，疯帽匠开了一个茶话会。还有一名学生回忆说，他读过一本书，其中有人被描述为"疯帽匠"。这个学生说："我觉得这意味着这个角色对他的帽子真的很生气。"

惠特克女士告诉全班她将展示一个问题，他们要试着为该问题找出一个可接受的解决方案。他们可问她一些可以用"是"或"否"来回答的问题。她解释了自己贴在教室前面的有关探究过程的规则，然后将学生分成小型的讨论小组。她鼓励学生就像真的在做研究一样进行提问。她还给出了学生可能问她的问题的例子，从简单的事实问题到更复杂的问题，如"如果我＿＿＿＿＿＿，我可以期待＿＿＿＿＿＿发生吗？"等。因为她将是学生信息的来源，所以她已经准备好一份供自己使用的资料单（见表11-1）。

惠特克女士大声朗读了下面的问题声明：

在18世纪和19世纪的英国，大量制作男士帽子的工人变"疯了"，表现得好像疯了一样。事实上，他们中的许多人都是在那个时候被送到精神病院去的。为什么这一群人精神错乱的发病率如此之高，从而有了"疯帽匠"这样的说法？

然后她要求学生开始提问环节。

学生：那些制造了女士帽子的工人呢？他们中有很多人也疯了吗？

惠特克女士：没有。

学生：那时的男士戴着某种特别的帽子吗？

惠特克女士：是的。问另一个问题。

学生：那是像亚伯拉罕·林肯（Abraham Lincoln）戴的大礼帽那样的帽子吗？

惠特克女士：再说具体点。

学生：那些有高顶的黑帽子，我认为他们称之为"大礼帽"。

惠特克女士：是的，大部分是这样的。

学生:这与帽子的材质有关吗?

惠特克女士:是的。

学生:我们可以在小组中讨论吗?

惠特克女士:可以。

表 11-1 惠特克女士回答问题时使用的资料单

> 1. 19 世纪的英国工作条件很差,许多人在没有意识到原因的情况下患上了与工作有关的疾病。
> 2. 工作场所的通风不太好,也没有采取安全措施。工人们也没有穿防护服。
> 3. 大多数男士的帽子都是用毛毡做的,毛毡是用从加拿大进口的海狸的底绒加工而成的。
> 4. 汞是制造毡帽的一种化学物质。
> 5. 正如我们现在所知道的,汞是有剧毒的,如果在人体内堆积,就会引起类似精神错乱的疾病。
> 6. 今天,这种病被称为水俣病(Minamata),这是因为日本的一个小型工厂镇中数以千计的人因为吃了从一个海湾捕捞的鱼而中毒,这个海湾在 1932—1968 年期间被当地的一家工厂倒入了大量的汞。

学生:(小组讨论之后)他们是不是也叫那些帽子"海狸"?

惠特克女士:是的。

学生:它们是用海狸皮做的吗?

惠特克女士:是的。问另一个问题。只要你们得到肯定回答就可以继续问问题。

学生:如果我们走进其中一家工厂,能看到是什么让人们发疯吗?

惠特克女士:请再说具体点。

学生:比如,我们能看到工人被殴打吗?

惠特克女士:不能。我们来看看你已经发现了什么,注意那些你已经知道的事实(她指着黑板,一个学生在那里总结他们问题的答案)。

学生:他们是否使用了高温,使人变得疯狂?

惠特克女士:他们可能使用了高温,但这并不是问题的主要原因。

学生:他们使用化学物质吗?

惠特克女士:是的。

学生：是有毒的吗？

惠特克女士：是的。

学生：他们吸入了烟雾吗？

惠特克女士：这可能是其中的一部分。你想提出一个假设吗？

学生：帽匠由于接触一种用于制作毡帽的有毒物质而中毒了。

惠特克女士：很好。现在，你们都可以提问来检验这个假设或者让问题更完整。

学生：是砷吗？

惠特克女士：不是。

学生：这种毒素今天还在使用吗？

惠特克女士：这个我不清楚。

学生：人们知道这种物质是有毒的吗？

惠特克女士：知道。

学生：我们可以在小组中讨论吗？

惠特克女士：当然可以。记住，我们现在正在检验写在黑板上的假设。

学生：（小组讨论之后）是汞这种物质吗？

惠特克女士：是的。所以现在你们可以重述假设，使它更加完整。（学生加了"汞"这个词。）

教师要求全班同学陈述他们可以从假设中得出的一些规则。学生说：(1) 当人们意识不到某种物质的危险时，可能会受到它的伤害。(2) 当人们不知道所有的事实时，可能会嘲笑一个群体的与众不同。

学生还讨论了他们是如何得出假设的，以及哪些步骤在决策时是最有用的。他们注意到，在此过程中记录数据是有帮助的。

探究教学模式的基础

为什么毛毛虫有绒毛？是什么导致了蛇的滑行和熊的咆哮？为什么猫总是右侧着地？萤火虫的光在白天会发生什么？小鱼怕水吗？为什么月亮每晚都会改变形状？谁曾想到了"球芽甘蓝"（Brussels sprouts）这个名字？为什么番茄酱会粘在瓶子里？树叶里的红色是藏在绿色的下面吗？我的皮肤是棕色的，因为我被烤了吗？雨水会把这些花融化吗？

第三部分 高级教学模式

还记得当世界充满了要问的问题而不是要学习的答案的时候吗?在走向成年的路上,孩子不可避免地会认为,长大成人意味着要离开"问题"的世界,走向"知道"的世界。学校将从"问题"到"知道"的过程制度化,因为成功是以将正确答案填入空格或圈出正确答案来衡量的。学校里的问题似乎都有一个正确的答案,而没有答案的问题也不会经常出现。莱莫夫(Lemov,2010,p.221)对学校的这一特点进行了回应:

> 纠错和教学是学校教育的基本过程。做错了,就改正。在做错的情况下,改正过来,是很正常的事情。教师应该把错误常态化,并且应该对对或错均做出回应,就像这样完全正常一样。毕竟,本来就是这样的。

但是,除了帮助学生获得正确答案之外,教学支架或重教可以帮助学生成为真正的学习者。

真正的智慧最好被定义为认识到自己所知甚少,而不是所知甚多。把人们知道的内容想象成是被一个圆所包围,再把人们所不知道的内容想象成是触及圆周围的一切事物。那么,学习的效果就像已知的圆在不断扩大,但是它所触及的未知的也会变得更多。学习真正的乐趣在于敢于用无限的好奇心去挑战未知。智人(Homo sapiens),也就是字面意义上的"品味智慧的人类",是我们恰当地为自己命名。如果知道如何学习比知道所有答案(这是大多数学区和州教育部门的使命)更重要,那么一个人智力生活的最好实现一定是好的问题比正确的答案更重要。因此,一个人能够提出的问题的质量,而不是所能给出的答案的正确性,更能显示出这个人的智慧。科学家和哲学家刘易斯·托马斯(Thomas,1982,p.2)描述了这一智慧之旅:

> 科学,尤其是20世纪的科学,让我们瞥见了一些以前从未真正了解过的东西,揭示了人类的无知。从一个世纪到另一个世纪,我们已经习惯了这样一种信念:除了一两个谜团,我们或多或少地了解了地球上的一切。每一个时代,不仅仅是18世纪,都认为自己是理性的时代,我们从来不缺乏对世界及其规律的解释。现在,人类成长的历史还很短暂。我们对太多事情还不甚了解,从我们相当轻蔑地选择的"大爆炸说"(而且,我认为是防御性的),一直到细菌细胞原子中的粒子。在未来的几个世纪里,我们还要穿越一片神秘的荒野。

探究学习的理念正是基于这样一个前提:在所有领域都确实存在一片有待探索的"神秘的荒野",每个学校的科目都代表着一门探究的学科,所有的学生都可以参与,不管他们过去的学校成绩如何。

孩子们经常在学校里被教育成好像所有重要问题的答案都在课本里。事实上,大多数人所面临的问题并没有简单的答案。没有一本参考书中可以找到生活中复杂问题的解决方法。尽管那些在学校取得成功的人往往是那些能够记住"正确"答案的人,但那些在生活中取得成功的人通常是那些愿意提出问题、灵活变通和寻找解决方案的人。

在今天的世界,知道如何提出问题比知道一个可能没有人问过的问题的答案更重要。

学科的内容是非常重要的,是达到目的的途径,而非目的本身。学科的知识库是不断扩大和变化的。没有人能够学习所有的东西,但是每个人都可以更好地发展自己的技能,培养所需要的探究态度,以便一生中不断产生和检验知识。对于现代教育来说,拥有继续学习的技能和能力应该是最重要的目标。

(Educational Broadcasting Company,2004)

探究教学模式是基于问题学习的概念提出的。在基于问题的学习中,教师是学科的专家、资源的引导者和任务组顾问,而不是信息的传递者或唯一的知识来源。教师的主要职责是鼓励学生参与,提供适当的信息让学生继续学习,扮演学习伙伴的角色,以及避免常见的负面反馈倾向。此外,教师监督学生的参与、探究、学习以及维持课堂活动的进行。

中国的一句谚语为基于问题的学习提供了最简明的基础:"不闻不若闻之,闻之不若见之;见之不若知之,知之不若行之;学至于行而止矣。"当学生参与到寻找一个开放式问题的解决方案时,相比于只在课堂或课文中向他们提供内容而言,他们会学习并记住更多的内容。要了解基于问题教学和学习的基本解释,可访问 thirteen.org。

以下是关于基于问题的学习的一些概括,为学生提供基于问题的学习机会时,这些要点可以作为思考相关问题和方法的指南。尽管基于问题的学习单元呈现有许多可能的形式,但均需遵循以下一些基本原则:

◇哈蒂等人(Hattie & Yates,2014)强调"'操作实例'的价值……作为一种有效且易于应用的方法,为初学者提供必要的指导"。他们继续说,"在很多情况下,都可以向学生展示完整的操作实例,然后再介绍仅部分完整的案例"(p.151)。例如,在研究遗传学原理时,学生可能会看到一个完整的旁氏表(Punnett square),以说明一个蓝眼睛的孩子可能有棕色眼睛的母亲和蓝色眼睛的父亲(你可以在 scienceprimer.com 上回顾对遗传学基础知识的理解。蓝色眼睛孩子,他棕色眼睛的母亲一定有一个蓝色眼睛的隐性基因!)。在此之后,可以给学生一些其他的遗传学问题,他们可以以小组形式合作解决。在互联网上搜索"旁氏表(Punnett square)",会出现很多解决这个问题的练习例子。以一个完整的问题作为例子,可以要求学生一起解决更复杂的遗传学难题。

◇在基于问题的学习单元中,通常首先应关注结构不良的问题,并将其作为学习的组织中心和背景。

◇学习中心的问题:本质上结构和局面混乱,通常随着新信息的增加而改变,不容易解决或公式化,并不总能得到正确答案。

◇在基于问题的学习课程中,学生扮演问题解决者的角色,而教师扮演导师和教练的角色。

◇在教与学的过程中,信息是共享的,但知识是学习者个人建构的。

◇思维是完全清晰的,并遵循严格的基准。

◇问题和过程中总是伴随着评估。

◇基于问题的学习单元本质上不一定是跨学科的,但它总是综合的,也经常会用到其他学科的想法和技能。

在真实问题中使用抛锚式教学的想法并不特别新颖。它是约翰·杜威(John Dewey)在20世纪初所倡导的许多观点的基础,也已经被用于医学教育很多年了。杰罗姆·布鲁纳描述了从发现问题答案的过程中学习获得的四个好处。(Bruner, 1961)

1. 智力效能的提高。布鲁纳假设,在发现的过程中,学习者学习如何解决问题,并学习"学习任务"的基本原理。他建议那些自己参与发现可能答案的学习者,学会识别假设的限制条件,这样可以减少所谓的"胡乱射击",或者是一个接一个的随机假设。这些学习者也能学会将已获得的信息与新信息相联系,培养坚持研究一个问题直到解决问题的毅力,这是一种重要的非认知技能。

2. 从外部奖励到内在奖励的转变。学生主要从解决问题中获得奖励,而不是从回馈正确答案中获得奖励。学习者在寻求问题解决方案的过程中培养了一种延迟满足的能力,而不是依赖于给予教师期望的回答后的即时奖励。

3. 学习探究的启发。布鲁纳指出,探究过程涉及学习如何以一种可研究和可解决的方式提出问题。他认为,一个人只有通过实践和参与探究过程,才能学会如何最好地解决问题。学习者越有经验,就越能将探究过程推广到其他要解决的任务和问题中。

4. 帮助记忆过程。根据布鲁纳的理论,记忆过程中的主要问题是检索要记住的内容。他认为,由学习者自己弄明白的内容比直接传递给学习者的信息更容易记住。另外,一个好的问题解决者也会发现记忆信息的技能。哈蒂等人(Hattie & Yates,2014,p.47)提供了关于教学和学习的这一见解:

> 学习的主要原则之一是学习者需要对学习的来源做出积极反应。这种思想贯穿于所有的学习理论……没有被动学习之说,除非这个词用于学习无所作为,类似于习得性无助。

在探究模式中,科学家们解决问题的策略是一种系统地处理数据的模式,也是学习处理所有研究领域中各种困境的系统模式。在用任何一种探究教学模式进行教学时,都要注意,在这个过程中既有聚集的,也有发散的方法。面对结构混乱和开放性问题时,学生会实践启发式的学习过程,来学习解决问题和处理诸如日常生活中模糊的问题。

探究教学模式一:萨奇曼探究教学模式

理查德·萨奇曼(Richard Suchman)认为科学家使用的智力策略可以教给年轻学习者。他开发了一种被广泛接受的基于探究的教学方法。儿童和青少年天生的好奇心可以在探究过程中得到训练。当学生问"为什么"时常出于真正的兴趣,为他们提供回答问题的工具,他们就有可能掌握这些信息,并把这些信息作为自己的理解。他们也会逐渐理解一个学科研究的内在价值,即参与到所有学科核心的认识和思考方式中。(Suchman,1962)

步骤1:选择问题与实施研究

萨奇曼的模式从教师选择一个学习者感兴趣和刺激的、令人困惑的情境或问题开始——一个矛盾的事件。选择的可能是一个科学问题,比如为什么水会在杯子的外壁聚集,或者为什么糖会在水里消失?也可能是一个令人费解的事件,如消失的殖民地或百慕大三角的奥秘。也可能是一个戏剧或故事的场景,要求学生设计一个结局。也有可能是一个需要数学技能才能解决的问题、健康问题或是要在

运动项目中解决的情况。以下是一些学生开始探究过程的潜在问题的例子,不给出答案。大多数问题有几个可能的答案:

1. 1692年,被处死的女巫人数激增,这是美国最严重的迫害女巫事件。奇怪的是,这次事件发生在距前一次迫害女巫事件47年之后。没有人能够证明为什么1692年发生在马萨诸塞州埃塞克斯郡和康涅狄格州费尔菲尔德县,而不是其他县;然而,对这一现象有几种不同的解释,其中一种似乎很有道理。

2. 联邦总统杰弗逊·汉密尔顿·戴维斯(Jefferson Hamilton Davis)在内战开始时被认为是一名杰出的领导者,比亚伯拉罕·林肯更有能力。然而,在战争结束时,戴维斯则完全没用。什么可能导致领导者变得无用?

3. 在教室里生长的两株植物被浇灌相同的水量,种植在同一种土壤中,但其中一株植物远远大于另一株,而且这些植物是完全大小相同的幼苗重新栽植的。是什么导致了植物生长的这种差异?

4. 美国东部一些地区发现的板岩构造与非洲西部发现的板岩非常相似。为什么会有这样意想不到的相似性?

任何主题都可以探究。所有这些令人困惑的情况,学生都可以寻找一个合理的解决方案。对于许多学生,尤其是那些习惯探究过程的学生来说,最好的和最现实的问题就是那些可能不止一个答案,或者没有最终答案的问题。一旦选择了问题,教师将完成对该问题的必要研究,并准备一份资料单,以便在探究提问期间进行快速参考(有关示例,请参见表11-1)。教师还要确定在探究过程开始时向学生提供多少信息,以及如果学生遇到困难时,还可以提供哪些额外的信息。

步骤2:介绍过程与呈现问题

在开始探究课之前,教师要向全班解释这一过程:在萨奇曼模式中,整个班级都可以作为一个整体以小型讨论组的形式参与其中。教师是数据的主要来源,但只回答那些可以用"是"或"否"来回答的问题,从而将提问的责任交给了学习者。教师还可以选择添加额外信息或引导提问,但是假设必须由学生自己去完成。教师需要控制过程,但不能控制结果或学生的思维,并且要向学生提出以下规则:

1. 学生只有在被叫到时才可以提问题。

2. 只有在小组讨论和合作的时间内,学生才能相互交谈。

3. 问题必须措辞明了,以便教师可以用"是"或"否"回答。(如果需要,教师可以选择提供更多信息。）

4. 只要问题得到教师的肯定回答，学生就可以继续提问。

教师大声朗读问题或者把问题陈述单分发给学生。如果学生没有阅读能力，有可能的话，教师可以向他们口头陈述问题，或者使用图片说明问题。如果对术语不清楚的话，教师应鼓励学生寻求解释。

步骤3：收集数据

在大多数课堂里，学生会问一些需要教师思考的问题。在该模式的这一步骤中，每个问题都必须作为一种可以收集数据的尝试性假设提出。学生不能问："是什么让植物向太阳倾斜？"因为这需要教师给出信息。相反，问题必须措辞明了，以便教师可以用"是"或"否"回答，如："植物是不是因为磁力而向太阳倾斜？"

教师可以随时决定添加信息或扩展问题，然而，重要的是让学生在提问时体验到一些挫折。教师改述问题并说："你是这个意思吗？"其实是一种诱导，最好是说诸如"你可以重述一下你的问题吗？"或者"你能将这个问题说得再清楚点吗？"或者"你能将问题表达清楚，以便我回答'是'还是'不是'吗？"教师可能会说："是的，这是答案的一部分，但是为什么你不根据你已经发现的东西（这个额外的信息）考虑呢？"通过提问过程收集的数据应该被记录在黑板或每个学生保存的资料表上。

步骤4：提出假设并予以检验

当学生提出一个假设性问题，而这个问题似乎就是问题的答案时，应将这个问题作为一个假设，并且写在黑板专门预留的一个特殊区域内。当确定了一个假设之后，所有的数据收集都要直接与检验这一假设相关。如在关于植物生长的不同速率的问题上，一旦学生提出了植物的受光量影响其生长速度的假设，那么之后的所有问题都应集中在接受或拒绝这个想法上。

学生可以要求小组讨论这些信息，并形成将要问教师有关假设的问题。（一些教师会在教学前分配好讨论小组和领导者，这样可以节省时间和减少混乱。）根据问题的性质，教师将学生引导到其他的信息来源或进行实际的实验室实验，鼓励学生在这种时候提出假设问题，例如："如果两个植物都放在房间的同一位置，它们的生长情况会是一样的吗？"如前所述，教师的回答是"是"或"否"。

第三部分 高级教学模式

当学生提出的假设看起来是合理的时候,全班接受该假设作为解决方案,并进入到该模式的下一步骤。如果这个假设是不可接受的,且不能使全班信服,则被拒绝,再次开始收集一般的数据。任何时候都可以允许进行小组讨论,但是必须得到教师的许可。如果学生难以得到一致的假设,那么教师就应该继续提供更多的信息。

步骤5:解释假设并说明相关规则

在这一步骤中,教师要求学生解释大家所接受的假设作为一种尝试性的解决方案,并陈述与之相关的规则。此外,他们必须确定如何检验该假设,来看看这些规则是否能推广到其他情况中。在这个阶段,学生们有时会发现自己的假设中有基本的缺陷,迫使他们重新收集数据和做实验。

例如,在植物生长和阳光的关系问题上,教师会让学生根据他们的想法用自己的话说明这一规则,即太阳是一个因素,如"植物需要阳光才能茁壮成长"。然后全班将讨论是否所有的植物需要同样量的光照,并决定如何检验这一结论。

步骤6:分析过程

要求学生回顾他们刚刚得到假设的过程。在这一步骤,重要的是让学生考虑如何加快进程。学生应该分析他们提出的问题类型,看看他们如何能形成更有效的提问技能。随着学生使用探究步骤的效率的提高,教师可以放弃一些控制权,让学生建立自己的探究过程。

步骤7:做出评估

这一步骤要求学生查找和研究自己的困惑之处。对班级进行调查,选出最有趣的问题。对学生进行测试以确定其是否理解这个假设,以及是否可以将其与解释相关的规则推广到其他情况。对于一个没有"正确"答案的假设,请学生找出另一个可行的假设。这两种截然不同的假设可以作为课堂辩论的基础。

萨奇曼探究教学模式的步骤小结

1. 选择问题与实施研究。选择一个令人困惑的情况,或者是一个能够吸引学生去发现答案的事件,然后研究这个问题以找到可能的解决方法。

2. 介绍过程与呈现问题。仔细解释并宣布学生在探究过程中将遵守的规则。向学生书面展示令人困惑的情境,并向他们提供记录数据的方法。

3. 收集数据。回答学生提出的问题,以收集和验证数据。引导学生更清楚或更完整地提出问题,但避免为他们改述问题。鼓励学生在必要的时候进行小组讨论,但不允许学生在提问期间相互交谈。强调这是一个需要全班注意和参与的集体过程。

4. 提出假设并予以检验。当一个学生提出假设时,停止提问并把假设写在黑板上。全班决定接受或者拒绝。要强调的是,在这个阶段,提问都是针对某个特定假设进行的。如果提出了其他的假设,就将它们写在黑板上并告诉学生,如果正在检验的假设被证明是不充分时,接下来会探究这些假设。鼓励学生考虑所有可能类型的问题。例如,如果他们关注某个事件,鼓励他们考虑可能导致它的条件。在该模式的这一点上,问题是很有价值的工具。当学生试图接受、修改或拒绝一个特定假设时,鼓励他们做进一步的研究或在实验室中进行实验。萨奇曼模式可以在不同的时间框架中使用。在从教师以外的来源收集数据的情况下,该模式可以在多堂课期间使用。

5. 解释假设并说明相关规则。一旦学生证实了一个假设或一个可能的答案,就引导他们去解释和应用他们的假设。讨论假设的规则或影响,以及解释对其他事件可能的预测价值。

6. 分析过程。最后,与全班讨论探究过程。检查他们是如何得出一个可接受的问题解释,以及决定如何改善这一过程的。随着班级学生信心的增强,他们可能会在这个过程中投入更多精力。

7. 做出评估。通过测试来确定学生是否理解了从过程中获得的假设,并确定他们是否能够将规则推广到其他情况。同时,鼓励学生去寻找其他令人困惑的情况,并养成提问和寻找答案的习惯。由于该模式是以一种科学方法为基础的,因此,要确定学生使用这种技能能否更有效地解决问题。

萨奇曼探究教学模式,与许多先进的教学模式一样,似乎是一种简单的课堂应用;实际上,该模式适用于非常复杂的教师准备和学生思维。这个模式成功的关键是选择一个引人入胜的适当问题,让学生能够应付。通过研究在该模式框架下教师和学生的潜在行为,你可以考虑需要什么来确定一个强大和有趣的问题,通过模式的步骤来支持学生的兴趣。在成功实施的过程中,需要一种尊重和信任学生学习的课堂气氛。记住,该模式需要时间来掌握。表11-2有助于你考虑为学生计划和实施一个成功的萨奇曼探究教学模式的方法。

表11-2 萨奇曼探究教学模式中教师和学生的潜在行为

步 骤	教 师	学 生
1. 选择问题与实施研究	◇选择符合课程和标准的吸引人的问题 ◇选择有几种可能答案的问题 ◇准备资料单以供提问期间快速参考 ◇准备在课堂上使用的教学支架	
2. 介绍过程与呈现问题	◇向全班解释这一过程 ◇强调学生在构建问题中的责任 ◇分享提问的规则 ◇分配讨论小组 ◇提供资料单	◇参与过程解释 ◇必要时要求澄清关于过程的问题 ◇理解资料单 ◇思考个人对资料单上信息的认识
3. 收集数据	◇管理关于回答学生问题的信息 ◇只回答学生的问题,不改述问题 ◇记录通过询问发现的信息	◇构建是/否问题,关注尝试性假设 ◇与同伴合作,通过提问从教师那里收集信息 ◇在资料单上记录收集到的信息 ◇思考哪些信息是已知的,哪些仍然需要收集
4. 提出假设并予以检验	◇记录学生的假设 ◇引导学生关注有关假设的问题 ◇指导学生获得额外的信息来源 ◇鼓励越来越复杂的问题 ◇通过额外的信息和采用小组讨论来帮助学生得到可接受的假设	◇如果准备好了,就开始陈述假设 ◇构建问题来检验假设 ◇考虑问题的已知内容 ◇关注同伴的提问,扩展并完善同伴的思想 ◇要求以小组会谈形式商量问题的解决方案 ◇继续向教师提问 ◇达成一致的假设

（续表）

步骤	教师	学生
5. 解释假设并说明相关规则	◇要求解释假设 ◇要求学生解释支持假设的规则或原则 ◇提示学生考虑能否将解释推广到其他情况下	◇为假设提供解释 ◇确定支持假设的规则或原则 ◇评估假设的可推广性 ◇必要时重新收集数据 ◇反思自己在该过程中遇到的困难
6. 分析过程	◇促进对萨奇曼探究过程的讨论 ◇鼓励反思该过程和假设的生成	◇反思探究过程中同伴提出的问题，以及如何改进问题 ◇小组讨论探究过程 ◇反思个人在探究过程中的成长
7. 做出评估	◇分配个人问责措施，并提供反馈意见 ◇鼓励使用提问来解决问题 ◇调查全班在探究过程中出现的问题	◇采用问责措施 ◇反思个人在探究过程中遇到的挑战 ◇回应教师的反馈 ◇分享在过程中遇到的挑战

关于萨奇曼探究教学方法，如本章开头的中学场景的例子所展示的那样。

探究教学模式二：网络探究教学模式

一旦学生熟悉了探究教学模式的基本步骤，他们就可能准备好进行更大胆、更少教师指导的体验。网络探究（WebQuest）模式是一种特殊形式的探究教学模式，它利用互联网作为信息的主要来源。在互联网搜索网络探究主题会发现，与此模式相关的资源十分丰富。使用这种模式设计一个教学单元不需要你成为一个网站管理员，而拥有良好的技术技能的人——其他教师、管理员或技术协调员可以帮助你。

网络探究由圣地亚哥州立大学的伯尼·道奇于1995年创立，是将互联网上的可用信息与各种其他资源相结合的主题单元。网络探究由教师建立，以网页的形式呈现给学生，但学习来源远远超过了网络内容，还包含了课本读物、补充读物、其他资源（新闻来源、视频等），以及与该单元主题相关的活动。此外，网络探究中嵌人的资源和活动还包括采访和报告、观察和笔记、调查研究以及许多其他学生可能会考虑和撰写的现实生活经历。

网络探究侧重于学生有待解决的问题。这些问题是由课堂上正在研究的课题产生的。网络探究的显著特征在于它需要的教学方法。网络探究为学生和教师创造了开放式的学习机会,它的根本目的是给学生提出一个问题,让他们用自己可支配的资源来帮助他们学习课程中所需的内容。教师负责开发和安排材料和体验。因此,网络探究提供了一种以学生为中心、教师辅导学习的组织方案。

步骤1:教师选择问题并实施初步研究

网络探究教学模式以一个开放性问题或令人困惑的情况开始,学生可通过网站和其他可支配的资源进行探索。研究的问题是基于国家标准和地区课程的内容,但其解决方案是基于学生将进行的任务。例如,如果课程领域是生态学,那么问题可能会涉及将狼重新引入黄石公园。如果课程的内容集中在数学的基础运算上,那么这个问题可能会涉及什么时候、在哪里、如何以及为什么人类发明了数字,包括关于十进制是否合理的问题。如果课程领域涉及哥伦布"发现"美洲,那么网络探究问题可能是欧洲人是否有理由宣称西半球是他们自己的。

创建探究任务的第一步是教师搜索适当的网页和解决问题的其他来源。英语学习者、年轻读者或之前对该主题不太了解的学生可能无法访问互联网上的大部分内容,所以教师的大部分工作是找到对于正在创建网络探究的学生最有帮助的链接。

为了说明如何构建网络探究,可以考虑天气这一主题。天气的内容涉及国家标准和地区课程的几个年级课程中,当然包含许多开放式问题。我们来看看这个问题:"是什么导致了天气的变化? 如果可以的话,我们想要改变天气吗?"

教师的研究很明确。有没有一位当地气象学家能来访并与全班同学交谈? 学校图书馆有关于天气的书籍吗? 学生的科学课本在这个话题上要讲什么? 学生的其他课本中有没有提到天气,比如地理课本? 当然,哪些网站包含了与天气有关的有用信息?

回答上述最后一个问题需要使用一个好的搜索引擎,而关键是搜索主题的关键词要保持合理的点击率。因为即使是最窄的搜索也可能会产生上千个或更多的网站,你的工作就是筛选和排序,在完成的网络探究中只列出那些对学生最有用的搜索。大多数搜索引擎使用的排名标准,导致最相关站点出现在列表的顶部,通常是根据搜索主题中的关键词与网页上的单词匹配的次数。因为不同引擎在选择和列出搜索结果的标准上有所不同,因此通常需要花时间和精力使用至少两个搜索引擎。

步骤2:在网络探究单元中呈现问题

为给学生创建和呈现网络探究,可采用一些可用的模板。访问网址WebQuest.org查询你可以使用的多种选择,其中大部分是免费的。你会发现,还有几个在线创作系统可以用来设计网络探究。你所在学校的任何一台计算机服务器都将是存储和访问你的网页的好地方。你的学校技术资源人员或图书管理员可能会帮你解决这个问题。将你的网页存储在这样的服务器上,学生可以从学校或家里的任何一台电脑上进行访问。

步骤3:学生收集解决问题的数据资料

在网络探究教学模式中,是学生而非教师,进行信息收集并解决问题。正是学生的探究促使学生学习。通过网络探究的结构,所有在线资源和其他资源都列在一个开放性问题的背景下,学生必须单独或分组地解决问题。教师的作用是回答技术问题和其他问题,并引导学生使用他们所需要的工具,以创造出一种独特而合理的成果。作为网络探究示例的一个快速调查将说明,这些成果的种类几乎是无限的。

步骤4:学生提出并验证解决方法

学生负责探究、测试和验证问题解决方案。当他们把工作的成果展示给班级其他人或其他小组时,他们将要对他们的发现进行测试。因为网络探究公布的问题是开放的,所以没有一个单一的解决方案,而且每个解决方案都需要修改。相对于其他的探究形式,网络探究的最大价值在于,它能潜在地教授学生认识到,真正学问的本质在于为人类面临复杂问题时寻找貌似合理的答案。网络探究帮助学生认识到,研究人员通常不太了解必须学习的东西,但他们有勇气面对构成每一门学科的"神秘的荒野"。探究学习邀请学生参与到这项伟大的冒险中去。

网络探究教学模式的步骤小结

1. 教师选择问题并实施初步研究。在第一步中,教师缩小问题的范围,以确保学生得出的解决方案基于难度适当的网络资源。

2. 在网络探究单元中呈现问题。该模式的结构分成了许多部分,合理地反映了问题解决方案的步骤,使学生很容易看到在解决某个特定问题时自己要做的事情。

3. 学生收集解决问题的数据资料。此时学生尽可能地自己探究学习,教师只担任技术顾问,回答有关网络探究技术方面的问题。探究的结果是得出一个合理解决方案的成果。

4. 学生提出并验证解决方法。通过与其他学生和成人分享他们的网络探究成果,学生获得反馈来帮助他们改进复杂问题的答案。网络探究公布的问题可能有许多解决方案,最后一步是检验学生确定的解决方案的合理性。

网络探究教学模式利用现有技术来培养学生的探究技能。教师必须精通技术才能在课堂上运用这种模式。在大多数好的教学中,规划模式需要花费时间。通过研究在网络探究框架下工作的教师和学生的潜在行为,你可以考虑需要什么来确保模式的固有优势得到实现。技术本身并不是目的,是用来支持探究过程的。表11-3将帮助你考虑教师和学生需要做什么来构建积极的网络探究体验。关注对真实问题的解决,在课堂中可以通过多种方式实现,掌握网络探究模式的复杂性就是其中的一种。

表11-3 网络探究教学模式中教师和学生的潜在行为

步骤	教师	学生
1. 选择问题并实施初步研究	◇确定符合课程和标准的令人困惑的情境 ◇评估学校对学生网络探究的技术支持 ◇为网络探究搜索合适和一致的网页,并评估每个页面以供学生访问 ◇确定额外的资源以帮助学生探究 ◇构建班级网络探究页面基础框架	

(续表)

步骤	教师	学生
2. 呈现问题	◇选择一个能显示问题解决步骤的网络探究模板 ◇向学生展示如何访问网页 ◇回顾网络探究过程，包括什么时候适合小组合作 ◇回答学生关于过程和内容的问题	◇参与教师的回顾过程 ◇必要时对内容和过程进行提问 ◇反思个人的访问技术和技能 ◇将先前的知识和经验与网络探究需求联系起来
3. 收集数据	◇鼓励学生收集数据 ◇回答学生有关内容和过程的问题 ◇引导学生使用合适的资源和工具 ◇监督学生活动和团体行为	◇参与网络探究问题解决过程 ◇反思个人对问题和过程的了解 ◇对有关过程和内容提必要的问题 ◇与同伴合作解决问题
4. 提出并验证解决方法	◇促进网络探究的共享 ◇充当资源指导 ◇要求学生检验解决方案的可行性 ◇对探究内容和过程提供反馈 ◇鼓励来自同伴的准确和实质性的反馈 ◇总结与综合由网络探究生成的新信息 ◇促进对所学到的知识与如何学习这些知识的方式进行讨论	◇提出、测试和验证问题的解决方案 ◇向全班展示解决方案 ◇接受来自教师和同学的反馈并采取行动 ◇必要时修改解决方案 ◇反思在探究过程中学到的内容

探究教学模式三：基于问题的探究教学模式

从某种意义上讲，所有这三个以问题为中心的探究教学模式（萨奇曼探究教学模式、网络探究教学模式和基于问题的探究教学模式）都可以认为是"基于问题的学习"。然而，基于问题的探究教学模式的步骤和使用基于问题的探究图表使该模式与众不同，成为一种独特的教学模式。

第三部分 高级教学模式

基于问题的探究教学模式将通过5E学习环模式来描述。(Bybee,2009)这种教学模式已经在科学课堂上成功应用了几十年,并且可以很容易地适应其他内容领域。5E是为教学单元和个人课程计划而设计的教学模式。5E是指引入(engagement)、探索(exploration)、解释(explanation)、精细加工(elaboration)和评估(evaluation)。

步骤1:引入问题

每个问题都必须以学生的先备知识为基础,这样才能使已知的和有待发现的内容之间的联系变得清晰。这个阶段应该通过教师准备的单个活动或一系列小活动、演示或讨论来激发学生的好奇心。教师向学生提出一个开放式、可研究的问题。学生和教师一起解释问题,并在基于问题的探究图表(见表11-4)中写出要回答的问题。基于问题的探究图表组织了数据,并提供了一个框架,学生可以在此框架下解决正在研究的问题。学生可以使用该图表来跟踪假设、收集数据和问题解决方案。

基于问题的学习不会在课堂中无故发生。看看你要教的课程,然后问问自己在课程目标中嵌入了什么问题或难题。这样做的方法是,看看你正在教授的标准或测试,你会让学生负责什么,并问自己这个信息解决了什么问题。尝试用一种方法来定义这些问题,以确保学生能够参与到这些问题中来。

在教授美国宪法的过程中,权利法案总是一个值得探索的好问题。《宪法第一修正案》规定:"国会不得制定关于下列事项的法律:确立国教或禁止宗教活动自由;限制言论自由或出版自由;剥夺公民和平集会和向政府请愿申冤的权利。"这个简单的陈述引起了无数问题!例如,言论自由是否包括在工作场所或政府中公开反对上司的权利,比如爱德华·斯诺登揭露国家安全局战略呢?集会权是否意味着学校的任何学生群体在不需要去其他地方时,就可以在课前或课后聚集在一起进行礼拜活动?学校在禁止学生上网,以保护他们不受伤害方面能走多远?人们不必看很远,就会发现每天都有多少问题与《宪法第一修正案》中的45个词(原版英文)有关。

表 11-4 基于问题的探究图表

问题表述	问题	问题	问题	新问题
假设				
普通知识来源				
专家知识来源				
观察				
问题解决方案				

表 11-5 显示了在各个学科领域中基于问题的探究方法的灵活性。该表列出了几个内容领域、问题领域和可能的探究问题。当然,教师需要根据课堂上学生的需要、所需的课程、可用的资源以及自己的背景知识来确定一个探究项目的问题,也可以发展基于问题的跨学科单元。基于问题的探究单元和课程计划的例子在互联网上很容易得到。

表 11-5 课程中基于问题的探究教学模式的相关问题主题

内容领域	问题领域	可能的问题
数学	全等和相似	变形是如何影响几何形状的?
阅读	文章结构	什么样的文章结构最适合在国会提出全球变暖的理由?
艺术	描绘	荷兰画家约翰内斯·维米尔(Johannes Vermeer)是否使用机械设备来实现他绘画作品照片般的效果?
社会	政府	有组织的公民团体如何鼓励移民改革?
科学	环境	世界如何才能减少对化石燃料的依赖?

第三部分 高级教学模式

生成和检验假设的策略提示

> 在归纳学习中一直采用生成和检验假设策略,应该给学生提供机会练习如何生成和检验有关新知识的假设。假设的生成和检验能创造出一个强大而有吸引力的学习体验。教师可以通过具体的教学方法,如概念获得、因果关系和基于问题的探究等模式来为学生提供生成和检验假设的机会。教师也可以通过强调学生可为结论提供支持的不同方式来鼓励生成明确的假设,这些方式包括学生的已知内容、专家可告知的内容、查看原始资料和证据,以及从阅读和讨论中收集的事实证据等。生成和检验假设已证明可以提高学生的元认知和学习能力。

步骤2:用基于问题的探究图表探索问题

基于问题的探究图表(见表11-4)是一种通过支持对研究问题的探索来构建5E教学模式的方法。图表要求学生先确定一个问题,再根据一系列可针对性探索的子问题来分析该问题。这些子问题可以由全班或小组在教师的指导下进行头脑风暴练习来确定。

接下来,学生利用先前知识来创建一个可能为他们提出的问题提供答案的假设。此时,教师为学生提供利用问题陈述中嵌入的重要概念的探究活动。教师负责提示学生、给出建议、提供反馈和资源,以及评估学生理解,目标是确保学生能理解重要的概念和观点。学生探索、设计和规划数据收集方法,并进行反思和评估。学生可以进行初步调查。基于问题的探究图表有助于追踪相关信息,以及在研究问题时所使用的资源。

步骤3:解释与分享信息

学生可以开始为该问题制订可能的解决方案。这些都是从图表中得出的,答案基于不同的资料来源。要强调一个重要的事实是,对于同一问题,不同来源的信息可能会提供不同的答案。如果有一些资源在答案中被相互证实,那么这个学生就可以更确定的是,他/她正在为这个问题找一个合理的解决方案。这就是构成探究的关键,也是基于问题的研究的基础。

教师可以提出需要学生使用图表进行解释的问题。图表还可以支持学生讨论,因为数据收集和解决方案是共享的。解释必须包括具体参考来源,基于问题的探究图表可让学生追踪此信息。

步骤4:精细加工与采取行动

在这一步骤中,学生互相挑战,以通过扩展知识和技能,应用与加工他们研究出的解决方案来解决真实世界中的问题。正是在基于问题的探究教学模式的这一步骤中,决定了要采取的行动。根据问题的地域性,学生可以决定在公共场所举办海报活动,也可邀请这个问题的专家小组去听取设想的解决方案,也可向地方或国家出版社编辑写信。电视台的社区服务时间或当地管理机构可能是分享的理想场所。如果学生花费了大量时间进行调查和解决的问题对他们来说是真实的,他们会希望采取适当行动,将自己创造的解决方案作为解决问题的方法。

为了采取行动,学生必须在新项目的设计和实施过程中应用新的知识,做出决策,并解决冲突。教师继续提问,提供反馈,给出建议,并评估学生采取的行动。这种可能性只受到想象力的限制,而致力于解决现实世界问题的学生,通常会非常有创造性地决定采取什么行动。

步骤5:评估过程

学生对探究过程、问题解决方案以及自己的知识和技能进行评估。教师可以开展活动来评估学生对学科知识的推理和合作技能的掌握程度。评估可以以大组、小组或个人形式进行。学生和教师也应通过小组和个人的简报、讨论和调查等方式来评估探究过程本身。

基于问题的探究教学模式的步骤小结

1. 引入问题。事实上,课程的每一部分都提供了一些问题的答案,特别是科学和历史都是由问题的答案组成的,而文学的核心也总是存在某个问题,数学史里充满了需要解决的问题,世界语言提供了研究交流和文化问题的机会。看看你正在教学的标准,问问自己:"这个信息是什么问题的解决方案?"

2. 用基于问题的探究图表探索问题。这张图表将与难题相关的问题和学生可以用来寻找问题答案的来源对应起来,是用来帮助学生寻求识别问题、数据收集和问题解决方案的组织工具,可以单独或分组使用。

3. 解释与分享信息。不同的来源对同一问题可能至少有不同的答案或解决方案。基于问题的探究图表允许学生在相同的问题上存在不同的观点。

4. 精细加工与采取行动。学生通过阐述术语和结论,并通过证明问题解决方案是合理的,来对解决方案进行精细加工。探究过程的核心——解决现实世界问题的方法现在可以通过写信给编辑、与州或国会代表沟通、向相关的董事会报告,或者用学生想象的任何方式来付诸行动。关键是要认真对待学习,以引导某种形式的行动。

5. 评估过程。必须对学生学习进行评估。单元目标达到了吗?当学生朝着明确的目标发展的时候,基于问题的探究教学模式对他们发展有帮助吗?必须通过关注学生学习的具体内容和过程来评估基于问题的探究教学模式。

基于问题的探究教学模式强调了5E:引入(engagement)、探索(exploration)、解释(explanation)、加工(elaboration)和评估(evaluation)。这些过程是学生使用探究方法来学习重要信息、批判性思维和元认知技能的关键。基于问题的探究图表是该模式的基础。通过研究在该模式框架下教师和学生的潜在行为,你可以思考需要什么来掌握教学步骤,并将基于问题的探究教学模式纳入你的专业工具箱中。尽管探究方法可能难以在课堂中实施,但你可以根据表11-6考虑教师应该做什么和说什么,以及我们希望学生在参与有价值的问题解决活动时将做什么、说什么。

表11-6 基于问题的探究教学模式中教师和学生的潜在行为

步骤	教师	学生
1. 引入问题	◇准备一系列的活动和演示来吸引学生对问题的兴趣 ◇提出符合课程和标准的开放式、可研究的问题 ◇评估学生对问题的兴趣,如有需要进行调整 ◇介绍基于问题的探究图表	◇注意教师的演示活动,并评估自己对问题的兴趣 ◇与同学分享兴趣和关注点 ◇必要时就内容和程序性问题进行提问 ◇将先前的知识和经验与基于问题的任务联系起来

（续表）

步 骤	教 师	学 生
2. 用基于问题的探究图表探索问题	◇讨论问题，并突出基于问题的探究图表的用途 ◇为学生探究问题分析问题的过程提供教学支架 ◇提醒学生假设生成的过程 ◇对整体概念进行设计、组织和实施教学 ◇提供内容来源和反馈 ◇通过观察和反馈监督基于问题的探究图表的进展 ◇检查学生对内容和过程的理解	◇根据演示和教师提供的信息阐明可研究的问题 ◇（与教师和同学）探究问题和分析问题 ◇将问题陈述与先前的知识和经验联系起来 ◇创建可能解决问题的假设 ◇探索、设计和规划数据收集方法 ◇通过探究图表反思并评估对问题的探究
3. 解释与分享信息	◇提醒学生资源的作用，以及哪些是证实的或矛盾的信息和不同的观点 ◇促进学生讨论有关数据收集、可能的解决方案和需要从特定来源获得的支持等 ◇辅助学生使用基于问题的探究图表 ◇要求学生注意并分享有关内容和过程中的困难	◇通过基于问题的探究图表制订可能的问题解决方案 ◇分享与支持不同的数据收集途径和可能的解决方案 ◇具体参考基于问题的探究图表 ◇用图表反思个人的挑战与生成解决方案的过程
4. 精细加工与采取行动	◇向学生提出有关决策和行动计划的问题 ◇就计划的逻辑性和可行性提供反馈和建议 ◇鼓励学生评估行动计划 ◇监督学生的活动和理解	◇应用和加工可能的解决方案 ◇通过收集到的信息和利用先前的知识和经验来支持解决方案 ◇制订和评估行动计划，以帮助解决问题 ◇解决与行动计划相关的潜在问题

第三部分 高级教学模式

(续表)

步骤	教师	学生
5. 评估过程	◇设计和管理有关内容和过程的形成性和总结性评估 ◇促进探究过程的讨论 ◇提出未来改进过程的想法 ◇考虑学生的想法	◇评估过程和行动计划 ◇将新的信息和兴趣与先前的知识和经验相联系 ◇参与教师领导下的评估 ◇反思探究过程、个人挑战和新的学习 ◇为未来的基于问题的活动提供建议

探究教学模式的学习评估

在一些有足够的技术支持的学校,可以让每个学生都能设计一个网络探究作为一个最终的评估。这种评估将使学生以结构化和详尽的方式遵循自己的兴趣。网络探究可以由小组、个人或教师设计。教师设计的网络探究可以用来教学和评估。网络探究需要通过量规或检查表进行仔细评估。量规和检查表应该考虑包括视觉吸引力,探究的难度,任务的效果、准确度和清晰度,以及资源的质量。

传统的纸笔任务也可以纳入探究方法中,以帮助学生和教师看到相对明确的目标进展情况。论文可以用来让学生在小组探究项目中对自己的部分负责。多项选择和简答题可以展示基础知识,并帮助学生进行高阶思维。例如,如果学生正在研究猪流感病毒,那么在试图解决这种可怕疾病的传播问题之前,最好的方法是确定学生理解流感的机理以及与疾病传染相关的内容。

表现性评估也可以作为探究教学的一部分。通过观察那些正在探索和用来建立理解的问题和答案的数量和准确性,教师可判定学生的成功与否。相对较长的探究项目则是表现性任务,可以进行多次检查,这样教师就可以评估学生探究过程成功的可能性,以及学生是否正在建构错误概念。探究教学模式提供了丰富的评估机会。

探究教学模式与满足个人需求

探究是建立在提问和寻找解决方案的基础上的。使用探究教学模式的教师，通过改变提供给学生的任务的内容、过程和产品，有很大的机会进行响应性教学。(Tomlinson & Imbeau, 2010) 问题和研究课题可以基于个人兴趣和技能，允许个人发现。这种个人的搜索对各个年龄段的学生都是有激励作用的。教师可以帮助学生将个人的搜索和探究与先前的知识和明确的目标联系起来，从而使学生能够很容易地掌握新的信息和技能。这种指导性教学使学生能够变得更加元认知化和自律。

教师选择的小组探究问题允许过程发生变化，也可以体现学生的兴趣和文化背景，而且在适当的时候，可以要求个别学生去探究一些不熟悉的问题，以扩展和丰富他们当前的知识。教师通过个别引导和分组引导学生获得新的资源和信息，也能扩展和丰富学生的知识以提出重要的问题。通过了解个别学生的需求，教师将能够确定在学生使用的探究方式与教学目标之间是否存在"良好契合"。

每种探究都需要收集数据，收集数据的过程也有几种不同的方法。对于喜欢和别人一起合作和交谈的学生，可以使用访谈和焦点小组的方法。对于那些喜欢分析任务的学生来说，图书资料搜集会更好。其他学生可能更喜欢走出现实世界，收集可用于回答正在研究问题的信息和数据。差异化的探究方法提供了许多差异化的机会。关键是要在帮助所有学生学习的同时，找到个性化的方法。

成果差异化，即学生可以选择替代任务，同样也适用于探究教学模式。学生可以有机会写一份报告，或者展示一份口头报告或数字报告。在某些情况下，学生可以自己选择如何呈现探究结果。

探究教学模式的优势

探究教学模式有很多优势。最明显的是，学习的重点是问题而不是答案，是问题而不是解决办法，这促使学生积极参与学习。通常，教学是提供学习者根本没有意识到的问题的答案，更不用说好奇或感兴趣的问题了。相比之下，探究教学模式的目的是使学生产生兴趣，为解决方案和答案提供一个场所，让学习者获得学习的所有权,并增加元认知知识。确定的问题可以与学生的学习需求、兴趣和准备水平相联系,帮助学生理解,并发展所有布卢姆教育目标分类(Anderson & Krathwohl, 2001)中所描述的认知过程——理解、记忆、应用、分析、评价和创造。

当学生一起学习如何解决问题与学习新的知识技能时,探究教学模式就能发展团队协作技能。在这些小组探究活动中,学生学习与他人合作,尊重他人的贡献,并就问题解决的步骤进行协商。

学生可以研究一个问题的不同方面,从而获得不同的技能和知识。以问题为中心的探究的一个主要优势是,教师可以根据学生的需要调整课程,培养他们掌握如何学习的知识。

模式之间的联系

通常可以在模式之间进行有趣的连接。小学课程的一项"知道(know)"目标以"管理"的概念为中心,这个词意味着"监视、保管或守卫"。医院的病房是指用来类似护理和监护病人的地方,例如"产科病房"。在现代用法中,管事是负责照顾托付给他的东西的人。飞机上的乘务员照料并负责机上的乘客。"管理(stewardship)"这个词的最后一个音节,现在含糊地与一定"形状(shape)"的大型船只有关。事情如果被料理得整洁有序而且仔细,则被认为是"井然有序(shipshape)"。但是你可以鼓励学生思考各种以-ship结尾的单词,所有这些都是指现状、条件和质量,比如友谊(friendship)、陪伴(companionship)、团体(fellowship)、冠军(championship)、所有权(ownership)和经销权(dealership)等。学生也可能会列一个不同的清单,所有这些都说明了管理工作的意义。

你也可以很容易地将探究的方法与更基本的因果关系模式的元素相融合。探究教学模式的步骤能有效地分析各种环境悲剧中毒性的因果关系。你也可以在环境保护局(EPA)网站 epa.gov 上查看一个灾难性的例子——臭名昭著的拉夫运河悲剧。当你和你的学生把在这里找到的数据整理成因果关系的步骤时,与以问题为中心的思维的联系就会变得更加清晰。探究方法和因果关系模式都提供了实践批判性思维的机会。总而言之,它们说明了许多重要的阅读技能。

小学教学实例

基于问题的探究教学模式:王蝶及其管理	
目标	**科学标准** 生物体在特定环境中生存和适应 **共同核心州立标准——英语/语言文学 SL. 5.1** 就五年级的主题和课本内容,与不同伙伴进行一系列的合作讨论(一对一、小组讨论和教师主导的),在他人想法的基础上,明确表达自己的观点 **学生将知道** ◇"管理"一词的定义 ◇王蝶的数量减少的原因 ◇王蝶大量生长的地方和条件 ◇如何使用基于问题的探究图表 **学生将理解** ◇我们都有责任保护地球 **学生将能够** ◇探索问题"我们如何帮助王蝶重新繁衍?",并回答问题 ◇将回答转化为可研究的问题 ◇制订一个收集信息和资源的计划
评估	学生将完成个人的探究图表,参与讨论并为他们提议的帮助王蝶的行动进行解释和辩护。
过程	1. 回顾一下以前研究过的蝴蝶的生命周期。 2. 分享关于王蝶的信息,它们的长期迁徙,以及为什么王蝶的数量正在下降。 3. 使用基于问题的探究图表,与学生一起组织王蝶的问题,帮助学生确定需要回答的问题、回答问题所需的资源,以及帮助解决问题的可能的假设。 4. 让学生根据基于问题的探究图表来分组设计和规划数据的收集过程。 5. 学生收集数据并制订出可能的解决方案。 6. 教师引导学生进行讨论,为自己的发现和解决方案进行解释和辩护。 7. 学生分享各自可能的解决方案,并且由全班一致同意得出一个共同的解决方案。学生计划并实施旨在帮助解决王蝶问题的行动。 8. 学生评估该解决方案的影响。

中学教学实例

	萨奇曼探究教学模式：毒素
目标	**科学标准** 分析和提供证据来证明生态系统中的因果关系 **共同核心州立标准——英语/语言文学 SL.1** 与不同的伙伴有效地进行一系列的对话和合作，在他人想法的基础上，清晰而有说服力地表达自己的想法 **学生将知道** ◇毒素的定义 ◇18世纪和19世纪英国的工作条件 ◇"疯帽匠"之谜 ◇毡帽是如何制成的 **学生将理解** ◇结构化的探究方法可以解决一些令人困惑的情况 **学生将能够** ◇与班上同学一起建构一个合理的假设，以解释为什么那么多的帽匠表现得像疯了一样 ◇写一篇文章来解释"疯帽匠"之谜、解决该问题的方法，以及这在当今世界是如何改变的
评估	学生将撰写一篇文章，其中包括：(1)对"疯帽匠"之谜的解释；(2)关于这个难题，课堂讨论所得出的结论；(3)这个谜题如何与当今世界的某些事物相关联。
过程	1. 回顾关于18世纪和19世纪英国"疯帽匠"案例的信息。 2. 提醒学生注意萨奇曼探究教学模式。解释学生和教师的角色。回顾以下规则： ◇学生只有在被叫到时才可以提问题。 ◇只有在小组讨论时，学生才能相互交谈。 ◇问题必须是只需回答"是/否"的问题。 ◇只要问题得到教师的肯定回答，学生就可以继续提问。 3. 学生通过提问来收集数据，并且要记录下数据。 4. 学生可以要求进行小组讨论。 5. 学生提出假设，全班一起确定假设的有效性。 6. 一旦全班接受了某个假设，就要求学生解释该假设以及相关的规则。 7. 与全班一起分析萨奇曼探究过程。

本章小结

　　本章提出的第一个探究教学模式主要是基于萨奇曼的研究。该模式采用科学探究中使用的步骤来解决一般问题。第二个探究教学模式是利用互联网作为信息的主要来源,学生通过自己的调查来解决问题。基于问题的学习描述了本章中的所有模式,但基于问题的探究教学模式本身是围绕一个称为基于问题的探究图表的结构来构建的。基于问题的探究教学模式是本章探讨的第三个模式,它为学生生成的真实问题提供了一个结构。一般来说,当学习需要学生积极参与到信息中去,同时提出具有挑战性和质疑性解决方案,以确定它们是否可接受时,探究方法都是合适的。与设计过程中的其他模式结合使用,探究教学模式为解决问题和教授思维技能提供了一种激励性的选择。

拓展学习

活动

　　1. 查看一本当前的教科书。课本中是否存在给学生探究的机会？课本中建议的课程或者你所在地区的教学指南中,是否有一些可以改编成探究课程？列出至少五个可能的探究课程。

　　2. 探索 WebQuest.org 网站,那里有许多关于网络探究的例子以及如何创建的信息。完成一个网络探究,并找出两个在你课堂中可能用得到的预先制作的网络探究。

　　3. 连续阅读当地报纸一周,记录下你的学生可能在萨奇曼探究课程中遇到的所有问题。

反思问题

下列哪个/些问题适合探究课程？

1. 3×8 的答案是多少？

2. 美国内战期间,谁是美国总统？谁是南方联盟的总统？

3. 地球上的潮汐变化似乎与地球相对于月球的位置有关。什么因素可以解释这种关系？

4. 我们已经学习了植物是如何通过光合作用来制造食物的。下面是一些在黑暗中生长的植物的图片。那么这些植物是如何生存的呢？

5. 除了一个可能的签名，莎士比亚甚至没有留下任何可以证明是他自己作品的纸片儿。那么，究竟是他自己写了所有的剧本和十四行诗，还是有可能其他人把莎士比亚的名字写在上面，以保持自己是匿名的？探索莎士比亚之谜，搜寻其他人可能已经发现的线索是文学上最经久不衰的问题之一。

第十二章 共同研讨模式

本章目标

你将知道：

◇共同研讨模式的基础；

◇如何使熟悉的事物陌生化；

◇如何使陌生的事物熟悉化；

◇如何将共同研讨模式用在问题解决上；

◇如何评估共同研讨模式中的学习；

◇共同研讨模式如何满足个人需求；

◇共同研讨模式的优势。

你将理解：

◇隐喻思维有助于学生的学科学习、问题解决能力以及创造性思维的发展。

你将能够：

◇确定、设计以及实施共同研讨模式课堂；

◇解释说明共同研讨模式如何能够提高各学科的教学。

小学课堂应用

在布鲁姆先生（Mr. Broome）五年级的社会研究课上，他即将开始一堂"陌生事物熟悉化"的课。共同研讨的过程包括引导学生通过使用类推的方法来认识未知事物与已知事物之间的联系。学生在过去几天里一直在学习内战，布鲁姆先生给学生读了乔治·埃拉·莱昂（George Ella Lyon）的绘本《塞西尔的故事》——这本书讲述了一位父亲在战争中离开和归来的故事。当他给学生读完这本书的时候，他请学生思考内战与地震之间的相似点，并且提供了以下几个对比：

◇在地震中，土地常常会出现裂缝。南方和北方同属一国，但是也出现了分裂。

◇在地震中,许多人死于强大的自然力量。在战争中,同样的事情也会发生。

◇在地震前,通常会有预示性的震动。在内战前,也有警示性迹象表明大战即将来临。

◇在地震后,通常都会有余震发生。在内战后,依然能感觉到内战的影响。

布鲁姆先生要求学生根据前一天的讨论明确内战后的影响,学生的答案有"林肯遇刺"、"种族歧视增长"和"棉花地位下降"等。

布鲁姆先生让学生去想象地震会有怎样的感受,他在黑板上将学生提到的每一种感受都写了下来。他让学生解释为什么地震会有这样的感受,学生回答如下:

强大的	愤怒的	宛如一个领导者
自然的	可预测的	强劲的
吵闹的	有压力的	窘迫的
气势强大的	令人感到害怕的	伤心的
无所不能的	有力的	暴力的
惭愧的	愧疚的	不可阻挡的

接着布鲁姆先生要求学生找出表格当中互相冲突或者并不搭配的词语,这些矛盾之处同时也都被列在了黑板上:愤怒的和自然的、伤心的和有力的、有压力的和强大的、可预测的和强大的,以及无所不能的和惭愧的。

然后班级就此展开讨论——为什么内战本身既是强大的又是可预测的,参战者是如何可能既觉得自己无所不能又引以为耻?学生将自己的想法通过表演的方式、文字说明或根据课堂阅读或文章中的案例来说明。在明确了内战与地震之间具有相似之处后,布鲁姆先生要求学生去思考两者的不同之处是什么。丹尼尔(Daniel)回答:"地震不具有持续性。"

马特(Matt)解释道:"地震是一种自然现象,而战争并不是。"其他同学的答案包括战争是人为原因造成的,而地震是由于板块运动引起的;战争是可以预防的,而地震难以预防;当地震结束后,政府依然会恢复原来的状态,而战争结束后的变化是非常大的,尤其是输的一方。

布鲁姆先生对于课堂上这群五年级学生所展现出的思维能力表示非常满意,他让每个学生用课堂讨论中用到的词汇或图片就内战这个话题写一段文字。对于正在改进完善这个单元剩余课程的布鲁姆先生来说,这个短篇作业是一个非常好的形成性评估手段,但他仍然希望学生能够通过运用隐喻思维来更好地了解内战的起因与后果。他要求学生建立自己的类比:"将内战与什么进行比较,能够更好地理解内战所带来的的影响?我希望你们能尽你们的所能想出更多的例子,越多越好。明天,我将会让你们把自己的作业和同学分享。"

中学课堂应用

阿马托女士(Ms. Amato)的七年级学生一直在学习有关新英格兰的早期殖民,他们即将开始新单元的学习——塞勒姆女巫审判案。阿马托女士要求学生写篇小短文来介绍女巫,他们似乎从各种媒体上对女巫这个话题了解了很多。阿马托女士在黑板上写下"witches(女巫)"这个词语。

阿马托女士:你们会在文章里用什么词语或句子来形容女巫呢?

罗布(Rob):她们令人毛骨悚然。

阿马托女士:为什么你觉得她们令人毛骨悚然?

罗布:嗯,你永远不知道她们下一步打算做什么,而且人们也都害怕她们。

阿马托女士:你会觉得她们是不可捉摸的吗?

罗布:我想也是。

杰里米(Jeremy):我认为她们很厉害,因为她们念念咒语就能随意地变化东西。

埃米莉(Emily):有人认为她们是邪恶的,会做坏事。

伊莎贝拉(Isabella):世界上也有好的女巫,记得《绿野仙踪》吗?就是一个好女巫救了多萝茜。女巫也像普通人,有好女巫,也有坏女巫。

薛纳斯(Shenice):我写的女巫都不是真的,她们来源于迷信和无知。

艾拉(Ayla):当我是个小孩子的时候,我会在万圣节打扮成女巫,穿着长长的黑裙子,带着尖尖的帽子。

杰诺尔(Jennell):我也是,我用黏土给自己的鼻子按上个大疣,然后用旧拖把做了长头发。

得文(Deven):还有她们会踩着笤帚飞。

当课堂上大家继续讨论时,阿马托女士在黑板上写下这些词汇:

毛骨悚然的	无法预测的
强大的	会咒语
有好有坏	虚构的

第三部分 高级教学模式

源于迷信	源于无知
穿着搞笑的衣服	乘着笤帚飞
会泡茶	能隐身

阿马托女士:这些描述词语可真够丰富的呀。大家仔细看几分钟,然后告诉我当你们看到这些词汇时会想到什么植物,然后我把这些植物写在黑板上。

辛迪(Cindy):我想到捕蝇草,因为它们不仅漂亮而且还能捉虫子。

罗布:那种从树枝上垂到沼泽里,布满苔藓的老橡树怎么样?我曾在野外看到过,它们真的让我觉得毛骨悚然。

伊莎贝拉:那独立在空地里的死树呢?

埃米莉:我想到的是那些生长在沼泽里、硕大的根都埋进水里的树。

杰里米:你是在说柏树吗?

埃米莉:没错,它们看上去很粗壮,但是也很吓人。它们并不是什么有毒的植物,但是不知道它们底下长着的是什么,这令我真的觉得不舒服。

杰诺尔:这让我想起了在风中摇摆的垂柳,它们看上去似乎总是飞扬的模样,让我心里为它们感到惋惜。

得文:其实,我想到的是土豆。它们通常长满了疙瘩,表皮粗糙丑陋。

阿马托女士:大家看看这个列表,然后投票给你希望我们再进行深入讨论的那个词。

捕蝇草	长满苔藓的老橡树
垂柳	沼泽里的柏树
土豆	女巫

票投好了。

阿马托女士:当选的是长满苔藓的老橡树。闭上你们的眼睛,然后想象如果做一棵这样的树是什么样的感觉。

马修(Matthew):我觉得孤独。我的周围没有我的同类,我老了,而且是个异类。

罗布:我觉得我被利用了,身上布满苔藓,我无法逃脱,它们似乎是在占我的便宜。

伊莎贝拉:我觉得强壮且充满力量,我比任何一切都巨大,并且这些苔藓需要我。

杰诺尔：我觉得内心十分安宁，周围的一切都很安静，风在轻轻撩拨我的枝干。

得文：我觉得自己被困住了，因为我挣脱不了。我必须要一辈子待在这里。

保罗(Paul)：我觉得自己是无拘无束的。周围没有任何其他的树，我是自由的。

孤独的	被需要的
老的	被困住的
充满力量的	无拘无束的
与众不同的	被利用的
被占便宜的	强壮的
安宁的	自由的

阿马托女士：再看看这个列表，然后选出一对并不适合放在一起、意思迥异的词语。

学生列出了如下可能的冲突：

充满力量的和被困住的	孤独的和安宁的
被困住的和自由的	充满力量的和被占便宜的
被需要的和被占便宜的	被困住的和无拘无束的（投票胜出）

阿马托女士：在直接类比这一步我们试试用小动物吧。哪一种动物看上去既是被困住的又是不受约束的呢？

得文：畜栏里的马。它虽然是被困在里面，但是当它在围栏里活动的时候，是不受约束的。

薛纳斯：这让我想起另一种动物——动物园里的猎豹——看上去似乎是自由的，但是它们也无法逃脱。

杰诺尔：我曾经去过这样的动物园。你走在里面，四周并没有笼子或围栏。动物们看上去似乎是自由的，但是你会希望它们不要逃出来，动物园里总是有什么力量在阻止它们。有一只漂亮的鹦鹉，它飞不出去，因为它的翅膀被剪断了。

伊莎贝拉：我奶奶有一只鹦鹉，它非常无拘无束。除非它自己想，否则它一点声音都没有，什么事儿也都不干，但它还是只能待在笼子里。

保罗：我看过一部电影，是关于被捉住的水獭。即使受伤疼痛还流着血，这种动物被抓住的时候看上去既不受束缚又很凶猛。

埃米莉：我的猫也是这样的。即使它必须待在公寓里，而且只能坐在窗户边往外看，它依然是不受束缚的。

阿马托女士：让我们从以上的例子中选择一个最符合既不受束缚又被困住的例子吧。（投票结束）。我们要进一步讨论的是被捉住的水獭。现在，问题来了，想象一下如果你们生活在女巫是要被定罪并判死刑的年代。一个被定罪的女巫为什么会像一只被捉住的水獭呢？

伊莎贝拉：她们会为生存而斗争，想方设法逃跑。

罗布：现在，猎捕动物在大多数地方都是非法的，因为对动物来说这是非常残忍的。我们也不再相信有人应该被称为女巫了。

辛迪：但是现在也有很多想做女巫的人。

保罗：有时候，人们去抓捕动物是因为动物漂亮。有时候，人们会嫉妒女巫，是因为她们与众不同，人们想把她们毁掉。

薛纳斯：人们去猎捕动物是因为他们不知道其他更好的办法，对于女巫来说也是这样的。他们并不知道自己错得有多离谱。在今天仍然有人相信猎捕动物是没有问题的，就好像仍然有人相信巫术。

阿马托女士：我们讨论了许多关于女巫的形象。现在，想出一种关于巫术的新描述，然后思考为什么有些形象会和塞勒姆审判中的人有相似之处呢？写一篇小文章来说明为什么塞勒姆人会害怕这些定了罪的女巫。

共同研讨模式的基础

威廉·戈登（William Gordon，1961）因其对共同研讨法（Synectics）的发展做出的贡献而备受赞誉，"共同研讨"（Synectics）这个词语源于希腊词汇 syneticos，意为"研究相似事物的不同之处"。共同研讨运用群组交互的方式，通过"理解共识"的过程来创建新的视角。作为一种教学模式，共同研讨是专为提高学生在问题解决上的创造力而设计的，通过让学生有意识地建立类比，培养学生用既感性又理性的方法来解决问题。较之新手教师，专家有更精细化的概念框架。为了帮助学生学习某一内容领域的专业知识，我们需要为学生提供机会，让他们将自己的想法公开，形成更复杂的知识技能网络（National Research Council，2000）。共同研讨模式使学生能将学过的知识和他人分享，同时扩展对某一具体学科的组织网络的理解。

共同研讨模式所包含的元素与学生的成绩有极大的关系。与小组共同合作学习的方式能使学生对正在学习的观点和技能有更深入的了解。随着学生运用、听课并且解释新学习的过程,他们会将新知识与先前的学习建立紧密的联系,同时,与同伴共同学习能够促进学生积极参与到学习中。小组互动能够增加有利于社会的行为,有助于建立积极向上的课堂环境,但这并不是共同研讨模式中唯一重要的因素。在这个模式中,类比和隐喻的运用为识别所研究的元素之间的异同点提供了切入点。(Dean,Hubbell,Pitler,& Stone,2012)隐喻有助于建立新旧知识之间的直接联系,类比有助于理解这些看上去不同的元素之间的共同之处。(Prince,1970)建立联系是学习的关键,通过明确地识别相似点和差异点,我们可以帮助学生进一步发展更加精细化的神经网络以建立新的及时的联系。

本章节中的大多数模式都专注于学术内容和技能的学习的获得。类比技能包括了创造性的问题解决过程——适用于所有学科。创造性思维和问题解决能力被列为是21世纪最重要的能力。(Trilling & Fadel,2012)事实上,批判性思维、沟通能力、合作能力和创造性能力被认为是学生最重要的能力,共同研讨模式能够培养和发展学生以上这些能力。

近年来,共同研讨模式不断发展,不论在商业还是教育领域都得到了广泛应用。通过使用特定技能,共同研讨模式能够在所有课程领域培养学生的批判性思维和合作意识。因其为团队及个人提供的结构,共同研讨过程能够提高学生的发明、创新和学习能力。(Gordon,1961)通过使用比较,能够建立联系或建立更紧密的联系。无论在哪种学术领域,独立观察和分析对于问题解决而言都是十分重要的,然而共情、想象和感知的运用能力也是同等重要的。(Hilton,2014)来源于我们的非理性思维的洞察力和创造力的闪现能够创造出独特非凡的图像和解决方案。共同研讨模式建立的初衷正是要提高我们思维的非理性部分以进行更深入的学习。(Dean,Hubbell,Pitler, & Stone,2012)

当学习目标是为了学生能够从另一个新的角度看问题以及尝试各种可能性时,使用共同研讨模式能够达到最好的效果。同能够认识整体与部分的关系一样,归纳思考能力也要求学生对比看似不同的事实或事件,因为学生不知道如何进行,帮助学生认识联系的共同研讨模式是十分重要的。事实上,类比是解决这个问题的理想方法。最初,类比法是运用在工业中以促进新产品的开发——通过在问题解决时将团队之间的例子进行对比。在使熟悉的事物陌生化时,我们的思维得以扩展,同时能够接受创造性的视野和解决方案。在使陌生的事物熟悉化时,已知的事物与未知的事物之间能够建立联系,从而促进新的学习。

第三部分 高级教学模式

在传统观念中，创造力是种一独立的技能，是无法被真正理解或通过教授而习得的，与这种观念相反，戈登(Gordon,1961)认为创造力是可以通过教育习得的，学习者可以在解决问题或在加深对描述与分析的理解中认识如何运用创造力。事实上，在团队合作中运用共同研讨模式能够提高个人的创造力，这种模式提供了一种非常重要的互动形式：人与人之间思想火花的碰撞。

不仅如此，共同研讨模式也鼓励跨学科之间的关系。要整合看似毫无关联的实体，就要促使学生和教师去寻找这些实体之间的关系。火山爆发与内战之间、福斯特(Frost)的诗歌与欧几里得所研究的几何之间、段落与生物分类、语法和外交礼节、地图和故事，这些事物之间怎么会有相似性呢？这种能够将两种截然不同的概念融合在一起的能力称之为"兼容并蓄的思考"(Janusian thinking)，命名源于长着两张脸的罗马神——雅努斯(Janus)。兼容并蓄的思考由两种或两种以上相反或对立的概念、观点或图像同时积极构思而成，它们可以是共同存在的、同样有效的或真实的，或两者兼而有之的。(Rothenberg,1979)

共同研讨模式的最终目的是为问题解决找到现实实际的方法和更有效强烈的沟通手段。然而用于达到这些目标的手段确实相当独特。共同研讨模式坚持在大脑的理性和分析之前，首先用非理性和感性思维方式来解决，通过这样的方式，旨在打开思维的新维度并找到解决问题的新的可能性。

在本章中将介绍三种形式的共同研讨模式。第一种能够帮助学生从学过的知识和理解中发现新的模式和联系。第二种通过串联新的知识和学过的知识来帮助学生更好地学习新知识。第三种能够通过类比和隐喻的使用来解决问题。

熟悉的事物陌生化

这种形式的共同研讨模式鼓励学生从新的和不同的视角来看待看似普通和熟悉的事物。通过这个过程，学生能够从原先看似规律、无悬念的事物当中发现意料之外的可能性。这对于帮助学生从新角度来学习熟悉的内容而言是非常合适的，因为知识可以得以延伸，同时新的概念模型得以构建。

步骤1：描述主题

教师首先要求学生描述一些他们熟悉的主题(例如，小说中的某个角色、某个概念或者是某个物体),可以以小组讨论或每个人写一篇文章的形式展开。为了照顾不懂如何写作的低年级学生,教师会与他们共同讨论主题,然后写下他们描述时用的词语或短语,或者是让他们通过绘画或表演的形式表达他们所要描述的事物。通过这一步来构建对主题的初始描述。

当学生完成了写作或结束讨论时,再让学生将自己用来描述这个主题的词汇与同学分享,再将这些词汇写在黑板上或者大张的纸上。罗列这些词汇时教师不要进行评估,所有的学生都可以对这些词汇畅所欲言。

步骤2:创建直接类比

在第二步骤中,学生会根据步骤1中写在黑板上的用于描述的词语与来自看似毫无关联的类别的词语形成直接的类比——帮助学生使熟悉的事物陌生化。例如,教师可以要求学生仔细看看所列出的词语,然后再说出一种能够让他们最大可能地想到这些词汇的机器。其他可能的类别可以是植物、食物、花草和动物等。

直接类比是两种事物、观点或者是概念之间的直接比较。例如,教室与蚁冢之间的相似之处是什么呢?我们身上的血管和管道系统有怎样的相似之处呢?通过练习,学生可以增加对陌生或抽象事物的类比能力。

教师将学生提出的想法都记录在黑板上,鼓励每个学生来解释为什么要选择这种类比。当教师认为每个学生都充分抓住机会参与了课堂讨论,并且大家都准备好时,让同学们投票选出要在下一步进行深入讨论的类比。

在一堂课上,同学们在讨论单词"数学"时在最初给出了这样一份描述性的词汇单:

难的	模糊的
有难有易的	必要的
令人感到害怕的	像钥匙一样
有益的	一个谜

当教师让学生说出能够让他们想到这些词汇的某种机器时,他们罗列了以下几种:

◇汽车。因为汽车是必需品,而且也会令人感到害怕。

◇钢琴。因为尽管有键盘,但是仍然让人觉得晦涩难懂。

◇牙医的牙钻。因为尽管令人觉得害怕,但却是必需品。

步骤3:描述个人类比

在这一步中,学生被要求从现实的角度来审视他们刚刚选择的类比事物。在给予学生短暂的思考时间后,询问学生对该事物有何感想,并且将学生的反馈写在黑板上,鼓励每一个学生解释为什么会有这样的感受。对于高年级学生来说,要接受这一步骤所需要的时间会久些,但一旦学生掌握了这一步,成果将令人欣喜。针对前文所列出的机器,教师或许可以这样提问:"如果你是一台钢琴,你会有怎样的感觉呢?"

一群参与共同研讨模式课程的教师将食堂里学生的行为作为研究主题。教师们将这些学生与蜂群相比较。当被问及如果身处蜂群之中,会有怎样的感觉时,他们的回答如下:

◇ 无助的。"其他人怎么做,我就得怎么做。"
◇ 强大的。"我就是王,其他人都要听我的命令。"
◇ 害怕的。"我不知道接下去会发生什么。"
◇ 安全的。"我不用再自己来做决定。"
◇ 危险的。"我的刺会伤害到其他人。"
◇ 无所顾忌的。"我可以飞,也不用再自己来做决定。"
◇ 全副武装的。"我有刺。"
◇ 不自由的。"我必须跟着蜂群,我在蜂群中,无法逃脱。"
◇ 弱小的。"如果我脱离了蜂群,就很有可能会被捏死。"
◇ 独立的。"我能离麻烦远远的。"

当被问及如果做一朵篱笆上的玫瑰会有怎样的想法时,三年级的孩子们给出了以下答案:

◇ "我会很有安全感,因为我的身上有刺。"
◇ "我会觉得自己是十分脆弱的,因为我的花期不长,而且高温会让我枯萎。"
◇ "我觉得自己很美,受人所爱慕:人们来来往往,就为了看看我的花有多美。"

步骤4:确定可能的冲突

在本形式的共同研讨模式中,第四步是最令人激动也是最重要的一步。教师会要求学生重新审视他们在上一步中所表达的感想,然后找出看似矛盾或冲突的

词语——可能的冲突。例如,在我们给出的将学生行为与蜂群对比的例子中,答案或许会如下:

◇害怕的和安全的。

◇无助的和强大的。

◇全副武装的和弱小的。

◇无所顾忌的和害怕的。

◇独立的和不自由的。

◇全副武装的和无所顾忌的。

这些都是看似矛盾并不适合放在一起的词语,然而都极能体现隐喻的特点。当仔细思考这些不和谐的想法时,这些并列的词语之间的冲突会形成一种张力。这种不兼容性会促使学生忽略词汇字面上的意思,而更关注每一组词汇之间的抽象性或比喻性的联系。听取学生所有的看法,鼓励学生解释为什么认为这些词汇是互相冲突的,然后再让学生投票来选择哪一组词汇的可能冲突是最强烈的。

步骤5:创建一个新的直接类比

根据大家投票选择出来的可能冲突,要求学生再创建一个新的直接类比。例如,如果投票后当选的是"独立的和不自由的",让学生再说出一种符合这两个特征的动物,答案或许有:

◇笼子里的老虎。

◇社会中的人。

◇被皮带拴住的强壮的狗。

◇太空舱里的宇航员。

然后,让学生再一次投票选出最符合条件的直接类比。

另一种用作可能冲突的直接类比的类别也可以是食物:瓶子里的辣椒酱、橙子中的籽都是符合既独立又不自由的特征的。教师和学生使用这种模式的次数越多,就会越有信心采用其他类别物体作为直接类比。

步骤6:重新考察原先的主题

在这一步骤中,教师和学生将回顾由班级选出来的最后一个直接类比,和原先主题进行比较。例如,如果大家投票选出的最后一个类比是"被皮带拴住的强壮的狗",而课堂原先讨论的主题是某小说里的某个人物,那么教师接着会让学生描述被拴住的动物的特点,然后思考这些描述是否与这个角色相符合。

但在这一步骤之前,教师不会提及有关原先主题的任何内容,其目的在于与原主题保持客观距离,然后一步一步地,通过过程当中积累的丰富形象,再重新来学习原话题。这一步的关键之处在于每个学生都会听到他人分享的观点和关系。

让学生把对原先主题的描述写下来,这能够让他们充分表达自己在现阶段学习当中想到的任何形象,并不仅仅是刚才选出的最后一个类比。对于高年级学生和在学习之中接触过这个模式的学生而言,这一步极为有效。这样一系列的类比能够为学生提供丰富的词汇及形象。

熟悉的事物陌生化的步骤小结

1. 描述主题。选择一个主题,在班级进行讨论,这个主题可以取材于任何学科:之前读过的小说里的某个人物;类似于自由或者公正这样的概念;例如校车上的行为之类的社会话题;例如潜水这样的技能。让学生描述这个话题,教师将这些用于描述的词语或短语写在黑板上。

2. 创建直接类比。选择一个类别,例如机器、植物或者食物。让学生再回顾步骤1当中所列出的词汇,谈一谈为什么这些词汇能符合所选择的类别当中的某一物体。要求学生解释做出这样选择的原因。

3. 描述个人类比。让学生自行选择一个直接类比,然后再创建一个类比,并站在所选择的事物的角度谈一谈自己的感受。教师将学生用来描述感受的词汇写下来。

4. 确定可能的冲突。引导学生使用自己创建的类比中的词汇来确定一系列可能的冲突。要求学生将这些看似矛盾或者并不协调因而会引起冲突的词语进行配对。

5. 创建一个新的直接类比。从上一步当中选择一组词语,让学生通过选择另一种事物(动物、机器、水果等)来创建另一个直接类比。

6. 重新考察原先的主题。回归原主题或任务,学生或许会想到符合之前这些观念和看法的某种物体或描述。学生能够把注意力放在最后一个类比上,或者他们能够运用在这次课堂上学到的东西。

共同研讨模式十分复杂精妙,对教师和同学在认知方面都有很高的要求。这些模式同样也注重创造性思维和问题解决能力的培养,鼓励学生进行新的尝试和批判性思维的发展。共同研讨模式的第一种变式——使熟悉的事物陌生化——是能够在课堂上执行的最简单的形式,但这种形式对于教师的能力有很高要求:要求教师具有积极鼓励学生创建各种形式类比的能力。表12-1详细说明了在这种类型的共同研讨模式课堂中可能的执行步骤以及相对应的学生反应。通过观察教师和学生在这种共同研讨模式框架下的潜在行为,你可以思考要掌握这种形式的教学模式,自己究竟需要掌握什么样的教学行为、知识与技能,并将其纳入你的专业工具箱中。你需要牢记,高级的教学模式需要时间去学习,而这并不应该成为阻止你和学生在课堂上共同实践的原因,同时,要反思为学生创造的机会和挑战。

表12-1 熟悉的事物陌生化模式中教师与学生的潜在行为

步骤	教师	学生
1. 描述主题	◇定义类比法,解释使熟悉的事物陌生化的过程 ◇促使学生对主题进行描述(单独或小组讨论) ◇列出学生在讨论中所使用的描述性词汇	◇如有需要对过程进行提问 ◇逐步形成与话题相关的描述 ◇与同学分享自己的描述词汇
2. 创建直接类比	◇回顾直接类比的定义 ◇为学生提供作为直接类比的类别 ◇列出所有学生分享的直接类比 ◇组织学生投票选出需要进行深入讨论的直接类比	◇对直接类比进行了解学习 ◇通过从列表中选择合适的词汇并与指定的类别相比较,再创建一个或多个类比项 ◇注重聆听同学的观点 ◇参与投票
3. 描述个人类比	◇将学生的注意力放在投票选出合适的类比项上 ◇让学生说出如果自己是这个事物的感想——将自己代入到类比项中 ◇记录该阶段中学生的情感反应 ◇让学生来解释为什么会有这样的感觉	◇认真思考投票选出的类比项 ◇创建个人的类比项并和同学分享 ◇与同学分享自己创建的类比项的原因

第三部分 高级教学模式

（续表）

步　骤	教　师	学　生
4. 确定可能的冲突	◇要求学生仔细看看步骤3中的列表 ◇给学生展示"可能冲突"的定义 ◇让学生从列表中寻找冲突，并与同学分享 ◇在学生找到可能的冲突之后，将选择这些可能冲突的理由与其他同学分享 ◇组织学生投票，选出要进行深入讨论的可能冲突	◇回顾步骤3中的列表 ◇在必要时提问要求解释 ◇创建可能的冲突 ◇将可能的冲突与同学分享 ◇解释自己选择的可能冲突的原因 ◇参与投票以选出需要进行深入讨论的可能冲突
5. 创建一个新的直接类比	◇根据投票选出的可能冲突，请学生在指定类别的基础上创建新的直接类比 ◇请学生解释自己创建的直接类比的理由 ◇组织学生进行投票以选出需要进行深入讨论的类比项	◇根据教师的要求，创建新的直接类比 ◇必要时就过程中不懂的问题进行提问 ◇在与同学们分享自己建立的直接类比项后，给出原因 ◇参与投票
6. 重新考察原先的主题	◇引导学生对步骤5中投票选出的类比项进行思考讨论 ◇鼓励学生将直接类比项与共同研讨过程中的原主题进行对比 ◇请学生在写作中对类比项进行比较，建议学生采用前几个步骤中使用过的词汇或者图像来描述	◇认真思考上一步中投票选出的类比项 ◇根据教师的指示，建立新的直接类比项 ◇使用前几个步骤中出现过的词汇和图片，进行比较并创建新的类比项

陌生的事物熟悉化

在共同研讨模式的这种变式中，教师将引导学生通过使用类比来发现新知识和学过的知识之间的联系。

步骤1：提供信息

教师拟定好要学习的主题，可以研究爬行动物、形容词、分数，或者是元素周期表。教师提供关于主题的事实信息。

步骤2：展示类比项

如果学生要学习的内容是乘法，教师可以通过列出乘法与工厂之间的相似之处来展示类比项。

◇在工厂中，同样的产品一遍又一遍地再制造。在乘法运算当中，同样的数字一遍又一遍地加上去。

◇在工厂中，跟踪记录制造出的产品的数量是十分重要的。在乘法运算中，记录一个数字被加了多少次也是十分重要的。

◇在工厂中，机器帮助人们制造产品。在乘法运算中，我们同样可以运用一些技巧来帮助找到答案。

◇在工厂中，老板会告诉工人们应该怎么做。在乘法运算时，教师会告诉学生应该要怎样计算。

步骤3：运用个人类比创建可能的冲突

教师请学生去想象如果自己是一家工厂，会有怎样的感觉。教师将学生所说的感受写在黑板上，再要求学生对这些词汇进行配对，以组合形成可能的冲突。再选出一个需要进行深入讨论的可能的冲突。例如，学生或许会选择"忙碌的和孤独的"或者是"多产的和疲惫的"为可能的冲突。

步骤4：冲突对象之间的比较

全班同学讨论乘法运算是如何既多产又疲惫的或既忙碌又孤独的。教师再要求学生解释他们对冲突双方的感受。

步骤5：确定差异

学生就为什么这个类比项并不符合条件进行阐释。学生或许会认为工厂是一种建筑物而乘法是一种运算。工厂里都是人，而乘法是由数字组成的。他们或许会注意到，工厂或许有一天会倒闭，而乘法运算则无处不在。

此时在课堂上插入一段关于"乘法"这个词语的小课堂会是一个非常有用的办

法。利用词汇习得模式,教师要求学生将这个词拆分成一个个有意义的片段,然后想一想有哪些词汇里包含这些小片段。选择一部好的字典作为参考资料,将上面的内容投影到互动白板或者是屏幕上,教师和学生可以考察词汇的细节。他们会发现"乘法(multiply)"中的"multi"的意思为"多,不止一个",如同在"千万富翁(multimillionaire)"和"多层次(multilevel)"中的意义一样。单词中的"ply"表示"折叠"或"层次"的意思,如同在"夹板(plywood)"和"易曲折的(pliable)"中的一样,意思是"容易弯曲的或折叠的"。有意思的是,这种类型的词汇还有"老虎钳"(pliers)——所有是由两部分组成的日常工具。以上简单的介绍足以让学生能够明白"乘法(multiply)"意味着"成倍地增加数字"。花园里的野草成倍地增加,正如街头上的流浪猫也在成倍地增加。

步骤 6:重新考察原先的主题

根据之前在课堂上讨论的内容和形象,教师要求学生讨论或描写关于原主题的内容(例如乘法)。

步骤 7:创建一个新的直接类比

这种模式会积极鼓励学生根据原主题创建自己的类比,教师将会指导学生尽可能地选择与原主题不同类的事物作为类比项。例如,计算器的概念与乘法十分相近,然而,像场地赛这样与乘法风马牛不相及的事物或许能够与之进行有意思的对比。

陌生的事物熟悉化的步骤小结

1. 提供信息。学生必须对将要学习的主题的相关事实和信息有所了解。

2. 展示类比项。准备好一个对于学生而言并不陌生的类比项。

3. 运用个人类比创建可能的冲突。让学生代入类比项的立场,谈谈自己的感受,然后据此建立可能的冲突。

4. 冲突对象之间的比较。学生选择一个可能的冲突并与原主题进行比较。

5. 确定差异。学生就可能的冲突与主题事物之间的差异进行讨论。

6. 重新考察原先的主题。根据之前讨论中出现过的观点、词汇和图像,让学生写写或讨论原主题。

7. 创建一个新的直接类比。鼓励学生再创建一个不同于原类比项的新的类比项。

共同研讨模式中将陌生的事物熟悉化的变式能够帮助学生吸收新的观点,并且与之前掌握的知识相联系。通过创建个人类比项和确定可能的冲突,模式的步骤能够帮助学生跳出原主题和教师所给的直接类比进行思考。通过这样的类比思考方式,能够帮助学生通过创造性知识的关联来理解这些新的观念。表12-2能够帮助你明白这种模式变式所要实现的目的和执行步骤。它详细说明了教师的执行步骤和与之相对应的学生反应,以及在共同研讨模式的这种变式的框架下,教师和学生的潜在行为,让你了解想要掌握这种教学模式,自己究竟还需要具备哪些知识和技能。教师也可以预测或引导学生的行为以确保教学目标的实现。这种高级的教学模式需要长时间的学习,在课堂上的使用频率也不会太高,但这并不应该成为阻止你在课堂上实践这种模式,让学生展开创造性的翅膀的理由。

表12-2　陌生的事物熟悉化模式中教师和学生的潜在行为

步　骤	教　师	学　生
1. 提供信息	◇对"类比"定义并讨论使陌生的事物熟悉化的过程 ◇选择符合标准和目标的主题 ◇提供关于主题的事实信息	◇将之前的经验和知识与指定的主题相联系 ◇关注教师的介绍
2. 展示类比项	◇在主题和事先确定的类别间构建和介绍直接类比	◇跟随和参与教师的介绍 ◇必要时对关于内容和过程进行提问
3. 运用个人类比创建可能的冲突	◇定义个人类比并提供一个案例 ◇引出前面的步骤中探索关于主题的个人类比 ◇罗列学生分享的感受 ◇请学生解释分享的感受 ◇请学生从分享感受的列表中创建可能的冲突	◇重申个人类比的定义 ◇为提供的主题构建个人类比 ◇解释在个人类比中分享的感受 ◇创造可能的冲突并且和同伴分享 ◇记录过程中的所有困难之处

（续表）

步骤	教师	学生
4. 冲突对象之间的比较	◇请学生选择一个可能的冲突并且将其与原先的主题进行比较 ◇阐明和总结过程 ◇监控学生对内容和过程的理解 ◇为学生进行比较提供帮助	◇必要时提问并要求阐述问题 ◇选择一个可能的冲突 ◇将过程链接到班级正在研究的主题的已知内容 ◇将可能的冲突与正在研究的主题进行比较 ◇记录任务的困难之处
5. 确定差异	◇为识别可能的冲突和原先的主题之间的差异建模 ◇监控学生对内容和过程的理解 ◇继续为过程提供帮助	◇必要时将过程链接到原先的主题的已知内容 ◇提问并要求阐述问题 ◇识别可能的冲突与原先的主题之间的差异
6. 重新考察原先的主题	◇构建和促进关于原先的主题的讨论或写作任务 ◇鼓励学生使用之前讨论过的图片和想法	◇在讨论或撰写任务中反思原先的主题 ◇使用课程前面部分的图片和想法来完成任务
7. 创建一个新的直接类比	◇鼓励学生为原先的主题创建一个个人的直接类比 ◇请学生进行比较，远离原先的主题和使用已经提出的不同想法和图片 ◇为学生的努力提供帮助	◇考虑原先的主题和以前的步骤 ◇创建新的直接类比 ◇反思创建新类比的困难和/或容易 ◇想想关于个人对主题的理解的新类比

共同研讨模式漂移

所谓共同研讨模式漂移（synectics excursion）过程，是使用三种形式的类比——直接、个人和符号来解决问题。教师要求学生设计一个特定的产品，如更好的捕鼠器或新的应用程序。学生也可能被要求解决在学校或社区出现的问题，或者制订更有效地完成任务的程序，例如跑一次马拉松或翻译古老的地图以找到埋藏的宝藏。（Weaver & Prince，1990；Wilson，Greer，&Johnson，1963）他们甚至可以讨论国家和国际重要的问题!

步骤1：呈现问题

研究的问题应该是激发参与者的兴趣和热情。教师应用一般的术语呈现问题。例如，如何设计一个更有效的除叶方法。

步骤2：提供专家信息

有关问题情况的信息和尽可能多的专家建议应该提供给班级学生。例如，可以提供一个包含各种耙子和叶片去除机器的目录。一组学生可以报告现有的清除树叶技术，垃圾填埋场所面临的问题，以及燃烧树叶造成的空气污染。可以邀请城市垃圾收集部门的人员来讨论清除叶子以及落叶到达垃圾填埋场后的处理问题。

步骤3：提出明显的解决方案并筛选优化

教师鼓励学生集思广益探讨解决问题的方法，并提出相应的优点。由小组确定把行不通的解决方案排除在考虑之外。如果课堂上的每个人都同意一个特定的解决方案，那么这个问题就可以得以解决；然而，通常最容易得到的答案是最不有效的。教师应该准备帮助学生识别缺陷。例如，学生可能会建议把叶子烧掉。那么，教师可以反过来质疑与空气污染有关的燃烧问题。

步骤4：形成个别问题陈述

要求学生按照自己的理解来单独写出并重述问题。他们被要求将问题分解成几个组成部分，并用自己的话陈述其中的一个。例如，一名学生可能会专注于垃圾填埋场的过度拥挤问题。另一名学生则可能专注于街道上等待清扫的成堆树叶的火灾隐患。

步骤5：选择一个焦点问题陈述

学生将这些问题的描述读给全班听后，全班选择一个问题深入研究。例如，一名学生可能侧重于开发一种减少垃圾填埋场叶子的新技术，而另一名学生可能将焦点放在将叶片作为宝贵的自然资源上。全班必须选择探索一种可能的方法来解决问题。

步骤6：通过运用类比来设问

这一步，教师要向学生介绍大量的类比。它们可以是直接类比、个人类比、符号类比或虚拟类比。

直接类比

1. 地面上的叶子像什么动物？
2. 像老年人一样的叶子是怎么样的？
3. 叶子和垃圾有什么共同点？它们有什么不一样？
4. 像孤儿一样的叶子是怎么样的？

个人类比

1. 做一片叶子是什么感觉？
2. 成为收集叶子的机器是什么感觉？
3. 被遗弃是什么感觉？
4. 在垃圾填埋场里堆满叶子是什么感觉？

符号类比（使用可能的冲突）

1. 一片叶子是如何既自由又命中注定的？
2. 你如何描述既重要又令人讨厌的东西？
3. 如何把有用的和令人讨厌的运用到这个问题上？有用的和破坏性的又如何运用呢？

虚拟类比

1. 如果可以暂停重力定律，你怎么能阻止叶子从树上掉下来？
2. 如果可以控制树木，你怎么能防止叶子掉落？
3. 创建一个可以帮助解决问题的动物。

步骤7：运用类比解决问题

要求学生回到设计一个更好的叶片去除系统的问题上，并将这些类比直接应用于这个课题。例如，教师可能会提出有关类比的问题。

1. 如果叶子对生命至关重要，那为什么我们认为它们是令人讨厌的？
2. 如果叶子像孤儿一样，我们如何为它们提供更有效的家园？
3. 如果允许叶子留在它们飘零的地方，就像允许老人保持生产力，那么叶子如何继续有效生产？

步骤8：从一个新视角来确定解决方案

教师协助小组使用一个或多个类比，从新的角度看问题。从这个新的角度看，小组决定是否已经发现了解决问题的办法。例如，他们可能已经决定，一种特殊类型的蠕虫可能通过基因工程改造，可以生活在住宅覆盖层中，以减少覆盖的叶子，或者可以设计一种机械"蠕虫"来减少覆盖的叶子。如果学生决定仍然有一些情况需要清除叶子，课程可以继续探索类比的循环，产生新的解决方案。

因果关系模式的要素可以与这个合作研讨课程相结合。掉落的树叶可能会覆盖院子里的草地，同时产生杀死或阻碍草坪生长的结果。当学生决定了他们想要关注的问题是叶子或草坪时，他们就可以探讨原因和后续的影响。

共同研讨模式漂移的步骤小结

1. 呈现问题。选择然后给课堂介绍一个有趣和具有挑战性的问题。

2. 提供专家信息。为班级提供尽可能多的专家信息。

3. 提出明显的解决方案并筛选优化。引导班级探索最明显的解决方案，将那些不可行的方法排除在外。

4. 形成个别问题陈述。让每个学生写一个关于这个问题的陈述，给他们予以解释或重述。

5. 选择一个焦点问题陈述。让学生大声朗读问题陈述，由班级选择一个重点问题研究。

6. 通过运用类比来设问。以启发性的问题来呈现班级学生陈述的类比。

7. 运用类比解决问题。回到原来的问题，并要求学生运用类比以解决问题。

8. 从一个新视角来确定解决方案。要求学生通过从新的角度看问题来确定解决方案。

为了让共同研讨模式漂移在课堂上取得成功，教师和学生必须具有强大的解决问题的能力和一些使用类比创造新视角、新想法和新产品的经验。这是本书提出的最高级的模式，但即使是新手教师也可以通过时间和实践掌握。通过要求学生使用教师模拟和使用的各种类比作为问题，共同研讨模式漂移有助于为学生打开创造性地解决持续存在的问题的窗户。表12-3将帮助你了解共同研讨模式漂移的实施。它详细介绍了可能的实施步骤和相关的学生反应。其次，这高级的教学模式，需要时间学习，在你的课堂中也很少使用。但与其他的共同研讨方法一样，这个模式将允许学生发挥自己的创造力。

表12-3 共同研讨模式漂移下教师和学生的潜在行为

步骤	教师	学生
1. 呈现问题	◇对"类比法"定义,并讨论共同研讨模式漂移的过程 ◇回顾共同研讨模式漂移的目的和步骤 ◇选择符合标准和课程的问题解决 ◇要求学生分配产品或流程来解决问题	◇必要时对问题和过程提问并要求澄清 ◇调查关于问题的个人知识 ◇将先验知识和经验与新问题及共同研讨模式漂移过程联系起来
2. 提供专家信息	◇以各种方式分享有关该问题的专家信息 ◇提供外部专家分享的知识和经验 ◇可以通过视频、游戏、小型讲座和有组织的活动提供其他信息	◇提出问题以帮助理解正在讨论的问题 ◇与同伴合作收集信息(如适用) ◇参与教师和同伴的演讲 ◇参与活动 ◇将新信息与先验知识和经验联系起来
3. 提出明显的解决方案并筛选优化	◇促进解决问题方案的头脑风暴 ◇要求学生根据可行性和逻辑性来评估解决方案的优点 ◇帮助学生排除被认为不可行的解决方案 ◇辅助学生评估,必要时提供额外的信息	◇与同伴集思广益解决问题可行的方案 ◇通过课堂和教师的支持评估解决方案的优点 ◇解释一些方案是不值得的原因 ◇必要时向教师和同伴提问并要求阐明
4. 形成个别问题陈述	◇提供问题陈述的方向 ◇要求学生重新分析问题,选择题的一个组成部分 ◇为任务完成提供帮助	◇如有必要,提出程序性问题 ◇分享对问题和焦点部分的理解 ◇通过教师和/或同伴的反馈调整问题陈述

（续表）

步骤	教师	学生
5. 选择一个焦点问题陈述	◇组织和促进问题陈述的分享 ◇帮助班级选择要追踪的一项陈述 ◇提醒学生课程的目的	◇与班级分享问题陈述 ◇参与选择一个问题陈述以继续模式的后续步骤
6. 通过运用类比来设问	◇提醒学生类比的类型 ◇将直接、个人、符号和虚拟类比（以问题形式）以关于问题和产品/解决方案的问题的形式呈现给班级学生 ◇鼓励学生加深对问题和可能的解决方案的理解	◇如果有必要，要求阐明问题 ◇回答类比问题 ◇用类比问题扩展问题/产品解决的重点 ◇把问题和同伴对问题陈述的回答和可能的解决方案/产品联系起来
7. 运用类比解决问题	◇帮助学生运用类比来考虑问题，通过提问促使学生思考类比 ◇支持学生解决问题	◇通过运用之前讨论过的类比来回答教师的问题 ◇重点关注类比是如何与潜在解决方案/产品相关的
8. 从一个新视角来确定解决方案	◇支持学生根据以前的练习寻找新的问题观点 ◇支持可能的解决方案/产品的评估	◇组织信息和以前的知识和经验来提供问题解决方案 ◇与全班一起评估解决方案

共同研讨模式的学习评估

共同研讨模式要求学生构建类比并使用类比来帮助找到问题的创新解决方案，加深新知识与先验知识之间的联系，并实践创造性的联结。该模式本身为形成性评估提供了机会。教师可以在共同研讨模式过程的实施和随后的讨论过程中，监督个人对个人和直接类比的讨论以及可能的冲突的贡献。可以通过结构和质量对类比进行评估。虽然讨论的每一个贡献都是可以接受的，但是教师可以通过注意类比的构建和如何将先验知识扩展到类比中来评估贡献。在课程结束后，可以对类比的质量和建设进行汇报，为学生提供可用于研究比较过程的信息。

第三部分 高级教学模式

总结性评估可能需要一个反馈来检查新问题的解决方案的质量,以及在类比中使用概念的准确性。例如,如果学生参加了一堂共同研讨课讨论回家作业的问题,他们可能被要求写一篇文章来分享他们对作业的了解,以及教师和学生如何找到一种方法来使作业满足每个人的优势;也可能要求学生形成与正在讨论的主题或问题相关的其他类比和隐喻。可以开发量规来提供反馈和学生表现的结构。

共同研讨模式过程本身可以作为评估。教师可以要求学生形成直接类比、个人类比和可能的冲突,以展示学生对学术内容的理解和认识技能的相似点和差异之处。使陌生的事物熟悉化和使熟悉的事物陌生化的步骤可以作为纸笔或网页作业的基础。在这种情况下,学生的工作可以通过隐喻的数量和质量以及伴随模式最后一步的写作进行评估。

共同研讨模式与满足个人需求

为学生学习具体的技能、流程和信息提供支持,从而提高学生学习效果。(Good & Brophy,2007)当这种支持扩展到以满足各种学生的需求时,教师需要差异化。通过不同的共同研讨过程为学生提供教学帮助,允许支持学生学习的各种机会。在共同研讨模式中,目标是帮助学生通过理解新事物和不熟悉的事物之间的关系,发现模式,以及识别元素之间的相似性和差异性来发展一种有意识的创造性过程,找到问题的解决方案。教师可以通过使用拓展练习和图形组织器来提供构建隐喻和类比的实践。例如,在学术日或学期的开始,教师可以提供一些类比给学生来提高他们的创造性和学术活力。

马扎诺(Marzano,2001)将创建隐喻定义为在一个主题中识别一个一般模式,并找到看起来非常不同但是遵循相同抽象模式的另一个元素。教师可以利用学生的兴趣作为构建隐喻的基础。类比可以确定概念对之间的关系。在使用完整的教学模式之前,拓展练习要求学生开发直接和个人类比和可能的冲突,可以帮助那些不习惯这些比较的学生或需要选择与无限宇宙进行比较的学生。拓展练习的范围可能从教师提供类比的第一个要素、定义抽象关系,到仅仅提供抽象关系,再到仅仅提供可以构建类比的广泛话题。可以提供给班级差异化提示,例如,学生可能会被要求将餐厅的食物与飓风进行比较,或将天气与食物进行比较,或者将影响我们的事情与我们需要生存的东西进行比较。以下是一些句子结构的例子:

◇ 像一辆摩托车一样的猫是怎样的？
◇ 怎么样睡一个像旅游一样的觉？
◇ 像做晚饭一样的鸟类迁徙是怎样的？
◇ 成为一台电脑是什么感觉？
◇ 像巧克力棒的地图是怎样的？
◇ 成为"独立宣言"是什么感觉？

除了差异化的拓展练习，图示组织者可以帮助学生练习构建类比。让学生在单词之间建立联系，填写链接框，或构建维恩图，这些可以为学生提供识别相似点和差异的机会。

图示组织者的策略提示

> 图示组织者是一种展示想法和文字之间关系的视觉呈现方式。它们有各种形式，互联网上也随时可以使用图示模板。图示组织者通过为新技能发展（包括产生类比）提供支持，在学生学习中发挥了强大的作用。图示组织者可以帮助学生看到类比的两个元素之间的联系。组织者通过与学生建立明确的关系来促进学习和教学。为了区分，教师可以在组织者中包含或多或少的信息，或要求学生开发自己的图示以展示比较。

共同研讨模式的优势

创意在我们的日常生活中很重要。当我们解决问题、表达感受、表现出同情心或深入了解复杂的概念时，我们都需要创造性。共同研讨模式可以帮助学生找到关于思考想法和问题的新思路。因为创造力是一种可以学习的行为，而且在所有年级和课程科目中，创意过程都是类似的，所以共同研讨模式对你的教学工具箱是一个有意义的补充，它是一个适应性强并有益的过程。请记住，隐喻是创造力的语言，创造力允许发展新的概念结构，所以共同研讨模式可以在学术成功、解决问题和社会技能的发展中发挥重要作用。使用直接和个人类比及可能的冲突能使全部学生都参与到讨论中。该模式也非常适合区分和替代评估选项。

小学教学实例

共同研讨模式:美国内战	
目标	**共同核心州立标准——英语/语言艺术 L.4-6** 展示对于比喻性语言、词语之间的关系和词义的细微差别的理解 **共同核心州立标准——英语/语言艺术 W.2** 撰写信息/解释性文本以检查主题,并清楚地传达想法和信息 **学生将知道** ◇内战的短期和长期影响 ◇隐喻和类比的定义和使用 **学生将理解** ◇战争的影响是持久的 **学生将能够** ◇探索内战的类比和隐喻
评估	要求学生构建一个可以与内战相比较的类比。让他们解释为什么选择这个类比,以及它如何有助于了解战争的影响。
过程	1. 提供信息。复习比喻性语言和类比。给学生阅读《塞西尔的故事》。 2. 展示类比项。通过列举内战与地震之间的相似之处,然后与全班同学讨论这些相似之处来进行类比。 ◇在地震中,土地经常分裂;美国的南北方同属于一个国家,但他们分裂开来。 ◇在地震中,许多人死于强大的自然力量;在战争中,同样的事情发生。 ◇地震前有警示性的震动。在内战前也有警示性迹象表明大战即将来临。 ◇地震发生后,通常有余震;在内战之后,依然能感觉到内战的影响。 3. 运用个人类比创建可能的冲突。提问学生成为一场地震是什么感觉,以及他们为什么有这样的感受。记录学生分享的感受。要求学生查看列表,并找到不适合在一起的词——矛盾的想法(可能的冲突)。你可能需要提供一个例子。一旦有了可能的冲突的列表,请让学生选择一个继续研究。 4. 冲突对象之间的比较。要求课堂讨论内战是如何与选择的类比相似的。(你可以要求学生为冲突的每一方写下他们的感受——美国当时的南北方。) 5. 确定差异。要求学生考虑战争与地震的不同。 6. 重新考察原先的主题。学生对讨论进行反思,了解内战的原因和后果。要求学生确定自己的类比,以帮助他们展示自己的理解。 7. 创建一个新的直接类比。鼓励学生再创建一个不同于地震的新的类比项。

中学教学实例

共同研讨模式：女巫	
目标	**共同核心州立标准——英语/语言艺术 RI. 8. 4** 确定文本中使用的单词和短语的含义，包括比喻意义、内涵意义和技术意义；分析特定的词汇选择对意义和语调的影响，包括对其他文本的类比或引喻 **共同核心州立标准——英语/语言艺术 W. 6. 2. D** 使用精确的语言和领域特定的词汇来说明或解释主题 **学生将知道** ◇与巫婆相关的图像 **学生将理解** ◇生活中的政治、宗教、经济和社会压力会导致暴徒行为 **学生将能够** ◇探索关于巫婆的类比和隐喻，并将他们的想法和那些马萨诸塞州社区塞勒姆镇人的想法联系起来
评估	在一个书面段落中，学生将使用课堂上讨论的类比来解释为什么塞勒姆人可能害怕女巫。
过程	1. 描述主题。要求每个学生在 10 分钟内写下一段关于女巫的简短段落。当所有的学生都完成后，要求他们分享一些描述性词汇。把所有词汇写在黑板上。 2. 创建直接类比。要求学生使用列表中的单词，并命名一个植物，并提醒他们使用尽可能多的单词。将学生分享的内容都写在黑板上。鼓励学生解释为什么选择一个特定的类比。当每个人都有机会参与分享并做好准备时，让全班投票选择在下一步中将要研讨的一个类比。 3. 描述个人类比。要求学生"成为"他们在步骤 2 中选择的类比。成为这个类比有什么感觉？要求学生解释他们为什么会有这样的感受，并将所有的回答都写在黑板上。 4. 确定可能的冲突。让学生观察步骤 3 写下的词汇列表，并将一些似乎相互抵触或矛盾的词汇放在一起。列出所有的可能的冲突，并让学生投票选出最佳的可能的冲突。 5. 创建一个新的直接类比。使用在步骤 4 中投票选出的可能冲突，让学生创建另一个直接类比将可能的冲突与动物进行比较。让班级投票选择自己喜欢的直接类比。 6. 重新考察原先的主题。返回上一步中确定的直接类比。将该直接类比与女巫进行比较。让学生分享他们的观察，并联系到马萨诸塞州塞勒姆镇。

第三部分 高级教学模式

本章小结

共同研讨模式是一个高级教学模式,可以为课堂提供新颖性和多样性,同时帮助学生发展重要的沟通、协作、批判性思维和创造力技能。(Trilling & Fadel,2012)共同研讨过程允许学生在需要解决的问题、需要纳入的学习和需要完成的项目之间保持一定的距离,允许一个创造性过程来改进解决方案、获得产品。有三种不同的研讨方法。使熟悉的事物陌生化需要学生知道并发现直接、个人和符号类比(可能的冲突)来与新的信息和技能联系起来。使陌生的事物熟悉化则为学生提供新的内容,并使用三种类型的类比将熟悉的知识和技能连接起来。在这两种情况下,学生都会发现新知识与先验知识之间的相似和差异之处,从而帮助其构建更为复杂的神经网络。共同研讨模式漂移提供创造性解决问题的步骤。我们讨论了共同研讨模式的优势,以及可能的评估和不同的场合。

在第十五章中将会有一个展示如何在文本中使用共同研讨模式的案例研究。

拓展学习

活动

1. 以下是由一个班级开发出来用以描述汤姆·索亚(Tom Sawyer)(《汤姆历险记》)的性格的单词。这个列表中的单词让你想到了什么交通工具?

聪明的	淘气的	年轻的
顽固的	过时的	原始的
勇敢的	幽默的	机灵的

2. 选择一个主题,然后按照"使熟悉的事物陌生化模式"的步骤进行操作。然后再和几位朋友重复一下。比较单独创建的图像和小组创建的图像的丰富程度。

3. 创建一个类比用于以下每个主题:分数、营养、桥梁、名词、独立宣言和诗歌。

4. 选择你所关心的一个问题,并自行执行共同研讨模式漂移的步骤。确定以这种方式处理问题是否有助于你有效地探索可能的解决方案,然后与一群成年人重复活动,看看结果是否不同。

5. 考虑一下你如何在你所教授的知识和技能中使用共同研讨模式。列出你期望在你的课堂中实施共同研讨模式的问题。

反思问题

1. 你需要了解多少内容以发展类比并指导你的学生发展成功的类比？
2. 教师可以做什么来帮助对共同研讨模式有困难的学生？
3. 共同研讨过程在什么方面会改善你自己的教学和学习？
4. 确定你的学生对第一次体验共同研讨模式可能的反应。他们在经过多堂共同研讨模式课程之后又会有怎样的反映？

资源

1. 简·麦考利夫（Jane McAuliffe）和劳拉·斯道坤（Laura Stoskin）将共同研讨模式发展成面向小学师生"星期六是什么颜色"的工作簿形式，并在1993年由西风出版社（Zephyr Press）出版了《星期六是什么颜色？在课堂教学中使用类比增强创意思维》。你可以阅读该书。
2. 在互联网上搜索类比和隐喻在课堂上的使用，将会为你提供主题的特定信息，可用于设计共同研讨课程。
3. 查看YouTube上有关课堂上共同研讨模式教学的其他视频。

第三部分小结

第三部分介绍了五种高级教学模式。整合教学模式提供了一种结构，通过特定的步骤帮助学生理解有组织的知识体系，从而识别关系并形成更广泛的概括。苏氏研讨模式支持对文本（书面、听觉和视觉）的批判性分析，明确规定学生和教师的角色，允许对学生理解进行统一评估。第十章讨论了合作学习模式，从合作学习模式开始，描述了合作学习练习的一般架构。研究了四种合作学习方式：涂鸦、切块拼接、学术辩论和学生小组成就区分模式。这些模式在追求一系列从记忆到创造的学习目标的同时，致力于发展重要的合作性的社交技能和学习技能。第十一章研究了使用探究方法的三种模式——萨奇曼探究教学模式、网络探究教学模式和基于问题的探究教学模式。每一种探究教学模式都为学生提供了结构混乱和复杂的问题，并为问题解决提供了支持。在这些模式的规划阶段，教师的认知需求很高；

第三部分 高级教学模式

在模式的实施阶段,学生的认知需求很高。第三部分的最后一章通过三个不同的变式描述了共同研讨模式的创造性问题的解决过程:熟悉的事物陌生化、陌生的事物熟悉化,以及共同探讨模式漂移。这些方法与传统教学方法差距最远,因此,在课堂上进行教学规划和教学实施需要创造力。在理解这些模式的内容和过程中,学生需要得到必要的帮助。总而言之,第三部分提供了许多复杂的教学模式,对教师和学生都提出了挑战,这些模式也将为课堂上的复杂思维打下基础。

第四部分

统筹应用

导 语

好教师设计好的教学。设计任务需要确定目标、评估、教学模式和策略。本书的第一部分按照知道(know)、理解(understand)和能够做什么(do)的模式,讨论了如何从国家教学标准中创建强有力的目标。本书的第二部分和第三部分提供的教学模式,可以增加教学的多样性和学生在课堂上的参与度,同时帮助学生达成学习目标,以及实践更高层次的思维能力。

在第四部分中,我们描述了在有效的课堂环境中进行的规划、教学、评估和管理的整合。这些活动是相互关联的,每一项决定都必须加以考虑。然而,每个教师都必须发展自己的方式来实现这种整合。将它们全部融合进课堂没有捷径可走。课堂上具体的决策取决于自己学校的独特性,但是每一位好教师都会实践这个过程的几个基本组成部分:(1)规划,(2)指导,(3)评估,(4)课堂管理。

在第四部分,我们将描述教师如何在课堂中吸纳前面的理念,并给出了管理课堂的一般性建议。第四部分共有四章,含三个案例和一个总结章节,主要是介绍教师在课堂上实施的重要教学实践(因为只有好的教学设计是不够的)。另外也介绍了其他教师的教学行为,这些行为有利于积极的师生关系的建立,这也是学生学习的必要组成部分。(Hattie & Yates,2014)

第十三章的第一个课例研究小学四年级数学单元——角的学习。在这个案例中的教师,和其他教师一样,采用逆向的教学设计。她举例说明,她所选择使用的教学模式增强了规划的能力,有助于满足课堂上各种学习者的需求。通过选择使用特定的教学模式,教师可以确切地知道在课堂上将发生的教学的活动和需求,这样就限制了需求的不确定性。模式的多样性能满足一系列学生的偏好和需求。新手教师可以分享埃文斯女士的思考，并注意一个教学单元设计的基本步骤。在这个教学案例中使用了词汇习得模式、概念获得模式和直接教学模式。

第十四章是由一个教师团队编写的中学跨学科单元课例研究。共同的概念是洞察力，每个教师准备的内容与其他教师准备的相一致，这样会有共同的目标、评估和体验。本章所有案例都采用了前面章节中描述的过程和策略，呈现出个性化教学规划。例如，这些中学教师选择采用多种教学模式来满足共同核心州立标准，包括概念获得、概念发展、切块拼接、直接教学、萨奇曼探究和词汇习得等模式。在阅读案例时，你能够猜测为什么教师选择使用这些模式，以及为什么模式的结构有助于学生达成单元学习目标。

在第十五章的高中课例研究中，一位系主任为一个普通的高年级班英语课设计了一个富有挑战性的单元——莎士比亚的《麦克白》(Malbeth)。在这个案例中，教师探究使用逆向设计和教学模式的挑战，使学生认真理解既残酷又充满爱的戏剧，同时使用各种教学模式来达成清晰的目标，如概念获得、直接教学、概念发展、切块拼接、共同研讨、苏氏研讨和因果关系模式等。

有几个基本的模式在这些案例中都得到了使用，有些模式只在一个案例中出现或者没出现。为什么会这样？是什么限制了模式的使用？有什么机会使用各种模式？这些案例中的教师并没有按相同办法实现他们的计划，也没有在个性化计划中纳入完全相同的教学步骤。然而，所有的教师都要照顾学生的需要，系统地确定目标，并将这些目标与教学和评估相结合。

这部分的最后一章是第十六章"实践出智慧"，它包含有效教学的广泛看法。虽然本书撰写的目的是为你提供教学规划和特定教学模式的知识，但是开发教学模式只是良好教学所需的许多实践之一。本章介绍了课堂管理的技能，以及有助于学生学习的师生关系。最后一章中涉及的大部分材料源自我们的个人经验，我们尝试将这些经验与有效的课堂实践研究联系

第四部分 统筹应用

起来。

我们认为最重要的教师行为是监督学生的学习，因此，本书所提出的教学模式可以为处于不同学习环境和学习活动的学生提供学习机会。这些模式的差异有助于教师深入思考教学法，也可以为学生和教师提供反馈信息，以建立与学生的先验知识之间更深入和更具体的联系。

我们认为教师本质上是教学专家，而不是治疗师或辅导员。像所有优秀的管理人员一样，他们必须有非常敏锐的人际交往能力，能够迅速地独立思考。任何负责管理人员及其福利待遇的人都应具有管理群体的个性和技能，并给予他们指导。但我们不应该向教师提出特别专业的问题，也不应该要求教师在没有其他专业人士（如心理学家、社会工作者和指导顾问）的帮助下，开处方治疗严重的病人，更不应该期望教师在危及生命的情况下进行教学。

话虽如此，我们认为，许多存在严重纪律问题而被请出课堂的学生，常被贴上过度活跃或情绪不安的标签，实际上他们也正为所接受的教导方式受苦。无聊的青少年，他们的学习偏好不同于通常的教学风格，或者要求他们学习的东西太难或太容易了，这些都可能会成为管理问题。教师常常将教学问题诊断为情绪、身体或精神问题，也就无法进行寻找教学解决方案的挑战。本书的第四部分，我们再次强调精心的教学规划和设计的必要性，并创造一个所有学生都可以学习的课堂环境。（Noguera，2008）

第十三章　小学课例研究
角的认识(四年级)

本章目标

你将知道：
◇在小学课堂里应用多种教学模式的时机；
◇执行小学单元计划的要素；
◇预设目标与教学模式之间的关系；
◇学生的成绩、经验和兴趣在学习内容和教学设计选择中的作用。

你将理解：
◇有效教学需要周密的教学计划和扎实的教学知识储备；
◇教学计划涉及不同教学模式的应用。

你将能够：
◇反思、评论小学教师制订的教学计划；
◇思考如何制订一份详细的教学计划来指导你可能要教授的一节课或一个单元；
◇确定在本章节中提到的教师是否使用了逆向的教学设计原理。

维罗尼卡·埃文斯(Veronica Evans)是威尔逊小学四年级的科学和数学教师，她在秋季学期开始之前度过了一个愉快的周末。她回忆起自己选择做一名教师的原因，从她准备当教师起——她就想在基础教育中融入 STEM 教育理念，鼓励学生主修科学、技术、工程和数学。不久前，由于考虑到班上女生的特殊情况，她调整了这一想法。有研究一再表明学校中的女生在一开始就认为科学和数学这两门学科不是为她们开设的。和许多人的想法一样，埃文斯女士认为国家需要更多女性从事这些领域的学习和工作。她的观点被各种致力于扭转反常群体的组织所推崇，例如 GEMS(Girls Excelling in Math and Science)。

第四部分 统筹应用

如何使女生和男生一样喜欢上数学和科学学科的基本概念,这是埃文斯女士面对每一批新来的年轻头脑所面临的问题。埃文斯女士准备将数学和科学的概念以一种潜在的吸引人的方式对学生进行教导,因为它们可以被看作是思考各种关系的方式。在数学课程导论课中,她决定专注于一个特定的共同核心州立标准——四年级几何测量的数学标准:理解角的概念并学会测量角的度数。

这个标准似乎很适用于以逻辑学和美学相融合的方式来看待这个世界,若以比公式更具吸引力的方式呈现,就会对男生和女生产生同样大的吸引力。点和线在人们的生活中普遍存在,例如,场地标线、篮球场上的界线、地板和建筑物的天花板上的线条,都有边缘和边界。虽然经常规定分界线,但线也象征无限远。在帆船上,没有人提到绳索,但大家都知道那些是绳索。每个家谱都用线条来追踪家族血统。直线可以被组合成三边或多边图形,且在直线的交点处(称为顶点)形成角——有时是直角,有时是锐角,有时是钝角。这些词的含义,除了在数学上的特殊用途,无疑也值得进行有意义的讨论和探索。

出于进一步的思考,埃文斯女士探究了一条线的两端通过画曲线形成一个圆的方法。圆的圆周和直径由不同种类曲线和直线表示,著名的 π 是表示两者之间的关系。圆周与圆直径之比是一个常数,但它是一个不确定的数字,这一事实已经知道了很长时间,以至于很难追溯。我们所知道的是,数百年来这个数字一直吸引着数学家和其他领域思想家的注意,最早可以追溯到距今 4000 年前的埃及,甚至也出现在《圣经》中(1 Kings 7:23)。另外,在一些大众流行文化中也有提及——例如一部电影的标题是"π";卡尔·萨根小说中提及宇宙创造者在数字"π"中埋藏了一个秘密;在凯特·布什(Kate Bush)的专辑 Aerial 中一首歌的歌词里就包含了"Pi"。没有一个数字能比 π 更使人类着迷。

对于埃文斯女士和所有数学教师来说,数学主题能否通过教学为学生展示数学的魅力是个问题。今天她面带微笑,因为她意识到自己的热情可以让她多角度思考问题。一个单元应该包含什么,以及学生可以吸收多少知识,总有一个限度。她提醒自己:"记住在掌握一个概念之前需要反复多次接触这个概念。"现在是时候让自己的想法应用到线和角的单元了。

埃文斯女士的教学计划

通常情况下,埃文斯女士计划她的单元教学会持续两到三周,具体取决于单元所涵盖的内容。然而,每段旅程都是从一小步开始的,计划也不例外。从数学共同核心州立标准入手开展工作,并将此作为依据,预设教学目标进行教学设计,她指定了该单元前几课的总体目标:

学生将知道:
◇如何绘制和识别线和角,以及如何通过线和角的属性对形状进行分类;
◇如何绘制点、线、线段、射线、角(直角、锐角、钝角)、垂线、平行线。

学生将理解:
◇线是图形构成的基础。

学生将能够:
◇识别平面图形的线性特征;
◇根据是否存在平行线或垂线,或根据角的度数,对平面图形进行分类;
◇识别直角三角形;
◇识别能使一个平面图形对折后两部分完全重合的一条直线;
◇识别轴对称图形并画出对称轴。

以下课程是根据共同核心州立标准和拟定的单元目标为基础的。

第一课:角的词汇

教学模式
词汇习得模式

课时
30分钟

教学模式的合理性

埃文斯女士认为词汇是概念学习的基础,她希望确保学生理解本单元教学中将要讨论到的基本概念。此外,我们用来标注和讨论概念的词汇通常具有有趣的历史,并且也反映了我们如何理解现象。学习者能用词汇对概念进行准确的描述,进而理解他们听到的、读到的需要学习的概念。

埃文斯女士关于角的单元共制订了三节课,第一课时的教学计划是为了让学生理解用于讨论角的词汇。她从点、线、线段、射线、角和度数的简要预测开始。预测是为了匹配教学内容而进行的练习,学生根据图纸上的每个单词,选择将要用来

第四部分 统筹应用

作为标签的词汇,构成以下师生课堂讨论的基础:

↗　　　↖　　　＼　　　＞　　　。

埃文斯女士:这些词汇和图画是我们学习角的基础。我们一起回顾一遍。关于"点"的概念你们能想到什么?

罗伯特(Robert):点没有任何延伸与变化,它只是一个静止的点。

埃文斯女士:没错。我们说"点"没有长度、宽度、深度。它确实没有与我们用来表示它的图形有一样多的维度。它更像是我们只能想象的一个地方,并用一个点标记,由此我们可以知道这个地方在哪里。我们可能会说:"你记得答案的哪些关键点?"

请注意,当我们这样说的时候,我们只是用这个词来象征。"点"字没有任何实际意义,不是吗?不过,我们仍需要用"点"这个字来命名。

现在你们能解释"线"的概念吗?或许我们能说,它恰好与一个点相反。但要如何区分点与线的不同呢?

玛杰(Margie):这是否与你画线的方式有关系?

埃文斯女士:是的。你说得对。

玛杰:一条线是否真的能向两端无限延伸?就像你在每一端绘制的带方向的箭头?线向两端的延伸是否真的没有终点?

埃文斯女士:是的,玛杰。直线可以向两端无限延伸,没有终点,就像无穷远。但也就如同点一样,无限远只是我们的想象。就像玛杰想的那条线一样——它没有让我们标记的尽头。

埃文斯女士继续讲解"射线",并提醒学生一条射线有一个端点,可以向一侧无限地延伸。她把"射线"与"线段"的定义相比较。师生以"线段"为话题继续进行探讨。

玛丽(Marie):看起来线段有两个端点而不是带方向的箭头,端点在两端,而且两个方向上的线不会超过端点。两端没有箭头。

埃文斯女士:玛丽说得不错。很多时候我们讨论到一条线,就像在餐厅排队的学生、在商店里排队的顾客或者停在停车场的汽车排成的一条线,我们会将这些排成一列的队伍想象成"一条线段(line segment)",虽然它可能有时是感觉上,但它确实不会在任何一端无限延伸，不是吗？我们一起来看前缀 seg-，和英语中的很多单词一样，它源自拉丁语，表示"切割"。线段是被"切割"下来的部分。

埃文斯女士画了一条线，线的两端都画有箭头，然后用两个分割符号划分出一条线段。她提到，动词"hash"意为"切割"。

埃文斯女士：刚刚我们从一条线中分割出了一条线段。接下来请大家思考有关角的词汇，大家想一想，就 angle（角，角度）这个词本身而言，你们能联想到什么？

马可（Marcus）：这个词和 ankle（脚踝）很像。

埃文斯女士：我感到惊奇的是，angle 这个词源自拉丁文，意为角落或弯曲。你们有观察过自己的脚踝吗？

谢里（Cheri）：脚踝是腿和脚弯曲相连的部位，这就是这一名称的由来？

埃文斯女士：没错。事实上，"角"与希腊词有关，意为"肘部"。当我们说到角度时，我们可能联想到胳膊上和腿上的角度。角度是弯曲的，对吗？所以我们要用度数来测量弯曲度。大家想一想，还有什么是用度数来测量的？

罗纳德（Ronald）：温度。例如温度计显示 30 华氏度时，说明天气很冷；当我们发烧时，我们也要测量发烧的度数。

埃文斯女士：不错，度数表示某一级别或者某一程度。温度计上的每个刻度都表示一个等级或程度。华氏温度计和摄氏温度计的刻度所表示的温度等级又是不一样的。摄氏温标以水沸点为 100 度和冰点为零度作为温标的两个固定点，0 摄氏度和 100 摄氏度中间分为 100 个等分，每个等分代表 1 摄氏度。正如你可能知道的，前缀 centi- 译为 100。

当我们测量角度时，我将解释角的度数最大可达 360 度，但不会超过 360 度。你们可能会对如何得出 360 度这个数感到疑惑。现在，我将告诉你们我们测量角度的方式，角度总是小于 360 度。有一个几何图形是 360 度的，但现在我要把它留给你们自己思考。明天我们继续探索角，今天习得的词汇也将在我们明天的课堂中有更深层次的运用。

评估

课后，把各种各样的常见物件写在表格里，这些东西与本节课所教授的一个或多个术语相关，例如在两端打了结的细绳、小木匠的方形工具箱、拉钉锤、小杆、铰链、玻璃圆盘、手动榨汁机、一副眼镜、靴子或高帮鞋、一把剪刀、一本书、一只风筝、一个娃娃屋形的直背式椅子或任何可以定义形状或与角相关的小物件。要求学生选择一个物件,并对所选物件的形状与角度的关系进行"展示与演讲"。

第二课:探索角

教学模式

概念获得模式

课时

1 小时

教学目标

学生能够识别三种常见角的基本特征

教学模式的合理性

概念是从具体事例中衍生出的一般性看法。在本课开始之前(以及那些即将在此基础上建立的课程和单元),重要的是学生需要掌握角的定义。正如我们在第四章所说,所有的概念都包含:(1)名称和定义;(2)概念获得课中的各种具体事例;(3)定义概念的关键属性。在接下来的课程和学习活动中,学生将会有许多完善"角"概念的机会。这些复杂而精练的概念是初步判断哪些是角,哪些不是角的基础。

第二课旨在通过观察有角的图形来理解角的概念——识别角的基本属性和不同类型的角。这是概念获得模式的一个变式。埃文斯女士在屏幕上投影剪贴画(她也可以选择在黑板上画画),如下所示:

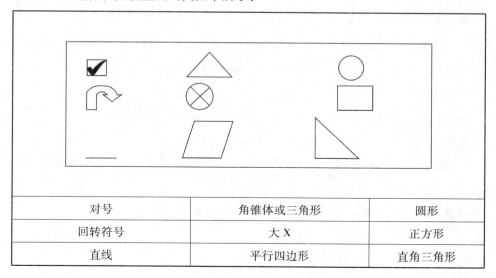

对号	角锥体或三角形	圆形
回转符号	大 X	正方形
直线	平行四边形	直角三角形

埃文斯女士：观察这些图片，说出图片中有角的例子，注意一些图片不止包含一个角。

玛丽亚(Maria)：那个对号有一个角，对吗？

拉尔夫(Ralph)：圆圈不是一个角，但圆圈内的X似乎有角。

埃文斯女士：不错，拉尔夫。你能在X中找到几个角？

讨论继续进行，直到所有图片都被分为有角和没角的两类，记住角存在于有弯曲转折之处。学生列出了包含有不止一个角的图片：X、正方形、直角三角形、平行四边形和三边形。

接下来，埃文斯女士画了三个不同类型的角供学生辨认：锐角、直角和钝角。她引导学生观察这三种不同类型的角，并联系90度的概念。

埃文斯女士：锐角因其具有和刀刃一样锋利的角而得名。我们把拥有好的眼力称为锐利的眼力，意思是"锋利"的眼力。锐角是小于90度的角。相反，钝角意味着"钝"或"不尖锐"。末端呈圆形的叶子被称为钝叶。你认为一片有尖头的叶子会叫什么？

随着概念获得练习的拓展，埃文斯女士解释说，正方形的四个角都是90度，加起来是360度。

埃文斯女士：所以，你看，一切封闭图形的内角和都是360度。无论是一个正方形还是一个圆，或是这个地球（指的是课堂上地球仪表面被划分为360度经线）。地球仪上的经线，也称"南北"线，自本初子午线（也就是0度经线）开始向东、向西各划分180°，东西经合起来是360度。

埃文斯女士在地球仪上进行展示，进而解释经线与赤道线呈90度相交，这是一条特殊的纬线。她指出"赤道"将地球仪（地球）分成了两个"相等"的部分。

埃文斯女士：经纬线也可以用度数表示。

这个附带的讨论试图让学生在下节课中建立如何用量角器测量角度。

评估

通过匹配练习对角的认识进行评估。练习任务是将一些带角的平面图形的角分为锐角、直角或钝角。这些图片展示的都是常见的物体，如矩形桌面、直背式椅子、电线杆、电视天线、钓竿和线，以及用于画图的丁字尺。

第四部分 统筹应用

第三课：测量角

教学模式
直接教学模式和词汇习得模式

课时
1小时

教学目标
让学生学会使用量角器测量角度，并使用圆规绘制弧形和圆形

教学模式的合理性
本节课要求学生应当熟悉有关角的基本词汇和概念。本课中的新词是量角器和圆规，即用于测量和绘制角度的工具。现在的目标是使学生对于角的概念的理解变得更加复杂，包括如何测量角度。直接教学模式是一种理想的教学技能。该模式基于哈蒂等人（Hattie & Yates, 2014）所提出的"明示"一词，即展示、指出或者陈列。直接教学模式以表面教学或通过展示法进行教学为特色，然后再让学生以集体和独立的方式实践新的学习。正如我们在第三章中定义的模式，这个过程可以表达为"我做，我们做，你做"。我们还可以补充说，明示不仅仅通过教师来展示。直接教学必须涉及学习者，在某种程度上是要让他们成为行动者，而不仅仅是接受者。

讲课之始，埃文斯女士在黑板上画了一个有四个角的X，这四个角共有相同的顶点，提醒学生把上节课中的X看作是有四个角的图形。接下来，她解释道，学生将学习如何使用教学目标中涉及的工具测量角度。她拿着一个大圆规和一个量角器，解释道，圆规意味着"环绕一周"或"围绕指向某一区域的周界、边界或圆周"。她用圆规在黑板上画了一个大圆圈。然后，她通过从电子写字板中投射出的指南针影像来阐明指南针的另一个意义，显示了磁北方向的度数。

埃文斯女士：这个指南针显示了各个方向：北、东、南、西。将正北点设置为零度，就能指出从正北开始偏向的度数。你能猜到指南针的总度数是多少吗？

这加强并确定了一个圆的总度数是360度的概念。接下来她要使用大量角器来显示如何通过将量角器上的中点标记放置在角的顶点上来衡量角度的大小，将量角器的零线对准角的一条边，在角的另一条边与量角器相交的地方读出角的度数。

埃文斯女士：说比做容易。一会儿我会让你们自己练习。如果你们有任何困

难,可以请求帮助。

将记录的四个角度的测量结果加起来,度数总和是360度。她提醒学生,360度就是昨天发现的四个90度角的总和。她还提醒他们刚才在指南针上观察到的事项。这个总和也是任何一个圆周的度数之和。学生实际上测量的圆弧度数是由角的两条边所切割的圆弧的弧度。借助圆规,埃文斯女士可以按照之前测量的角度画出圆弧,即圆的一部分。

接下来,课程转向引导练习。每个学生都有纸、直尺、手持式圆规和小量角器。在小组合作中,学生在纸上画出两条相交的线,以此画出有四个角的平面图形X。然后用量角器测量每个角的度数,这四个度数加起来的总和是360度,测量中允许有小误差。

当学生遇到困难时,埃文斯女士可以提供反馈和修正建议。一旦埃文斯女士发现学生正朝着自主操作发展,她便会要求他们在她监督下独立完成练习。

评估

在直接教学模式实行后,要求学生用量角器测量纸上所提供的三个角。其中一个角是锐角(小于90度),第二个角是直角(正好90度),第三个是钝角(大于90度)。它们是被刻意构造度数总和为180度的锐角和钝角,以此引导学生讨论如何通过测量第三个角度来推论第一个角度,反之亦然。

结　语

下一课的主题是补角,两互补角的总和为180度。每个学生在前几节课中看到的由X形成的每一对邻角都是如此。这一概念将直接引出与角度测量和识别相关的四年级课程的共同核心标准。这与概念发展模式相一致。埃文斯女士会使用涂鸦活动来复习单元的"知道"(know)目标。

总体上,埃文斯女士对这个单元的教学很满意。而让她采用这一教学模式的一个激励因素是让班上的女生找到感兴趣的学习资料,进而对学习数学技能产生更多的信心和兴趣。然而,她并没有在这一领域做出明确的努力。没有一个专门针对女生的活动或小型讲座,也没有提到任何女数学家。现在她已经教过这个单元,埃文斯女士将会做出极大的努力,以确保所有的学生都能学会她所教授的内容。实际上,她正在考虑科学与数学的成功与社会正义问题之间的关系。这可能会吸

第四部分 统筹应用

引所有的学生——跨越性别、社会阶层和种族的所有学生。

本章小结

　　这是小学四年级数学"角的学习"这一单元的案例研究。课程教师埃文斯女士为该单元设计了多种符合单元教学目标的教学模式。该单元的教学从词汇习得模式开始,包括直接教学模式、概念获得模式、概念发展模式和涂鸦复习。埃文斯女士对这些教学模式感到满意,并试图成功使用这些教学模式。这些模式只是埃文斯女士教学工具箱中的一部分,它们与该单元拟定的教学目标和评估相一致。

　　在任何课堂中使用多种教学模式可能都会很困难。正如埃文斯女士所发现的那样,掌握这些模式需要一些时间,而且她感觉有些教学模式相比之下使用起来会更舒适。不过,她对年轻学生被多种教学模式吸引的效果感到惊喜,她对所设置的课堂管理程序能在适当的时候促进学生的学习成功而感到开心。

拓展学习

活动

　　1. 你可能已经注意到埃文斯女士的课程计划没有具体的学习目标。选择一个课程计划,并写出与课程评估、课程学习经验以及所提供的单元目标相一致的学习目标。

　　2. 想想你所教过或将要教的一个单元。你想让学生在这一单元的学习中掌握哪些概念的词汇?列出有助于你的学生学习这些概念的词汇及适当的教学模式。

　　3. 列出你在一个单元中规划一节课所需的步骤。你会做什么?第一步、第二步等,这会使你实现逆向教学设计。

　　4. 绘制一张流程图,反映埃文斯女士制订本单元教学计划的决策过程。

　　5. 写一个涂鸦活动的指南,用于本章中描述的四年级的单元复习方向。

反思问题

　　1. 想想中小学后期女生会远离数学、科学、工程和技术课程的原因。你是否能找到其中的原因,有什么建议可以改变这个趋势?

2. 数学的技能和知识可以决定一个学生学术生涯的成败。原因是什么？以代数为例，它是如何帮助那些高中擅长学习代数的人取得学业上的成功的？

3. 在课堂里使用教学模式会有哪些问题？小学生在参与本书中提出的一些教学模式时，可能会遇到哪些困难或机遇？

4. 关于课堂上使用的多种教学模式，埃文斯女士应该如何为学生储备模式的相关规则和程序？

5. 你如何评估埃文斯女士的逆向设计？能否使用？怎么使用？是否使用恰当？你是怎么知道的？

第十四章 初中课例研究

跨学科教学

本章目标

你将知道：

◇在中学课堂教学中使用多种教学模式的时机；

◇相同的主题如何连接不同的内容；

◇实施中学跨学科单元的规划要素；

◇预设目标与教学模式之间的关系；

◇根据学生的成绩、经验和兴趣，选择学习内容和教学设计。

你将理解：

◇有效教学需要周密的教学计划和扎实的教学知识储备；

◇教学计划涉及不同教学模式的应用。

你将能够：

◇反思、评价一批中学教师的教学计划；

◇思考如何制订一份详细的教学计划指导你可能要教授的一个单元中的一节课；

◇确定在本章节中提到的教师是否使用了逆向的教学设计原理。

牟福德中学(Mumford Middle School)的七年级跨学科教学团队遇到了一个问题，包括数学学科、社会研究学科、语言艺术和科学学科在内的一些教师都担心学生思维固化。正如科学教师艾丽丝·布朗(Alice Brown)，在一个早晨沮丧地说："狭隘的思维，这就是他们的思维！这些孩子不会在所上的课程或彼此相关的课程中产生关于事实或观点的新思考。有时教他们的感觉，与其说像播种，不如说像是在犁地。"

于是，他们开始了一场长达几天的谈话，并由此产生了这些教师所知道的最令人兴奋的教学体验之一。和许多教师一样，这个团队也陷入了困境，但他们即将找到出路。

数学教师萨姆·洛佩兹(Sam Lopez)是这所学校所在的中西部小农业社区的本地人，他为当地社区辩护："这可能不是世界性的麦迪逊(Madison)大道，艾丽丝，不同于那些复杂地区，在这个社区，在孩子们心中，有挺不错的稳定的共同意识，而不是世故。孩子们的行为表现总体来说不错。他们会做一些被告知要做的事情和父母期望的事。"

"没错。"艾丽丝回答道，"但他们也只会按照别人告诉他们的方式思考，他们对有不同意见的人会表现得冷漠。在科学领域，愿意以开放思维、探究思维来看待问题非常重要，就像对待气候变化问题一样。"

社会研究课程教师玛丽·提格(Maria Teague)一如既往地担任调解人的角色。"我认为他们值得信赖，而且也有动力做好。然而，我认为应该挑战他们的智力潜能，鼓励他们发挥想象力，而不是如此关心成绩。世界日益复杂，我们需要为这些学生提供知识和技能，以便他们能够在取得好成绩基础上继续前行。"

英语/语言艺术教师亨利·马丁(Henry Martin)通常是个困惑的观察者，他表示："如果我们决定挑战他们的智力，我们最好确保学校董事会不会质疑我们。那些董事会成员可能不会非常热衷于孩子们天马行空的想象。"

艾丽丝说："我并没有想把他们变成激进的革命者。我只是希望他们有一些视角，比这个社区许多成员所持有的观点更广泛一些。"

"对我来说听起来很激进，"亨利重新加入，"哦，好吧，这或许能打发一些无聊的时间。"

艾丽丝忽略了他的冷嘲热讽。"只不过我最近一直在考虑一个基于'视角'这一概念的学习单元。我希望可以让我们的学生思考一个问题的多种解决方式，无论是科学学科的问题还是其他学科的问题。"

"这很有趣，你应该在今天早上提出'视角'这个词，艾丽丝。"萨姆说，"我一直在研究几何学这一单元的学习，其中'视角'便是首要的。我认为，由于孩子们对电脑的设计功能很着迷，所以我可能会引入线性视角，以此教导他们我们的一个新设计方案，以及三维空间中的线。"

艾丽丝暂时忘记沮丧情绪，重新燃起了热情，回应道："你知道，理解视角标志着文艺复兴，它永久地改变了我们描述和认识宇宙的方式。我一直想更多地了解

第四部分 统筹应用

文艺复兴时期伟大范式转变中涉及的数学原理。我想要教'视角'对我们了解物质世界产生的影响,特别是在绘制地图方面。我们可以一起计划这个单元的教学吗?"

"视角的概念肯定符合我正在准备的西进运动这一单元的教学。"玛丽插话说,"我一直在思考,如何让人们接受这样一个观点,即历史学家都有自己的视角,进而影响他们重述历史事件的方式。毫无疑问,任何历史观都不同于历史事件的真正参与者。试想从殖民者或美洲原住民的视角来看西进运动,会有多大的区别。我听说,那些赢得战争的人也赢得了书写历史的权利。"

"我们长期以来没有教过一个跨学科单元。为什么我们不设计一个以视角为概念的教学单元?"艾丽丝说,她的兴奋是显而易见的。

亨利放弃了困惑的观察员角色,充满热情地加入。"我一直在规划一个文学类的单元,但视角确实是理解观点的基础。我记得,透视点——是平行线在一幅画中汇合并传达深度感的点。"他转向艾丽丝说,"文艺复兴时期的画家从希腊人那里重新发现了这一技巧,即能够在绘画中创造出透视,就像地图绘制者所学到的一样。透视是一个更好的概念,可以用于我的单元教学重点。我可以选择适合西进运动时间框架的材料。"他继续说,转向玛丽:"这样一来,我们便可以通过虚构人物以及历史学家的视角来观察历史。而我们所讨论的每一个观点,都是按我们的国家标准来进行的。"

像往常一样,其他团队成员对亨利为讨论所提供的丰富信息感到震惊。实际上,没有以任何一种投票形式来决定,但每个人都已准备就绪,就以视角的概念对跨学科单元教学进行尝试。

四名小组成员安排了一个共同的教学规划时间,并能够安排学生每天的时间。他们在一间传统的教室上课,有一面活动墙能够为特殊目的创建一个更大的课堂。过去,他们对团队教学的尝试只获得过一部分的成效,但这次他们似乎至少都引起了对方的兴趣。

在下一次小组会议上,玛丽建议他们根据单元教学所要求的标准进行头脑风暴。"例如,"她说,"我希望学生对比各个阶层对西进运动的看法。我希望他们评估正在书写历史的历史学家的观点,并且确定参与事件的人的其他可能观点。"

"我关注他们能够在一般意义上界定术语'视角'的程度,然后发现视角是如何与写作关联起来的。"亨利说,"在写作中,我希望他们使用不同的视角来描述一个事件,并创造出在描述他人感受和行为上更有活力的方式。"

"我希望他们能够接受用多种方式来看待同一种现象的可能。"艾丽丝说,"我希望他们能够认识并重视透过现象看本质的重要性,以及质疑看起来似乎显而易见的问题。我也希望他们使用科学的方法来解决需要探究的问题,特别是那些影响我们如何解释物质世界的问题。"

"我希望他们借助计算机,用平行线和视点设计简单的透视图。"萨姆说,"有些孩子在电脑的使用上已经超过了我,而我真的要做些功课才能跟上他们的步伐。这是我们在一个发展速度比任何人想象都更快的领域教学的一大乐趣,更不用说跟上时代了。但是,在兴奋地使用电脑时,我也希望学生能尊重在二维屏幕上描述三维现象的工具能力。"

亨利揉了揉眼睛,他感觉每个人都变得越来越充满激情,但他的行为却非常轻柔,尽可能地不破坏氛围中的一点点乐趣。不过艾丽丝不会让这一严肃性的时刻过去。她说:"我们大家都注意到学生将会更多地了解他人,在解决人际关系问题上考虑他人观点的意愿在增强。"

玛丽说:"我们面前就放着我们的单元目标,有这么多内容要整合进这个单元!我认为我们每个人都应该在下一次会议上列出每个学科都需要涵盖的最重要的概念的大纲。这些标准可以帮助我们形成一个共同的大创意。"

表 14-1 七年级跨学科单元中关于视角的标准

标准来源	标准
共同核心州立标准——英语/语言艺术 RH.6-8.2	确定主要或次要来源的中心思想或信息;关于这些来源材料与现有知识或观点的不同点,提供一个准确摘要
共同核心州立标准——英语/语言艺术 RH.6-8.6	确定揭示作者观点或目的的文本
共同核心州立标准——英语/语言艺术 RH.6-8.8	辨别文本中的事实、观点和理性判断
共同核心州立标准——英语/语言艺术 W.7.3	使用有效的技巧、相关的描述性细节和结构清晰的事情发展顺序,写一篇记叙文叙述真实或想象的经历或事件

第四部分 统筹应用

(续表)

标准来源	标准
共同核心州立标准——数学 7. GA. 2	绘制（借助科技）给定条件下的几何图形，并描述它们之间的关系
国家科学标准	证据是科学知识的基础。科学技术帮助我们收集证据，但受到许多因素的限制，可能会因地而异

表 14-1 包含了与该跨学科单元有关的共同核心英语/语言艺术素养、通用核心数学几何标准、国家历史标准和下一代科学标准。当教师再次见面讨论时，他们每个人基于对内容和标准的理解，将认为应该包含在单元中的主要概念用图表表示了出来（见表 14-2）。

表 14-2 跨学科单元——视角：概念和技能

学生将会理解视角的研究——我们如何看待事物——允许在各种主题之间建立丰富的关系。	
几 何	点、线、面、平行、相交、设计、直线透视图
科 学	探索、地图绘制、科学探究、科学性质
文 学	观点、角色、情节、叙述者
历 史	观点、参与者、事件、文献分析、历史学
艺 术	观点、融合、平行、线条、假象

显而易见，创建透视图中如此重要的视点，在理解与透视图相关的事件和想法时，已经成为一个基本概念。教师们接着意识到，艺术教师菲斯克女士（Mrs. Fisk）能够最好地向学生解释观点的意义。她赞成关于平行线在绘画或设计中汇合以创造空间假象的讨论，这将起到透视研究中先行组织者的作用。令人兴奋的是，艺术课程的基本概念将成为许多不同学科一起学习的重点。这个单一的概念把所有的东西都聚集在一起，就像在文艺复兴时期一样！在与菲斯克女士讨论过之后，她同意在大课堂进行两次主题演讲，出席者为两名教师与他们各自所带的班级。

牟福德中学教师的教学计划

在单元设计时,牟福德中学的教师团队成员决定在单元的第一部分强调几何和地球科学部分,其次是文学和历史课程。艺术教师的导论课程将持续两天,届时将介绍与透视相关的主要概念。观点或物理视点将与可视化视角、观念和态度相关联。

菲斯克女士决定用概念获得模式来进行教学视角的定义(正例和反例相对容易获得)。视角的定义将作为贯彻整个单元设计过程中的团队所有成员的组织点和参考点。她的想法是花一天时间帮助学生从自己的绘画中捕捉基本的透视。第二天,她将带来文艺复兴之前和文艺复兴时期的艺术作品,作为艺术透视的正例和反例。埃舍尔(M. C. Escher)的一组钢笔画,以数学家/艺术家的多种方式运用透视法,将作为终极活动强化的材料。她将简短地讲一下学生如何在自己的绘画中达到这样的效果和刻意的含混。

这节课后,所有的教师都会解释适用于自己班级的单元计划。每名教师按计划提出作业、评估和活动的大纲,并回答学生对该单元的任何问题。在这一点上,将基于学生对所涵盖内容的理解进行诊断性或形成性测试,以便向教师们提供有关本单元设计中可能需要的有价值的修改信息。这个测试对于萨姆设立的计算机技能指导小组来说尤为重要。每位教师都准备了一个单元,以支持广泛的单元迁移目标——"学生将愿意从不同视角考虑问题的解决方式"。单元还包括单元目标、课程目标、形成性和总结性评估、每日课程计划、任务和活动。

几何和科学课程的教学时长大约为三个星期。在对学生进行计算机辅助设计(CAD)的基本介绍后,他们将学习如何使用计算机创建简单的三维设计。萨姆决定协调使用切块拼接模式与直接教学模式,将责任逐渐释放,将是教授CAD原则的绝佳方式。学生将首先各自学习有关计算机设计的基础知识教程。然后,一批学生的基本问题将得到解决,并获得成绩的反馈。

接下来,将根据计算机技能成绩组建一支学生团队,使那些具有更高水平计算机技能的学生能够与那些技能较差的学生一起工作。每个团队在获得与计算机辅助设计相关的一组不同的计算机技能时,负责去解决不同的问题。团队的每个成员将是特定方面的设计专家,他们有责任在其研究小组中教授其他学生。

在计算机课程之后,科学教师将介绍视角与理解物理世界之间的关系,特别是在记录通过地图设计观察到的内容。艾丽丝会提出一些令人困惑但相对常见的涉及视角的问题。学生将使用萨奇曼模式(见本书第十一章)的探究方法来解决这些问题。例如,一个问题是描述一艘船在地平线上的出现,并解释它为什么会随着距离的拉近而看着越来越大。另一个问题是解释为什么月亮在地平线上看着好像非常大,但随着月亮的升起却似乎越来越小。第三个要求学生解决的问题也是最困难的问题,即探究如何将一个球体(如地球这个球体)的表面转移到一个平坦的表面上,而不会影响相对面积。

以这些视角的概念介绍作为基础,玛丽和亨利将与学生合作,了解个人在文学和历史上解读事件的方式,强调这些解读往往取决于个人的视角。他们认为概念发展模式、直接教学模式和切块拼接模式将能有效地实现他们制订的目标。(本单元的这一部分将在下一节进行更详细的描述。)

为了说明各种模式在单元教学中的执行方式,我们将集中从历史和文学的视角的概念部分中提出详细的课程设计,详见表14-3。

表14-3 历史与文学视角:中学教学计划

课程	时间	目标	模式和活动
观点(4天)	4小时	1. 学生将知道某一给定的主题可以存在多种观点 2. 学生将明白个人态度和信仰会影响艺术、科学和数学的观点和视角的意义 3. 学生将知道观点和视角的意义	概念发展模式 词汇习得模式
认知(3天)	3小时	学生将能够描述先入为主的观念和经验有时能凌驾于认知之上	直接教学模式 角色扮演
将认知与视角相联系(3天)	3小时	1. 学生将理解,一个人认知的方式与文学、历史学中的"视角"的概念有关 2. 学生将能够在写作中识别各种各样的观点	切块拼接模式 课堂讨论

337

单元：视角——一切取决于你在什么时候在哪里看到了什么

教学时间

两周

教学目标

学生将知道：

◇"视角"的定义，就像文学和历史中对视角的定义。

学生将理解：

◇"视角"跨越学科界限。

学生将能够：

◇通过认识个体，认知真实事件和虚构事件的方式，将概念与文学和历史正确地联系起来；

◇在一种情况下识别多种观点，表示每个参与者的观点，并解释视角如何决定观点；

◇以书面形式描述先前经验和先入为主对事件看法的影响；

◇描述与一个情境相关的不同观点。

先行组织者

将在艺术、几何学和科学中讨论过的"观点"的含义与在文学、历史和人际关系中的应用联系起来。引入一个思想：观点取决于视角。

第一课：关于视角的探讨

教学模式

概念发展模式与词汇习得模式

课时

两小时

教学目标

学生将知道：

◇观点和视角的含义，并能够将这些词汇与个体经验相联系。

第四部分 统筹应用

学生将理解：

◇一个问题可以存在多种视角。

学生将能够：

◇把态度和信仰与艺术、科学和数学中视角和观点的意义相关联。

教学模式的合理性

据说有三类思考者：一类认为自己的思考方式是唯一的思考方式，第二类认为像他们这样思考的才是最好的思考者，第三类认为看待一件事情可以有多种思考方式。心理学家皮亚杰（Jean Piaget）称第一类思考者是自我中心者，第二类是具体思考者，而最后一类（也是最好的）是正规的、有条理的思考者。皮亚杰对心理学的巨大贡献在于，他证明了儿童从经验中学习，以此构建一个世界如何运行的模式。（Piaget,1954）概念发展模式将为学生提供看到理性思考者对同一主题可以持有不同观点（可能具有同等效度）的机会。当他们有机会对类似话题的不同观点进行区分时，他们将看到每个思考者可以同时是具体的思考者和有条理的思考者，他们既可以通过一类视角看世界，也可以认识到同一事实和想法的其他合理性看法。词汇习得模式将为词汇"观点"和"视角"做出定义。

教学模式的应用

在学生清楚地识别这些词汇之后，就会得到一系列的引文，它们代表着各种各样的相似和不同的观点。例如，有些表示相似的观点，有些是相同事件，有些是由同一个人说出的。要求学生对这些引文进行分组和归类，然后解释这样分组归类的原因。学生将以两人为小组工作，然后再组成一个大小组聚在一起讨论他们的决定和做出决定的原因。

评估

在本节课结束时，学生将讨论他们在这一单元之前的数学和科学部分中学到的知识，以及这些已学知识与新课程的关系。要求学生在卡片上写下两个明确的联系，并在下课后交给教师。这个讨论也将作为学习进程的中期评估（见本书第十章）。

第二课：认知——取决于你从哪里来

教学模式

直接教学模式和萨奇曼探究教学模式

课时

三小时

教学目标

学生将知道:

◇文学和历史中对"视角"的定义。

学生将理解:

◇视角会打破学科界限。

学生将能够:

◇描述先入观念和经验对事物认知的影响。

教学模式的合理性

直接教学与间接教学相结合,教师将建立一个直接教学模式下能够引起问题解答的情境,并辅之以萨奇曼探究教学模式(正如这个例子所示,直接教学模式并不等于被动学习)。教师要提出的问题和学生要参与的活动都是以认知问题为中心:人们倾向于看到什么,而不看到什么。但倾向性总是由三个因素决定的,这些因素是此次教学的要点。通过为学生建立一系列体验,由此他们可以发现在哪儿和在观察什么(象征性地和字面上地)之间的联系,这个联系决定了他们的所见,这个阶段设置了呈现"观察者来自何处"定义的三个因素。

教学模式的应用

本节课将从阅读对一所房屋的描述开始。描述的内容包括房屋的设置,窗户、门和房间的数量,现有的家具和装饰品,居住者保存贵重物品的地方等。课堂里一半的学生要从专业盗贼的角色出发阅读这份描述,另一半学生要像有意购买房子者一样去读这份房屋描述。(由于对学生的这些指示是书面告知的,而不是口头提供,所以班级学生被分成两类身份,大家都无法知道自己之外的另一类视角。)在默读完这段文字后,学生将复述他们能回忆起的内容。这个简单的体验提供了戏剧性的证据,证明不同人对相同经历会有不同的体验。当个体认知不一样时,获得的体验经历也是不同的。

接下来,教师会要求这两个小组思考以下这几个问题:(1)你们迫切需要为家庭生计赚钱,并决定入室行窃。你需要知道和能够做什么才能成功完成这次盗窃?(2)你附近的居民遭遇过盗贼。你需要知道和能够做什么才能保护你的家人和房子?当学生在两个不同的组中完成任务时,将遵寻萨奇曼探究过程。在任务结束

第四部分 统筹应用

时,两个小组将把他们的发现进行分享和比较。

从这项活动建立开始,教师将就影响事件目击者视角的三个因素,提供直接指导意见:

1. 感知者本身的视角。
2. 观察者先前的经验。
3. 先入之见。

解释了这些之后,用例子对学生进行提问,同时要求学生自己举例来检查理解是否到位。当学生观看事件视频时,会有更多指导性练习,接着要识别目击者的多种视角,这些视角与可能的以往经验和先入之见相关。对于独立的练习,要求学生从视角、先前经验、不同相关人物的观点来描述电视连续剧中的事件。接着,要求他们使用另一种视角、经验和先入之见来重述事件。

评估

学生将拿到一份工作表并带回家,这张表要求他们回答和电视节目有关的具体问题。那些选择自己写文章的学生或许能通过写文章来完成这项任务,但写作困难的学生可以直接遵循工作表的格式。最后要评估这些工作表和文章,以确定班级学生是否理解了这项作业。

第三课:认知和视角的关系

教学模式

切块拼接法

课时

三小时上课时间外加课外准备工作

教学目标

学生将知道:

◇文学和历史中对"视角"的定义。

学生将理解:

◇视角会打破学科界限。

学生将能够:

◇通过确定真实和虚构的个体是如何从他们特定的视角认知事件的,以此将视角的概念与文学和历史联系起来;

◇ 在选择写作中确定多种视角,并解释每位作者的写作切入点;

◇ 解释认知如何决定观点。

教学模式的合理性

切块拼接法既是一种教学模式,又是一种教学活动,具有很大的适应性,即既可以在一个课堂中适用于各种各样的学生水平,又可以使团队合作的效率大大提高。在这种情况下,学生可以共同读到许多选择,从而知晓许多历史的和虚构的视角及观点。通过合作学习和分享各自的理解,学生将迅速涉猎到很多方面,甚至可以逐字逐句阅读数百页的材料,并通过不同角度体验相同的想法。因此,切块拼接法使得每个学习者仅仅通过分享自己的见解就能了解许多不同学习者的见解。

教学模式的应用

学生将被分成四个组,每组都有一系列的任务。小组中的每个人都将获得与西进运动相关的阅读作业,作业将根据不同组员的阅读准备情况进行分配。这些小组将获得不同的阅读:一些短篇故事、一些小说节选、一些原始文献,以及一些教科书中关于西进运动的章节。学生有三天的时间研究材料,并将与那些被分配到与自己相似阅读任务的学习小组成员讨论他们的选择。他们要确定作者和故事或文章中的主要角色或人物的视角,然后向小组的其他成员解释这一观点。在小组讨论之后,将以课堂集体讨论模式讨论材料中的选择和多种观点。

评估

向学生提供一个关于西部旅行家庭的简短摘录。要求学生写一篇文章,证明他们达到了课程目标。

结　语

在单元学习真正结束时,跨学科的教学团队共进晚餐,讨论和评估他们在教学中取得的经验。虽然有些活动不成功,但是大家由衷地认为这个单元的教学是成功的。对学生是否成功达到认知目标的评估表明,完成率很高,加上匿名的态度调查报告表明,大部分学生都很享受该单元的学习,并提高了不同视角看问题的意识。

团队特别兴奋地回忆起最后的讨论。有些学生来自另一个国家,有完全不同的文化背景。讨论集中在学生遇到的各种问题上,以及个人的观点在多大程度上与别人的不同。教师们录了音并比较了各种讨论。所有人都认为学生深入了解了别人对某一特定情况的感受。教师们也了解到,这些年轻人有能力应对复杂的想法,并对挑战他们先见的内容做出反应。"我感觉他们真的是一群了不起的孩子!"亨利说。对此,大家都表示赞同。

本章小结

本章考察了七年级教学小组合作努力完成的一个关于视角的跨学科教学单元计划。跨学科教师的合作计划可以提供有益的专业经验。此外,这样的合作也丰富了学生的学习经验,特别是中学生的学习经验。他们喜欢看到一个概念通过各种各样的学科来表达意义的方式,从而加深了对每个概念的理解。

跨学科研究为支持学生的学习提供了机会。当学生可以深入对比多学科领域内的许多例子时,理解力就会提高。(Willingham,2009)此外,学生在一个领域的兴趣和动机可能会渗透到另一个领域。

组织和准备跨学科单元需要时间,教师必须愿意花时间进行合作规划。教师和学生的回报都很高,教学模式的使用有助于支持这项工作。

拓展学习

活动

1. 与一群教师交流跨学科教学。他们认为的成本和收益如何?对你所教授或希望教授的年级的学生提同样问题。他们认知的困难和优势是什么?

2. 想想你所教授或将要教授的主要思想、概念和技能。你能找出适合跨学科方法的技能或想法吗?建立一个总体的理解和一些可以联系在一起的学科的概念和技能,塑造一个跨学科的单元。

3. 为本章中描述的课程编写一份详细的课程计划,包括 KUD 目标、形成性评估和教学过程。

4. 在课堂上使用这些教学模式的过程有哪些问题?中学生在参与本书提出的一些教学模式时碰到了哪些困难或机遇?

反思问题

1. 反对一年级教师参与跨学科工作的理由有哪些？支持一年级教师参与的论据又是什么？

2. 你如何评估艺术教师在本章所描述的视角单元中的角色？你会增加她的参与度吗？如何做？为什么会？为什么不会？

3. 如何评估本章教师对逆向教学设计的使用？是否使用？怎么使用？逆向设计如何支持跨学科教学规划？

第十五章 高中课例研究
雄心与暗示的力量

本章目标

你将知道：

◇ 在高中课堂运用各种不同教学模式的时机；
◇ 中学教学单元教学计划的组成部分；
◇ 预期目标与教学模式之间的关系；
◇ 学生成绩、学习经验与兴趣，在选择教学内容与教学模式中的作用。

你将理解：

◇ 有效教学需要周密的计划和丰富的教育学知识储备；
◇ 设计教学计划需要应用教学模式相关知识。

你将能够：

◇ 反思并评估高中英语教师所设计的教学计划；
◇ 思考如何为你可能教授的课程单元，设计一个详细的教学计划；
◇ 确定本章案例中提到的教师是否运用了逆向教学设计原则。

鲁迪（Rudy）的干洗店散发着阵阵刺鼻的气味，杰克·塞缪尔斯（Jake Samuels）走了进去，一个陌生的声音说道："您好，塞缪尔斯先生。"

"你好！"塞缪尔斯回答道，没办法记起他的名字，塞缪尔斯只能让自己的表情显得友好一些。

"我是克里斯·佩佐利（Chris Pezzoli），我在麦迪逊中学上学。有什么我能帮您的？"

"我来取我洗好的衣服，谢谢！"塞缪尔斯一边回答，一边交给克里斯自己的干洗收据。他还在努力回忆，自己到底在哪里见过这个小伙子。麦迪逊中学里学生很多，克里斯只是其中一名学生，塞缪尔斯一时无法记起。

"好的，马上就来。"克里斯拿着收据在晾衣架上翻找起来。很快，塞缪尔斯先生的西装就找到了。克里斯把西装交给塞缪尔斯，说道："我一直想听您的英语课，但是我只是普通班的学生。我早就听说您教英语可棒了，可惜您只给提高班学生上课。"他有点犹豫，觉得自己今天有点冒失了，气氛有点尴尬。

"谢谢你对我的信任。克里斯，如果有机会我一定愿意教你英语。"

"希望我有机会吧。"克里斯耸耸肩，微笑着向塞缪尔斯告别，"欢迎您下次再来。"

离开干洗店后，塞缪尔斯认真考虑了克里斯的事情，并查看了自己的课表。如今，塞缪尔斯是英语学科组长，只需要教三个班级。正如克里斯所知的，三个班级都是优秀学生集中的提高班。这次偶遇提醒了塞缪尔斯，他现在十分怀念过去教普通班的日子。那些学生给自己一种特别的心灵冲击，也许是因为自己的课是学生最后一学期的英语课了吧。他还记得，自己是多么渴望把热爱的英语语言的一切都教给学生，就像餐桌上端来一只闪光的银盘，吸引着学生去寻找更多的漂亮餐具。

他开始大声说出自己的想法："教学就像酿酒，我们不能往里面掺水，而是要让葡萄酒更为美味。但是现在呢，我们的做法恰恰相反。是时候改变这种现状了，即使是普通班的学生也应该学习到丰富的知识内容。"

在麦迪逊大道上，塞缪尔斯陷入了沉思。当然，他之前在普通班和后进班教学中也遇到过许多问题。塞缪尔斯的教学风格擅长讲授与组织讨论，但是对这些学生来说这种教学风格效果有限，因为学生总是没办法长时间集中注意力，在记笔记时也困难重重。然而，塞缪尔斯在过去几年担任英语学科组长过程中学到了很多，观察了其他教师是如何教学的，自己也参加过研讨会和教师座谈会，专门研讨过教学策略。这些经历帮助他掌握了人们是如何学习的，知道如何支持学生的学习，帮助他们完成学习目标。他已经学会在提高班中运用各种不同的教学模式，他自己确信，所有这些模式也能够帮助他教好普通班，并且教普通班也能让塞缪尔斯有机会运用自己的理论，因此他愿意尝试。

第二周的周一下午四点钟，塞缪尔斯把头伸进隔壁班。他的同事奥布莱恩（O'Brien）正在修改论文。

"莉兹（Liz），能耽误你几分钟吗？"

"没问题，进来吧。每天这个时候我都累傻了，什么都干不了。杰克（Jake），好久没见了,你每天都能保持好状态,到下午快下班了都还神采奕奕的。"

"谢谢,我也不可能一直这么精神,就是看上去气色好点。我和你有正事谈谈,我昨天遇到你班级里的一个学生,克里斯·佩佐利,和我说说他的情况?"

"好的,克里斯是一个好学生,学习认真,有创造力,非常可爱。他在我四年级的班上,他父母就住在镇上,我经常能碰见。毛纺厂倒闭的时候,他爸爸也下岗了,现在只能打打零工。他爸爸自称为被迫性自主创业,但是到现在也还没有找到稳定的工作。克里斯的妈妈倒是有份工作,可是收入不多,还是需要克里斯在干洗店打工给家里增加点收入。我听说他准备毕业后就在干洗店全职工作了。我也劝过克里斯,希望他能晚上学一些社区大学的课程,估计这是徒劳的。要是他爸爸找到一份稳定的工作就好了……"奥布莱恩的声音渐渐减弱,透着深深的希望。

塞缪尔斯打断了她的思绪,"我昨天想了一下这些普通班学生,发现自己还是十分怀念和他们一起学习的日子。我有个主意,我们俩互换一下我们的四年级班级,先换四周就算一种实验怎么样?我有一些教改思路,想在这个班级里运用一下。我想教他们读《麦克白》。这个戏剧符合四年级教学标准,我还想尝试一些相应的教学策略配合运用。"停顿了一会,他笑着说,"我是不是疯了?你一直在教浪漫主义诗歌,我知道这是你的菜,可我就是想教一些我喜欢的单元。"

奥布莱恩先生看了他一会,思考着他的建议。"你是不是疯了?我觉得肯定是。这是不是个好主意?我觉得这主意妙极了。我等不及想看看这帮小子有啥反应了。我也想试试教你们班的学生。我最喜欢教他们19世纪诗歌了。"

塞缪尔斯先生的教学计划

当天晚上,塞缪尔斯先生把他准备批改的论文放在一旁。他想到了克里斯,想到自己将要面对那个可能有点疲倦的大班级。但是这种改变带来的挑战是一种激励:他感受到了一种久违的兴奋感。他开始做笔记,记下自己需要完成哪些目标,以及教学标准如何嵌入这些目标中。

首先,塞缪尔斯希望学生能够喜爱这出戏剧,这将指导他在这四周的教学工作。但是仅仅让学生喜爱这出戏剧还不够,他知道自己还需要认真确定学习目标。例如,他希望学生知道莎士比亚是多么智慧,知道莎士比亚的思想在当今社会依然有着重要价值,因此他需要设计教学目标、教学评估,针对这一目标设计学生的学习经验。

塞缪尔斯希望学生能够对"雄心"（ambition）这一概念进行研究，能够理解如果运用得当，雄心可以作为建设性力量，过度运用则可能成为危险的力量。为此，学生必须理解麦克白与麦克白夫人两个角色的复杂性。如果只是认为两个角色看起来都是坏人，那么学生可能会错失戏剧的大部分智慧。塞缪尔斯还希望学生理解"暗示的力量"（power of suggestion），理解它意味着在丰富复杂的思想之上植入一个观点。他希望学生像观众被莎士比亚拉进故事中一样，被戏剧中美丽、微妙和放荡的语言搅动思想，穿越到伊丽莎白一世时期。

这些教学目标从何而来？塞缪尔斯先生是一名有着多年教学经验的专业老师，这些目标有赖于他作为教师的直觉判断、对麦克白单元的教学经验、对学生需求的确信以及对教学标准的理解和掌握。共同核心州立标准英语/语言艺术部分对11－12年级学生提出了文献阅读要求，为塞缪尔斯的教学计划提供了极重要的框架。总之，带着一些自信，塞缪尔斯用目标列表逐渐明确定义了自己的模糊教学目标。

学生将知道：

◇五音步抑扬格的诗歌格律；

◇伊丽莎白一世时期，英格兰的主要标志性特征；

◇短语"暗示的力量"的含义；

◇《麦克白》戏剧中主要角色的复杂人性；

◇《麦克白》是一出戏剧，通常能够唤起读者强烈的情感。许多读者喜欢这出戏剧，认为这是英国文学史上最佳戏剧；

◇《麦克白》这个故事的主题，在当今与它刚写时一样，同样具有时代意义和强烈力量。

学生将理解：

◇适度的雄心具有建设性力量，过度的雄心具有危害性。

学生将能够：

◇掌握困难材料，并随之对自己的理解能力树立自信。

不久之前，塞缪尔斯先生本可以就此完成普通班教学计划，并开始思考如何组织日常课程。但是，近期他意识到，他需要更加精细的设计计划，首先需要考虑期望学生在单元学习完后达成什么目标，以此作为开端（即逆向教学设计）。逆向教学

第四部分 统筹应用

设计意味着,研究学生的知识背景,列出学生的特定需求;逆向教学设计意味着,选择特定的目标,并根据目标选择教学模式;逆向教学设计还意味着,创建评估方法,了解目标完成程度。这些听起来很复杂,但是如果逆向教学成为塞缪尔斯的教学习惯,最终它将能节省时间和精力。最重要的是,这种方法提升了塞缪尔斯先生与学生的参与感与满足感。

在下一周中,塞缪尔斯收集了大量数据:他与奥布莱恩先生交流;他查看了普通班学生的学习记录与考试成绩;他小心地观察了普通班,尽量不让学生察觉;他还认真重读了《麦克白》,列出学生需要掌握的基本内容提纲。他还记得克里斯的耸肩,它意味深长,好像在说:"我猜我们只能得到应得的,不能做白日梦。"

塞缪尔斯先生相信,学生需要学习挑战性的材料,就像《麦克白》里诗句暗示的:"你可以做到;我不会去教你什么。"但是这句话反过来又在暗示,要给学生必要的教学支持,促进他们能够独立学习。尽管这一思想看起来好像自相矛盾,但是都意味着塞缪尔斯不会让他们失望,也不会让他们自己失望。他将在整个教学过程中提供必要的帮助,及时提供针对性反馈。要想本单元教学能够帮助学生建立信心、拓展学习兴趣,就必须要学生首先承诺自己要勇于面对挑战,喜欢学习的内容,不允许自己的失败。塞缪尔斯列出了学生需要做到的列表:

1. 看到挑战性材料与之前所学知识有何联系。
2. 知道有人认为他们能够掌握困难的材料,并且能够为他们完成特定学习目标提供支持。
3. 被认真对待,征求并重视他们的想法。
4. 获取技能与知识,为他们的学习生涯与社会生活做好准备,提升自我价值。
5. 讨论重要问题与真实感受。
6. 展示他们通过每一步成功学习经验变得更加聪明、更有才能(即成长心态,growth mindset)。

基于所列的目标与学生需求,塞缪尔斯先生写下了《麦克白》教学单元的总体目标,并思考应该如何开展单元教学评估。毕竟,如果塞缪尔斯不能向自己证明,学生通过本单元学习达到了既定目标并受益良多,他就只能继续为提高班学生上课了。塞缪尔斯写下了自己的目标,以及每个目标对应的教学方法与评估方法。

1. 学生将理解:《麦克白》是一部极有魅力的作品,不断吸引着人们学习研究它。评估方法:开展单元学习前、学习后调查方式,学生可以匿名回答调查中的问题,不用担心被认出。

2. 学生将能够:把《麦克白》中的主题与自己的日常生活联系起来。评估方法:要求学生设计草案,把《麦克白》中的场景放到现代环境中。

3. 学生将理解:单词发音如何增强含义与幽默感。学生将知道:五音步抑扬格的诗歌格律。评估方法:要求学生展示一首最喜欢的歌曲,并解释节奏如何与歌词完美结合。

4. 学生将能够:分析主要角色,找出角色中产生复杂性的元素。评估方法:通过文字、图像或两者并用。图像可以是学生手绘、拼贴而成;或者撰写一篇主要针对一个或多个角色,描写他们多样性、冲突性的性格特征。(塞缪尔斯知道,并不是所有学生都能够运用合适的单词表达自己掌握的知识。然而,有些学生有时可以用不同的媒介表达概念。尽管本单元中有许多文字作业,他还是希望尽可能通过作业衡量自己的教学效果,而不是仅仅反映学生的读写能力。)

5. 学生将知道:伊丽莎白一世时期英格兰的主要标志性特征,并通过在小组中相互讲授伊丽莎白时期社会的各方面情况,表达自己掌握的知识。评估方法:基于讲授教学材料过程中,学生的准备情况、知识掌握情况以及表现情况。

6. 学生将知道:短语"暗示的力量"的含义,以及自证预言的概念。评估方法:针对这些概念,要求学生从自己日常生活中举出几个案例,基于案例的相关性与质量进行评估。

考虑如何完成教学目标,塞缪尔斯先生继续寻找可能有效的教学模式,思考这些教学模式应该按照什么顺序运用,以及应该为单元教学计划各部分分配多少时间:

1. 他会从一节关于经典作品的概念获得课开始……不,不应该是概念,他将会用"畅销品"一词引出本课,因为这个词更有吸引力也更加契合本课。毕竟,莎士比亚极具号召力。(随后,学生需要讨论经典与畅销品的不同,还要讨论那些同时兼具经典与畅销特性的艺术作品。)他将会运用一些畅销品的正面例子,例如《圣经》、《复仇者联盟》(包括电影与漫画书)以及一些嘻哈音乐。他还会提出一些反面案例,包括学习材料中一些不为人所知的短篇故事、塞缪尔斯自己写的一篇诗歌、他朋友剪辑的一张唱片《回家》,以及他家乡的一位非著名画家最喜爱的一幅作品。一旦学生能够定义畅销品的概念,他将提问如果学生想要创作一个畅销剧本,剧本中应该包括哪些元素。塞缪尔斯将会记下他们的创意(他预计学生将会提到悬念、

第四部分 统筹应用

暴力和一点浪漫等),随后把学生分组,各组根据创意清单写出优秀畅销品的标准。

随后,学生应用自己的标准对照分析《麦克白》,想象它首次在环球剧院上演的情形。莎士比亚能够满足多少条标准?哪些标准莎士比亚达到了,哪些没有达到?他们认为莎士比亚没有运用哪些要素(例如,传播媒介)?这四百年来文学作品畅销标准发生了怎样的改变?这些问题以及由此引发的其他问题,将会帮助这些年轻读者们对剧本有一个新的阐释。

2. 下一步。他将运用小型讲座、独白、视频以及艺术品等直接教学模式,为学生介绍莎士比亚的生平以及其生活时代的背景信息。他会强调,在戏剧第一幕中莎士比亚为了吸引观众的注意力而运用的戏剧手法。他还会展示,《哈姆雷特》开幕场景出现了鬼魂,《罗密欧与朱丽叶》开幕是一场打斗,接下来让学生猜测,《麦克白》的开幕中会运用什么策略。总之,当学生在独立练习或指导性练习中运用了直接教学课程内容,他们能够接受教师逐渐赋予他们的学习责任。

3. 塞缪尔斯还会运用合作学习模式、切块拼接模式教授背景知识。他把班级分为五个小组,小组需要共同研究,并准备互相教学;以另一种方式学习了解伊丽莎白一世时期的日常生活(食物、时尚、体育、卫生等)、政府、艺术与建筑、社会阶级结构、教育以及农业与工业等。

4. 接着,他会让学生观看《麦克白》戏剧的电影版,首先观看前两幕,要求学生边看边对照跟踪阅读剧本。当学生对戏剧情节建立了稳定的基本理解后,他们接着阅读第三幕,扮演各个场景与对话,认真检查单词、内涵与概念。

5. 如果第三幕阅读顺利,他们继续共同阅读第四幕,不再看电影。教师会再次运用合作学习模式学习第五幕。让学生分组,向全班展示扮演的角色,表演各种可能的场景。

6. 他接着要求学生运用概念发展模式,完成单词"雄心"的学习。学生需要列出所有能想到的相关单词,并把这些单词分组,对同一组单词进行概括。

7. 当学生学习《麦克白》各场景时,教师会插入一节课程"麦克白夫人",运用共同研讨模式进行学习。这是一种有力、有效的工具,为学生展示了同一角色的矛盾、相反的力量。

8. 学生学习完《麦克白》戏剧后,教师组织一次苏式研讨问题。为了让学生能够对主要角色更加感同身受,他们需要用特定角色的视角重新审视戏剧文本,努力设想角色的独特情感与动机。

9. 最后教师运用探究教学模式让学生研究这出悲剧是如何产生的,帮助学生进一步构筑深刻见解。在戏剧开幕阶段,麦克白并不是一个坏人。他身上具有很多好品质,但是在非常短的时间内,他就使绝大部分的国家领导人垮台了。这是如何发生的呢?那么多的暴力行为貌似合理吗?教师希望学生能够认真思考这些问题。担心学生过于简单地将这一悲剧的起因归于过多的雄心,希望学生能够更加深入思考,钻研找到其他原因。为了理解问题、寻找答案,学生需要超出戏剧的范围,了解11世纪苏格兰的社会状况。在接近中世纪鼎盛时期,生命处于怎样的孤立状态?这种状况下,可能更容易暗算不常见到的人。这是一个暴力盛行的时期,人们经常受到未知来源的攻击,为了应对生活区域内持续不断的威胁,街头帮派的理念不断生长。在这种思想下,通过与敌人交战获胜,麦克白才能赢得声誉。塞缪尔斯先生希望学生自己研究获得这些解释,他不希望进行填鸭式教学。

塞缪尔斯先生用表格列出了本单元的课程教学顺序,详见表15-1。他相信详细设计课程,确定使用概念发展与班级讨论模式,在帮助学生理解戏剧上能够发挥重要的关键性作用。起初,他仅仅聚焦于课程中"雄心"的概念,但是深入思考后,他越来越觉得应该将两个基本概念贯穿于戏剧始终,即"雄心"与"暗示的力量"。下一节中,我们将详细描述课程的开展情况。

表15-1 《麦克白》:雄心如何转变为贪婪的研究

预期阶段 (学习戏剧前)	实现阶段 (学习戏剧过程中)	思考阶段 (学习戏剧后)
运用概念获得模式教"畅销品"	运用共同研讨模式研究"麦克白夫人"	苏式研讨日
通过直接教学模式教授戏剧背景	运用概念发展模式,探讨"雄心、暗示的力量"的因果关系	探究教学模式
运用切块拼接模式——研究并让学生介绍背景	将戏剧场景转化为当代生活	

第四部分 统筹应用

单元：麦克白——从雄心勃勃走向贪得无厌

教学模式

概念发展模式与因果关系模式

教学时间

6—8 天，大致安排如下：

周一、周二：关于女巫的概念发展课。将学生分组，每组用每段的首句命名；要求各组收集支持性证据并进行分类。最后阶段，要求每一位学生总结一组分类项目，形成概念，以此结束概念发展课。

周三：因果关系模式课程。主要内容为《麦克白》中两个核心概念——雄心与暗示的力量。

周四：继续开展班级讨论。重点强调当代案例以及上述两个概念如何在时间与行为上相互关联。

周五：学生找到合适的表现方式（如正式论文、拼贴画、录音、绘画或对话），展现讨论中自己发现的最有趣的某一观点。

下周一：学生在三人小组中分享学习成果，获取反馈、反应与建议。

下周二：学生面向全班分享自己的最终成果。

教学目标

学生将知道：

◇雄心与暗示的力量的定义；

◇如果某一品质过度，尤其是雄心，会发展出什么情况，会产生什么相关问题；

◇如何对文本与讨论提出假设。

学生将理解：

◇莎士比亚的作品呈现了当代生活中的常见主题；

◇适度的雄心具有建设性力量，过度的雄心具有危害性；

◇暗示的力量影响了人的行为。

学生将能够：

◇选择一种艺术媒介，用最擅长的方式表达自己对"雄心"一词的理解；

◇口头表述对某一品质过度会产生危害这一问题的理解；

◇用文字论证,雄心的概念如何与自己日常生活相联系;
◇针对戏剧发生事件进行讨论,推理麦克白与麦克白夫人野心膨胀的原因;
◇通过自己日常生活中的事例,用文字描述暗示的力量;
◇举例说明雄心与暗示的力量之间的关联;
◇提出假设,戏剧中的女巫在现代生活中会以何种形式出现。

教学模式的合理性

该班级学生,非常希望能够看到具体的戏剧形象,而不愿意看到印刷版的文字。通过语言描述他们对第一幕中女巫的印象能够帮助他们关注到独自观看可能疏漏的地方,即女巫象征了每个人生命中命运所扮演的角色。学生还需要认识到,女巫是莎士比亚运用的一个戏剧手法,便于直接告诉观众们麦克白的思想发生了怎样的变化,以及暗示的力量有多么强大。在概念发展活动中,学生通过考察多个角色活动之间的关系,可以提出多个观念,而因果教学模式能够进一步拓展这些观念。

概念发展模式的应用

暗示的力量导致了雄心的过度膨胀,实际上这是两个复杂的概念,教学中可以通过女巫来逐步掌握这些概念。特定的学习活动要求学生开展以下学习活动:

1. 列出他们记住的与女巫相关的所有事物(包括对她们目的的推论)。

2. 将这些细节分组。

3. 将各组命名,表明学生是否理解把这些事物联系在一起的原因是什么,以及是否形成共识。

4. 通过形成新的分组,再次思考新的联系与原因。

5. 通过归纳事物以及形成概括,展示学生对女巫角色的掌握情况。

下列问题可以用于指导本节概念发展课。括号中的附加说明是塞缪尔斯先生写给自己提示所用:

1. 提到女巫一词,你会回忆起《麦克白》戏剧中哪些特定的事物?或是回想《麦克白》戏剧中与女巫相关的所有事物。(让学生依次回答,直到形成一个详细的列表。)

2. 认真阅读这一列表。列表中哪些事物可以放在一起,或是哪些事物在某种程度上相似?

3. 为什么你认为女巫的大锅和香烟会放在一起?(首先让学生对分组原因形成共识,之后再给各组命名。)

4. 再看看原始列表。还有其他分组方式,把这些事物放在一起吗?(这里需要缓慢推进,让学生有时间思考,列出可能的分组。)

5. 看看整个黑板,我们可以对女巫形成哪些概括?

概念发展模式课程的评估

学生可以把某一个分组进一步拓展成一个段落,将分组的名称变为主题句,而将组内各事物变成支持性证据,由此表达他们对女巫角色更深入的理解。

应用因果关系模式

在概念发展活动后开展后续的讨论活动。

课程预计时间

两天

陈述问题1:谋杀邓肯事件

1. 讨论问题——谋杀邓肯事件。

2. 讨论原因与证据。要求学生讨论麦克白谋杀国王邓肯的原因,给出具体的支持性事例。

3. 讨论结果与证据。谋杀邓肯事件有怎样的结果?你是如何知道这些结果的?

4. 讨论前因与证据。是什么让麦克白相信女巫的预言?你为什么这么想?

5. 讨论后果与证据。麦克白的杀戮盛宴有怎样的后果?解释你为何认为这些后果十分重要。

6. 对于麦克白以及谋杀邓肯事件,你能得出哪些结论?

7. 对于我们的讨论,你能够提出什么样的总结性陈述?

陈述问题2:雄心与暗示的力量

1. 讨论问题——雄心与暗示的力量。

2. 讨论原因与证据。是什么导致或影响了麦克白希望成为国王的雄心?你为什么这么认为?

3. 讨论结果与证据。成为国王的雄心有何结果?有何证据?

4. 讨论前因与证据。是什么导致了麦克白与他的妻子共同密谋开展谋杀?解释你的答案。

5. 讨论后果与证据。麦克白相信女巫的预言有什么后果?你认为,预言与你提出的后果之间的联系存在怎样的合理性?

6. 对于雄心以及暗示的力量你能得出哪些结论?

7. 对于我们的讨论你能够提出什么样的总结性陈述？

因果关系模式课程的评估

讨论能够让塞缪尔斯先生很好地了解学生掌握这些概念的情况如何。但是，学生还需要进一步深入掌握这些知识。他们需要练习写作，这是学生的弱项；通过写作塞缪尔斯先生还能掌握每一个学生对本课程内容的掌握情况。他将要求学生完成以下任务的其中一项：

1. 选择本课中一个概念（雄心或暗示的力量），完成一页纸的论文，论文需要包括一个案例，说明你选择的概念如何影响了你的日常生活。

2. 针对你的人生目标完成一篇1—2页的论文，说明是什么力量让你形成了这一目标。

3. 写出你所知的最具雄心的人。将这个人与国王和麦克白夫人比较。

学生将在作业本上先写出一份草稿，然后在小组内分享，获取建议性意见，最后形成终稿。

结　语

四周课程结束后，塞缪尔斯先生对自己这一个月的教学经历感到十分愉快。总的来说，学生根据各自的收获都对这位新教师投了信任票。塞缪尔斯先生也十分认可这些学生，他怀疑，学生已经能够讨论比论文写出来的内容更为复杂的理念了。他对教学时间有限，学生无法一同完成《麦克白》的阅读感到遗憾。如同塞缪尔斯先生之前预期的，《麦克白》对学生来说十分困难，他们曾经感到气馁，还保留一点戒心。如果学生先完整看完戏剧的电影版本，对戏剧剧情有了完整的把握，也许阅读任务会完成得更好。

教学模式能够促进学生积极参与学习过程，其结果就是学生能够更加投入学习。本单元教学的一个亮点就是开展共同研讨学习，以下就是开展共同研讨课程的简要步骤说明。

第一步

学生三人一组，共同讨论麦克白夫人一剧，开展头脑风暴，总结对麦克白夫人这一角色的印象。随后，每一位学生都需要写一段简短的文字，描述麦克白夫人。在描写段落之中，学生使用了以下词汇，描述该角色最强烈的特征：尖叫、悍妇、冷若冰霜、鬼迷心窍、阴谋家、蛇蝎心肠、尖酸刻薄、残暴不仁、两面三刀、表里为奸、老奸巨猾、诡计多端、怙恶不悛。

第二步

要求学生阅读自己所写内容,看看所写的词语是否能用于描述一种动物或器械。以下是学生答案的样例:

◇老虎(偷偷地靠近猎物);

◇蜘蛛(诱惑猎物进入陷阱);

◇匕首(外表华丽,非常致命)。

第三步

接下来,要求学生从上述列表中选择一项事物并假装自己就是这个事物,之后描述这个事物会有怎样的感受。他们选择了匕首,以下是一些学生对匕首感受的描述:

◇"我很华丽:我细长、小巧、尖锐、精致、迅捷(并且致命)。"

◇"我很骄傲:我苗条精致,并且非常美丽。"

◇"我很狡猾:我很容易隐藏,飞行迅速、安静无声。"

◇"我很强大:敌人发现我之前就会受到伤害。"

◇"我很卑鄙:我能隐藏起来,在其他人意想不到的时候出现。"

◇"我很孤独:我没有朋友,我独自待在盒子里。"

◇"我很拘束:我总是被盖好并隐藏起来。"

◇"我很无助:我无法决定自己何时如何使用。"

◇"我很致命:我很小很安静但是刀口锋利。"

第四步

再次要求学生看一看自己的感受列表,选择一组相互矛盾或是相互抵触的词汇。他们选择了以下几组:

◇骄傲与卑鄙;

◇华丽与强大;

◇拘束与强大;

◇华丽与致命。

第五步

课堂上选择了"拘束与强大"这组词汇,继续开展讨论。要求学生找出一些事

物,同时符合拘束与强大的特征。学生列出以下事物:

◇ 核武器;

◇ 潜艇舰长;

◇ 靠在围绳上的拳击手;

◇ 受伤的野熊;

◇ 为皇帝表演的古罗马角斗士;

◇ 笼中老虎。

第六步

回到麦克白夫人的主题,塞缪尔斯先生要求学生选择上述所列的事物,并将其与麦克白夫人进行对比。大部分学生选择了"为皇帝表演的古罗马角斗士"。他们把麦克白夫人描述成强大而致命的,但是受到了自己膨胀的野心的支配,就像角斗士是皇帝的傀儡。

本章小结

本章主要讨论了莎士比亚《麦克白》戏剧的教学单元,这一单元教学要求高、教学模式多样,教学对象为普通水平的高中学生,他们对莎士比亚没有深入了解,也没有掌握分析莎士比亚作品的方法。塞缪尔斯先生认真设计了教学单元,他相信学生具有成长心态,相信如果自己给予他们良好的教学与帮助,学生能够达到较高的预期水平,成功地完成挑战性任务。本单元教学中他运用了多种教学模式,在学生学习他最爱的戏剧过程中,不断保持学生的投入性。

拓展学习

活动

1. 访问一所中学,选择一个被定为学习困难的班级。问问学生他们正在学习什么,他们希望自己学到什么。认真听取学生对于学校以及课程的意见。谈话结束后,想一想如何帮助每一名学生让他们有机会学习具有挑战性的内容,学校能够为他们做什么?

2. 在你的教学内容范围内,创建一个单元教学计划或是教学大纲,针对学习困难学生让他们学习挑战性的内容。哪些问题会影响你的教学决策？背景知识在其中发挥了怎样的作用？学生必须首先证明自己具备必要技能，才能接触到这些内容吗？

3. 为本章教学单元或你要教的某一教学单元画出教学决策的图示组织者。以图形方式组织信息的教学过程有所帮助吗？如何提供了帮助？

反思问题

1. 本章教学内容主要聚焦于《麦克白》。针对那些没有机会接触内容丰富、方法多样课程的学生，你的科目中有哪些挑战性内容可以用于教学？为什么？学习困难的学生同样有理由学习挑战性内容，你会如何向你的同事解释这一难题？

2. 塞缪尔斯先生运用了多种教学模式。这些教学模式运用得当吗？你是如何确定这一问题答案的？本单元教学中是否还有其他适合的教学模式？哪些模式？为什么？

3. 塞缪尔斯先生教学计划中有哪些明显的逆向教学设计因素？遗漏了哪些因素？

4. 在高中课堂中运用教学模式有哪些内在问题？中学生在参与本书中提到的教学模式过程中，可能会遇到哪些困难与机遇？

第十六章 实践出智慧

本章目标

你将知道：
◇优秀教师的教学特点和教学实践；
◇循证教学行为，激发教学中积极的学习共同体。

你将理解：
◇新手教师能够在实践中成功应用教学知识。

你将能够：
◇应用新信息于情境中；
◇对情境进行分析并反思教学中使用的最佳证据实践。

在任一行业中，专家和新手的区别不仅仅在于工作年限。专家（expert）这个词直接源自拉丁语的 expertus，意为"尝试、验证"，与"尝试"和"冒险"一系列词汇的含义相关。擅长自己工作的人勇于尝试新想法，即使知道这样会有一定的风险。普通教师和专家型教师有什么区别？优秀教师是天生的还是后天努力习得的？通过考察专业知识的性质，可以回答第一个问题。很明显，第二个问题是毫无实际意义的：这些天赋根本不是真正的天赋。在其他人看来，天赋实际上是通过努力而成长为专家的结果。专家总是能运用从先前经验中获取的认知，享受面对新环境或新问题的挑战和愉悦。此外，在专家型教师的教学下，学生所取得的成绩也有显著的差异。据估计，至少有 20%—30% 的学生成绩差异可归因于教师的专业知识。（Hattie & Yates，2014）

但专业教学是如何形成的呢？格拉德威尔（Gladwell，2008）总结了关于支持"1万个小时规则"的研究。这一规则假设，在任何领域都需要大约 1 万个小时的练习方能成为该领域的专家。当然，这不能是单调无意义的练习——练习必须是准确的、有目的的和有意的，并要有具体的反馈，以便能够磨练技能。专家型教师对每一

第四部分 统筹应用

组学生会采用不同的教学方法，即使他们要花费1万个小时。我们通过练习具体行为成为专家。（Goleman，2013）因此，有资质的教师会致力于课堂经验的细微差别和经验教训。他们会不断花时间去反思专业实践。

专家型教师和新手教师之间的一个很大区别是"专家型教师了解学科，也了解他们正在教的学生"（Findell，2009）。专家型教师，或那些被称为有资质的教师，是最常战胜失败的人。他们是如何做到的？专家型教师知道什么是所有优秀教师应该知道的。

在我们尝试回答这个问题之前，请记住，成为一个优秀教师没有公式可循。例如，教学模式不是像"一个氧分子加两个氢分子等于水"这样的公式，而更像是一份食谱，需要适应烹饪的需求和口味、顾客的口味以及可用的配料。教学就像烹饪一样，是一种有目的的活动，通过有意识的思考或反思，这个过程总是会有所改善。即使教师没有机会学习教学模式，也可以成为优秀教师。使用何种教学模式是在特定情况下基于循证策略的选择。教学质量和成果在很大程度上取决于教师的判断力。这一判断的一部分是以学生及其不断变化的需求为中心，一部分是以教学过程为中心，另一部分由教学背景决定。

没有一个准则会否认通过教学实践积累智慧这个事实。判断力总是以知识为基础的，而专家知道新手不知晓的事。幸运的是，有影响力的学校和教学实践有很多关于经验和研究的记录，可以提供与教学有关的很多归纳总结。只要在互联网上以"教学专业知识"为主题搜索相关内容便可得到证明。本章我们将分享这些教学总结。这些总结基于大量的研究资料，以及我们询问过无数教师在知识、技能和经验方面的问题："是什么让你成为一名好教师？"但研究及他人的经验永远不足以用来决定一个人的选择。为了证明我们所说的，你必须在自己的实践经验中检验每一个总结。

正如哈蒂等人（Hattie & Yates，2014，p.105）所说："专家型教师在监测学生的学习和注意力方面十分警惕。"让我们感到特别有趣的是，当我们询问一群教师"是什么让你成为一名好教师"时，回答中包括了25种特征和行为，但只有一位教师提到了学科知识，这让我们开始犹豫。的确，教师必须是他们所教授学科知识上的专家。然而，当我们停下来反思时，我们意识到，优秀教师可能会将学科知识作为良好教学的一个必要但不充分条件。换句话说，大多数教师可能会说，知道你正在试图教授的内容对于良好的教学是至关重要的，但是知道如何教授才是好教师与纯粹理论专家的区别。也许专家型教师的真正标志在于理解如何融合这两个不同领域的知识——教学知识和如何教学的知识——不会顾此失彼,同时也会根据不同学生的特点进行因材施教。教学,如同许多技能性行为,具有很强的情境性。我们将这种理解浓缩成 11 条对优秀教师的真知灼见。

好教师是课堂的领导者

我们询问了中小学生同样的问题:"到目前为止,你在学校接受的教学有什么变化?"我们以这个问题作为开场白,解释政府要求我们就如何改善学校教学提出建议,但若无法从经验丰富的学习者眼中知晓目前的教学计划,我们将无法提出相关的建议。

尽管他们的具体表述方式不同,一般来说,学习者的回答可以归为三个要点。请注意,在任何情况下,他们提到的改变都是由教师领导的。

"我希望教师把握教学要点,帮助我们学习。"

"我想要一个孩子们不会无所事事的课堂。教师不应该让一些孩子跟不上进程。"

"我想知道,我有机会在考试中取得成功,因为我们在课堂上做了这些练习。"

无论是教授 6 岁的学生还是 60 岁的学生,教师都是课堂的领导者,而且如果从一开始就明确建立这样的观念,大家就能更好地接受。教师不是朋友,但教师也不是监狱长或暴君。教师是专业人士,负责保证课堂的教学重点;建立学习共同体;以公平公正的方式维持纪律;并确保评估的一致性、可靠性和有效性。(Weinstein & Novodvorsky,2011)最重要的是,教师有责任为学生提供获得成功的机会。虽然大部分责任可以而且应该与学习者分享,但是为了学生的安全和身体的、情感的以及个人的和智力的利益,教师必须保留最终的权威。

教师的举止、表达、仪容和上课方式都应该强调专业精神,认真做好准备工作。当我们感觉在可控情况下负责的人知道他们正在做什么,并且负责任和恭敬地做这些事时,我们就会放心了。所有年龄段的学生都依赖于教师来获得这种保证。

在控制和培养之间有一条分界线,所有的教师都需要注意这一点。沃克(Walker,2009)分析了何时放松,何时抓紧的困境。专家型教师用其权威性教学风格把握这条分界线。这种风格被定义为"在高度控制和培养背景下使用积极的教

第四部分 统筹应用

学实践"(Walker,2009, p.126)。莱莫夫(Lemov,2010)提倡的温和/严厉技能维持了这样的平衡——关爱、有趣、关心和培育的同时也要坚定、严格、明晰并坚持一致。教师通常要严慈相济。专家型教师对学生行为抱有很高的期望,要求学生对透明的、相关的和公平的目标进行服从和自律。同时,这些教师正在培养和建立一个具有积极情感联系的共同体。(Pianta, Hamre, Haynes, Mintz, & LaParo, 2007; Walker, 2009)

"简洁明了"、"有条不紊"、"恰到好处"是教师领导下的课堂。课堂管理研究相当清楚地表明,优秀教师在管理一个新的班级时会尽快建立一套新的管理制度。专家型教师一致认为,开学头几日对于建立和实践教学和管理规则,以取得课堂教学的顺利至关重要。大量研究支持这一观点。(Lemov, 2010; Weinstein & Novodvorksy, 2011)为了使这些规则变成学生自动遵守的,优秀教师会告诉学生他们的期望是什么,并向学生演示,指导学生练习预期活动,他们接受的不仅仅是掌握成功学习和指导所需的规则。值得注意的是,针对正确规则的示范和指导比以后纠正规则中的错误更有效。在课堂管理中"防患于未然"显得至关重要。

好教师是有效学习环境的创设者

每所学校在很多方面都有不同,包括学校的物质环境。一些课堂能照射到自然光线,并有众多的资源、良好的设备以及其他一些能使课堂更为舒适的因素。资金短缺的学校,相应的课堂也不够舒适,就可能会给孩子们传达出消极的信息。不管课堂的条件如何,我们都必须努力使孩子们在实际空间里能尽可能愉快并有成效地学习。良好的设施能使良好的学习环境得到改善,但良好的设施并不能保证强大的学习共同体的发展。设备简陋的情况下也可以发展强大的学习共同体,但对于已经有困难的学校而言,这需要发挥创造力、时间和精力。

与学生学习的关系

课堂的物质环境会影响学生的学习和教师的满意度。(Brophy,2006)重要的是,教师要协调课堂,能让学生在课堂上有效地学习。教师必须确保物质环境能让学生感到安全舒适——若让学生担心天花板会不会砸落在头上,肯定不利于学生认真学习。生生互动、师生互动都能让学生的学习更有成效。学习不仅仅只需要物质、身体上的舒适，也需要在心理上感到舒适。课堂应当令人感到舒适愉快，并同时提供智力刺激。（Weinstein & Novodvorsky，2011）

布置学习环境

理想情况下，课堂管理应具有灵活性，这样设备管理才不会妨碍学生的成绩。桌子排成一排将很难让学生进行小组合作，四人围坐一桌又会让一些学生无法看到教师讲课。个人的外部空间需求对教学和管理的成功起着至关重要的作用。椅子、桌子或书桌不应靠得太近，应留出一条不会妨碍学生来回走动的过道——例如，一条可以让学生背着装满的书包走过的过道。

座位的安排可以大大提高教学成效，当班级活动发生变化时，有必要重新对座位进行有序的排列。排列式的座位安排可以在拥挤或难以管理的课堂中使用，或者需要所有学生都看向黑板的情况下使用，但这并不适合所有的教学模式。学生围成圆圈或者围成半圆状通常更有利于信息的分享和讨论。两个、三个或四个人一桌的组合可以为小组合作活动创造条件。

学生需要接受如何有效地改变课堂上的座位模式的指导。例如，如果在讲课之后，学生需要进行小组合作，就要提前向学生具体解释座位的安排和每个小组的位置。课堂里也可以设置成能使个人和小组合作同时进行的模式。提前计划好你需要的各种座位安排类型，以便尽可能减少声音和视线干扰。设备管理的程序应该是有规则可循的，以便学生能够根据所提供的信号进行有效的改变。当然，这些规则将需要随时间推移才能逐渐熟悉起来。

创设学习氛围

教学环境中的光线、空气和温度也是至关重要的。许多优质的课就因为课堂上的温度太热或太冷以致学生无法集中精力学习，一节课下来也就无法达到预期的结果。

若你教学所在的课堂太过拥挤、太热或太冷，又或者空气太差，那就尝试着去找另外一个教学地点。与校长谈谈这一物质环境所带来的问题。作为教学领域的专家，你将是最了解物质环境对学习者会产生影响的人。注意学生对环境条件的反应，以及学生讨论中的任何不适感觉产生的原因，并帮助他们找到解决方案。

学习设备与展示

教室里有很多杂物——有书籍、纸张、写作工具、电脑、演示设备、教师的讲台、桌子（书桌）、椅子、植物、照片和许多用于装饰个性化空间的小物品。要尽可能地使教室成为一个有吸引力、有秩序和引人注目的地方。教室还需确保学生安全——学生需要能在教室里走动，而不会被背包和其他物品绊倒。此外也需要有为身体不适状况的学生提供相应的休息处，教师和学生能够快速找到和检索课程中所使用的材料和设备。材料和工具应该一直是可用的，并存储在方便拿到的地方。取用设备耗去的过多时间会削弱学生上课的热情并增加学生分心的概率。

展示品可以包括学生的作品、励志的海报或新闻公告牌和文物等。展示品可用于强化正在研究的课程或单元的基本概念。让所有人都能看到学生的学习成果，从而强调所有学生的努力，而不仅仅是几个学生。在展示他们的成果之前，一定要获得学生的认可。课堂成员的照片和学生的爱好或收藏的例子可以使学生个人或者团体在课堂中展示出积极的一面，同时也能帮助学生和教师感受到他们与学习空间密切相连。

好教师能有效管理人际环境

教学是一件非常复杂的事，课堂管理是教师更为复杂的职责之一。关于管理课堂和学生行为的最佳方法的建议并不少。通过表示对学生及其学习的尊重，以及为成功的学术交流而组织课堂和教学，许多行为管理问题可以得到避免。创建课堂学习共同体意味着在充满关爱和支持的环境中鼓励学生发展智力。（Weinstein & Novodvorsky, 2011）

史蒂文·沃克（Wolk, 2002）提供了几项管理建议：

1. 了解学生——他们的成绩、潜力、兴趣、文化背景和学习偏好。
2. 管理课程安排，提高学生参与度。
3. 让学生负责帮助管理课堂秩序。
4. 充分利用课堂的物质环境来促进你的教学目标的实现。
5. 保持课堂组织性，不受杂乱事物的影响，并适应学生的发展需要。
6. 制订一套合理的规则，并明确地教给学生。
7. 首先，不要伤害学生。监督学生行为。忽略琐碎、烦人的行为。尝试通过使用亲近的、幽默的或与学生私下讨论的方式来处理纪律问题。

  8. 认识并帮助积习难改的学生。

  9. 使用良好的教学策略来保持学生的参与度和学术动机。

  10. 提供明确的期望和方向，并在学生困惑时提供帮助的途径。

  11. 帮助学生养成自我评估的能力。

  12. 认识到文化对学习和行为的影响。

  13. 始终尊重学生。只针对学生的行为和学习技能提出具体的、积极的反馈。

  14. 不要把作业作为惩罚的方式。

  记住课堂教学和行为管理之间有着紧密的联系。托马斯·拉斯利（Lasley，1981）对课堂和行为管理的关系提出了四点总结，无论课堂环境如何，这四点总结在过去几十年来一直适用。根据他对课堂管理问题文献的大量查阅，教师的有效行为如下：

  1. 制订和实施一套可行的课堂规则。

  2. 以最小化破坏行为的方式建构和监督课堂。

  3. 明确定义并快速一致地回应一切不适当行为。

  4. 以不诋毁学生的方式对不当行为做出一致的反应——让学生始终都受到尊重。

好教师鼓励学生积极参与学习

  爱莉诺·达克沃斯（Duckworth，2006）认为，首先，我们必须始终让学习者尽可能直接地接触任何我们想让他们学习的东西。有很多能让学生直接接触所学事物的方式。他们可以模拟太阳系的形成和运动；他们可以记录自己在某地区观察到的动物；他们可以构建模型，从事模拟体验，进行访谈。

  第二，这与第一个原则有关——达克沃斯建议我们能经常为学习者提供向教师和其他学生解释自己的观点和想法的机会。每当教师想要告诉学生他们应该知道的东西时，他们应该首先要求学生解释他们已经知道的内容。约翰·哈蒂这样说道："越多的学生变成了教师，越多的教师成为学习者，就会有越多成功的结果。"（Hattie，2012，p. 17）

  我们一致认为这些准则对于新手教师的教学效果至关重要。我们知道，为了

第四部分 统筹应用

参与到他们正在尝试学习的内容中,按比例来说学习者要学习更多的知识。这是有意义参与法则,虽然这条法则经常被违背,但它意味着课堂里的每个人——教师和学生是一样的——都必须深入参与到学习中,这样每个人的学习才会获得成功。

当学生相信自己能学会并能接受挑战时,他们的学习状态是最好的。一个有能力、有兴趣的学习者更有可能取得成功。放松性警觉会使学生沉浸于使用感官的复杂体验中,建立经验和新信息之间的联系,同时让他们应用新的技能和知识。随着放松性警觉和专心于复杂的体验,学习者还需要对正在学习和构建的内容的持续性反思并进行积极的加工处理。(Caine, Caine, McClintic, & Klimek, 2009) 成功学习经验的三个因素与我们所说的有意义的参与有相似之处。

学习者的理解力和洞察力必须成为教学的目标。元认知——监督学习的能力,以便取得进一步发展——这是学生理解力的必要组成部分。教师必须开展活动,使学生能够获得关于他们在既定目标方面所获进展的真实反馈。每位优秀教师迟早会发现的教育一大悖论就是,要让学习者理解一件事,不可直接告诉学习者,即父母不能仅仅只告诉孩子如何系鞋带,而是要给他/她一只鞋子自己练习系鞋带(最好是让她用自己的鞋子进行练习),并让她向你或其他人解释她在做什么。如果这个建议对于学习如何系鞋带是有益的,那么对于期望学生在学校学习所有的复杂事物来说难道不是更好的学习方法吗?

好教师能催人奋进

在希腊神话中,皮格马利翁(Pygmalion)是来自塞浦路斯的雕塑家,他爱上了自己雕刻的一尊少女像,后来爱神阿芙罗狄忒赐予了雕像生命。皮格马利翁的题材在西方文学、电影和诗歌中经常反复涉及。萧伯纳(George Bernard Shaw)创作了两个不朽角色:一个痴迷语音学的贵族希金斯(Henry Higgins)和一位被他改变了口音的伦敦卖花女伊莉莎(Eliza Doolittle)。好莱坞喜欢这样浪漫的、神话般的主题,这部作品强调了通过教育的力量(特别是语言)来提升自己的社会阶层。

皮格马利翁的故事或许意味着,也许爱不能征服所有,但它是教育中一个强大的组成部分。不要忘记在不同版本的故事中,雕塑家都从自己的作品中学到了很多东西。这点表现在萧伯纳戏剧结束之后,伊莉莎试图向她的朋友和恩人皮克林

(Pickering)上校解释她是如何从卖花女转变成上流社会的小姐的。伊莉莎解释说,一个卖花女和一位淑女的区别不在于她本身的行为表现,而在于周围的人能不能像对待淑女那样期望她、教育她。

从这段话中,我们看到了"皮格马利翁效应"的作用。皮格马利翁效应在学校的作用因罗森塔尔和雅各布森(Rosenthal & Jacobson,1968)而闻名于世。本质上,他们的研究认为,教师对学生的良好预期可以对学生的学业成绩产生积极影响。与学校中出现的皮格马利翁效应相反的是,教师对成就高低不同学生的区别对待会对低成就学生产生负面影响,这一点也受到了研究者韦恩斯坦的关注。(Weinstein,2002)托马斯·古德(Good,1981)列出了教师在对待高低成就学生时最常见的几种方式:

1. 成绩差的学生的座位比其他学生离教师更远。
2. 成绩差的学生受关注的时间比其他学生少。
3. 很少让成绩差的学生回答问题。
4. 成绩差的学生回答问题的时间比其他同学短。
5. 不提供提示或提出后续问题来帮助成绩差的学生回答问题。
6. 成绩差的学生相比其他学生更容易就其错误答案被批评。
7. 成绩差的学生接近正确答案的回答获得的赞扬比其他学生少。
8. 成绩差的学生得到的反馈和反馈的细节比其他学生少。
9. 成绩差的学生表现被打断的频率比成绩好的学生更为频繁。
10. 不要求成绩差的学生付出更多的努力或完成更多作业。

许多教师甚至没有意识到自己的这些行为,这表明教师需要对日常行为进行反思。韦恩斯坦(Weinstein,2002)针对学校期望发挥的力量进行了详尽的研究后,得出了以下结论:

1. 学生知道教师对不同的学生有不同的期望。
2. 在学校和课堂中如何对待孩子这件事非常重要。例如,如果学校政策的制订是基于"智力是固定不变的"这一观点(Dweck,2007),那么一些学生可能获得的机会将是有限的。
3. 期望成为制度的一部分,在各个层次的学习过程中,传达期望的过程是相似的。
4. 当教师对学生的期望较低,并根据不同的期望对待学生时,成绩差距会持续加大。

5. 低期望会加重恶化其他方面的问题，这可能会使学生因为学校的问题而面临一系列风险——种族、文化、语言、社会经济地位、性别、学习偏好和先前的知识。

"由于我们过分强调依赖成绩甄别学生，这样注定不能在课堂和学校创造条件支持学生的能力发展。我们未能使用挑战性的课程来满足所有学习者的差异化需要，缺乏灵活的教育支持。"（Weinstein, 2002, pp. 291—292）

充分利用学生已知的知识

学生原有的知识结构决定了他们如何学习新内容。教师应该在学生原有知识的基础上教授新知识。学生经常觉得他们对学校里所教的内容一无所知，对此他们也不是很在意，因为总觉得这似乎也无关紧要。但是，好教师会帮助学习者看到自己对新知识的了解程度，他们让学生深刻认识到原有知识会对即将学习的新知识产生至关重要的影响。教学应当让学习者明白他们自己就是学习的重要影响因素。回想一下第一章开篇中安娜的故事。一旦安娜认为她接受的教育是和她未来想要的生活完全相关的，她可以学习的东西就几乎没有限制了。

欣赏学生之间的差异

俗话说："世上没有完美的个人，只有完美的团队。"一个班级的同学也是如此。如果教师清楚地知道每个人所知所学都是有价值的，那么就可以保证让每个学生分享他们所知道的知识，从而使每个人都可以珍视自己的理解。可以从两个方面理解以上内容：一是尊重是一种礼貌行为，二是尊重是一种知识的诚实，没有人能够知道所有事——即使是教师或学业上最优秀的学生。每个学生都有很多需要学习的东西，每个学生都会把自己的知识宝藏带到学习桌上来。

意识到不止一个正确答案

每本教师手册上都写着对学生说什么以及期望他们如何回答的建议。小学生的阅读教学手册，往往会用一种颜色印刷教师要说的话，再用另一种颜色印刷学生的可能回答。但课程脚本只是一种近似法。实际上，所有教师手册中，一种确定的正确答案会有不同的表达方式。教学的艺术在于知道如何利用差异。

提供适宜的优质的反馈

还记得学车的经历吗？如果你足够幸运的话，教你的人会不断肯定你可以做到，并赞美你所做的都是正确的。当出现困难时，教练会帮助你专注于所做的事情而不是因为你的缺点去责备你。但若你不幸运，那么教练会不断地责骂你犯的错误。这样做的结果是让你失去自信心，即使这不是他的本意。对学习的反馈应当是中立的、及时的、聚焦任务的。

一个有效的学习环境需要一致的且集中的反馈，包括同等地关注学生的优缺点。这些做法有助于形成利于学生成长和学习的安全有效的学习环境。（Brookhart，2008）

好教师是好的学习者

我们倾向于认为教师应该是班上最好的学习者，并不是暗示要有竞争。总之，教师必须是一个积极的学习者，愿意与课堂上的其他学习者分享学习过程。好教师从自己的研究中学习，并与学生分享成果。他们经常，甚至每天，都把他们从读到或看到的东西中产生的新想法带到课堂上。作为学者，他们分享学术的钻研过程和成果。教师从学生身上学习，包括教学以及师生一起学习的内容。有机会教别人是学习的最佳方式之一，学习者和教师都应不时地互相交换角色，做到教学相长。教师从教学中学习，不仅仅学习如何教学，也要学习他们的学生和他们自己正在学习的内容。（Huebner，2009）国家专业教学标准委员会提出的五大核心主张体现了"好教师是好学习者"的理念。

任何想要把自己塑造成无所不知的知识灌输者形象的教师，都是严重错误的。首先，这种态度传达了知识本质的错误印象，好像知识的学习是一件一劳永逸的事情。人类所拥有的知识正在迅速扩大，以至于知识的基础结构必须不断更新，以适应新的思考和理解。因此，和学生一样，教师需要终身学习以跟上时代的步伐。意识到这一点的教师会发现一个令人兴奋的结果，这就是总会有一批愿意与他们分享新见解和新理解的听众。相比之下，自以为"无所不知、只说不做"的态度会将知识视为一个固定的实体，将学习者排除在学习过程之外，让学生把注意力集中在获取那些过时信息上，很多信息甚至在他们的学校生活结束之前就已经过时了。好的教师形象是作为一名学习者，让学生与他人（包括教师）一起参与到学习的快乐和兴奋状态中。长期的效果是学生学得越来越好,学到的越来越多,并最终成长为终身学习者。

专业知识不可或缺

每个分支学科、教学科目和通识教育都有一个专业组织。这些群体的主要功能是提供全面的文献,以协助教师和管理人员完成教育的使命。这些文献主要由专业期刊、书籍、音像录像以及研究和技术报告组成。每个专业组织还会举办地区、州、国家和国际会议及论坛,由教师分享和讨论共同的问题和想法。总而言之,这些资源构成了教育专业研究生学习的基础。

学科知识正在极速地更新变化。不仅是科学领域新理论的建构和测试,所有学术领域都受益于技术工具和沟通渠道的激增。工具可以帮助我们更多地了解世界并快速地分享发现。随着新的理解与先前的学习相结合,将会产生更多的知识,知识就是如此快速地循环产生的。

对于教师来说,需要不断了解关于我们如何学习,以及政策对学生发展和成就的影响的已检验过的丰富的学习理论,也需要不断跟上知识内容和内容传达方式的进步。

通过文献回顾确定了有效的专业发展的以下几个特征(Darling – Hammond & Richardson,2009):

1. 关注丰富教师的专业知识,以及如何向学生教授这些知识。
2. 注意学生学习具体知识的方式。
3. 教师应对新学习的机会。
4. 应用和反思新知识。
5. 教学环境中的协同发展与学院式发展。
6. 随着时间推移的持续发展。

像一个研究者一样做事

除了努力跟上专业文献的最新研究成果(就像任何专业人士一样)之外,教师都有能力成为自己的研发主管。行动研究允许教师单独或与别人一起研究自己的教学实践。约翰·哈蒂(Hattie,2012,p.17)经常会提到这点:"那些作为学习者本身就能够影响自己的教师,他们对学生成长也是最有影响力的。"教师如果想更多地了解自己课堂上发生的事情,可以使用行动研究程序,一组教师也可以通过合作来更好地了解特定课堂之外发生的事情。(Brighton,2009)表 16-1 详细列出了行动研究中的常用步骤。

表 16-1 行动研究的步骤

步骤	名称	内容
步骤 1	确定问题	在你的专业实践中选择一个你关注的领域。阅读这方面的教学资料。提出有待解决的具体问题
步骤 2	制订计划	决定资料搜集的方式、搜集哪些资料以及为什么要搜集这些资料,你将做什么来支持数据收集工作,你将如何分析收集的信息以及你将用结论做些什么
步骤 3	收集数据	使用各种数据源和数据收集技术——个人反思、访谈、学生工作、音频和视频等
步骤 4	分析数据	使用适当的数据分析技术。与知识渊博者合作,在资料中找到有助于解答你问题的模式
步骤 5	反馈并分享结果	反馈你的发现,以及这些发现将如何影响你的专业实践。与其他专业人士分享研究结果

好教师能与学生一同提出教学目标

课堂教学质量主要取决于学生是否能在教师的教学和自学中有所收益。换句话说,他们必须关心课堂上发生什么,并愿意配合教师以实现共同的目标。从学习者的角度来看,教学目标就是学习目标。目标能否达成将取决于学习者是否愿意采用教师的教学目标作为自己的学习目标。

我们不主张教师根据学生想学的内容来规划教学,尽管这种方式也可以放在考虑范围之内。我们主张教师与学生分享自己的教学规划过程。一种方式是通过

第四部分 统筹应用

探究学生针对某一学习单元所拥有的原有知识,开始进行一个新的单元学习计划,然后列出他们认为自己想学的内容。许多关于有效教学实践的研究都清楚地表明,建立在学习者原有知识结构上的教学会有更高的成效。

好教师会查明教学计划行不通的原因

安德森(Anderson,1982)从大量关于有效教学的文献中总结过一个重要结论。虽然他的研究述评是在很多年前进行的,但新的研究仍然支持他的结论。他建议一名高效教师应该做到:

1. 了解学生。
2. 分配给学生适当的任务。
3. 让学生适应学习任务。
4. 监控学生的学习进度。
5. 通过测试学生所教授的内容来进行相关的教学和测试。
6. 督促学生投入、参与学习过程。
7. 为学生提供具有连贯性的教学,使学习任务和目标相辅相成。
8. 纠正学生的错误和误解。

要使这些有效的教学行为成为现实,那么教师必须要意识到选择的重要性。如果一种方法或技巧不能配合课程教学,那就得分析问题并重新设计教学计划。例如,一些班级没有做好小组合作学习的准备。很多时候,教师会尝试进行小组活动,当发生过混乱之后,他们决定再也不尝试了。学生必须做好团体活动的准备,教师必须认真规划和指导开展这些活动的规则。本书第十章中描述的模式只是众多有效的团队学习流程模式的一小部分。有些教学模式可能需要学生更多的准备时间。也许模式中的某些步骤还没有被充分的解释,或者有时教学计划过于宏大,教学计划中覆盖的内容过于宽泛,又或者学生还不具备必要的学习准备和素质。请评估教学与学习情况,并思考解决问题的办法。把问题当成挑战而不是挫折!

好教师努力提高课堂参与度

兴趣和好奇心之间存在必然的联系。学生会对自己最好奇的事物产生学习的兴趣。因此,如果教师能够激发学生的好奇心,学生就会对学习产生兴趣。当学生感兴趣的时候就会积极主动地进行学习。学生对学习的投入度源于兴趣。美国国家研究委员会(National Research Council, 2000)一项关于中学参与度的研究发现,当课程结构和教学能反映出学生的先验知识、兴趣、文化和现实生活经验,并具有多变性和挑战性时,学生会更积极主动地坚持完成重要的任务。我们知道,持续的诊断和形成性评估有助于学校更切合实际,更好反映学生的校外生活。

有趣的是,也有证据表明,对所有学生寄予高期望有助于保持学生对学业的兴趣。这些高期望和教学类型有助于学生受到尊重和重视。富有挑战性的课程、体现以往经验的多样化任务,以及为体验提供帮助的机会都有助于提高学生学习参与度。学生的动机和兴趣也是以尊重为前提的。当教师通过富有挑战性且有趣的课堂体验、高期望、有吸引力的教学资料和工具以及充满关爱和有益的环境,表达对学生的尊重,学校里的学生也一定是积极的和成功的。

好教师提供信息和练习的机会

对高效学校的研究明确证实:当学生拥有获取信息的途径和运用该信息进行实践的机会时,就可能产生学习的欲望。但是什么样的信息和实践是适当的呢?最显而易见的是,学生需要任何能够达成手头学习目标的信息:以他们喜欢的形式呈现准确的信息。作为问题解决的一种方式,学生需要通过实践来应用和回忆新信息。在要求学生进行法印战争和1812年战争的原因对比这一学习目标的背景下,学生需要与两场战争有关的信息,以及教师对他们所做努力的指导和反馈意见。

然而,学生所需的信息不仅仅是事实、数据和算法。罗伯特·英格尔(Yinger, 1987)的研究报告表明,我们可以将其他信息分类为:(1)了解所获得的信息以及在实践中如何使用信息;(2)知道信息应用于实践的时机,以及如何应用这些信息;(3)了解信息的使用是否成功。

同样,学生所需要的实践也不仅仅是具体学习目标里所隐含的那些行为。除

第四部分 统筹应用

了学习者应用的或回忆起的信息之外,帕金斯和加布里埃尔·所罗门(Perkins & Salomon,1988)指出,学习者需要在实践中进行"低路迁移"和"高路迁移"。

当教师根据学生的相关经验来介绍文学经典时,是在为低路迁移创造条件。当教师指出内容要素之间的相似之处时,例如美国民权运动与南非种族隔离运动的比较点时,他们是在促进"高路迁移"的实现。

低路迁移是将信息直接应用于和信息有关的情境中。例如,学生可以通过计算他们的教室和足球场的对角线来练习毕达哥拉斯定理。高路迁移是将信息间接应用于与首次获得该信息时不同的情境中。例如,学生可以将法印战争的事件以及党派联盟与《罗密欧与朱丽叶》戏剧中的忠诚度进行比较。值得牢记的是,长期有意义的学习取决于学生获得良好信息的途径,以及以既有意义又难忘的方式迁移和应用该信息的机会。

好教师教授两类知识

学生不可能在学校学习到在生活中需要知道的一切。因此,他们必须学习如何学习。在学校的每门课程的学习中,学生都可以获得一部分人类积累的知识和智慧:历史、文学、科学、数学、健康等方面的事实、思想、算法、事件和影响。但是,如果他们没有获得互补的知识,那么这样一套信息化的知识("知道是什么")不会让学习者在未来处于有利的位置:阅读、写作、研究和思考是一个人成长过程以及终身受益所必需的技能("知道怎么做")。

因此,教师在课堂上的教学应该让学生获得学习的信息,并有意识地了解如何学习。在这个课堂中,教师会创造一个让学生自己学习以及明白自己是如何学习的环境——掌握自己学习和思考的过程。预期的结果是改善所研究学科所必需的学习和思维。我们希望各个年级和各个学科的教师都能够相信,最重要的事情是要教授学生学习的过程。通过建模和有声思维,教师向学生展示如何学习。这让我们想起了一句古语:"授人以鱼,不如授人以渔。"同样地,"只教给学生你想要教的内容,他们会通过明天的考试;教学生如何学习,他们将会通过未来人生中的考试"。

本章小结

　　管理课堂不仅是管理学生。事实上，当教师控制了课堂上的学习的时候，实际上是把学习的责任交给了学习者，这种管理的大部分需求被取代了。优秀的教师以此为目标来管理他们的教学。他们之所以能够做到这一点，是因为他们的操作是基于知识基础之上的，也因为直觉为他们提供了良好的判断。在本章和整本书中，我们分享了一个观点：优秀的教师总是可以考虑各种选择，尽管大多数时候，优秀的教学就像任何熟练的表演一样，看起来完全是自发的。希望我们的建议将成为你教学智库的一部分。

拓展学习

活动

　　1. 与一些专家教师讨论专业发展。他们如何看待自己的职业发展经历？什么对专业发展是好的、有帮助的或浪费时间的？他们建议你做些什么来发挥专业发展的最大功效？

　　2. 询问你所教授或将要教授的同一年龄组学生，一个良好的课堂环境是什么样的。探索教师和学生能够做些什么来建立一个有效的学习共同体。

　　3. 从对学生的高期望角度，评述你所在地区（或你所工作的区域）的政策。哪些政策对学生有很高的期望？哪些政策会认为学生成绩低下？咨询教师和管理者这些政策是否会影响特定学校学生的行为反应。

　　4. 与你的同龄人、学生以及他们的父母讨论关于思维模式的想法。（Dweck，2007）探索人类在体育、商业、教育等各个领域的追求过程中成长心态与固定心态的差别。思考你对智力的看法，以及它对你的教学的影响。

反思问题

　　1. 你还想了解关于教学的哪些内容？你会如何搜集想要的信息？

　　2. 你对学生及其学习能力有什么看法？这些看法将如何影响你在课堂上的教学行为？

3. 许多人认为教学是分享专业知识。你要如何回应这种观点以体现教学的复杂性?

4. 学生将在你的课堂上扮演什么样的角色?你将如何设计课堂教学以增强学生扮演这种角色的机会?

第四部分小结

本书的最后一部分提供了三个案例(小学、初中和高中),展示了如何将具体的教学模式结合起来,以实现明确的学习目标。尤其讨论了以下观点:

1. 教学模式可以使教学规划变得更容易,因为它们提供了一个路线图,用于构建成功教学所需的技术路线和流程,进而减少正在进行的教学规划的压力。

2. 第四部分提及的教师都是具有不同背景、兴趣和教学经验的个体。就如同看这本书的你们一样,这些教师正采用不同的方式教学,有这样或那样的顾虑,但他们都尊重自己的职业,渴望进步,他们希望能寻找更好的方法满足学生,以在课堂上取得成功。他们都在寻求答案。

3. 这些专业人士在教学规划时都不愿意盲从,但他们都关注了基本问题。这些教师的关注重点是学生。他们认真考虑教学结果,并承担评估责任,以确定学生是否学会了所教内容。

4. 一套强有力的教学策略可以帮助教师:(1)让各种学生参与到学习内容和社交技能中;(2)在个别学生参与一系列活动和挑战时,多了解他们;(3)提供对一般教育学知识的深刻反思。

5. 逆向设计可用于构建跨所有年级水平和内容领域的教学单元。

6. 逆向设计规划过程体现了国家标准和单元开发之间的联系。

7. 中学案例研究体现了跨内容领域和教师偏好的协作规划。

8. 所有的案例都显示了教师对学生有很高的期望。不管什么样的班级管理模式或者学校的预期,这些教学模式都对学生的知识学习和重要批判性思维能力提升有帮助。

教学是在一定背景下进行的,教学背景包括许多有利于师生学习的重要教师实践。教学模式的使用是一系列有效的实践、技能和理解力不可或缺的部分。

术 语 表

Accountability 问责制：一种要求教师与学校对学生学业成绩（包括标准化考试、毕业率、学生作品样本等）测量结果负责的制度，通过考察学生成绩是否达到指定标准对教师和学校进行奖惩。

Advance organizer 先行组织者：一种在课程开始前实施的高度抽象的教学工具与（或）策略，通过阐述与比较的方法，引入新的教学主题与（或）相关技能，在已传授知识与将要学习的知识之间建立有机联系，最终让学生开始在个人已有知识与学习主题之间逐步建立联系。

Aligned curriculum 课程一致性：一种对综合课程设置种种要求（包括联邦或地方课程标准、课程评估与课程指导原则等）的课程体系，最终以达成某种特定目标与公共目标。

Assessment types 评估类型：教学评估与测量工具的不同类型，例如，标准化测验、倾向性测验、表达性任务测验、书面性任务测验与观测性工具等。

Backward design 逆向设计：一种从特定目的出发的课程计划（目标、评估与教学）设计方法，该方法从学生应该知道、理解的知识出发，通过教学最终让学生具备一定的实践能力。

Behavioral objectives 行为目标：一种教育目标，通过鉴别学生特定行为以判别目标是否完成。对于行为目标应该描述得如何细致具体，教育家们意见尚未达成一致。

Benchmarks 基准：用于检测标准是否被执行的测验点。各州学业成绩测验中所执行的教学标准（知识与技能）就包含了教学基准。

Best practices 最优实践：大多数教育学者都赞同的一种有研究支撑的教育方法。在实施过程中，根据环境与实施主体的不同，最优实践也不尽相同。

Big ideas 大观念：一种帮助我们拓宽对已有知识与经验理解的思维。大观念针对某一特定学科提出概括性、抽象性、普遍性理解，这些理解在组织先备知识、准备新知识时，能够提供有效的帮助。

Bloom's taxonomy/revised taxonomy 布卢姆教育目标分类学/分类学修订版：在20世纪50年代，本杰明·布卢姆从认知、精神运动与情感领域提出了教育目标分类。2001年，安德森（Lorin Anderson）与克拉斯沃（David Krathwohl）提出了新的分类目标，主要依据当时最新的学习理论对认知领域目标进行修订。这两种分类目标均经常被班主任用于制订教学目标、设计教学工具。

Brainstorming 头脑风暴：一种让学生集中注意力并鼓励分享的方法，让学生围绕主题快速列出所有相关信息与观点，不进行批判性讨论，也没有任何思想限制。

Chunking 文本组块：教师将学习内容重新组织成更容易讲解、易于掌握的单元的过程。文本组块工作依据教学内容与教学对象进行设计（学生年龄、学习资源、特定知识与技能）。

Cold calls 随机提问：无论学生有没有举手，教师都会对其提问的一种方式。教师经常会告知学生实施随机提问，此时，所有学生都可能会被提问到。

Collaborative teacher 协作教师：协同班主任共同开展教学，以满足一部分特殊学生需要（有特殊需求的学生、英语语言生、天才学生等）的教师。

Common Core State Standards 共同核心州立标准：数学、英语（语言）艺术学科的一系列学业标准。这些学业标准清晰地告知学生，在各个年级应该掌握哪些知识、具备哪些能力。

Concept map 概念图：表达两个或两个以上概念之间相互关系的图表。

Concepts 概念：通过一系列观测得到的分类资料，从中分析提炼出的结论性思想与抽象理论。为了理解世界上不同的现象，各种年龄的学习者都会形成概念并为其命名。

Constructivist learning theory 建构主义学习理论：一种认为人是通过建构自己的知识体系来开展学习的理论。建构主义者认为，我们只有在主动的发现过程中才能真正学习。

Deductive approach 演绎法：从一般到具体的一种推理方法。采用演绎法的课程一般从陈述一个规则或原理出发，之后教师应提供具体的案例或事实以支持上述理论。在一般到具体的推理过程中，教师通常鼓励学生基于案例进行推理和预测。

Diagnostic assessment 诊断性评估：一种发现学生学习中的顽疾，并予以补救的评估方法。尽管有商业化的第三方诊断性评估，但是很多课堂教师也通过观察、学生作业分析自行判断并做出评估结论。

Facets of understanding 理解的维度：根据威金斯和迈克麦2005年提出的理论，人们通常用六个维度展现其理解，包括说明、释义、应用、洞察、移情以及元认知。

Feedback 反馈：典型的反馈指的是教师根据学生及其学习情况采取的响应措施。好的反馈应该及时有效，同时应该与学生发展状况相吻合。

Flexible grouping 灵活分组：对学生的分组与再分组应该是根据教学需要而不是学生类型。分组应该基于学生的多样需求、教室环境而进行，同时还应该经常重新分组。

Formative assessments 形成性评估：一种在教学过程中开展的评估，用以告知教师与学生的学习情况及其与教学目标之间的差距。这种评估能够提供调整方案，以提高学生的学业成绩。

Generalizations 概括：能够联系两个及两个以上概念的陈述。概括比事实与概念更加抽象，并且能够表现一个学科的基本思想。

Graphic organizers 图示组织者：一种能帮助学生组织与学业内容相关的思考和设置学习计划的辅助工具。具体形式可以是文字网图、时间线图、概念图、树形图、矩阵图、比对表、因果分析表、维恩图等各种图示模式。

Guided practice 指导性练习：直接教学模式中的一个步骤，允许学生通过实践培养针对性的技能，同时在运用技能过程中能够得到教师的及时反馈。

Heuristic process 启发式过程：一种突破已有常规办法来解决问题或做出决定的方法。启发式过程往往利用已有的经验作为基础，通过不断地尝试与试错过程来做出决定。

High-stakes testing 高风险测验：一种标准化测验，通常在针对高风险问题做出决策时采用，例如中学毕业、升级以及参加一些特色项目等高风险测验通常会奖励分数高的人，惩罚分数低的人。

Hypothesis generation and testing 生成和检验假设：指根据不同来源信息产生推测性论点并进行检验。假设可以由个人提出，也可以由分组讨论提出；假设检验则是对该假设的系统性评估。本书中提到的许多教学模式都提供了一种假设生成与检验的结构。

Independent practice 独立练习：在直接教学模式中，学生根据指导开展实践的环节。在独立练习环节中，学生在没有教师即时反馈的情况下，尝试运用新掌握的知识或技能。

Individual education plan（IEP）个别化教育计划：一种联邦政府授权的教育计划，该计划为所有被鉴定为具有受到特殊教育服务资格的学生所设立。该计划为这些学生列出教学目标，确定学校帮助学生达成这些目标的教学方案，并确保学校提供最为宽松的教学环境。

Inductive approach 归纳法：一种从具体数据事实出发的研究方法。在调查、推理、概括、形成规则等系列过程中，逐渐形成概念界定。

Inquiry 探究：我们认识理解这个世界的过程。探究的过程是开放式的，超越具体的事实以及信息的记忆。本书中提到的几种教学模式都支持探究性学习。

Instructional alignment 教学一致性：指教学目标、教学过程评估与教学指导之间的一致性。一致性指目标、评估与教学都指向同一个结果。

Instructional model 教学模式：为达成特定的学习效果所采取的不同的具体的教学步骤。

Interdisciplinary curriculum 跨学科课程体系：一种跨越多学科界限的课程体系。此类课程体系使用通用的概念或主题去规划教学目标、评估与教学指导。本书第十四章的中学教学课例就涉及了跨学科课程。

Invented/inventive spelling 创造性拼写：根据有训练的猜测以及个人的语音学知识进行拼写的方法。创造性拼写是我们学习拼写过程中都要经历的一个自然过程。

Knowledge types 知识类型：根据布卢姆教育目标分类学修订版，知识可分为四个类型：事实性知识、概念性知识、程序性知识与元认知知识。

KUDs 知道—理解—能够学习目标：逆向教学设计的学习目标。该教学目标确定了学生应该知道、理解什么知识,在教师指导之后应该具备应用的能力。

KWL 已学—想学—学会:使用知识组织图示开展教学的一种教学策略,通过组织图示帮助学生针对学习主题清晰了解其已经掌握的知识、进一步要求学习的知识,并最终通过学习掌握。

Learning trajectories or progressions 学习轨迹或学习进程:展现并告知学生应该掌握的知识与技能的顺序,帮助学生掌握学习主题或学习内容。每一节课都应建立在前序课的基础上,只有这样学生才有可能掌握技能与知识,最终在学业上取得成功。

Mastery learning 掌握学习:一种教学方法。该方法认为只要提供恰当的支持与时间,学生都能够完成学习任务。该方法把学习内容分成组块,学生只有掌握了必要组块后才能开始下一阶段学习。

Metacognition/metacognitive knowledge 元认知/元认知知识:对思考如何学习这一问题如何自我开展思考的知识。元认知知识包括如何获得学业成功、如何迎接学习中的挑战等知识。

Mnemonics 助记方法:帮助学生自动记忆知识、保留能力的学习策略。

Pacing guides 定步指导:面向教师与学生概述学习内容,并为地区内所有教师提供学习步骤、所需时间等协助,以更好面向学生开展教学的指导方法。

Pedagogy 教学法:关于教学实践的研究。普通教学法研究的是面向所有年龄段学生以及所有学习内容的通用教学方法。内容相关教学法研究不同学科中,教师应该如何面向学生开展教学。

Performance assessment 表现性评估:一种不是简单让学生从列表中选择一个答案,而是要求学生完成某一具体任务而进行的测验。表现性评估主要考查学生在特定任务中所展现的技能或分享信息的能力等。表现性评估可以包括例如编制预算、规划健康饮食计划、模拟开展市议会辩论等系列作品或是具体任务,这些任务能够充分展现学生在学校中所学到的知识能力。

Pygmalion effect 皮格马利翁效应:认为学生是根据教师期望而展现学习能力的理论。该理论认为,如果教师对学生提出较高的期望,学生就能够取得学业成功。

术语表

Reciprocal teaching 交互式教学：一种使用预测、提问、澄清、总结等步骤帮助学生理解掌握文本内容的教学策略。

Rubrics 量规：用于评估学生成绩的一系列标准。设计这些标准是为了与学生分享期望，促进其在指定学习任务中表现卓越。量规能准确告诉学生成功的学业表现应该是什么样的。

Scaffolding 教学支架：在学生学习过程中提供支持的教学方法。为了完成学习目标，教师为学生个别或者学习小组提供支持。支持的种类有很多种，包括建模、辅导训练、提供知识组织图、同伴互助甚至重新讲解等。

Schemata 图式：用于理解世界的一种观念组织模式。如果新的信息能够纳入原有的观念组织模式，图式就能够指导我们关注这些信息。图式能够帮助组织思维，并让我们准备好学习新的信息。

Think–alouds 有声思维：一种教师与学生在解决问题、解释文本或开展辩论中分享想法的策略。教师使用有声思维来模拟成功的思维，而学生使用有声思维分享思想、接收反馈并向学习目标努力。

Think–pair–share 思考—配对—分享策略：一种合作学习策略，这种策略既提倡提供学生学习框架与时间开展独立思考，同时也承认人是相互学习的。学生从教师提供的主题或问题开始进行思考，接着与同组同学分享观念，最后整个班级讨论这些观念。

Units of instruction 教学单元：为学生理解掌握特定的知识、培养相关能力设计的一系列课程。各教学单元应该围绕学习主题展开，或包含有一系列相关能力培养的内容。教学计划为教师与学生提供了明确的教学路线图。

Wait time 等待时间：在教师提出问题与有学生举手要求回答之间的时间。有证据表明，等待时间越长，学生越会从更宽泛与深入的角度对问题开展讨论。

参考文献

Airasian, P. W. (2005). *Classroom assessment: concepts and applications* (5th ed.). Boston: McGraw-Hill.

Anderson, L. W. (1982). *Teachers, teaching, and educational effectiveness.* Columbia: University of South Carolina, College of Education.

Anderson, L. W., & Krathwohl, D. (Eds.). (2001). *A taxonomy for learning, teaching and assessing: a revision of Bloom's taxonomy of educational objectives.* New York: Longman.

Archer, A. L., & Hughes, C. A. (2011). *Explicit instruction: effective and efficient teaching.* New York: Guilford.

Aronson, E., Blaney, N., Stephan, C., Sikes, J., & Snapes, M. (1978). *The jigsaw classroom.* Beverly Hills: Sage.

Aronson, E., & Patnoe, S. (2011). *Cooperation in the classroom: the jigsaw model.* London: Pinter & Martin.

Ausubel, D. (1960). The use of advance organizers in the learning and retention of meaningful verbal material. *Journal of Educational Psychology, 51*: 267—272.

Ausubel, D. (1968). *The psychology of meaningful verbal learning: an introduction to school learning.* New York: Grune & Stratton.

Ausubel, P. D., Novak, J. D., & Hanesian, H. (1968). *Educational psychology: a cognitive view.* New York: Holt, Rinehart, & Winston.

Ballou, S. (1861). *Sullivan Ballou's letter to his wife.* Retrieved March 3, 2014, from www.civil-war.net/pages/sullivan_ballou.asp.

Bios, J. W. (1990). *Old Henry.* New York: Harper Collins.

Black, P., Harrison, C., Lee, C., Marshall, B., & Wiliam, D. (2003). *Assessment for learning: putting it into practice.* Maidenhead: Open University.

Black, P. J., & Wiliam, D. (2009). Developing a theory of formative assessment. *Educational Assessment, Evaluation, and Accountability*, *21*(1):5—31.

Bloom, B. S. (Ed.). (1956). *Taxonomy of educational objectives: the classification of educational goals by a committee of college and university examiners.* New York: Longmans, Green.

Bloom, B. S. (1983). *Human characteristics and school learning.* New York: McGraw-Hill.

Blosser, P. E. (1991). Using cooperative learning in science education. *ERIC Clearing house for Science, Mathematics, and Environmental Education Bulletin.* Retrieved January 30, 2006, from www.stemworks.org/Bulletins/SEB92-1.html.

Bransford, J. D., Brown, A. L., & Cocking, R. R. (2000). *How people learn: brain, mind, experience, and school.* Washington: The National Academies. (Available online free of charge from www.nap.edu.)

Brighton, C. M. (2009). Embarking on action research. *Educational Leadership*, *66*(5): 40—44.

Bronfenbrenner, U. (1979). *The ecology of human development: experiments by nature and design.* Cambridge: Harvard University.

Brookhart, S. M. (2008). *How to give effective feedback to your students.* Alexandria: Association for Supervision and Curriculum Development.

Brookhart, S. M. (2013). *How to create and use rubrics for formative assessment and grading.* Alexandria: ASCD.

Brophy, J. (2006). History of research on classroom management. In C. M. Evertson & C. S. Simon (Eds.). *Handbook of classroom management: research, practice, and contemporary issues.* Mahwah: Erlbaum.

Bruner, J. S. (1961). Act of discovery. *Harvard Educational Review*, *31*(1):21—32.

Bruner, J. S., Goodnow, J. J., & Austin, G. A. (1986). *A study of thinking.* New Brunswick: Transaction.

Burress, L. (1989). *Battle of the books: literary censorship in the public schools, 1950—1985.* Metuchen: Scarecrow.

Bybee, R. W. (2009). *The BSCE 5E Instructional Model and 21st Century Skills. National Academy Board on Science Education.* Retrieved May 1, 2014, from http://

itsisu. concord. org/share/Bybee_21st_Century_Paper. pdf.

Bybee, R. , Taylor, J. A. , Gardner, A. , Van Scotter, P. ,Carlson, J. , Westbrook, A. , & Landes, N. (2006). *The BSCS 5E instructional model: origins, effectiveness, and applications.* Colorado Springs: BSCS.

Caine, R. N. , & Caine, G. (1994). *Making connections: teaching and the human brain.* Menlo Park: Addison – Wesley.

Caine, R. N. , Caine, G. , McClintic, C. , & Klimek, K. J. (2009). *12 brain/mind learning principles in action* (2nd ed.). Thousand Oaks: Corwin.

Cohen, S. A. (1987). Instructional alignment: searching for amagic bullet. *Educational Researcher*, *16*(8):16—20.

Darling – Hammond, L. , & Richardson, N. (2009). Teacher learning. *Educational Leadership*, *66*(5):46—52.

Dean, C. B. , Hubbell, E. R. , Pitler, H. , & Stone, B. J. (2012). *Classroom instruction that works: research based strategies for increasing student achievement* (2nd ed.). Alexandria: Association for Supervision and Curriculum Development.

Dinsmore, D. L. , Alexander, P. A. , & Loughlin, S. M. (2008). Focusing the conceptual lens on metacognition, self – regulation, and self – regulated learning. *Educational Psychology Review*, *20*:391—409.

Donovan, M. S. , & Bransford, J. D. (Eds.). (2005). *How students learn history, mathematics, and science in the classroom.* Washington, DC: The National Academies.

Duckworth, E. (2006). *"The having of wonderful ideas" and other essays on teaching and learning.* New York:Teachers College.

Dweck, C. (2007). *Mindset:the new psychology of success.* New York: Ballantine.

Educational Broadcasting Company. (2004). *Workshop:inquiry – based learning.* Retrieved February 17, 2014,from www. thirteen. org/edonline/concept2class/inquiry.

Eggen, P. , & Kauchak, D. (2012). *Strategies and models forteachers: teaching content and thinking skills.* Boston: Pearson.

Elias, M. J. (2005). *Social decision making/social problem solving for middle school* students: skills and activities for academic, social, and emotional success. Champaign: Research.

Erickson, H. L., & Lanning, L. A. (2014). *Transitioning to concept – based curriculum and instruction: how to bring content and process together.* Thousand Oaks: Corwin.

Erickson, H. L. (2007). *Stirring the head, heart, and soul: redefining curriculum, instruction, and concept based learning* (3rd ed.). Thousand Oaks: Corwin.

Faughnan, K. (2009). *Get smart about skills for tomorrow's jobs.* ZDNet News and Blogs. Retrieved January 12, 2010, from www.zdnet.com/2100 – 9595 _ 22 – 258867.html.

Findell, C. R. (2009). What differentiates expert teachers from others? *Journal of Education*, 11—23. Retrieved March 3, 2014, from www.bu.edu/journalofeducation/files/2011/06/BUJoE – 188.2Findell.pdf.

Fischer, C. (2008). *The Socratic method.* New York: Great Neck.

Fisher, D., & Frey, N. (2008). *Better learning through structured teaching: a framework for the gradual release of responsibility.* Alexandria: Association for Supervision and Curriculum Development.

Frey, N., Fisher, D., & Everlove, S. (2009). *Productive groupwork: how to engage students, build teamwork and promote understanding.* Alexandria: Association for Supervision and Curriculum Development.

Fulghum, R. (1989). *It was on fire when I lay down on it.* New York: Villard Books.

Gallagher, S. (2013). *Concept development: a Hilda Taba teaching strategy.* Unionville: Royal Fireworks.

Gardner, H. (2006). *Multiple intelligences: new horizons in theory and practice.* New York: Basic Books.

Gladwell, M. (2008). *Outliers: the story of success.* New York: Little, Brown.

Goleman, D. (2013). *Focus: the hidden driver of excellence.* New York: Harper Collins.

Gonzalez – Barrera, A., & Lopez, M. H. (2013). Spanish is the most spoken non – English language in U.S. homes, even among non – Hispanics. Retrieved February 17, 2014, from www.pewresearch.org/fact – tank/2013/08/13/spanish – is – the – most – spoken – non –

english – language – in – u – s – homes – even – among – non – hispanics.

Good, T. L. (1981). Teacher expectations and student perceptions: a decade of research. *Educational Leadership*, *38*:415—422.

Good, T. L., & Brophy, J. E. (2007). *Looking in classrooms* (10th ed.). Menlo Park: Allyn & Bacon.

Gordon, W. J. J. (1961). *Synectics: the development of creative capacity*. New York: Harper & Brothers.

Gove, P. B. (Ed.). (2002). *Webster's third international dictionary* (unabridged ed.). Springfield: Merriam – Webster.

Gronlund, N. E., & Brookhart, S. M. (2008). *Gronlund's writing instructional objectives* (8th ed.). Upper Saddle River: Prentice Hall.

Hattie, J. (2012). *Visible learning for teachers: maximizing impact on learning*. New York: Routledge.

Hattie, J., & Yates, G. C. R. (2014). *Visible learning and the science of how we learn*. New York: Routledge.

Haviland, S. E., & Clark, H. H. (1974). What's new? Acquiring new information as a process in comprehension. *Journal of Verbal Learning and Verbal Behavior*, *13*:512—521.

Hilton, M. (2014). How social-emotional learning and development of 21st century competencies support academic achievement. *The State Education Standard*, 49—53.

Huebner, T. (2009). What research says about the continuum of teacher learning. *Educational Leadership*, *66*(5):88—91.

Johnson, D. W., & Johnson, R. T. (1995). *Creative controversy: intellectual challenge in the classroom*. Edina: Interaction Book.

Johnson, D. W., Johnson, R. T., & Holubec, E. J. (1994). *The new circles of learning: cooperation in the classroom and school*. Alexandria: Association for Supervision and Curriculum Development.

Johnson, D. W., Johnson, R. T., & Stanne, M. B. (2000). *Cooperative learning methods: a meta – analysis*. Retrieved May 5, 2014, from www.lcps.org/cms/lib4/VA01000195/

Centricity/Domain/124/Cooperative%20 Learning%20 Methods%20 A%20 Meta - Analysis. pdf.

Joyce, B., Calhoun, E., & Hopkins, D. (2009). *Models of learning: tools for teaching*. New York: Open University.

Joyce, B., Weil, M., & Calhoun, E. (2009). *Models of teaching* (8th ed.). Boston: Pearson.

Kendall, J. S., & Marzano, R. J. (1997). *Content knowledge: acompendium of state standards and benchmarks for K - 12 education* (2nd ed.). Aurora: McRel.

Kingsolver, B. (2012). *Flight behavior*. New York: Harper Collins.

Klausmeier, H. J. (1990). Conceptualizing. In B. F. Jones &L. Idol (Eds.), *Dimensions of thinking and cognitive instruction: implications for educational reform* (pp. 93—138). Mahwah: Erlbaum.

Knowles, J. (1960). *A separate peace*. New York: Macmillan.

Lasley, T. J. (1981). Research perspectives on classroom management. *Journal of Teacher Education*, *32*(2):14—17.

Lemov, D. (2010) *Teach like a champion: 49 techniques that put students on the path to college*. San Francisco: Jossey - Bass.

Lorayne, H., & Lucas, J. (1986). *The memory book: the classic guide to improving your memory at work, at school, and at play*. New York: Ballantine Books.

Lyman, F. (1981). The responsive classroom discussion: the inclusion of all students. *Mainstreaming Digest*. University of Maryland, College Park, MD. Lyon, G. E. *Cecil's story*. New York: Scholastic Books.

Marzano, R. J. (2001). *A handbook for classroom instruction that works*. Alexandria: Association for Supervision.

Marzano, R. J. (2003). *What works in schools? Translating research into action*. Alexandria: Association for Supervision and Curriculum Development.

Marzano, R. J. (2004). *Building background knowledge for academic achievement*. Alexandria: Association for Supervision and Curriculum Development.

Marzano, R. J. (2007). *The art and science of teaching: a comprehensive framework for effective instruction.* Alexandria: Association for Supervision and Curriculum Development.

Marzano, R. J. (2009). *Designing and teaching learning goals and objectives: classroom strategies that work.* Bloomington: Marzano Research Laboratory.

Marzano, R. J., & Pickering, D. J. (2005). *Building academic vocabulary: teacher's manual.* Alexandria: Associationfor Supervision and Curriculum Development.

Marzano, R. J., Pickering, D. J., & Pollock, J. E. (2001). *Classroom instruction that works: research based strategies for increasing student achievement.* Alexandria: Association for Supervision and Curriculum Development.

Maxwell, C. J., Jr. (n. d.) *Introduction to the Socratic method and its effect on critical thinking.* Retrieved March 3, 2014, from www. socraticmethod. net.

McAuliffe, J. & Stoskin, L. (1993). *What color is saturday?: using analogies to enhance creative thinking in the classroom.* Boston: Zepher Press.

Middendorf, J., & Kalish, A. (1996). The "change up" in lectures. *National Teaching and Learning Forum*, 5(2):1—5.

National Board for Professional Teaching Standards. (n. d.). *The five core propositions.* Retrieved March 31, 2014, from www. nbpts. org/five-core-propositions.

National Research Council. (2000). *Engaging schools: fostering high school students' motivation to learn.* Washington: The National Academies.

Noguera, P. A. (2008). *The trouble with black boys: and other reflections on race, equity, and the future of public education.* San Francisco: Jossey-Bass.

Ogle, D. M. (1986). K-W-L: a teaching model that develops active reading of expository text. *The Reading Teacher*, 39:564—570.

Paul, R. (1993). *Critical thinking: how to prepare students for a rapidly changing world.* Santa Rosa: Foundation for Critical Thinking.

Paul, R., & Elder, L. (2006). *The art of Socratic questioning.* Dillon Beach: The

Foundation for Critical Thinking.

Perkins, D. N., & Salomon, G. (1988). Teaching for transfer. *Educational Leadership*, *46*: 22—31.

Piaget, J. (1954). *The construction of reality in the child*. New York: Basic Books.

Pianta, R. C., Hamre, B. K., Haynes, N. J., Mintz, S. L., & LaParo, K. M. (2007). *CLASS: Classroom assessmentscoring system manual, pilot*. Unpublished manuscript.

Pinker, S. (1994). *The language instinct: how the mind creates language*. New York: HarperCollins.

Piper, W. (1930/1984). *The little engine that could*. New York: Putnam.

Plato. (2000). *Meno* (B. Jowett, Trans.). (original work written about 400 bce). Retrieved July 3, 2009, from www. classical library. org/plato/dialogues/10 _ meno. htm.

Prince, G. M. (1970). *The practice of creativity: a manual for dynamic group problem solving*. New York: Harper & Row.

Rosenshine, B. (1986). Synthesis of research on explicit teaching. *Educational Leadership*, *43*: 60—69.

Rosenthal, R., & Jacobson, L. (1968). *Pygmalion in the classroom: teacher expectation and pupils' intellectual development*. New York: Holt, Rinehart & Winston.

Rothenberg, A. (1979). Einstein's creative thinking and the general theory of relativity: A documented report. *American Journal of Psychiatry*, *136*: 39—40.

Schunk, D. H. (2004). *Learning theories: an educational perspective* (4th ed.). Upper Saddle River: Pearson Education.

Silver, H. F., Dewing, R. T., & Perini, M. J. (2012). *Inference: teaching students to develop hypotheses, evaluate evidence, and draw logical conclusions*. Alexandria: Association for Supervision and Curriculum Development.

Slavin, R. (1996). *Education for all*. Exton: Swets & Zeitlinger.

Slavin, R. E. (2000). *Educational psychology: theory and practice* (6th ed.). Boston: Allyn & Bacon.

Sternberg, R. J., & Grigorenko, E. L. (2004). Successful intelligence in the classroom. *Theory into Practice*, *43*:274—280.

Stiggins, R. J. (2005). *Student-involved assessment for learning*(4th ed.). Upper Saddle River: Pearson/Merrill/Prentice Hall.

Stiggins, R. J. (2008). *An introduction to student-involved assessment for learning*. Upper Saddle River: Pearson.

Suchman, J. R. (1962). *The elementary school training program in scientific inquiry*. Report to the U. S. office of Education, Project Title VII. Urbana: University of Illinois.

Taba, H. (1962). *Curriculum development: theory and practice*. New York: Harcourt College Publications.

Taba, H., Durkin, M. C., Fraenkel, J. R., & McNaughton, A. H. (1971). *Teachers' handbook to elementary social studies* (2nd ed.). Reading: Addison-Wesley.

Thomas, L. (1982). *The art of teaching science*. Retrieved from www. nytimes. com/1982/03/14/magazine/the-art-of-teaching-science. html.

Tomlinson, C. A. (2003). *Fulfilling the promise of the differentiated classroom: strategies and tools for responsive teaching*. Alexandria: Association for Supervision and Curriculum Development.

Tomlinson, C. A., & Edison, C. C. (2003). *Differentiation inpractice: a resource guide for differentiating curriculum, grades 5-9*. Alexandria: Association for Supervision and Curriculum Development.

Tomlinson, C. A., & Imbeau, M. B. (2010). *Leading and managing a differentiated classroom*. Alexandria:Association for Supervision and Curriculum Development.

Tomlinson, C. A., & Javius, E. L. (2012). Teach upfor excellence. *Educational Leadership*, 28—33.

Tough, P. (2012). *How children succeed: grit, curiosity, and the hidden power of character*. Boston: Houghton Mifflin Harcourt.

Trilling, B., & Fadel, G. (2012). *21st century skills:learning for life in our times*. San Francisco:Jossey-Bass.

Twain, M. (2001). *The war prayer*. New York: Harper Collins. (Available online at http://warprayer.org)

Walker, J. (2009). Authoritative classroom management: how control and nurturance work together. *Theory into Practice*, *48*: 122—129.

Weaver, W. T., & Prince, G. M. (1990). Synectics: its potential for education. *Phi Delta Kappan*, *72*: 378—388.

Webb, N. L. (2011). Identifying content for student achievement tests. In S. Lane, M. Raymond, T. M. Haladyna, & S. M. Downing (Eds.). *Handbook of Test Development* (pp. 156—180). New York: Routledge.

Weinstein, C. S., & Novodvorsky, I. (2011). *Middle and secondary classroom management: lessons from research and practice* (4th ed.). New York: McGraw-Hill.

Weinstein, R. S. (2002). *Reaching higher: the power of expectations in schooling*. Cambridge: Harvard University.

Wiggins, G., & McTighe, J. (2005). *Understanding by design* (expanded 2nd ed.). Alexandria: Association for Supervision and Curriculum Development.

Wilder, L. I. (1940). *The long winter*. New York: Harper Collins.

Willingham, D. T. (2009). *Why don't students like school? A cognitive scientist answers questions about how the mind works and what it means for the classroom*. San Francisco: Jossey-Bass.

Wilson, D., & Conyers, M. (2013). *Five big ideas for effective teaching: connecting mind, brain, and education research to classroom practice*. New York: Teachers College.

Wilson, S. H., Greer, J. F., & Johnson, R. M. (1963). Synectics: a creative problem-solving technique for the gifted. *Gifted Child Quarterly*, *17*: 260—266.

Wolk, S. (2002). *Being good: rethinking classroom management and student discipline*. Portsmouth: Heinemann.

Wormeli, R. (2004). *Summarization in any subject: 50 techniques to improve student learning*. Alexandria: Association for Supervision and Curriculum Development.

Yinger, R. J. (1987). Learning the language of practice. *Curriculum Inquiry*, *17*: 293—318.

索 引

（本索引页码为英文版页码）

Academic controversy model 学术辩论模式,179,186,192—197

Achievement

 academic 学术成果,3,5,26

 direct instruction model and 直接教学模式与成果,65,77—78

 student achievement 学生学业成绩,11,20,32,43,54,67—68,200,235,275,289

 student teams-achievement division model and 学生小组成就区分模式与成果,182,186,196—198,203,253

 synectics model and 共同研讨模式与成果,166

Active processing 主动加工,332

Advance organizers 先行组织者,35

Airasian,P. W. 艾瑞省（人名）,26

Alignment,

 assessment 评估一致性,5,291

 instructional 教学一致性,3, 5, 17,20,29—31,35,163

Analogies 类比法,136,143,148,231—232,235—253

Analyzing questions 分析性问题,163—164

Anderson,L. W. 安德森（人名）,3,21, 26—28,163

Applying questions 应用性问题,163—164

Aronson,E. 阿朗森（人名）,188,192

Assessment 评估,9,17,19,31—33,44,51—52,104,119,150,173,200,248

Assumption questions 关于假设的问题,169

Austin,G. A. 奥斯汀（人名）,62,82

Ausubel,D. 奥苏贝尔（人名）,5,10,45

索 引

Automaticity 自主性,49—52,57,263

Backward design 逆向教学设计,9,17—19,31,37,255—256,281,303

Black,P. 布莱克(人名),32

Bloom's taxonomy 布卢姆目标分类,27—28,226

Revised 目标分类修订版,27—28,54,163,165

Blosser,P. E. 布鲁瑟(人名),184

Bransford,J. D. 布兰斯福德(人名),6—7,18,100,143,162

Brainstorming 头脑风暴23,86,89—92,186

Brookhart,S. M. 布鲁克哈特(人名),21,200,297

Bruner,J. S. 布鲁纳(人名),62,82—84,211

Caine,G. 凯恩(人名),7,116,294

Caine,R. N. 凯恩(人名),7,116,294

Calhoun, E. 卡尔霍恩(人名),62,72,82

Case studies 课例研究

    high school 高中课例研究,278—288

    middle school 初中课例研究,266—277

Cause-and-effect model 因果关系模式,39,95—110,227,246,285

Chunking 文本组块8,11,14

Clark,H. H. 克拉克(人名),10

Clustering 问题集,166

Cognitive behavior 认知行为,28

Cognitive skills 认知能力,26,84

Common Core State Standards(CCSS)共同核心州立标准,8,13,28,39,100,256,258

Competition 竞争,71,297

Computer-aided design(CAD)计算机辅助设计,270—271

Concept attainment model 概念获得模式,39,59—77,83,261,270

Concept development model 概念发展模式,38—39,78—94,124,133,256,264,271,283—285

Concept hierarchies 概念层级,64—65

Concepts 概念,6,9,12,14,18,21—23,25,39,62—65,68—72,75,82—86,89,91,93,100,116,118—119,123—124,125,129,132,142,163,183,236—237,261,269,283,285

Conceptual knowledge 概念性知识,6,22,23,71

Conyers,M. 康耶斯(人名),5

Cooperative learning models 合作学习模式,121,135—136,144,179—204,253,282

Creating questions 创造性问题,163,165

Creativity 创造力,235—236,249,252—253

Cubing 立体化,152

Curriculum 课程体系,8—12,17,21,29,64,84,118,123,130,143—144,153,168,196,217—218,300

Debates 争论,162

Deductive instruction 演绎教学,38,46,54,63

Demonstrations 展示,23,46

Diagnostic assessment 诊断性评估,44,119

Dialogues 对话,160—162

Differentiation of instruction 差异化教学,53,71,91,105,144,153,200,226

Direct analogies 直接类比,237,239,242,245—246,248

Direct instruction model 直接教学模式,39,40—58,63,263,270

Discovery 发现,32,205,211

Discussions 讨论,44,99,105,135,161,163,168,173,200—201,214,276

Donovan,M. S. 多诺万(人名),6

Duckworth,E. 达克沃斯(人名),294

Eggen,P. D. 埃根(人名),142—144

Elder,L. 埃尔德(人名),168—169,178

Elias,M. J. 埃利亚斯(人名),26

Erickson,L. H. 埃里克森(人名),24—25

索 引

Essential attributes 本质属性, of concepts 概念的, 39,62—63,65,68—70,72,75,261

Evaluating questions 评估性问题,163—164

Expectations 期望,38,171,288,291,294,296,300,303

Facts 事实,6,10—11,21—26,62,99,123,130,142,144,242,301

Fantasy analogies 虚拟类比法, in synectics model 在共同研讨模式中,245

Faughnan,K. 弗兰(人名),201

Feedback 反馈,7,14,20,32,43,46—51,54,57,100,161—162,173,185—186,199,210,219,223,248,256,263,270,281,289,294—295,297

Flexible grouping 灵活分组,53,105

Flow charts 流程图,102,104

Focus 聚焦,11—12,21,23,245—246

Formative assessment 形成性评估,7,14—15,31—33,51,69—70,73,246,300

Fulghum,R. 富尔格姆(人名),7

Gallagher,S. 加拉格尔(人名),83—84,86

Gardner,H. 加德纳(人名),4

Generalizations 概括,6,10,21—25,28,35,37—39,62—63,84—91,99—100,103,105,110,135,142—144,147—148,150,153,187,203,253

Generating and testing hypotheses 生成和检验假设,39,66—67,72,121,222

Gladwell,M. 格拉德威尔(人名),289

Gonzalez - Barrera,A. 冈萨雷斯 - 巴雷拉(人名),8

Good,T. L. 古德(人名),248

Goodnow,J. J. 古德诺(人名),62,82

Gradual release of responsibility 从扶到放,38,39,47,196,270,282

Graffiti model 涂鸦模式,179,181—182,186—189,203,264

Graphic organizers 图示组织者,23,45,51,71,102,104—105,122,148,188,192,248—249

Grigorenko,E. L. 格里戈连科(人名),105

Gronlund,N. E. 格朗德(人名),6

Guided practice 指导性练习,47—51,53—55,196,263,274

Hattie,J. 哈蒂(人名),4,7,17—18,35,45,47,64,119,183,201,210—211,255,263,289—290,294,298

High school case study 高中课例研究,256,278—288

High-stakes tests 高风险测验,9,12,30

Homework 课外作业,50—51,191,194,198,248

Hopkins 霍普金斯(人名),D. 62

Identifying similarities and differences 识别异同,23,66,68,72,150,235,248

Independent practice 独立练习,39,43,49—54,274,282

Individual accountability 个人问责制,172,182,184—190,193—195,197,199,202—203,216

Inductive instruction 归纳教学法,38,46,54,63—64,72,75,82—83,100,142,222,236

Instructional alignment 教学一致性,17,29—31,33,35,163

Instructional design 教学设计,2,9,38,57,143

Instructional models 教学模式,1,8—10,20,22,33,37—38,45—46,51,53—54,133,135,148,153,226,253,255—256,264,276,286,300,303

Instructional objectives 教学目标,16—21,23—33,48,298

Instructional planning 教学计划,1,3—5,10,11—14,17,256

Integrative model 整合教学模式,135,137—253

Intellectual potency 智力效能,211

Intelligence 智力,4,5,105,200,296,302

Interdisciplinary teaching 跨学科教学,255—277

Inquiry models 探究教学模式,136,205—230

Jacobson,L. 雅各布森(人名),295

Janusian thinking 兼容并蓄的思考,236

Jigsaw model 切块拼接模式,188—193,203,270

Johnson, D. W. 约翰逊(人名),183—184,192,201

Johnson, R. T. 约翰逊(人名),183—184,192,201

Joyce, B. 乔伊斯(人名),62,72,82

Kauchak, D. P. 考查克(人名),142—144

Klausmeier, H. J. 克劳斯梅尔(人名),83

Knowledge Types 知识类型,21,23—24,163

Krathwohl, D. 克拉斯沃(人名),21,26—28,163,226

KUD format 知道—理解—能够学习目标的形式,17—19,21,26,29,35,185

KWL 已学—想学—学会模式,10

Lasley, T. J. 拉斯利(人名),294

Law of meaningful engagement 有意义参与法则,294

Learners 学习者,5—8,11—14,20,22—24,28,32,38,45—46,62—64,71,89,105,116,118,143,182,211,235,275,294—302

Learning environment, positive 积极学习环境,289—302

Lecture presentations 课堂演示,46

Lemov, D. 莱莫夫(人名),48,209,291

Lesson plans 课时计划,14,39,270,280

Linking strategy 链接策略,121,132,161

Making the familiar strange 熟悉事物陌生化,236,240—248

Making the strange familiar 陌生事物熟悉化,236,241—243,248

Marzano, R. J. 马扎诺(人名),6,10—11,21,67—68,72,115—116,119—120,147,248

Mastery learning 掌握学习,17

McTighe, J. 麦克泰(人名),10—11,17,24—25

Memory 记忆,6,9,26,28,116,143,148,182,211

Metacognition 元认知,6,10,23,162,168,198,222,294

Metacognitive knowledge 元认知知识,11,14,23,226

Metaphors 隐喻,73—74,143,148,235—236,248—249,252—253
Middle school case study 初中课例研究,266—277
Misconceptions 错误概念,83,91,105,162,226

Objectives 目标,53—54,71,135,143,163,165,182,200,293,298
Ogle,D. M. 奥格尔(人名),10

Paul,R. 保罗(人名),163,165,168—169
Performance assessment 表现性评估,105,226
Perkins,D. N. 帕金斯(人名),301
Personal analogies 个人类比,239—240,242—243,245,248—249
Problem - based learning 基于问题学习,210,219,221,229
Problem - centered inquiry models 基于问题的探究教学模式,136,205—230
Procedural knowledge 程序性知识,6,9,23
Pygmalion effect 皮格马利翁效应,295—296

Questioning 提问,7,54,119,148,153,161,163—169,200,213,214—215

Reciprocal teaching 交互式教学,171
Relaxed alertness 放松性警觉,7,294
Remembering questions 记忆性问题,163—164
Responsive teaching 响应性教学,200,226
Revised taxonomy 目标分类修订版,27—28,54,163,165
Rosenshine,B. 罗森海因(人名),43
Rosenthal,R. 罗森塔尔(人名),295
Rubrics 量规,51,147,170—171,173,200,248

Salomon,G. 所罗门(人名),301
Scaffolding 教学支架,20,29,49,71,91,128,209,226
Schema theory 图式理论,142—143

Short – answer questions 简答题,70

Similarities and differences 异同(see Identifying similarities and differences 参见识别异同)

Social skills 社交技能,182—186,303

Socratic seminar model 苏氏研讨模式,135,157—178,253

State standards 州立标准,13,21,29—31,144,217

Sternberg,J. R. 斯滕伯格(人名),105

Strategy Alerts 策略提示,10,67,86,102,121,148,152,171,184,222,249

Student teams – achievement division(STAD)学生小组成就成分法,182,196—199,203

Suchman inquiry model 萨奇曼探究教学模式,212—217,219,229,271,274

Summarizing 总结,6—7,23,88—89,91,148,162,171,183,185

Summative assessment 总结性评估,31—33

Symbolic analogies 符号类比,245,252

Synectics excursion 共同研讨模式漂移,244—246

Synectics model 共同研讨模式,136,231—253,283

Taba,Hilda 希尔达·塔巴(人名),25,39,82—83,86,146

Testing hypotheses 检验假设,67,72,147,222

Think – pair – share strategy 思考—配对—分享策略,91,119,121,184

Understanding questions 理解性问题,193

Vocabulary acquisition model 词汇习得模式,39,111—134,242

Vygotsky,Lev,列符·维果茨基(人名)84

Wait time 等待时间,48,167

Webb,N. L. 韦伯(人名),28

WebQuest model of inquiry 网络探究教学模式,217—220,224

Weinstein,C. 韦恩斯坦(人名),291—293,295

Weinstein,R. 韦恩斯坦(人名),296

Wells,G. 威尔斯(人名),331

Wiggins,G. 威金斯(人名),9,10—11,17,24—25

Wiliam,D. 威廉(人名),32

Willingham,D. T. 威林厄姆(人名),4,6,9,84,276

Wilson,D. 威尔逊(人名),5

Wolk,S. 沃克(人名),293

Yates,G. C. R. 耶茨(人名),4,17,45,47,183,201,210—211,255,263,289,290

Yinger,R. J. 英格尔(人名),301

《十大教学模式》曾经的作者和版本

玛丽·艾丽斯·冈特尔
（Mary Alice Gunter, 1935—2005）

让·哈斯布鲁克·施瓦布
（Jan Hasbrouck Schwab, 1932—2015）

第六版 2011　　　　第五版 2007　　　　第四版 2003

第三版 1999　　　　第二版 1995　　　　第一版 1990

注：其中，Mary Alice Gunter 等著，赖慧玲译.《教学模式》（第三版）. 台北：五南图书出版股份有限公司，2002.

《十大教学模式》不同版本中教学模式与作者英文对照表

2007 年第 5 版	2011 年第 6 版	2016 年第 7 版	2014 年第 1 版
The Direct Instruction Model	The Direct Instruction Model	The Direct Instruction Model	The Direct Instruction Model
The Concept Attainment Model	The Concept Attainment Model	The Concept Attainment Model	The Concept Attainment Model
The Concept Development Model	The Concept Development Model	The Concept Development Model	The Concept Development Model
Problem – Centered Inquiry Models	Problem – Centered Inquiry Models	The Cause – and – Effect Model	The Inductive Model
Synectics	Synectics	The Vocabulary Acquisition Model	The Vocabulary Acquisition Model
The Cause and Effect Model	The Cause and Effect Model	The Integrative Model	The Inquiry Model
Socratic Seminar Model	Socratic Seminar Model	The Socratic Seminar Model	The Cooperative Learning Model
The Vocabulary Acquisition Model	The Vocabulary Acquisition Model	Cooperative Learning Models	The Integrative Model
The Resolution of Conflict Model	The Integrative Model	Inquiry Models	The Problem – based Learning Model
	The Problem – based Learning Model		
Cooperative Learning Models	Cooperative Learning Models	The Synectics Model	The Socratic Seminar Model

《十大教学模式》不同版本中教学模式与作者英文对照表

1. Instruction：A Models Approach，5th Edition，2007，Pearson
Mary Alice Gunter，Thomas H. Estes，Susan L. Mintz
2. Instruction：A Models Approach，6th Edition，2011，Pearson
Thomas H. Estes，Susan L. Mintz，Mary Alice Gunter
3. Instruction：A Models Approach，7th Edition，2016，Pearson
Thomas H. Estes，Susan L. Mintz
4. Teaching Models：Designing Instruction for 21st Century Learners，2014，Pearson
Clare R. Kilbane，Natalie B. Milman

《十大教学模式》不同版本中教学模式与作者中文对照表

2007年第5版	2011年第6版	2016年第7版	2014年第1版
直接教学模式	直接教学模式	直接教学模式	直接教学模式
概念获得模式	概念获得模式	概念获得模式	概念获得模式
概念发展模式	概念发展模式	概念发展模式	概念发展模式
问题探究模式	问题探究模式	因果关系模式	归纳教学模式
共同研讨模式	共同研讨模式	词汇习得模式	词汇习得模式
因果关系模式	因果关系模式	整合教学模式	探究教学模式
苏氏研讨模式	苏氏研讨模式	苏氏研讨模式	合作学习模式
词汇习得模式	词汇习得模式	合作学习模式	整合教学模式
冲突解决模式	整合教学模式	探究教学模式	问题学习模式
	问题学习模式		
合作学习模式	合作学习模式	共同研讨模式	苏氏研讨模式

1. 玛丽·艾丽斯·冈特尔,托马斯·H. 埃斯蒂斯,苏珊·L. 明茨著. 十大教学模式(第5版). 上鞍河:培生教育出版集团,2007.

2. 托马斯·H. 埃斯蒂斯,苏珊·L. 明茨,玛丽·艾丽斯·冈特尔著. 十大教学模式(第6版). 上鞍河:培生教育出版集团,2011.

3. 托马斯·H. 埃斯蒂斯,苏珊·L. 明茨著. 十大教学模式(第7版). 上鞍河:培生教育出版集团,2016.

4. 克莱尔·R. 基尔巴尼,纳塔莉·B. 米尔曼著. 教学模式:面向21世纪的教学设计. 上鞍河:培生教育出版集团,2014.

《教学模式》(第9版)简目
五大类别十六种模式

《教学模式》(第9版)作者:布鲁斯·乔伊斯,玛莎·维尔,艾米丽·卡尔霍恩

Models of Teaching, 9th Edition. Bruce R. Joyce, Marsha Weil, Emily Calhoun. 2015, Pearson

The Basic Information – Processing Models 基本信息加工类教学模式

1. Learning to Learn Inductively 归纳学习模式

2. Scientific Inquiry 科学探究教学模式

3. The Picture Word Inductive Model 图示归纳教学模式

Special Purpose Information – Processing Models 特定目的类信息加工教学模式

4. Concept Attainment 概念获得教学模式

5. Synectics 共同研讨教学模式

6. Memorization 记忆教学模式

7. Using Advance Organizers to Design Presentations 先行组织者教学模式

8. The Inquiry Training Model 探究训练教学模式

The Social Family of Models 社会交往类教学模式

9. Partners in Learning 配对学习模式

10. Group Investigation 小组调查模式

11. Role Playing 角色扮演模式

The Personal Family of Models 个性类教学模式

12. Nondirective Teaching 非指导性教学模式

13. Developing Positive Self-Concepts 发展积极自我概念教学模式

The Behavioral Family of Models 行为类教学模式

14. Explicit Instruction 显性教学模式

15. Mastery Learning 掌握学习模式

16. Direct Instruction 直接教学模式

译 后 记

《十大教学模式》是面向中小学教师的一般教学理论与方法的教材。本书第 6 版前一直是由玛丽·艾丽斯·冈特尔(Mary Alice Gunter, 1935—2005)、托马斯·H. 埃斯蒂斯(Thomas H. Estes, 1940—)和让·哈斯布鲁克·施瓦布(Jan Hasbrouck Schwab, 1932—2015)联合编写的。前两位作者都是弗吉尼亚大学库里教育学院教授,后一位作者则长期在中学任教。本书第 1 版至第 6 版分别于 1990 年、1995 年、1999 年、2003 年、2007 年、2011 年出版。本书中文简体字版译自 2016 年英文版第 7 版。台湾五南图书出版公司曾经在 2002 年出版了由赖慧玲翻译的中文繁体字版(译自英文版第 3 版),书名是《教学模式》。

本书堪称经典,且与时俱进、不断修订。本书第 7 版通过 10 种基于证据的教学模式及其变式来展示当代教学情境和有关对学生学习的认知,提供了一系列面向认知学习的教学方法。职前教师、新手教师和有经验的教师都可以从本书提供的各种教学模式中得到帮助,汲取养分。本书写作有一个基本前提是:教学是一项复杂而具有挑战性的工作,有效教学必须首先要了解学生如何学习以及如何设计教学,并坚信教学设计应源于这种理解。为此,作者提出了 10 种基于证据的教学模式及其变式,为教学提供了一系列认知方法——创造性、合规性、协作性、竞争性、归纳性、演绎性、具体性和抽象性(creative, compliant, collaborative, competitive, inductive, deductive, concrete and abstract)。每一种模式都使用了相关的课例说明、详细的实施步骤以及对学生与教师的要求。

用教学模式来作为教学理论与设计教材的主体,这是一种好的尝试,因为毕竟教学模式对教师来说相对比较直观,容易把握。本书还在第一部分用两章篇幅分别阐述了学校课程标准和教学内容,教学目标、评估与实施的一致性,在第四部分还通过统筹应用这一章来展示课堂上如何融会贯通运用教学模式,以及如何通过实践出智慧来促进自身专业成长。另外,除了在 10 种教学模式各章中有应用情境和案例设计之外,本书第四部分还有专门三章提供小学、初中和高中课例应用。所以，这本通过模式化途径来探讨教学理论与方法的实际应用书籍，讲理论、有操作、配课例，十分适合中小学教师乃至其他类型学校教师和培训行业培训师参考。在附录中我们提供了本书不同版本 10 种模式的纵向对照，以及同其他有影响的教学模式教材（专著）中所涉及的模式之横向比较，可以帮助读者即刻把握本书的价值与特色。

浙江大学教育学院课程与教学论专业将本书作为研究生专业学习的材料之一。在学习中，方倩、蒋慧等同学翻译了本书中十大教学模式的初稿，后由浙江大学教育学院盛群力教授、淮阴师范学院徐海英教授和浙江传媒学院冯建超副教授完成了其他章节的翻译、全书校对和审订统稿。相关工作的具体分工如下：盛群力翻译目录、前言、作者简介，负责参考文献整理、全书翻译策划统筹和审订统稿；徐海英翻译导论、第一至第四部分导语，负责全书校译；冯建超翻译第一章、第二章、第十五章、术语表、索引；蒋慧、管颐翻译第三章；罗丽、林希翻译第四章；吴鑫、方倩翻译第五章；董若云、薛蕾翻译第六章；毛天慧、汪一薇翻译第七章；陶宏、陶兰翻译第八章；李鸿昭、刘倩翻译第九章；吴睿、蔡黎明翻译第十章；蒋慧翻译第十一章；张美婷、余迪翻译第十二章；方倩翻译第十三章、第十四章、第十六章。

我们很高兴团队成员协力同心，将本书中文简体字版呈现给广大读者。我们衷心感谢华东师范大学出版社责任编辑曾睿女士的帮助！感谢培生出版集团李乐强先生的协助！

本书翻译中可能出现的错漏，请读者予以指正！

盛群力

2018 年 8 月 15 日于浙江大学